Sozioökonomische Prozesse in Asien und Afrika

Herausgegeben von Stefan Seitz

Band 6

Bauern, Kader und Migranten

Ländliche Modernisierungsprozesse
am Beispiel einer Dorfgemeinschaft
in der Sonderregion Yogyakarta / Indonesien

Günter Burkard

Centaurus Verlag & Media UG 2000

Der Autor, geb. 1963, studierte Ethnologie und Sinologie in Freiburg im Breisgau. Nach 2-jähriger Feldforschung in Indonesien promovierte er 1999 an der Universität Freiburg. Forschungsschwerpunkte seiner Arbeit sind neben agrarethnologischen Themen und Fragestellungen des sozioökonomischen Wandels in bäuerlichen Gesellschaften vor allem Probleme ethnischer Identität.

Die Deutsche Bibliothek – CIP-Einheitsaufnahme

Burkard, Günter:
Bauern, Kader und Migranten : ländliche Modernisierungsprozesse
am Beispiel einer Dorfgemeinschaft in der Sonderregion Yogyakarta/
Indonesien / Günter Burkard. – Herbolzheim : Centaurus-Verl.-Ges., 2000
   (Sozioökonomische Prozesse in Asien und Afrika ; Bd. 6)
   Zugl.: Freiburg (Breisgau), Univ., Diss., 1999
   ISBN 978-3-8255-0284-3   ISBN 978-3-86226-297-7 (eBook)
   DOI 10.1007/978-3-86226-297-7

ISSN 1423-6057

Umschlagabbildung: Mann mit Büffel. Photo von Günter Burkard.
Umschlaggestaltung: DTP-Studio, A. Walter, Lenzkirch
Satz: Vorlage des Autors

Inhalt

Vorwort IX

1.   Einleitung 1
1.1.   Fragestellung und Zielsetzung 1
1.2.   Forschungsverlauf 5
1.3.   Qualitative Phasen der Feldforschung 8
1.4.   Formale Feldforschungsmethoden 13
1.5.   Allgemeine Probleme der Datensammlung 15
1.6.   Kulturspezifische Wertigkeitsbeeinflussungen 20

2.   **Zum Problem der Peasants und des kulturellen Wandels** 30
2.1.   Vom Strukturfunktionalismus zum individuellen Akteur: Die Perspektiven
        ethnologischer Theorien 30
2.2.   Die Peasants als Gegenstand wirtschaftswissenschaftlicher und ethnologischer
        Fragestellungen 33
2.3.   Außenwelt, Lokalgemeinschaft, kulturelles System und individueller Akteur:
        Ein Synthesemodell 42

3.   **Umwelt, Geographie und Lokalgeschichte** 46
3.1.   Einführung: Strukturen regionaler und lokaler Verwaltung 46
3.2.   Die Untersuchungsregion: Ökologie u. Probleme der Agrarwirtschaft 48
3.3.   Allg. Angaben: Demographie, Berufsstruktur u. Bildungssituation 55
3.4.   Lokalgeschichte 62
3.4.1. Die Kolonialzeit und davor 62
3.4.2. Die postkoloniale Situation 66

4.   **Demographische Strukturen** 69
4.1.   Alter und Geschlecht 69
4.2.   Lebenszyklen und Haushaltsorganisation 73
4.3.   Residenzpattern und Heiratsmobilität 80

5.   **Strukturelle Differenzierungen** 86
5.1.   Wohnhäuser, materieller Besitz und Klassenstrukturen 86
5.2.   Die dörfliche Agrarverfassung: Landbesitz und -kontrolle in Karangduwet 89
5.2.1. Die Akquisition von Besitzrechten: Erbregeln und käufliche Transaktionen 89
5.2.2. Staatlich-institutionelle Verpflichtungen der Dukuhbewohner und Bauern 92
5.2.3. Der Produktionsfaktor Land: Distribution, Zugang und Kontrolle 95
5.3.   Formen der Landnutzung und Technologie 102
5.3.1. Hausgärten 102

5.3.2.	Trockenfelder	107
5.3.3.	Bewässerungsfelder	113
5.3.4.	Allgemeine Beobachtungen	116
5.4.	Formale Bildung, Berufe und Einkommensstrukturen	118
5.4.1.	Bildungsstand der Dukuhbewohner	118
5.4.2.	Berufliche Differenzierungen	125
5.4.3.	Einkommensquellen und Kreditinstitutionen	131
6.	**Agrarische Arrangements und Produktionsbeziehungen**	133
6.1.	Lokalhistorischer Hintergrund	133
6.2.	Agrarische Arrangements in Karangduwet	135
6.2.1.	Sharecropping-Arrangements (Teilbauverhältnisse)	137
6.2.2.	Eine spezifische Form der Geldpacht	140
6.2.3.	Vom Bawon-System zur modernen Lohnarbeit	142
6.3.	Soziale Stratifikationen und Produktionsbeziehungen	145
6.4.	Formale Arbeitsgruppen	147
6.5.	Empirische Situation und theoretische Konzeptionen	151
7.	**Kognitive Orientierungen: Trad. Sinnsystem u. moderne Einstellungen**	157
7.1.	Das javanische Werte- und Normensystem	157
7.1.1.	Aktivitätsorientierung: Ideale Persönlichkeit und kulturelle Ziele	157
7.1.2.	Die Slametan-Zyklen	159
7.1.3.	Das relationale Wertesystem	160
7.1.4.	Reziproke und kooperative Handlungen	166
7.2.	Einstellungen zu kulturspezifischen Werten und Normen	169
7.2.1.	Kulturelle Orientierungen	171
7.2.2.	Einstellungen zu Geschlechterrollen	175
7.2.3.	Einstellungen zum relationalen Normenapparat	176
7.3.	Grundeinstellungen bäuerlicher Kulturen	180
7.4.	Individuelle Modernisierungsvariablen	183
7.5.	Zusammenfassende Analyse der Einstellungsmerkmale	188
8.	**Kommunale Ordnungsprinzipien und staatliche Entwicklungspolitik**	193
8.1.	Die RT: Struktur u. Institutionalisierung von Nachbarschaftsbeziehungen	194
8.2.	Die PKK-Bewegung und die sich wandelnde Rolle der Frauen	199
8.2.1.	Hintergrund: Ursprung und Ziele der PKK-Bewegung	199
8.2.2.	Die PKK-Bewegung: Organisationsaufbau und strukturelle Probleme	200
8.3.	Das Scheitern des Takesra-Kreditprogramms	213
8.3.1.	Takesra: Zielsetzung und formale Prozeduren	214
8.3.2.	Die Rekonstruktion der Ereignisse: Wie ein Programm scheiterte	215
8.3.3.	Strukturelle Probleme staatlicher Entwicklungskonzeptionen	219

9.	**Populationsbewegungen in Karangduwet: Die Tradition der Migration** ... 223
9.1.	Einführung: Mikro- und Makroperspektiven in der Migrationsforschung 223
9.1.1.	Begriffsdefinitionen 225
9.1.2.	Die Schwächen einschlägiger Migrationstheorien... 227
9.1.3.	Studien zum Migrationsverhalten in Ländern der III. Welt............................ 228
9.1.4.	Offene Fragen und Begründung einer Migrationsanalyse aus der Peripherie ... 230
9.2.	Wandel der Migrationspattern von den 50iger Jahren bis zur Gegenwart........ 232
9.2.1.	Geschlechtsstrukturen der Emigranten und Migrationsmotive...................... 233
9.2.2.	Migrationszonen, ländliche und urbane Zielorte 237
9.2.3.	Berufe der Emigranten... 237
9.2.4.	Formale Bildung und Emigration 239
9.2.5.	Zusammenfassung: Migrationsphasen und ihre Merkmale 240
9.3.	Mikroanalyse: Migrationsmotive, Zielortwahl und Entscheidungsprozesse 242
9.3.1.	Resultierende versus aspirative Migration.. 242
9.3.2.	Wahl der Zielorte: Qualitative Kriterien und Migrationsverhalten................. 244
9.3.3.	Informationsquellen, Kontaktaufnahme und Entscheidungsprozesse 245
9.3.4.	Abreise, Ankunft am Zielort u. Einschätzung des Lebens in der Emigration.... 250
9.4.	Kognitive Orientierungen: Migrantentypen und ihre Einstellungsmerkmale 252
9.4.1.	Einstellungen zu zentralen javanischen Werten und Normen 252
9.4.2.	Einstellungen zur Migration... 253
9.4.3.	Einstellungen zu Lebenszielen, Beruf und Erziehungsidealen 255
9.4.4.	Faktorenanalyse der Einstellungsmerkmale... 257
9.5.	Migranten-Dorf-Kontakte und Auswirkungen der Migration im Dukuh 259
9.5.1.	Besuchsaufenthalte: Frequenzen und Anlässe 259
9.5.2.	Materielle Hilfeleistungen der Migranten für die Dukuhbewohner................. 261
9.5.3.	Konflikte zwischen Migranten und Dukuhbewohnern 265
9.5.4.	Rückwirkungen der Migration auf das Dukuh... 267
9.5.4.1.	Diffusion von Neuerungen... 267
9.5.4.2.	Demographie und Landwirtschaft... 272
9.5.5.	Die Rolle der Ex-Migranten im Modernisierungsprozeß 272
Diskussion der Ergebnisse 276	
Anhang A: Karten 285	
Anhang B: Faktorenmatrix zu den kognitiven Merkmalen 288	
Anhang C: Faktorenmatrix zur Einstellung der Migranten 290	
Anhang D: Fotos 292	
Literaturhinweise 296	

Tabellen

1.1. Wertigkeitstabelle nach Becker und Geer......................... 14
3.1. Formen der Landnutzung im Landkreis Karangmojo......................... 51
4.1. Lebenszyklen in Karangduwet......................... 74
4.2. Formen der Haushaltsorganisation 76
4.3. Verteilung der Lebenszyklen auf haushaltliche Organisationsprinzipien............ 77
4.4. Residenzverteilung nach Grundstücken......................... 81
4.5. Residenzstandorte nach Alter und Landbesitz......................... 83
5.1. Landbesitz in Karangduwet 96
5.2. Besitzverteilung Sawah in Karangduwet......................... 98
5.3. Hektarerträge Palawija......................... 108
5.4 Frequenz spezifischer Anbaustrategien Palawija......................... 109
5.5. Gründe für den Verzicht auf intensivierende Anbaumethoden 111
5.6. Verbreitung des Analphabetentums nach Alter und Geschlecht 121
5.7. Haupt- und Nebenberufe in Karangduwet......................... 126
6.1. Landmanagement in Karangduwet 136
8.1. Soziale Merkmale der PKK-Kader in Karangduwet......................... 201
8.2. Gründe der Abstinenz bei PKK-Aktivitäten 205
9.1. Frequenzen von Heirats- und Arbeitsemigration der Frauen......................... 236
9.2. Berufe emigrierter Familienmitglieder 238
9.3. Frequenzen der Heimbesuche 259
9.4. Gründe für Besuche im Dukuh 260
9.5. Hilfeleistungen der Migranten 262

Abbildungen

3.1. Anbaupattern (Mischkulturen) von Palawija-Pflanzen......................... 53
4.1. Bevölkerungspyramide Karangduwets 71
5.1. Hausformen in Karangduwet......................... 86
9.1. Migranten nach Geschlecht und Abwanderungsjahr 233
9.2. Entscheidungsprozesse zum Migrationsverhalten 249

Vorwort

Die vorliegende Monographie ist das Ergebnis eines 16monatigen Feldaufenthalts im Dorf Karangmojo in der Sonderregion Yogyakarta (Mitteljava). Sowohl der Prozeß der Datensammlung vor Ort als auch die Datenauswertung wären ohne die notwendige Unterstützung von außen niemals zustande gekommen.

Hier gilt mein Dank vor allem meinem Doktorvater Prof. Dr. Stefan Seitz vom Institut für Völkerkunde in Freiburg, der mein Projekt während des gesamten Zeitraums betreute und mir in jeder Phase mit Rat und Diskussion zur Seite stand.

Im Besonderen fühle ich mich den Bewohnern von Karangmojo verpflichtet, die meine endlosen Fragen und meine Ungeduld mit Langmut und großem Verständnis ertrugen. All dies wäre nicht denkbar gewesen ohne die Mithilfe von Yosef Kewait Key, der mich mit den Bewohnern seines Dorfes vertraut machte, mich in die Dorfgesellschaft einführte und der mir durch sein Lokalwissen unschätzbare Dienste erwies. Für ihre Fürsorge und Unterstützung danke ich Familie Markiswo in Yogyakarta und Pak Supirman, dem Bürgermeister von Karangmojo.

Stets konnte ich auf den Beistand meines Freundeskreises in Deutschland bauen, der mich - wo immer es ging - tatkräftig unterstützte. Zu außerordentlichem Dank bin ich Stephan Habich verpflichtet, der mir während der Auswertung bei allen computertechnischen Problemen weiterhalf und mir entscheidende Anregungen für Layout und Gestaltung gab. Für ihre moralische Unterstützung danke ich Gudrun Blatter und Siggi Hotz, die mich auch in schwierigen Phasen zum Weitermachen anhielten und für den erforderlichen Druck sorgten, wenn der Verfasser wichtige Entscheidungen vor sich herschob. Danken möchte ich außerdem Wil van Hest, der mir wichtige Hilfestellungen im Verarbeiten meiner Erfahrungen in Indonesien gab sowie Wilfried Zolg, der mir seine „Jagdstube" zum ungestörten Nachdenken und Arbeiten zur Verfügung stellte. Nicht zuletzt gilt mein Dank der Graduiertenförderung des Landes Baden-Württemberg, die das Forschungsprojekt für die Dauer von zwei Jahren finanzierte. Auch wenn viele zum Gelingen dieser Arbeit beitrugen, so zeichnet für den Inhalt der Arbeit allein der Verfasser verantwortlich. Dieses Buch ist meinen „Spezial-Neffen" Jakob und Dato Franziskus gewidmet.

Mannheim im März 1999   Günter Burkard

1. Einleitung

1.1. Fragestellung und Zielsetzung

Die vorliegende Arbeit über sozio-kulturelle Wandlungsprozesse in einem javanischen Dorf soll einen Beitrag dazu leisten, eine Lücke in der Ethnographie Javas zu schließen. Dem an Java interessierten Leser wird kaum verborgen bleiben, daß in der empirischen Forschung zum ländlichen Java zwei Tendenzen existieren, die sich zunehmend zu zwei „ethnographischen Traditionen" entwickelt haben. Während sich die Pioniere der Anfangsphase wie Clifford Geertz, R. M. Koentjaraningrat, Ann Ruth Willner und Robert Jay[1] fast ausschließlich für die qualitativen Aspekte des javanischen Dorflebens interessierten, hat sich seit Mitte der siebziger Jahre eine Neuorientierung in Richtung objektiv quantifizierbarer, weitgehend auf statistischem Material basierender Untersuchungen durchgesetzt, welche die qualitativen Ansätze merklich zurückgedrängt hat.[2] Dies ist weit mehr als der Austausch einer Forschungsmethode durch eine andere, vielmehr sind damit zwei völlig verschiedene Ansätze, Schwerpunkte und Forschungsziele angesprochen, die bislang nur selten zu einer integrierten Synthese gelangten. Das Interesse der ersten, „symbolbezogenen" Phase richtete sich auf die kulturelle Dimension der Handlungen javanischer Dorfbewohner, d.h. auf die Interpretation der sozial produzierten Wirklichkeit der Javanen. Dieser Ansatz ist vor allem dahingehend kritisiert worden, daß er Fragen politischer Machtverhältnisse und des dialektischen Zusammenhangs zwischen kulturellen Systemen und historischer Erfahrung aus der Analyse ausklammert und deshalb als ahistorisch zu betrachten sei.[3]

Seit Mitte der siebziger Jahre sind kaum kulturanalytische Studien zum ländlichen Java erschienen. Dieser Ansatz ist vielmehr durch eine Fülle soziologisch, demographisch und ökonomisch orientierter Fallstudien abgelöst worden, die sich fast ausschließlich auf die quantifizierbaren „facts" landwirtschaftlicher Produktivität, Einkommensstrukturen und die Problematik der Distribution und Kontrolle wirtschaftlicher Ressourcen und Disparitäten des materiellen Besitzes konzentrie-

---

[1] Geertz 1959, Koentjaraningrat 1961, Jay 1963, Willner 1970. Als symbolbezogene Arbeiten zum städtischen Java siehe: de Jong 1976, Peacock 1978 sowie Mulder 1989.

[2] Penny und Singarimbun 1970, Collier 1978, Hüsken 1981, White 1983, Wiradi 1984, Penny und Ginting 1984, Hart 1986, Amaluddin 1987, Hüsken und White 1989, White und Wiradi 1989 und Schweizer 1989a. Eine gute Zusammenfassung quantitativer Arbeiten von 1970-1982 findet sich bei White 1983: 18-31.

[3] Als theoretisch fundierteste Formulierung dieser Kritik siehe Asad 1983 sowie Biersack 1989.

ren. Geertz reagierte mit dem Hinweis auf die Schwächen dieses quantifizierenden Trends, die Analyse politischer und ökonomischer Verhältnisse in ein umfassendes kulturelles Verständnis Javas zu integrieren, welches „socially constructed meanings" nicht weniger zentral ansiedelt als „statistics about the size of landholdings and disparities in wealth" (1984: 511). Kurz formuliert: Das Dilemma besteht darin „how to integrate into a single account both who owns what and who thinks what" (Keeler 1984: 113).

Ohne den Anspruch erheben zu wollen, diese Kluft völlig zu überbrücken, ist die vorliegende Arbeit mit dem primären Ziel, die Prozesse des kulturellen und sozialen Wandels[4] in einer Lokalgemeinschaft zu dokumentieren, von der Fragestellung geleitet, unter welchen Bedingungen die Akteure in die Richtung von Wandel bzw. Kontinuität optieren. Dieser Ansatz erschöpft sich keinesfalls mit der Analyse der kognitiven Merkmale individueller Akteure. Er impliziert vielmehr eine theoretische Konzeption, nach der die nachhaltigen Bindungen zwischen den Mitgliedern einer Gesellschaft, Fragen der sozialen Identität und der kulturellen Auffassung des „richtigen Zusammenlebens" ein konstitutives Element der politischen Ökonomie bilden.

Die Beschränkung der Untersuchung auf einen einzigen Dorfteil, das *Dukuh* erschien aus diversen Gründen als sinnvoll. Einmal zeigte sich bereits in den ersten Wochen des Feldaufenthalts, daß die Akteure eine wesentlich höhere Identifikation mit „ihrem Dukuh" als mit ihrem Dorf (*Desa*) besitzen.[5] Die im Dukuh lebende Population wird auch über die Grenzen des Landkreises (*Kecamatan*) hinaus als *Wong Karangduwet* (die Leute aus Karangduwet) identifiziert. Eine Reihe der pauschal mit dem Dorf assoziierten korporierten Merkmale wie spezifischer Name oder die Existenz von lokalen Siedlungsgründern (Jay 1969: 290) treffen eher auf das Dukuh, denn auf das Dorf (*Desa*) als Ganzes zu. (vgl. Sinaga 1977: 7). Tiefere Einblicke in die Formen der Interaktion zwischen Individuen, Haushalten und Nachbarschaftseinheiten, insbesondere hinsichtlich bestehender Interessengegensätze bzw. Konflikte und ihrer Artikulation (implizit der Berücksichtigung der sozialen Matrizes der involvierten Akteure) haben aufgrund vorhandenen Zeitdrucks

---

[4]   Mit „kulturell" ist hier der Prozeß der Ideenbildung zu verstehen. Der Begriff „kultureller Wandel" wird deshalb in dieser Arbeit synonym mit „ideologischem Wandel" verwendet. Der Begriff des „sozialen Wandels" bezeichnet dagegen den Wandel von Verhaltensmustern in den Interaktionen zwischen den Akteuren.

[5]   Der Begriff „Desa" ist weitgehend identisch mit „Kelurahan". In dieser Arbeit wird „Desa" als das Dorf im Sinne seiner sozialen und kulturellen Einheit gebraucht, der Begriff „Kelurahan" dagegen bezieht sich auf das Dorf als staatliche Verwaltungseinheit. Mit „Dusun" bezeichnen wir den mit Namen benannten Weiler als Teil dörflich-territorialer Verwaltung; „Dukuh" bezeichnet den Weiler als sozio-kulturelle Einheit.

ohnehin die Konzentration auf eine relativ kleine Population zur Voraussetzung. Die vorliegende Untersuchung zeichnet sich demnach zwar durch eine hohe interne Validität aus, läßt aber die Frage nach der externen Validität der Ergebnisse offen, d.h. es ist nicht mit Sicherheit zu sagen, in wie weit die vorgefundenen Sachverhalte für eine größere Population repräsentativ sind.

Das Problem der Repräsentativität besitzt eine zusätzliche Dimension durch die geographische Lage des Dusun Karangduwet. Bisherige Lokalstudien in Zentraljava wurden fast ausschließlich auf dem flachen Land durchgeführt. Der wesentlich aus Hügelländern und Kalkformationen bestehende Regierungsbezirk Gunung Kidul ist bisher von der sozialwissenschaftlichen Forschung weitgehend ausgeklammert worden. Dies ist um so erstaunlicher, wenn wir bedenken, daß sich die Bewohner der Region in zentralen sozialen und kulturellen Merkmalen von der sie umgebenden Gesellschaft unterscheiden. Die Dorfgemeinschaften des Untersuchungsgebiets waren traditionell weit weniger stratifiziert als die des flachen Landes, man kannte weder eine nach erblichen Landrechten abgestufte Klasseneinteilung (Jay 1969: 313), noch die für das Tiefland charakteristische Wohlfahrtsinstitution der „Offenen Ernte" (Stoler 1977, Collier 1978, Hart 1986). Exklusive Arrangements (*kedokan*) als konstitutives Element der Patron-Klient-Beziehung (Collier 1978, Scott 1985, Hart 1986) kommen trotz der signifikanten Landlosigkeit und der selbst für javanische Verhältnisse kleinen Parzellen nicht vor. Es kam deshalb in Karangduwet auch nicht zu einer aus anderen Teilen Javas bekannten „Verdrängung der Armen" aus der Landwirtschaft (vgl. Collier 1978, Hart 1986, Harjono 1990). Das Dukuh leidet vielmehr in Phasen der Arbeitsspitze (Pflanzzeit und Ernte) unter prekärem Arbeitskräftemangel.

Die analytische Vernachlässigung der Hügel- und Hochländer scheint mir dabei vor allem in den mit dem Naßreisanbau zusammenhängenden Produktionsbeziehungen und technologischen Besonderheiten begründet zu sein.[6] Dennoch vermit-

---

[6] So leitete Clifford Geertz sein Konzept der „Agricultural Involution" aus der Fähigkeit des Naßreises ab, große Mengen an Arbeitsinput bei konstantem Produktionslevel zu absorbieren (Geertz 1963). Ähnlich argumentierte Bray (1983: 3ff), daß die unökonomische Wirtschaftsweise des asiatischen Naßreisanbaus einer Mechanisierung und zunehmenden Landkonzentration im Wege stünden und sich damit die von Geertz beschriebene Situation des „shared poverty" unter neuen Bedingungen fortsetze. Zu entgegengesetzten Schlußfolgerungen kommen dagegen die Vertreter der Neoklassik, die eine zunehmende ökonomische Polarisierung des ländlichen Java auf einen inadäquaten technologischen Fortschritt zurückführen (Hayami und Kikuchi 1982). Die Autoren der sogenannten „neopopulistischen" Richtung machen vor allem die „Grüne Revolution" für eine wachsende Differenzierung verantwortlich (Collier 1978). Diese Ansätze kommen zwar zu verschiedenen Ergebnissen, sie basieren allerdings gleichermaßen auf dem Trugschluß, institutionelle Arrangements und soziale Differenzierungen monokausal aus den technologischen Aspekten des Naßreises abzuleiten. So kannte man in Karangduwet die Arran-

3

teln die gängigen Dorfstudien ein tendenziell einseitiges Bild des ländlichen Java. Immerhin besteht 1/3 der Fläche Javas aus Hochländern und machen Trockenfelder (*tegalan*) und Hausgärten (*pekarangan*) durchschnittlich 50% der landwirtschaftlichen Nutzflächen aus (Hefner 1990: 16). So bildet der Reis in der Untersuchungsregion (Landkreis Karangmojo) keineswegs die traditionelle Stapelfrucht (*tanaman pokok*); die Masse der Peasants ernährte sich bis Anfang der siebziger Jahre vorwiegend von der auf Trockenfeldern angebauten Cassava (*ubi ketela*), Sojabohnen (*kedelai*) und lokalen Maissorten (*jagung*). So kannte man in Karangduwet vor dem Bau des Hauptirrigationskanals in den ersten Jahrzehnten unseres Jahrhunderts nur den traditionellen Trockenreis (*padi gogo*) sowie eine lokale Klebreissorte (*ketan*).

Signifikante Veränderungen vollzogen sich in ganz Java vor allem in den späten siebziger Jahren mit der Einführung hybrider Reissorten (HYV). Die Auswirkungen dieser Innovation sind als Gegenstand zahlreicher Fallstudien erörtert worden. Das herrschende Paradigma der siebziger Jahre hat vor allem die Kategorie der Frauen landloser Haushalte als Verlierer dieser Wandlungsprozesse hervorgehoben. Einflußreich war hier vor allem Gillian Hart, die in ihrem vielbeachteten Buch „Power, Labour and Livelihood" (Hart 1986) drei Konstanten der kontemporären ländlichen Entwicklung Javas isolierte: 1). der Fortbestand von Kleinhandel als dominanter Nebenerwerbszweig landloser Haushalte, 2). die Renaissance exklusiver Arbeitsarrangements, die der landbesitzenden Elite eine größere Kontrolle über privilegierte Arbeitskräfte ermöglicht und 3). eine zunehmende Diversifikation nicht-agrarischer Tätigkeit bei gleichzeitig niedrigen ländlich-urbanen Migrationsraten.

Entgegen diesen Makrotrends hat sich die Arbeitsemigration (*merantau*) in Gunung Kidul seit Ende der fünfziger Jahre als lokale Tradition (*tradisi daerah*) etabliert. Fallstudien zur Migrationsproblematik aus der Perspektive lokaler javanischer Gemeinschaften und den Rückwirkungen der Migration auf die ländlichen sozialen und demographischen Strukturen (insbesondere die Frage nach dem Charakter der Interaktion einer urbanen mit einer dörflichen Wertorientierung) liegen bislang für Zentraljava nicht vor. Dies erstaunt um so mehr angesichts der Tatsache, daß die Sonderregion Yogyakarta bereits seit Mitte der siebziger Jahre die zweithöchste Abwanderungsrate nach West-Sumatra aufweist (Mantra 1978: 173, Sunarto 1985: 69). Die Isolierung von Populationsbewegungen als konstitutives Element des sozio-kulturellen Systems und als dominanten Faktor seiner Wandlungsprozesse bildet somit den zweiten inhaltlichen Schwerpunkt der vorliegenden

---

gements des Sharecroppings und des Ernteanteils des Zehntels für die Helfer (*bawon*) bereits bevor der Reisanbau staatlich forciert und die Cassava als Hauptnahrungsmittel ersetzt wurde. Ökonomische Differenzierungen waren hier auch früher nicht zwingend an den Besitz von Naßreisfeldern gebunden.

Untersuchung. Als gleichsam relevanten Faktor der Außenbeziehungen sind die Formen der Integration des Dukuh in die regionalen politisch-ökonomischen Zusammenhänge zu analysieren.

1.2. Forschungsverlauf

Ich lebte von Januar 1996 bis Ende April 1997 im Dusun Karangduwet. Entsprechend des im Proposal gestellten Forschungsansatzes sollte das Dorf/Dukuh bestimmte generelle Charakteristiken aufweisen, um Modifikationen des Forschungsplans möglichst gering zu halten. Es sollte zum einen eine in ökonomischer und sozialer Sicht (Einkommen, Berufe) heterogene Bevölkerung besitzen, um die untersuchten Wertorientierungen mit sozio-ökonomischen Variablen in Korrelation zu bringen. Die bevorzugte geographische Lage sollte durch eine ausreichende Distanz vom urbanen Zentrum Yogyakarta bei gleichzeitiger Integration in den regionalen Markt charakterisiert sein. Zusätzliche Kriterien betrafen die Diversität im Bereich der Landwirtschaft hinsichtlich Streuung des Landbesitzes, Art der Landnutzung und Formen agrikultureller Arbeitsarrangements sowie die Merkmale einer relativ hohen Abwanderungsrate und die Integration in staatliche Entwicklungs- und Wohlfahrtsprogramme. In diesem Bereich sollte speziell eine lokale PKK-Gruppe existieren.[7]

Das Dusun Karangduwet schien diesen Anforderungen zu genügen. Über einen im Dukuh lebenden Bekannten wurde Karangduwet zunächst informell für einige Tage besucht, um die lokalen Bedingungen zu klären und die Reaktionen der Bevölkerung auf die Anwesenheit eines Europäers (*Londo*) zu prüfen. Nachdem die Entscheidung zugunsten Karangduwets fiel, hat meine Gastgeberfamilie den Dorfbürgermeister (*Lurah*) über das Vorhaben in Kenntnis gesetzt. Die Vorstellung bei der Bevölkerung verlief entlang lokaler Statuslinien, wobei zunächst die Vorstände der Weilereinheiten (RW) und die Vorstände der Nachbarschaftseinheiten (RT) aufgesucht wurden, welche ihrerseits die in ihrem Autoritätsbereich lebende Bevölkerung informierten. Parallel dazu wurden alle Haushalte des Dukuh in Begleitung

---

[7] Der Ausdruck PKK (*Pembinaan Kesejahtaraan Keluarga*) bezeichnet die seit Angang der siebziger Jahre von der Regierung gesponserten Programme, bei welchen Frauen der ländlichen und städtischen Elite Informationen zur Haushaltsmodernisierung an ihre Nachbarinnen weitergeben. Die PKK-Programme sind in verschiedenen Teilen des Landes mit unterschiedlichem Erfolg durchgeführt worden. Inzwischen scheint sich aber ein gewisser „Stillstand" eingestellt zu haben, da vor allem jüngere Frauen keinen Bedarf darin sehen, sich von anderen Frauen weiterhin belehren zu lassen (vgl. Soemardjan and Breazeale 1993: 48-61). Von der PKK-Problematik wird im Verlauf dieser Untersuchung noch des öfteren zu sprechen sein.

des Haushaltsvorstands meiner Unterkunft informell besucht. Die ersten zwei Wochen wurden keine Daten gesammelt, außer Besuchen wurden lediglich ausgedehnte Spaziergänge unternommen, um die Bevölkerung vor Beginn der eigentlichen Datensammlung an meine Anwesenheit zu gewöhnen und auf das Vorhaben vorzubereiten. In wissenschaftlichen Worten: Die Reaktivität der untersuchten Population sinkt, je mehr die Anwesenheit des Feldforschers und seine Tätigkeiten (beobachten, notieren) zum „Normalfall" werden, was eine höhere Validität der qualitativ durch direkte Beobachtung gewonnenen Daten ermöglicht.

Vom Januar bis August 1996 lebte ich zunächst im Haus des Vorstehers der Nachbarschaftseinheit RT 4. Der Haushalt ist um die Kernfamilie der ältesten verheirateten Tochter (26) und die verwitwete Mutter der Ehefrau des Familienvorstandes erweitert und umfaßt insgesamt 8 Personen. Herr Suwardi (44), der Haushaltsvorstand, ist hauptberuflich Lehrer in der örtlichen staatlichen Grundschule; seine Ehefrau (47) ist Sekretärin in der katholischen Kanisius-Mittelschule im Nachbardorf.[8] Die Familie besitzt 0,6 ha Land, davon 50% Naßreisflächen (*sawah*). Die Trockenfelder läßt Herr Suwardi in Sharecropping bearbeiten. Für landwirtschaftliche Routinearbeiten auf dem selbst bewirtschafteten Naßreisfeld beschäftigt Herr Suwardi fast ausschließlich einen landlosen Nachbarn, der für seine Tätigkeit nach ortsüblichen Sätzen entlohnt wird, aber darüber hinaus auch häufig private Kredite von den Suwardis erhält. Das Haus der Suwardis ist ein verputztes Backsteinhaus, alle Räume besitzen Kachelboden. Sowohl Herr als auch Frau Suwardi bekleiden diverse Positionen innerhalb des Dusun und des Kelurahan. So ist Herr Suwardi neben seiner Funktion als RT-Vorsteher auch Sekretär der staatlich organisierten Wasserbenutzergruppe (*PPPA*) seines Blocks und Leiter einer Bauern-Kontaktgruppe (*Kelompok Tani*). Er war früher Mitglied der Dorfversammlung (*LKMD*). Nebenbei erledigt er häufig schriftliche Angelegenheiten für den des Lesens und Schreibens nicht mächtigen Weilervorstand (*Kepala Dusun*). Frau Suwardi ist Kader der PKK-Bewegung und der lokalen Gruppe für Familienplanung (*Kelompok KB*). Sie erfüllt außerdem die Funktion der Sekretärin des lokalen Wohlfahrtszentrums (*Posyandu*) und leitet die „Informationsgruppe für Mütter mit Kleinkindern" (*Kelompok Balita*).

Von Anfang Mai 1996 bis Ende April 1997 bezog ich den Haushalt einer mit den Suwardis verwandten, landlosen Pächterfamilie in der Nachbarschaftseinheit RT 1. Der Haushaltsvorstand, Herr Parsianto (53) bearbeitet saisonal 0,3 ha Naßreisfelder (*sawah*) des Dorf-Imam in Sharecropping. Nebenbei arbeitet Herr Parsianto als Landarbeiter (*buruh upah*). Seine Frau (49) betreibt - neben ihrer Tätig-

---

[8] Die Namen aller in dieser Fallstudie vorkommenden Personen wurden geändert, um die Anonymität meiner Informanten zu gewährleisten.

keit als Landarbeiterin - Kleinhandel auf dem Markt von Karangmojo. Herr Parsianto hat insgesamt 12 Jahre in Arbeitsemigration verbracht; seine Frau arbeitete 4 Jahre in einer Fabrik in Jakarta. Die 27jährige Tochter ist Köchin in einem Restaurant in Malaysia und gehört somit zu den wenigen Migranten Karangduwets, denen der Weg ins Ausland (*luar negeri*) geglückt ist. Alle Mitglieder des Haushalts bekennen sich formell zum Islam, gehören aber nicht der religiös aktiven Santri-Gemeinde an.

Während der weniger arbeitsintensiven Phase des agrikulturellen Zyklus (*musim bero*) praktizieren die Parsiantos für mehrere Wochen im Jahr eine Form temporärer Migration nach dem Rotationsprinzip. Herr Parsianto bevorzugt dabei die Arbeit auf Bauprojekten (*buruh pembangunan*) in Jakarta, während seine Frau als Köchin in einem Mittelklassehotel in Bali arbeitet. In langjähriger Kapitalakkumulation ist es der Familie gelungen, ein bescheidenes Backsteinhaus zu errichten. Die Wände waren während des Feldaufenthaltes noch nicht verputzt; der Fußboden bestand noch aus unzementiertem Erdboden. Die Familie sparte zunächst auf die Anschaffung einer Wasserpumpe und die Errichtung einer Toilette (*kamar mandi*). Bislang benutzten die Parsiantos die sanitären Anlagen des Nachbarhauses. Die Familie bestreitet durchschnittlich 30% ihres Einkommens durch Geldsendungen (*kiriman*) ihrer emigrierten Kinder.

Der Umstand in zwei Typen von Haushalten leben zu können erwies sich von unschätzbarem Wert. Er erlaubte mir nicht nur tiefere Einblicke in den teils recht verschiedenen Tagesablauf der Mitglieder eines „reichen" und eines „armen" Haushaltes; er ermöglichte auch einen direkten Langzeitvergleich der sozialen Kontakte und akkumulativen Strategien beider Familien. Er lieferte darüber hinaus ausreichend qualitatives Material zur Interpretation rein quantitativer Daten der Haushalte des repräsentativen Samples. Neben der haushaltsinternen teilnehmenden Beobachtung konnte ich auch die Formen sozialer Kontakte und Kommunikation in zwei sehr verschiedenen RT-Nachbarschaftseinheiten dokumentieren. RT 4 ist sozio-ökonomisch weit stärker stratifiziert als RT 1. Einer kleinen Gruppe von Lehrern und Staatsbeamten (*pegawai*) steht die Mehrheit von Kleinbauern und Landlosen gegenüber, die über Sharecropping-Arrangements und private Kredite mit den Pegawai verbunden ist. Von den Haushalten des Lurah und des Wirtschaftsbeamten (*Ekobang*) abgesehen, ist RT 1 dagegen sozio-ökonomisch relativ homogen. Alle Haushalte sind landlos oder kleinbäuerlich, Arbeitsarrangements zwischen den Haushalten beruhen weitgehend auf reziprozitären Prinzipien (*sambatan*). Die Mehrheit der erwachsenen RT-Bewohner hat mehrere Jahre in urbanen Zentren (vorwiegend Jakarta) gelebt. Die Kommunikationsformen sind weitaus informeller als in RT 4.

1.3. Qualitative Phasen der Feldforschung

Kenny und Bernard (vgl. Bernard 1988: 162-169) haben aufgrund ihrer eigenen Felderfahrung und anhand der Informationen anderer Ethnologen ein allgemeines Modell einer *Researcher Response* entwickelt, nach dem der Feldforscher während seines Aufenthalts in einer ihm fremden Kultur sieben differenzierbare Abschnitte durchläuft, die sie folgendermaßen charakterisierten.

1. *Initial Contact:* Diese Phase ist durch die Kontaktaufnahme mit der neuen Umgebung charakterisiert. Laut Kenny und Bernard befinden sich Feldforscher in diesem Abschnitt nicht selten in einer Art von Euphorie oder Aufregung, man fühlt sich „attracted to move about in a new culture" und kann es kaum erwarten, seine Arbeit aufzunehmen. Dies ist aber nicht zwingend der Fall. Die anfängliche Kontaktaufnahme kann durchaus auch durch Schwierigkeiten, Unsicherheit, Frustration und *initialem* Kulturschock gekennzeichnet sein.[9]

2. *Shock:* In dieser anschließenden Phase (nach etwa zwei Wochen) stellt sich häufig eine Form der Depression ein. Der „Reiz des Neuen" ist im Schwinden und es dominiert das Gefühl „that anthropology has to get done" (Bernard 1988: 164). Diese Phase ist nicht selten durch eine Unsicherheit hinsichtlich der eigenen Fähigkeiten, die angestrebten Daten auch zu erhalten (insbesondere wenn es sich um die erste Feldforschung handelt) und ein vages Gefühl der Unwillkommenheit durch die zu untersuchende Gemeinschaft gekennzeichnet. Man sehnt sich in der Situation des Alleinforschers nach Austausch mit Personen der eigenen Kultur und es stellen sich Gefühle der Einsamkeit ein. Diese subjektive Einsamkeit korreliert dabei ironischerweise häufig mit dem Problem „of not being able to get any privacy" (ebd: 165). So wurde meinem Wunsch, mich zur Abfassung meiner Feldnotizen zurückzuziehen, nicht nur mit Unver-

---

[9]   Ich möchte hier aufgrund meiner eigenen Erfahrung eine Differenzierung des Phänomens des Kulturschocks einführen: Mit *initialem Kulturschock* ist hier die Wahrnehmung der Fremdartigkeit des zunächst äußerlich Sichtbaren gemeint. Dabei kann es sich sowohl um Verhaltensweisen, als auch um die materielle Kultur wie zum Beispiel nackte Personen oder um das Milieu allgemein wie herumliegender Abfall, streunende Ratten oder verwahrloste Hütten handeln, die zunächst Zweifel aufkommen lassen, ob man die bevorstehenden Monate auch physisch und psychisch durchhält. Als *resultierenden Kulturschock* möchte ich die Situation bezeichnen, daß man mit zunehmender Aufenthaltszeit das Gefühl bekommt, immer weniger zu verstehen, da die eigenen Werte und das Wertsystem der untersuchten Population vorübergehend innere Konflikte auslösen. Kurz: ein resultierender Kulturschock besteht dann, wenn die eigenen Konzeptionen und Koordinaten nicht mehr zu funktionieren scheinen und eine gewisse Hilflosigkeit in der Handhabe und Einschätzung sich ergebender Situationen aufkommt. Dies dürfte vor allem dann auftreten, wenn man bereits tiefer in eine fremde Kultur und die sozialen Beziehungen der Akteure eingedrungen ist.

ständnis begegnet; er wurde auch als „unsozial" und „individualistisch" bezeichnet. So war es nichts Ungewöhnliches, daß ich meine abendlichen Schreibarbeiten in Gegenwart von mehreren Personen ausführen mußte, die sich (wohlgemerkt für *unsere* Wertvorstellungen!) recht aufdringlich verhielten. Dieses Problem war in meinem Fall nur dadurch zu lösen, daß ich meine Notizen nachts zur Schlafenszeit (nach 21 Uhr) anfertigte.

3. *Discovering the Obvious*: Im nächsten Schritt kommt dann die feldforscherische Aktivität gewissermaßen zu einem ersten Höhepunkt. Die Datensammlung wird zunehmend systematischer, die signifikanten Fragestellungen deutlicher, die Formen der sozialen Kontakte der Akteure treten klarer hervor und es beginnt der Blick „hinter die Kulissen". Nach Bernard (ebd: 167) ist der Feldforscher zu diesem Zeitpunkt nicht selten bereits „in control of dangerous information" und mit dem Problem konfrontiert, die Identitäten seiner Informanten in dem Maße zu schützen, wie seine Daten die Eigenschaften eines „good stuff" annehmen (vieles dieses „good stuff" stellt sich allerdings später häufig als Allgemeinplatz heraus).

4. *The Break*: Die Zeit der Abstinenz sollte dazu genutzt werden, die bisherigen Erkenntnisse in die richtige Perspektive zu setzen, die bisherige Arbeit zu reflektieren, die noch offenen Fragen zu definieren und die weiteren Strategien zu überdenken. Es besteht nun die Möglichkeit, Archivdaten und andere Arbeiten zum Untersuchungsthema zu sammeln und den bisherigen Forschungsverlauf mit Kollegen zu diskutieren. Ein Teil dieser beobachtungsfreien Zeit sollte aber auch der persönlichen Erholung dienen.

5. *Focusing*: Der Forschungsplan ist nun detaillierter, die noch zu klärenden Problemstellungen sind deutlicher umrissen. Die bereits formulierten Fragestellungen müssen nun präzisiert und operationalisiert werden. Einzelne Aspekte der Untersuchung werden zunehmend peripher, andere dagegen werden mehr in den Vordergrund treten. Modifikationen des ursprünglichen Forschungsplans sind dabei oft unvermeidbar. Es ist der Zeitpunkt, wo die Situation von effektiver Nutzung der verbleibenden Zeit bestimmt ist und man von einzelnen Komponenten des Forschungsplans Abschied nehmen muß.

6. *Exhaustion, the second break and Frantic Activity*: Nach Kenny und Bernard stellt sich im statistischen Durchschnitt nach 7-8 Monaten bei vielen Feldforschern das Gefühl ein „that they have exhausted their informants, both literally and figuratively" (ebd: 168). Daß heißt, man hat Schwierigkeiten, seine Informanten weiter für das Forschungsprojekt zu befragen. Diese Situation kann zum einen bedeuten, daß man glaubt, die Grenzen der Aufdringlichkeit und Belästigung der Interviewpartner erreicht zu haben. Sie kann andererseits aber auch heißen, daß man davon ausgeht, daß die Informanten einem eigentlich

nichts Neues mehr zu vermitteln haben. Diese verständliche Einstellung unterschätzt allerdings den Wissensvorrat kulturell kompetenter Informanten. Hier
wird dann häufig eine zweite kurze Pause vorgenommen, um ein letztes mal die
Prioritäten zu ordnen und eine vorläufige Bestandsaufnahme der geleisteten
Arbeit vorzunehmen, der sich eine kurze, aber intensive Schlußphase anschließt.

7. *Leaving the Field*: Das Verlassen des Feldes ist ein konstitutiver Bestandteil
des Prozesses. So dürften die rechtzeitige Ankündigung der Heimkehr und das
bewußte Abschiednehmen wesentlich dazu beitragen, wie der Feldforscher bei
seinen Informanten in Erinnerung bleibt. So ist es in Java üblich, sich die Zustimmung zur Abreise (*nyuwun pamit*) einzuholen. Dies gilt für die untersuchte
Gemeinschaft gleichermaßen wie für die mit der Genehmigung der Forschung
befaßten staatlichen Institutionen. Eine kulturell angemessene Verabschiedung
wird darüber hinaus sowohl die Akzeptanz einer späteren Rückkehr zu ergänzenden Forschungszwecken als auch die Empfehlung anderer Personen er-
leichtern.

Ich kann die Inhaltsmerkmale dieser qualitativen Phasen des Feldaufenthalts durch
meine eigenen Erfahrungen bestätigen, wenngleich hinsichtlich ihrer chronologi-
schen Abfolge Differenzen bestehen. Der erste Abschnitt begann im Dezember
1995, zwei Monate nach meiner Einreise, nachdem alle formalen Prozeduren unter
Dach und Fach waren. Der „Einstieg" war dabei durchaus durch einige der von
Kenny und Bernard angeführten Elemente charakterisiert. Es war mir klar, daß es
vor der Durchführung des Zensus einer gegenseitigen Adaptionsphase von Feldforscher und zu untersuchender Bevölkerung bedurfte. Ich hatte deshalb geplant, erst
zwei Wochen nach meiner Ankunft mit dem Zensus zu beginnen.

Zwei Freunde aus Yogyakarta hatten sich bereit erklärt, mich bei der Durchführung des Zensus als Assistenten zu unterstützen. Bezeichnenderweise fiel mein
Tatendrang, nun endlich den Zensus in Angriff zu nehmen, mit der ersten Krise im
Feld zusammen. Die Assistenten erfüllten ihre Aufgabe nämlich keineswegs so,
wie man annehmen könnte. Einmal wurden von beiden zusammen am Anfangstag
(der zugleich der letzte war) nur drei Haushalte aufgesucht; die Angaben stimmten
allerdings in keinerlei Hinsicht mit den Tatsachen überein. So wußte ich, daß mein
Nachbar zwar Land gepachtet hatte, aber kein Sharecropping-Agreement besaß,
wie im Zensusbogen vermerkt. Auch die Anzahl der emigrierten Kinder entsprach
nicht der Realität. Offenbar existierte seitens der Mitarbeiter eine gewisse Hemmschwelle, die Informanten direkt nach den Dateninhalten zu fragen. So erklärte einer der Assistenten, daß er lediglich ein informelles Gespräch geführt hatte, auf
dessen Basis er den Bogen nachträglich ausfüllte und daß dies *sein* persönlicher Stil
der Datensammlung sei. Auf mein Hinweis hin, daß dieser Stil nicht dem ent-

spricht, was ich von einem Assistenten erwarte, wurde auf das Problem zunächst nach javanischer Art mit Schweigen reagiert, worauf die Assistenten am nächsten Tag die Abreise antraten. Seitens des Schwiegersohns der Familie meiner Unterkunft wurde mir daraufhin erklärt, daß die Zusage der beiden, mir beim Zensus zu helfen (er war bei Äußerung der Zusage einige Tage zuvor anwesend) keineswegs wörtlich gemeint war, sie war vielmehr eine höfliche Reaktion auf meine Bitte, die man zur Aufrechterhaltung der Harmonie nicht direkt abschlagen wollte.

Wir berühren hier einen der schwierigsten Punkte in der Interaktion mit den Mitgliedern der javanischen Gesellschaft. Es bedarf nämlich aufgrund der indirekten und unverbindlichen Kommunikationsweise ein gutes Maß an Erfahrung, um zu wissen, welche Äußerungen tatsächlich ernst gemeint sind (vgl. Schweizer 1985: 266). Es zeigte sich in der Folgezeit, daß es außerordentlich schwierig war, permanente und zuverlässige Mitarbeiter zu finden. Der Löwenanteil der Daten mußte deshalb zunächst in Alleinarbeit zusammengetragen werden. Hinzu kam, daß ich für den letzten Tag der Fastenzeit (*Lebaran*) Ende Februar eine Befragung der zu diesem Anlaß auf Heimbesuch befindlichen Migranten durchführen wollte. Da sich die Migranten nur wenige Tage im Dukuh aufhalten kam es darauf an, in kurzer Zeit möglichst viele Informanten zu interviewen. Allerdings hatte eine Nachfrage in meinem Bekanntenkreis keine sichere Zusage erwirkt, so daß ich auf einen im Dukuh wohnenden Kunststudenten zurückgriff (der bis zum Ende des Aufenthalts mein Mitarbeiter blieb). Nachdem ich den Zensus allein bewältigt hatte, mußten nun 68 Interviews von zwei Personen innerhalb einer Woche durchgeführt werden.

Die von Kenny und Bernard als „frantic activity" bezeichnete Situation stellte sich demnach ziemlich rasch nach der Kontaktaufnahme und dem ersten ernüchternden Zwischenfall ein. Anfang März war somit eine erste Pause (*Break-Phase*) angebracht. Die durch die Schlagworte „discovering the obvious" und „good stuff" charakterisierte Phase der Erschließung bisher latenter Sachverhalte folgte nach meiner Rückkehr und dem anschließenden Wechsel meiner Unterkunft. Das Verlassen eines Haushalts der Dorfelite ermöglichte es den Dukuhbewohnern, ihren Unmut über die undurchsichtigen Praktiken und das mangelnde Engagement der Dorfkader direkter zu artikulieren. Diese interessanteste Phase des Feldaufenthalts, die täglich neue Zusammenhänge der innerkommunalen Strukturen offenbarte, zog sich bis August 1996 hin. Da die ursprüngliche Forschungsgenehmigung nur bis Oktober 1996 gültig war, war der Monat September durch eine zweite Phase gesteigerter Aktivität gekennzeichnet.

In der Anschlußphase kam es wiederholt zu Momenten der kulturellen Schockerfahrung. Ein Extremfall entstand durch den unnatürlichen Tod meines 37jährigen Nachbarn. Aufgrund einer angeblichen Affäre verordnete die 65jährige! Ehefrau ein von einem lokalen traditionellen Heiler (*dukun*) zusammengestelltes

Mischgetränk zur Harmonisierung der Ehebeziehung. In dieses Glas waren Räucherstäbchen beizugeben, wonach das Ganze mit einem (rostigen!) magischen Dolch (*keris*) verrührt wurde. Dieses „Präparat" war zweimal täglich einzunehmen. Nach einigen Wochen dieser Behandlung erkrankte der Ehemann an einer Leberschädigung. Das von der Dukuh-Gemeinschaft gesammelte Geld für eine stationäre Behandlung im Krankenhaus (*sumbangan*) wurde von der Ehefrau für eigene Zwecke mißbraucht, um eine Zementierung des Küchenbodens vorzunehmen. Zwar wurde eine Kuh verkauft, der Erlös allerdings an Dritte (außerhalb Karangduwets) verliehen. Die Ehefrau war an der Gesundung ihres Mannes offenbar nicht interessiert. Mein dem Lurah gegenüber gemachter Vorschlag, den Mann ins Krankenhaus zu transportieren und die Kostenfrage später zu regeln, wurde mit dem verständlichen Argument verworfen, daß man „mit dieser Familie nicht kooperieren" könne und der Ehemann ohnehin dazu neige, sich seinem Schicksal zu ergeben (*pasrah*). Im übrigen hätten die Bewohner Karangduwets ihre nachbarlichen Verpflichtungen mehr als erfüllt (was man durchaus so sehen kann). An den allabendlichen, obligatorischen Krankenbesuchen (*menenggok orang sakit*) nahmen die Dukuhbewohner nahezu geschlossen teil, bis der Mann verstarb.[10] Zwar wurde das Verhalten der Ehefrau mißbilligt, für ein forsches Einschreiten war allerdings niemand zu bewegen.

Im April 1997 wurde eine zweite dreiwöchige Pause eingelegt, von Mai bis Juli schließlich das Verlassen des Feldes vorbereitet und die noch fehlenden Daten zusammengetragen.

Ich möchte deshalb meinen eigenen Feldaufenthalt so strukturieren: 1. Kontaktaufnahme mit ersten kulturellen Schwierigkeiten (*Initial Contact*), 2. Phase intensiver Aktivität (*first frantic activity*), 3. Pause (*Break*), 4. Erschließung von Zusammenhängen (*Discovering the Obvious and Focusing*), 5. eine zweite Phase intensiver Aktivität (*second frantic activity*), 6. resultierender Kulturschock (*shock*), 7. zweite Pause (*Second Break*) und 8. letzte Datenerhebung und Abreise (*Last Data Collection and Leaving*).

Aus dieser gerafften Verlaufsbeschreibung geht zweierlei hervor: Sie liefert zum einen Hinweise auf die Richtigkeit der im Bernard-Modell beschriebenen qualitativen Forschungsphasen; sie zeigt aber auch, daß in der zeitlichen Anordnung dieser Abschnitte Variationen zwischen einzelnen Fallstudien wahrscheinlich sind. Rezepte dürften ohnehin nur von beschränktem Wert sein. Erfolg und Mißerfolg hängen nicht allein vom fachlichen „know how" ab, sondern auch von der Persönlich-

---

[10] Wie an diesem Beispiel erkennbar wird, beinhaltet das kommunale Wertsystem über die finanziellen Kontributionen (*sumbangan*) und die kollektive Präsenz beim Krankenbesuch (*menenggok orang sakit*) hinaus selten praktische Solidarität.

keit des Forschers, seiner Empathie und den Fähigkeiten seiner Adaption. Die Feldforschung ist eine individuelle Erfahrung, mit nachhaltigen Wirkungen auf den Träger ihrer Durchführung. Man sieht nach der Rückkehr die Dinge gewissermaßen aus einer anderen Perspektive, in der die Beliebigkeit dessen, was man als allgemein menschliche Positionen und Standards a priori vorausgesetzt hatte offen zutage tritt. Es wäre allerdings absurd, deshalb auf sämtliche Werturteile zu verzichten und die Verbindlichkeit eigener Standards aufzugeben.

1.4. Formale Feldforschungsmethoden

Zu Beginn des Feldaufenthalts wurde zunächst ein Zensus aller 103 Haushalte in Karangduwet unternommen. Dieser sollte neben der Gewinnung der demographischen und ökonomischen Primärdaten vor allem als Sample-Frame dienen, um bei Bedarf jederzeit Subsamples erstellen zu können. Die Durchführung des Zensus gab mir die Gelegenheit, alle Haushaltsvorstände in Karangduwet zumindest ein mal persönlich zu befragen. Ein weiterer Vorteil dieser Prozedur ist, daß auf einen Vergleichsrahmen bei eventuellen späteren Untersuchungen zurückgegriffen werden kann. Die Datensammlung erfolgte zum einen mit unstrukturierten und semistrukturierten Interviews; zum andern mit selbsterstellten Fragebogen, die teilweise durch von der Gadjah-Mada Universität erstellte Fragen ergänzt wurden.[11]

Die Verweigerungsquote blieb insgesamt unter 1%. Einzelne Fragenkomplexe zum Bereich der traditionellen und modernen Einstellungen wurden aus Peacock's Befragung über Wertorientierungen von synkretistischen und modernistischen Muslimen in Yogyakarta (Peacock 1978) und von Rogers und Svenning's psychologisch orientierter Untersuchung über kognitive Einstellungsmerkmale im Modernisierungsprozeß (Svenning und Rogers 1967) in die Questionnaires integriert. Die auf diesen Fragen basierenden Ergebnisse sind jeweils in den einzelnen Kapiteln vermerkt. Da diese Fragestellungen bereits in anderen Untersuchungen über Java Verwendung fanden,[12] wurde auf einen Prä-Test verzichtet. Signifikante private und öffentliche Ereignisse (rituelle Handlungen, Prozesse der kommunalen Entscheidungsfindung, Arrangements zwischen Individuen und Haushalten) wurden

---

[11] Zum „Aufspüren" lokal dominanter Themen wurden zunächst informelle und unstrukturierte Interviews durchgeführt. Auf der Basis so gewonnener Daten wurde dann ein „Interview-Guide" erstellt (semi-strukturierte Interviews), auf dessen Grundlage wiederum strukturierte Interviews formuliert wurden. Dennoch konnte auf informelle Interviews zu keinem Zeitpunkt der Forschung verzichtet werden. Dies betrifft vor allem die Bereiche Dorfgeschichte, Life-Histories von Migranten, das rituelle System und die Formen der Arbeitsarrangements.

[12] Für das dörfliche Java bei Schweizer 1989a: 242-270.

mit Hilfe der von Pelto (1970) entwickelten *event analysis* analysiert, mit dem Ziel, Variationen in Struktur und Funktion solcher Ereignisse in einem intra-kulturellen Vergleich herauszuarbeiten. Transkriptionen informeller Interviews und Feldnotizen wurden mit Murdock's „Outline of Cultural Materials" (Murdock 1969) kodiert. Die Mehrzahl der Interviews wurde in Bahasa Indonesia durchgeführt. Lediglich im Fall von älteren, des indonesisch nicht mächtigen Informanten wurde mit einem Übersetzer gearbeitet. Feldassistenten wurden gleichsam dazu angehalten, schriftlich fixierte Fragen in indonesisch zu stellen, da man nicht ausschließen kann, daß einzelne Formulierungen durch die Verwendung des Javanischen andere Bedeutungsnuancen erhalten und damit andere Reaktionen und Antworten erzeugen können.

Die Datenauswertung erfolgte mit den gängigen Standardprozeduren. Dabei wurde entsprechend der theoretischen Konzeption der Arbeit auf eine Balance zwischen qualitativen und quantitativen Methoden ausdrücklich Wert gelegt.

Qualitative Analyse

Aus dem Repertoire der qualitativen Methoden wurde vorwiegend mit Decision-Tables, Flow Charts, Taxonomien und dem von Becker und Geer (1960) entwikkelten „Validity Chart" gearbeitet. Letzterer erwies sich als ausgezeichnetes Instrument zur Feststellung der Wertigkeit qualitativ erzielter Daten.

Statements to observer alone / volunteered	Statements to observer alone / directed
Statements to others / volunteered	Statements to others / directed by observer
Activities individual / volunteered	Activities individual / directed by observer
Activities Group / volunteered	Activities Group / directed by observer

Tabelle 1.1. Wertigkeitstabelle nach Becker und Geer (1960)

Auf der Basis einer Wertigkeitstabelle haben Becker und Geer (1960: 287) vier Formen von Aussagen und Handlungssituationen unterschieden. Allgemein waren spontane, nicht induzierte Äußerungen (*volunteered statements*) durch eine höhere Variation charakterisiert als vom Forscher induzierte Aussagen (*directed statements*). Dies gilt auch für nicht induzierte, innerhalb der Gruppe geäußerte Statements, die eher die wirklichen Einstellungen der Akteure widerspiegelten als die durch meine Fragen vorprovozierten Antworten. Mir persönlich gegenüber geäußerte Einstellungen waren in aller Regel kritischer als Einstellungen, die in Präsenz anderer Dukuhbewohner formuliert wurden.

Univariate, bivariate und multivariate Statistik

Zentrale Tendenzen der Verteilung nicht-nominaler Variablen (Ordinal- und Intervallvariablen) wurden stets mit dem Medium (Percentilformel) berechnet, da man befürchten muß, daß diese bei Anwendung des arithmetischen Mittels (x-bar) in einigen Bereichen in nicht zufälliger Richtung verzerrt werden. Dies gilt insbesondere bei Distributionen mit vermuteten asymmetrischen Tendenzen (z. B. beim materiellen Besitz) und bei einzelnen Extremskors in den Datensätzen (so z. B. beim Landbesitz). Dispersionen werden in konventioneller Form mit der Standardabweichung (SD) angegeben.

Im Bereich der bivariaten Statistik orientierte sich die Wahl der angewandten Verfahren am Charakter der betreffenden Variablen. Gemäß gängigen Konventionen wurden Assoziationen zwischen Nominalvariablen mit Lambda und Chi-Square (x^2), Relationen zwischen Nominal- und Intervallvariablen mit Eta, Assoziationen zwischen Ordinalvariablen mit Spearman's s und Beziehungen zwischen Ordinal- und Nominalvariablen mit Gamma ermittelt. Lineare Korrelationen zwischen Intervallvariablen wurden stets mit Pearson's r berechnet. Bei der Untersuchung des Einflußanteils einzelner unabhängiger Variablen auf eine abhängige Variable wurde im wesentlichen mit Partial Correlations gearbeitet. Dieses Verfahren berücksichtigt allerdings nur eine abhängige Variable. In einzelnen Fragen wie im Bereich der kognitiven Merkmale und in den Datensätzen zum „Leben der Migranten", wo die Existenz nicht direkt erkennbarer, sogenannter latenter Dimensionen vermutet werden kann, bot sich indes die Faktorenanalyse an. Der Vorteil dieser Methode ist, daß ausreichend Raum für die qualitative Interpretation der extrahierten Faktoren bleibt. Alle formalen quantitativen Analysen wurden mit dem SPSS-Programmpaket berechnet.

1.5. Allgemeine Probleme der Datensammlung

Mit der Tendenz unseres Faches, anthropologische Theorien stärker auf objektive und quantifizierbare Daten zu gründen, geht eine Methode der Datensammlung einher, die zunehmend auch in Dorfstudien Anwendung findet: Die Datenerhebung mit dem vorformulierten Questionnaire. Der Grund dürfte vor allem in der Tatsache zu suchen sein, daß ein sinnvolles Auswerten quantifizierbarer Daten nur dann Sinn macht, wenn alle Informanten mit dem selben Stimulans konfrontiert werden. In relativ kurzer Zeit werden so eine Fülle von Daten erhoben, die dann in komplexen statistischen Auswertungen mit formalen Verfahren aufbereitet werden. Trotz des arbeitsökonomischen Vorteils des Verfahrens bleiben der stationäre Langzeit-

Feldaufenthalt und die qualitativen Techniken der Datensammlung (teilnehmende Beobachtung und informelle Interviewtechniken) unverzichtbar, soll der notwendige Tiefenblick in die lokalen und kulturellen äußeren Rahmenbedingungen, die für den statistischen Ausdruck der Rohdaten sowie für das Verhalten und die Einstellungen der Akteure gleichermaßen relevant sind, in die Analyse mit einfließen. Die zunächst im Zensus erhobenen Daten zu Haushaltskomposition, Migration, Landbesitz und materieller Situation stellten hinsichtlich ihres Wahrheitsgehaltes kein Problem dar. Teile dieser Daten werden bei den regierungsamtlichen Zensus-Erhebungen ebenfalls erfragt. Ihre Aufnahme ist ebenso ein Routinevorgang in den notorischen KKN-Programmen (*Kulia Kerja Nyata*), bei welchen die Universitätsgraduierten für zwei Monate in den Dörfern leben um die Bevölkerung zur Durchführung notwendiger Innovationen anzuhalten (Dove 1988: 33).

In emischer Sichtweise tat der Feldforscher während dieser Phase nichts anderes als „seinen Job", so wie man es von einem „Studenten" (*mahasiswa*) erwartet. Die Diskrepanz in der ökonomischen Situation der Haushalte ist ohnehin augenfällig; so wurden Fragen beispielsweise nach dem materiellen Besitz auch keineswegs als persönlich empfunden. Demgegenüber zeigten sich vorformulierte Fragebogen zum traditionellen, relationalen Normenapparat als außergewöhnlich reaktiv. Die experimentelle Anwendung eines von der Gadjah Mada Universität konzipierten Questionnaires über die Situation der sozio-kommunalen Verfassung offenbarte in zentralen Themen signifikante Schwächen in Hinblick auf die Validität der erhobenen Daten. Es war nicht zu übersehen, daß die Informanten unter verschiedenen Interviewumständen verschiedene Einstellungen zu Protokoll gaben. Die von mir selbst zu diesem Bereich befragten Informanten zeichneten sich durch eine weitaus höhere Variation in ihren Einstellungen aus als die durch einen städtischen, nicht im Dorf lebenden Assistenten Befragten. Im Fall der von meinem aus dem Dukuh stammenden Mitarbeiter interviewten Personen tendierte die Variation der Einstellungen gar gegen null. Man war offensichtlich bestrebt, sich als besonderen Traditionalisten in Sachen reziprozitärer Arrangements und javanischer Normen zu profilieren.

Die signifikante Differenz an Einstellungsvariationen konnte dabei nicht auf eventuell verschiedene soziale Merkmale der Interviewpartner zurückgeführt werden, da sowohl die von meinen Mitarbeitern als auch die von mir selbst interviewten Subsamples nach dem Randomprinzip erstellt und hinsichtlich aller berücksichtigten Variablen (Alter, Geschlecht, sozio-ökonomischer Status, Beruf) intern heterogen waren. Es ergaben sich hieraus eine Reihe theoretischer und methodischer Konsequenzen, denen in der Forschung zum ländlichen Java m. E. bislang nicht die ihnen gebührende Aufmerksamkeit eingeräumt wurde. Es handelt sich hierbei um eine Problematik, deren Dimension durchaus über die üblichen „Response Effects" (Bernard 1988:220ff) hinausweist, da die beobachtete Reaktivität zu einem nicht unerheblichen Teil in der spezifischen javanischen Kommunikationsweise begründet scheint.

Die Tradition des *jagongan* hatte während des Feldaufenthalts und auch schon davor an Plausibilität eingebüßt. Es handelt sich dabei um die Reichung eines Geldumschlags bei der Ausrichtung von einzelnen Passageriten (Heirat und Beschneidung) seitens der teilnehmenden Gäste, mit der die finanzielle Belastung (*beban*) des festgebenden Haushalts verringert werden soll. Teile der Gäste - vor allem die von außerhalb der Nachbarschaft - werden zumeist vermittels der Sendung einer Karte formell eingeladen. Innerhalb der Grenzen des RT und der unmittelbaren Nachbarschaft jedoch wird in aller Regel auf eine förmliche Einladung verzichtet. Die anstehende Festausrichtung (*hajet*) wird lediglich öffentlich bekannt gemacht. Die Bewohner Karangduwets nennen dies *ulem-ulem*. Man darf dabei aber nicht übersehen, daß das kommunale Wertsystem nachbarschaftlicher Prinzipien (einschließlich seiner Kontrollmechanismen) den Akteuren kaum die Entscheidungsfreiheit läßt, sich der „freiwilligen Präsenz" (*datang sendiri*) zu entziehen. In einzelnen rituell aktiven Monaten des javanischen Kalenders, vor allem im Ritualmonat Besar, übersteigt die für das *jagongan* ausgegebene Summe - zumindest in Karangduwet - nicht selten das Einkommen der involvierten Haushalte. Im Fragebogen zum relationalen Wertesystem und zur sozialen Partizipation wurde deshalb die Problematik des *jagongan*s in Form von zwei selbst konstruierten, kontradiktiven Ansichten integriert, die ich an dieser Stelle in deutscher Version wiedergeben möchte:

> „Es gibt zwei Ansichten zur Tradition des *jagongan*. Manche Leute sagen, das *jagongan* wird oft zur ökonomischen Last für ihren Haushalt und deshalb sei es besser die Tradition zu vereinfachen und auf das ulem-ulem zu verzichten. Andere Leute sind der Meinung, daß das *jagongan* eine alte javanische Tradition ist und darum nicht geändert werden darf. Welche der beiden Meinungen stimmt mehr mit Deiner Meinung überein?"

Innerhalb des von mir selbst interviewten Subsamples optierten immerhin 34% der Befragten für die Abschaffung des *jagongan* in seiner bestehenden Form; indes in der von meinem städtischen Mitarbeiter interviewten Gruppe lediglich 5%. Im Fall der Personen, die vom aus dem Dukuh stammenden Mitarbeiter befragt wurden, ergab die Präferenz zur Beibehaltung des *jagongan* eine 100%ige Zustimmung. Dieses Ergebnis stand in Widerspruch zu meinen Erwartungen, da ein Teil des vom ortsansässigen Mitarbeiter interviewten Personenkreises in informellen Gesprächen dem Feldforscher gegenüber bereits über die zunehmende finanzielle Belastung durch das *jagongan* geklagt hatte. Die Einnahme einer kritischen und unabhängigeren Position fiel den Informanten offensichtlich wesentlich leichter, wenn sie von einem Außenseiter befragt wurden als von einem Mitglied ihres kulturellen und sozialen Systems. Es muß zweitens auf die Möglichkeit des Einflusses der Interviewumstände in Form anwesender Personen hingewiesen werden. Die Existenz solcher, dem Feldforscher oft nicht bewußter *validity threats* ist zwar hinlänglich bekannt (vgl. Bernard 1988: 67f), ihre Dokumentation in konkreten Fallstudien aber bisher recht selten. Die Problematik soll kurz anhand eines konkreten Fallbeispiels anschaulich gemacht werden. Ebenfalls als Teilkomplex des Questionnaires zur sozio-kommunalen Verfassung sollte die Präferenzhierarchie einer auf ökonomischem Individualismus und zugleich auf reziprozitären, kollateralen Prinzipien basierenden kollektiven Wertorientierung ermittelt werden. Das Ziel bestand darin, Daten über die Differenz in der Rangordnung dieser Orientierungsaspekte zwischen Individuen zu erhalten, die dann als sogenannte Kontrollvariablen mit anderen sozio-ökonomischen Variablen korreliert werden sollten.

Eine 55jährige Subsistenzbäuerin wurde testweise zweimal mit der Frage konfrontiert, wie sie sich in einer Situation verhält, wenn der Zeitpunkt der Festvorbereitung (*rewang*) in einem Nachbarhaushalt mit der Verrichtung einer wichtigen Arbeit oder Erledigung (*pekerjaan yang penting*) koinzidiert. Das von dem indonesischen Soziologen Nurhadi (1987: 130ff) entwickelte Meßinstrument bietet dem Respondenten vier Entscheidungsalternativen: a) die eigene Arbeit fortzusetzen und der Festvorbereitung fernzubleiben; b) die Arbeit abzubrechen und sich an der Festvorbereitung zu beteiligen, c) die soziale Verpflichtung zur Teilnahme an der Festvorbereitung erst nach Erledigung der eigenen Angelegenheiten wahrzunehmen und d) die Möglichkeit, sich die Entscheidung prinzipiell offen zu lassen. Die Informantin erklärte zunächst im Alleinsein mit dem Feldforscher, daß sie selbstverständlich der Erledigung ihrer Arbeit den Vorzug geben würde. In Anwesenheit einiger Personen aus der RT-Nachbarschaft entschied sich die selbe Person nur eine Woche später indes für das Aushelfen bei der Festvorbereitung der Nachbarn, da ein Vorzug der eigenen Feldarbeit ein Ausdruck individualistischer Einstellung sei, die man im *kampung* (der Begriff kampung bezeichnet den nicht genau territorial definierten Bereich der Nachbarschaft) keinesfalls akzeptieren könne.

Die Präsenz anderer signifikanter Personen der näheren nachbarschaftlichen Umgebung schränkte die Freiheit des eigenen Werturteils offenbar dahingehend ein, daß die Informantin befürchten mußte, sich bei einer Option für die auf ökonomisches Eigeninteresse zielende Alternative dem kollektiven Werturteil der sozial ignoranten Person auszusetzen, was möglicherweise nicht ohne Konsequenzen für ihre soziale Identität geblieben wäre. Abgesehen von einzelnen Schwächen der Testkonstruktion selbst (z. B. die ungenügende Spezifizierung der Umstände hinsichtlich des Verhältnisses der befragten zur festausrichtenden Person, die Relativität des Begriffes einer *wichtigen* Angelegenheit und des Fehlens der kulturell naheliegenden Alternative, sich durch eine andere Person bei der Festvorbereitung vertreten zu lassen) offenbarte der Testversuch, daß eine adäquate anthropologische Interpretation kultureller Themen nicht daran vorbeikommt, die äußere Situation der Datenerhebung als independente Variable in die Analyse mit einzubeziehen. Es gibt guten Grund für die Annahme, daß Interviews in Form eines „Vier-Augen-Gespräches" wesentlich wahrscheinlicher die wirkliche, privat gefühlte und gedachte Einstellung wiedergeben und dementsprechend auch ein höheres Maß an Variationen unter den Antworten erzeugen als Interviews in Präsenz signifikanter Anderer, die eher die abstrakten, idealen und kollektiv geteilten Wertorientierungen produzieren. Gerade an solchen Beispielen zeigt sich die funktionale Notwendigkeit von analytischen Kontrollinstrumenten.

Sie liefern des weiteren Hinweise für die Wichtigkeit der in der Becker und Geer'schen Wertigkeitstabelle enthaltenen Kriterien. Die 60 Personen des Gesamtsamples wurden deshalb informell (meist am Abend in entspannter Atmosphäre) ohne Benutzung von Fragebogen von mir persönlich zu diesen Themenkomplexen interviewt. Nur so konnte das Stimulans sowohl hinsichtlich der befragenden Person als auch in Bezug auf die gewählte Fragenformulierung konstant gehalten werden. Um den Faktor der Interferenz von qualitativ verschiedenen Interviewumständen möglichst gering zu halten wurden alle Interviews ohne Anwesenheit von Nachbarn oder sonstigen haushaltsexternen Personen durchgeführt. Einzelne Informanten des Samples wurden in Abständen stichprobenweise erneut zu diesen Themen unter den selben Bedingungen in Form einer *panel study* (Bernard 1988:81) befragt. Es ergaben sich dabei keine statistisch signifikanten Veränderungen, so daß man die auf diese Weise gewonnenen Daten und Ergebnisse zumindest einigermaßen ruhigen Gewissens vertreten kann.

Eine von rascher Datenerzielung geleitete, auf vorformulierten Fragebogen basierende Umfrage mit der Verwendung mehrerer Assistenten ist bei der Erhebung von Primärdaten (wie z. B. beim Zensus) sowohl aus Sicht der Verständlichkeit der erfragten Dateninhalte als auch in Hinblick auf die Stichhaltigkeit der Ergebnisse ein zweifellos zuverlässiges und arbeitsökonomisches Verfahren. Es scheint dagegen wenig geeignet, die Einstellungen der Dukuhbewohner zu ihren Werten und kommunalen Normen zu erfassen. Auf der Basis teilnehmender Beobachtung, informeller Interviews und kontinuierlicher Wertigkeitschecks ist es gelungen, zumindest einige zentrale kausale Faktoren der Datenbeeinflußung zu isolieren.

Es besteht beispielsweise im Bereich der Multiple-Choice-Fragen durchaus die Wahrscheinlichkeit der Nennung irgendeiner Option, ohne daß der Informant über alle ihm zur Verfügung stehenden Alternativen reflektiert. Das Problem gewinnt eine zusätzliche Dimension durch die Möglichkeit des schlichten Vergessens einzelner Items. Dies um so mehr, wenn es sich bei dem betreffenden Informanten um einen Analphabeten handelt, der sich in kurzer Zeit eine Fülle an Inhalten einprägen muß. Zur Messung der Perzeption von persönlichen Kontrollmöglichkeiten wurden die Respondenten des Samples mit fünf Aussagen zum Problem der Armut konfrontiert.[13] Diese fünf Meinungen wurden in Form einer Skala von Item zu Item abnehmender Kontrollmöglichkeit präsentiert. Die Armut war darin definiert als a) Element der kosmischen Ordnung, das deshalb als Teil der menschlichen Existenz hinzunehmen sei, b) als ein Ergebnis ökonomischer Mächte, die die Menschen nicht verstehen und auch nicht beeinflussen können, c) als ein Übergangsphänomen, das man durch Programme der Regierung beseitigen kann, d) ein Problem, das durch den Zusammenhalt der Armen gemindert werden kann und e) als persönliche Situation, die der Einzelne durch eigene Anstrengung überwinden kann.

Die Informanten wurden nun gebeten, die ihrer Ansicht nach zutreffendste und unzutreffendste Aussage zu benennen. Die überwältigende Mehrheit optierte zunächst für die letzte Alternative als die ihrer eigenen Auffassung am nächsten stehende. Bei der anschließenden Frage nach der unrichtigsten Meinung zur Armut konnte ein statistisch nicht unerheblicher Teil der Informanten die Inhalte der vorangegangenen Statements nicht erinnern und bat um ein wiederholtes Vorlesen. Es stellte sich somit die Frage, ob die Bewohner Karangduwets in der Tat eine außergewöhnlich hohe Einschätzung eigener Kontrollmöglichkeit besitzen oder optierten sie mehrheitlich für dieses Item, da es als das letzte der Reihe auch dasjenige war, dessen inhaltliche Aussage sie am besten erinnerten. Die Items wurden daraufhin in Form eines informellen Gespräches für das gesamte Sample wiederholt. Dabei wurden die einzelnen Ansichten bewußt mehrmals in gemischter Rangfolge präsentiert, um den Faktor der Erinnerungslücke so weit wie möglich kontrollierbar zu machen. Die Ergebnisse zeigten zwar weiterhin eine Dominanz des Items Nr.e), zeichneten sich aber insgesamt durch eine größere Varianz aus.

1.6. Kulturspezifische Wertigkeitsbeeinflussungen

Neben der Beeinflussung durch die Interviewumstände, der Dimension der Erinnerungslücke, diversen Verständnisproblemen und der Tendenz vorformulierter Fragen, komplexe Sachverhalte auf allzu einfache Schemen zu reduzieren, existiert eine spezifische, durch die javanische Wirklichkeitskonzeption und Kommunikationsform bedingte Beeinflussung. Die Analyse dieser Beeinflussung offenbarte zwar die mangelnde Aussagekraft der auf der Umfrage zur sozialen Partizipation

---

[13] Die Items finden sich in einem Umfragekatalog des „Center of Population Studies" der Gadjah Mada Universität in Yogyakarta.

basierenden Daten, sie ermöglichte aber andererseits ein tieferes qualitatives Verständnis javanischer Wertorientierung. In seiner klassischen Studie zu sozialen Beziehungen im ländlichen Modjokuto hat Robert Jay (Jay 1969) mehrfach auf die
Existenz verschiedener konzeptioneller Ebenen in der Wirklichkeitsvorstellung der
Javanen hingewiesen. So werden auf einer höheren Konzeptionsebene alle Dukuhbewohner als egalitäres, undifferenziertes Kollektiv von „Verwandten" (*saudara*)
aufgefaßt. Auf der Ebene der Alltagssituationen dagegen werden Interaktionen
durchaus von der Dichotomie zwischen Verwandten und Nichtverwandten sowie
Nachbarn und Nichtnachbarn strukturiert sowie bestehende Statusunterschiede in
entsprechenden, durch das Sprachniveau definierten Kommunikationsniveaus aktualisiert (ebd: 235).

Die Existenz einer solchen ideal-abstrakten kognitiven Dimension durchzieht
alle Kernbereiche der javanischen Wirklichkeitsvorstellung. So ist der zentrale
Wert der kommunalen Harmonie (*kerukunan*) nicht so zu verstehen, daß innerhalb
javanischer Gemeinschaften keine Interessengegensätze und Konflikte bestehen,
ihre direkte Artikulation wird aber als für das menschliche Zusammenleben schädlich angesehen. Negative Aussagen, Konflikte und desintegrierende Realitäten
werden nicht selten um den Erhalt dieses primären kulturellen Zieles willen ver-
schwiegen. Der Begriff *kerukunan* ist deshalb auch als Konfliktvermeidungsprinzip
charakterisiert worden (Magnis-Suseno 1980: 42). Die Aufrechterhaltung von *kerukunan* setzt, wie Schweizer (1989a: 245) zutreffend feststellt, unter Umständen
auch solche, in unserer eigenen Kultur zentral erachtete Normen wie Wahrheits-
streben und Gerechtigkeit außer Kraft, wenn ihre Durchsetzung zum Konflikt führen würde.

Ein wesentlicher Unterschied zu unserem westlichen Modell ist m. E. nicht die
Existenz des Wertelements sozialer Harmonie an sich, als vielmehr seine exponierte Vorrangstellung innerhalb des vorliegenden kulturellen Systems. Sein Imperativ ist sozusagen absolut; die Aufrechterhaltung von *kerukunan* ist unabhängig
von der Realisierung anderer, sekundärer gesellschaftlicher Ziele wie der Entwicklung der Ökonomie oder dem Aufbau einer wohlhabenden und gerechten Gemeinschaft. Die sozial konstruierte Harmonie bleibt somit in weiten Bereichen eine konzeptionelle Abstraktion. So ist es etwa nichts Außergewöhnliches, daß man in informellen Gesprächen auf der Durchreise oder bei Kurzbesuchen in javanischen
Dörfern von der Bevölkerung quasi obligatorisch darauf hingewiesen wird, daß die
Harmonie in dieser Siedlung besonders stark ausgeprägt sei (*kerukunan di sini
sangat kuat*). Dieses Postulat stellt keine realitätsadäquate Situationsbeschreibung
einer harmonischen *folk society* im Sinne Redfields (Redfield 1956) dar, sondern
bezeichnet lediglich einen normativen Idealzustand. So war anfänglich aufgrund
mangelnder Integration in die Dukuh-Gemeinschaft auch nicht immer mit Sicher-

heit zu sagen, wann die Informanten die reale Situation in ihrer Gemeinschaft beschrieben und wann sie sich auf die abstrakte Konzeption ihrer Gesellschaft bezogen. Es existiert somit eine kulturinherente Wertigkeitsgefährdung bei der Untersuchung von kognitiven Varianzen und intra-kommunalen Konflikten, da die Informanten dazu neigen, die lokale Situation in Form der idealen, abstrakten Konzeption zu porträtieren. Davon abgesehen schien es, daß die Informanten zunächst davon ausgingen, daß ich nach diesen abstrakten Konzeptionen suchte, da ich ja von so weit angereist war, um über die javanische Kultur zu lernen! Im Kontext eines kulturellen Kodex, der dazu tendiert, sämtliche negativen, aggressiven und konfliktträchtigen Äußerungen und Handlungen zu umgehen, steht eine auf vorformulierten Questionnaires basierende Datenerhebung auf denkbar schwachen Füßen.

Als Teilelement des Fragebogens zur sozio-kommunalen Verfassung entwickelte ich darum eigens zum Zweck der Erfassung der *realen* Situation eine Batterie von zehn Items, bei welchen die Informanten Auskunft darüber geben sollten, wie bestimmte zentrale soziale Aktivitäten ihrer Ansicht und Erfahrung nach von der Dukuh-Gemeinschaft praktisch umgesetzt werden. Die Informanten konnten dabei anhand einer Dreistufenskala zwischen den Optionen gut (*dengan baik*), mittelmäßig (*lumayan*) oder schlecht (*kurang baik*) wählen. Die Items bezogen sich auf die gängigen Formen des reziprozitären Austausches und kollektiver Tätigkeiten wie die Herstellung von kommunalem Konsens (*musyawarah*), Geld- und Materialverleih (*simpan-pinjam*) usw. Das Testergebnis mit 45 Informanten bestätigte auch hier, daß die Antworten in Richtung der abstrakten Konzeption ausfielen, d.h. es gab kaum Variationen innerhalb des Testsamples. Keines der Items wurde hinsichtlich seiner Realisierung als „schlecht" bezeichnet, die Einstufung von „mittelmäßig" lag unter 10%. Andererseits offenbarte eine Serie von informellen Gesprächen mit 17 Frauen der Nachbarschaftseinheiten RT 1 und RT 2 über die Praxis lokaler Spargemeinschaften (*arisan*) und Formen des Verleihs von Bargeld und Gebrauchsgegenständen (*simpan-pinjam*) in den PKK-Treffen eine hohe Unzufriedenheit mit dem Management der PKK-Kader. Diese Informantinnen wurden vorher mehrmals wöchentlich besucht; das Thema wurde dabei anfangs nur hin und wieder angedeutet.

Ab einem bestimmten Punkt, vor allem nachdem ihnen klar war, daß der Feldforscher selbst Zweifel gegenüber der PKK-Aktivität hegte, begannen die Frauen dann langsam über die Problematik zu plaudern. Diese Gespräche fanden wesentlich später statt zu einem Zeitpunkt, als ich bereits zwei Monate in RT 1 lebte. Es ist nicht auszuschließen, daß die Zurückhaltung in kritischen Äußerungen derselben Personen einige Monate zuvor auch dadurch beeinflußt war, daß ich während dieser Phase des Feldaufenthalts im Haushalt eines Kaders wohnte. Ein mit der abstrakten Konzeptionalisierung zusammenhängender Problemkomplex hinsichtlich der Bewertung geäußerter Ansichten und Einstellungen basiert auf den Prinzipien javanischer Kommunikation. Die Javanen sind außergewöhnlich konversationsfreudig. So wird man kaum zehn Minuten in einem Restaurant sitzen oder seine Feldnotizen auf der Veranda verfassen, ohne in ein Gespräch verwickelt zu werden. Diese Gespräche kreisen aber meist um die selben Themen; so die Frage nach der persönlichen Befindlichkeit, die Frage ob man schon gegessen hat, die Frage wie lange man sich schon im Land aufhält, ob man bereits verheiratet ist usw.

Diese standardisierten Redewendungen bringen wohl Anteilnahme zum Ausdruck; sie bleiben aber durch ihre Beschränkung auf die äußeren Oberflächlichkeiten unverbindlich. Die indigene Terminologie bezeichnet diese Form der Standardkonversation als *basa basi*. Das klassische Beispiel von *basa basi* ist die alltägliche Routinefrage „wie geht es?" (*apa kabar?*). Der durchschnittliche Javaner wird diese Frage in Einklang mit kulturellen Konventionen unberücksichtigt seiner persönlichen Verfassung mit der standardisierten Antwort „gut" (*baik*) beantworten. Die Antwort „schlecht" ist selbst im Umfeld der unmittelbaren Nachbarschaft unangemessen, denn sie könnte, wie einige Informanten ausführten dazu führen, daß der Fragende den (negativ strukturierten) „Gefühlen des Befragten folgt" (*ikut perasaannya*), was wiederum Einfluß auf seine innere Balance haben könne. Ein zweites Beispiel von *basa basi* ist die notorische Einladung beim Vorbeigehen eines Hauses. So wurde mir in der Anfangsphase des Feldaufenthalts von nahezu allen Haushalten zugerufen, ich solle doch hereinkommen (*mampir*). Diese Äußerung ist aber keineswegs als Aufforderung zu verstehen, der Einladung wirklich zu folgen. Sie bleibt - da standardisierte Redewendung - als solche völlig unverbindlich. Sie kann situationsabhängig sogar zum Ausdruck bringen, daß man im betreffenden Haushalt unerwünscht ist!

Wie an den folgenden Beispielen zu zeigen, tragen die zu Protokoll gegebenen Präferenzen einer von der Gadjah Mada Universität konzipierten Multiple-Choice-Frage zum Bereich der Dusun- und RT-intern organisierten kollektiven Arbeit zum Nutzen der Dorfgemeinschaft (*kerja bakti*) den Charakter von *basa basi*, da die Fragestellungen analog unseren Beispielen standardisierte Reaktionen provozieren. Zunächst stieß die Einleitungsfrage nach der Frequenz der Teilnahme an *kerjabakti*- Aktivitäten innerhalb des letzten Jahres auf emotionale Widerstände. Einige Informanten schienen sichtlich unbequem, sie fühlten sich wie vor einem moralischen Richter, vor dem sie sich rechtfertigen mußten. Offensichtlich wurde die Frage in der Art mißverstanden, daß es sich um einen Test über die Erfüllung javanischer Normen handelt, daß mit dem Questionnaire gewissermaßen gemessen werden sollte, ob sie „gute Javanen" sind. Für die Anschlußfrage „was denkst Du, wenn Du zum *kerja bakti* mußt?" standen den Informanten vier Optionen zur Verfügung, nämlich a) ich mache mit Begeisterung mit (*ikut dengan semangat*), b) ich folge gezwungenermaßen (*ikut terpaksa*), c) ich mache mit weil es die anderen auch so tun (*ikut-ikutan saja*), d) ich will da nicht mitmachen (*tidak mau ikut apa-apa*). Die 100%ige Option für das Item a) „ich mache mit Begeisterung mit" kann nicht dahingehend interpretiert werden, daß wir es hier mit einem idealen, von altruistischem Gemeinschaftssinn getragenen Dukuh zu tun haben. In teilnehmender Beobachtung bei abendlichen Versammlungen im Haus meiner Bleibe in RT 1 konnte man lautstarke Empörung über die Organisation des *kerja bakti* vernehmen; es wurde in einem Extremfall sogar erwogen, ob der gesamte RT nicht besser dem nächsten *kerja bakti* in der Wohlfahrtstation (*posyandu*) fern bleibt.

Damit ist nicht eine prinzipielle Ablehnung des *kerja bakti* an sich gemeint, die Kritik richtete sich vielmehr auf die Art und Weise, wie die örtlichen Kader die Arbeitskraft und Zeit der Dukuhbewohner für die Verfolgung eigener Interessen mißbrauchten. Die einmütige Präferenz für das „ideale" Item ist unter diesen Bedingungen eine rein theoretische Option. Die Informanten nannten nicht ihre wirklichen Einstellungen zum *kerja bakti* in seiner praktizierten Form, sie entschieden sich vielmehr für die aus kultureller Sicht beste der zur Verfügung stehenden Alternativen. Die Reaktionen zweier Informanten sind beispielhaft: Sie kommentierten die Fragenformulierung mit „ich wähle das beste" (*saya pilih yang paling baik*). Die Frage wurde in der Form beantwortet wie das alltägliche *apa kabar?*, also mit der „guten" oder „besseren" Alternative.

Es besteht hier des weiteren die Möglichkeit des Mißverständnisses, daß es sich um einen Multiple-Choice-Test über das traditionelle Wissen handelt. D.h. daß die Informanten die Fragestellung so verstanden, daß man sie dazu aufforderte, das kulturell „richtige" Item zu benennen. Die konstruierten Präferenzalternativen wirkten ohnehin etwas künstlich; sie ließen im übrigen die wahrscheinlichste Motivation für die Teilnahme am *kerja bakti* außer Betracht, nämlich die praxisorientierte. Die Bewohner Karangduwets partizipieren weder aus Gründen der reinen Begeisterung noch aufgrund von Mechanismen reinen Zwangs (auch wenn die Nichtteilnahme Sanktionen unterliegt) an kollektiven Arbeitseinsätzen. Sie praktizieren das *kerja bakti*, wie Sullivan (1982: 158) für das städtische Java treffend bemerkt, auch nicht als ignorante „Sklaven der Tradition". Vielmehr ist die Teilnahme an *kerja bakti* geleitet von der Motivation, sich entsprechend kulturellen Normen als verläßlicher Nachbar zu verhalten. Die Tradition des *kerja bakti* wird zwar auf der abstrakten kognitiven Ebene durchaus idealisiert, es ist aber nicht von der Hand zu weisen, daß die Motivation sich als „guter Nachbar" zu verhalten unter den gegebenen kulturellen Bedingungen durchaus rational und pragmatisch ist. In praxistheoretischer Sicht nehmen die Bewohner Karangduwets also primär als Akteure ihres kulturellen und sozialen Systems an den kollektiven Aktivitäten teil. Als Beleg dafür seien die folgenden Fallbeispiele aus semi-strukturierten Interviews angeführt, in denen kulturell kompetente Schlüsselinformanten darum gebeten wurden, zu den betreffenden Fragen des Questionnaires Stellung zu beziehen:

Fall 1: Interview mit Pak Kasiyo (49), dem Vorsteher der Nachbarschaftseinheit RT 2. (FF = Frage des Feldforschers, K = Antwort von Pak Kasiyo).

FF (nach Vorlesen der vier oben genannten Items): „Bisher haben über 40 Leute auf diese Frage geantwortet, daß sie mit Begeisterung am *kerja bakti* teilnehmen. Ist dies *basa basi*?" K: „Sehr gut möglich". FF: „Ist so eine Frage geeignet, gute Daten zum Verständnis der Tradition zu erhalten?" K: „Da bin ich nicht sicher. Sieh, das ist doch so: Ich habe nur zwei Alternativen, die eines positiven *kerja bakti* und die eines weniger guten *kerja bakti*. Wenn wir *kerja bakti* machen, dann ist das oft weil es eine Anweisung von oben, vom Apparat gibt. Also bin ich als Vorsteher des RT in der Pflicht diese Tätigkeit mit meinen Leuten auszuführen. Nun ist es aber oft so, daß eine kleine Arbeit angekündigt wird und es kommt dann mehr und mehr dazu. Und das was dann dazu kommt ist für etwas ganz anderes". FF: „ Etwas was eigentlich nicht Sache der Bevölkerung ist?" K: „Ja, es gibt Leute in der Verwaltung, die haben ein Bauprojekt durchzuführen und es gibt Geld vom Staat dafür, daß sie jemanden anstellen. Eine Firma oder so. Aber dann wird doch das meiste auf dem Rücken der Leute gemacht. Dies ist kein wahres *kerja bakti*, dann machen wir zwar mit, aber das ist wie du sagst eben Basa Basi, weil wir uns gezwungen fühlen. Ganz anders ist das mit dem richtigen, dem reinen *kerja bakti* (*kerja bakti yang murni*) wie die Wege instand halten oder den Dorfplatz reparieren oder die kleine Brücke da vorne. Da sind die Leute dann mit Freude dabei. Das ist etwas ganz anderes." FF: „Ist die vorhin vorgelesene Frage unhöflich?" K: „Das kommt darauf an, wem man sie stellt. Ich sage mal, sie ist zu wenig passend (*kurang pas*)".

Fall 2: Interview mit Pak Sutikat (44), einem Grundschullehrer und Mitglied des Dorfparlaments (LKMD). (FF = Frage des Feldforschers, S = Antwort von Pak Sutikat).

FF: (nach Vorlesen der Items): „Bisher haben alle Leute gesagt, daß sie mit Begeisterung mitmachen. Ist das wirklich so?" S: „ Ich wähle von den vier Möglichkeiten die Nummer 5 (lacht). Ich nehme aus Einsicht teil (*karena kesadaran sendiri*). Nicht weil ich mich gezwungen fühle, auch nicht unbedingt begeistert, aber aus Einsicht in die Notwendigkeit. Aus meinem eigenen Bewußtsein. Das hätte man in diese Fragen aufnehmen sollen."

Fall 3: Interview mit Pak Lagiyo (50), einem muslimischen, religiös aktiven Großbauern und Oberschullehrer der reformistischen Muhammadiyah-Schule (FF = Feldforscher, L = Pak Lagiyo).

FF: (nach Vorlesen der Items): „Bisher haben alle Leute gesagt, daß sie mit Begeisterung mitmachen". L: „In meinem Fall ist das auch so". FF: „Gibt es noch andere Möglichkeiten außer den genannten?" L: „Das *kerja bakti* bringt den Leuten ja etwas. Sieh, die ganzen Wege draußen, die haben wir alle gemacht für uns selber. Früher waren da noch Bäume. Daran sollte man denken.

Ich will beim *kerja bakti* mitmachen. Zwar geht das nicht immer, wenn etwas ansteht, aber wenn ich kann und nicht gehindert bin nehme ich selbstverständlich teil, weil es uns Vorteile bringt. Mit Zwang hat das nichts zu tun. Es ist auch nicht so, daß die Leute mitmachen weil es die anderen tun. Sie machen es aus sich selbst heraus".

Fall 4: Interview mit Pak Hargono (35), einem arbeitslosen Ex-Migranten. (FF = Feldforscher, H = Pak Hargono).
FF (nach Vorlesen der Items): „ Alle Leute sagen, daß sie mit Begeisterung mitmachen. Ich bin skeptisch über diese Aussagen". H: „Ja, das ist alles sehr relativ meine ich. Diese Aussagen wo man da auswählen soll sind nicht so.... Wie will ich sagen, mit Begeisterung... nicht, gezwungen vielleicht, weil es von der Gruppe organisiert ist (*secara kekelompokan*). Aber so ist es wiederum auch nicht. Wenn man fernbleibt, muß man halt die Strafe von 1000 Rp bezahlen, aber das ist in Ordnung. " FF: „Wenn es keine Strafe gäbe, würden dann mehr Leute fernbleiben?" H: „ Das ist nicht gesagt. Ich glaube nein, das ist ja zum Nutzen aller. Und wenn wir dann zum Beispiel den Weg säubern, so ist das ja keine schwere Arbeit, man redet viel miteinander. Ich finde es schade, daß bei uns (in RT 3) jeder den Weg vor seinem Haus selber sauber machen muß, daß haben sie in RT 1 und 2 nicht, da machen die das alle zusammen." FF: „Aber nicht gezwungen?" H: „Ja, schon gezwungen wegen der Gruppe, aber das ist kein Problem. Jeder benutzt ja die Wege vor seinem Haus und geht davon aus, daß seine Mitarbeit gebraucht wird. Wichtig ist das wir wissen, warum wir das *kerja bakti* tun."

Diese Interviews zeugen nicht nur von der praxisorientierten Einstellung zum *kerja bakti*, sie zeigen auch deutlich die Begrenztheit des angewandten Verfahrens auf. Abgesehen von konzeptionellen Unzulänglichkeiten (rsp. das Versäumnis der Integration einer adäquateren Alternative und der Spezifizierung der das *kerja bakti* bedingenden Umstände) verleiten die Items die Informanten dazu, sich für die jeweils idealste Alternative der Optionsmöglichkeiten zu entscheiden. Sie produzieren eine Art von Daten, die eher den „Soll-" als den „Ist-Zustand" repräsentieren und die ich deshalb analog der javanischen Terminologie als „*basa basi*-Daten" bezeichnen möchte. Es sei im übrigen darauf hingewiesen, daß, wie das erste Interviewbeispiel andeutet, in Abhängigkeit der äußeren Rahmenbedingungen der *kerja bakti*-Aktivitäten ein und derselbe Informant durchaus verschieden über einzelne kollektive Einsätze empfinden kann.

Die Testantworten der Items lassen demnach (selbst wenn Variationen erkennbar gewesen wären) auch keine stichhaltigen Schlußfolgerungen hinsichtlich einer eindeutigen Grundorientierung individueller Akteure zum *kerja bakti* zu. Es besteht aber immerhin die Wahrscheinlichkeit einer relativ einheitlichen, allgemein geteilten Einstellung zum *kerja bakti* in verschieden konditionierten Handlungssituationen. Indizien für diese These ergeben sich aus den oben zitierten Interviews, so die

Unterscheidung von „wahrem" und „gezwungenem" *kerja bakti* (Fall 1), die Betonung der „Einsicht" (Fall 2) und der Hinweis „wichtig ist, daß wir wissen warum wir das *kerja bakti* tun" (Fall 4). Zutreffendere Informationen über die Einstellungen zum *kerja bakti* und die Faktoren ihrer Beeinflussung erhalten wir wahrscheinlich eher durch teilnehmende Beobachtung (wie im Beispiel der oben angeführten Diskussion zum Boykott) und informelleren, weniger reaktiven Techniken der Datensammlung als durch die strikte Anwendung von Questionnaires und abstrakten Items.

Ein relativ offen geführtes Interview in aufgelockerter Atmosphäre setzt die Ausbildung eines Rapports zwischen Feldforscher und Informanten voraus. Kritische Äußerungen zu sensiblen Themenkomplexen (und damit eine größere Varianz in den Stellungnahmen) ergeben sich - jedenfalls in der vorliegenden Fallstudie - eher in unstrukturierten und semi-strukturierten Interviews, die den Informanten ausreichend Raum geben, ihre Perspektiven selbst zu artikulieren. Dieses Problem wird im Kontext Javas durch die spezifischen kognitiven und kommunikationsbezogenen Patterns nachdrücklich intensiviert. Solche Interviews waren erst nach Ablauf einer längeren Aufenthaltszeit im Dukuh möglich, nachdem der Feldforscher bereits über ein Minimum an Hintergrundwissen der lokalen Situation verfügte und - in diesem speziellen Fall - mehrmals selbst an *kerja bakti*-Einsätzen partizipiert hatte. Hinzu kommt, daß die auf dem Questionnaire basierende Befragung zu einem denkbar ungünstigen Zeitpunkt stattfand. Sie war einmal methodisch viel zu früh angesetzt, engere Kontakte mit den Dukuhbewohnern hatten sich noch kaum entwickelt und sie wurde kurz nach der Wahl des Dorfbürgermeisters durchgeführt, so daß angesichts der vorangegangenen (tumultartigen) Situation das Thema der sozio-kommunalen Verfassung möglicherweise auf einen latenten Abwehrreflex stieß.

Ziel der vorangegangenen Seiten war es, in die Problematik der Verwendung von Fragebogen in der Erfassung von kognitiven Einstellungen einzuführen, wie sie sich aus der konkreten Feldsituation ergaben und die dominanten Faktoren der Beeinflussung zu isolieren. Für die anthropologische Forschung allgemein ist anzumerken, daß sich die angewandten Verfahren der Datensammlung nicht nur am Untersuchungsgegenstand orientieren sollten; eine adäquate Analyse unterliegt gleichermaßen dem Diktat, die Wahl ihrer Mittel an den kulturell definierten Denk- und Verhaltensmustern und den spezifischen, lokalen Formen der Interaktion und Kommunikation auszurichten. Dieser zweite Aspekt ist in den einschlägigen Fallstudien bislang erstaunlicherweise kaum in Betracht gezogen worden. Es erhebt sich indes die Frage nach einer methodischen Lösung des diskutierten Wertigkeits-Problems. Ansätze für eine situationsadäquate Form der Datenerhebung fanden wir bereits in den oben diskutierten Fallbeispielen. Es geht hierbei gewissermaßen um den Ausgleich zweier diametraler Forschungsziele. Zum einen sollte das Meß-instrument dem Anspruch genügen, alle Informanten mit dem selben Stimulans zu konfrontieren, denn nur so können die Reaktionen der Informanten untereinander verglichen werden. Andererseits hat der Testversuch gezeigt, daß die mit dem Stimulans schriftlich fixierter Items gewonnenen Daten in einzelnen Bereichen erheb-lichen Wertigkeitsbeeinflussungen unterliegen. Es liegt deshalb nahe, daß Problem mit einer taktischen Kompromißlösung zu umgehen, die ich an dieser Stelle in Form eines Fünf-Stufen-Modells skizzieren möchte.

1. Auf der Basis teilnehmender Beobachtung und informellen Interviews sind zu-nächst die lokal dominanten Konfliktpunkte in den einzelnen Handlungsberei-chen festzustellen.

2. Danach kann mit Hilfe von Wertigkeitschecks (wie beispielsweise der oben diskutierten Tabelle von Becker und Geer) eine „Gewichtung" einzelner State-ments hinsichtlich ihrer Stichhaltigkeit vorgenommen werden. Die zentralen Problembereiche können dann mit einzelnen, selektiv bestimmten Informanten in Form semi-strukturierter Interviews diskutiert werden. Der Feldforscher wird mit der Zeit selbst ein Gefühl dafür entwickeln, *wer* für solche Interviews in Frage kommt.[14] Dabei sollte zunächst nur der Handlungsbereich, nicht die mit ihm zusammenhängende Problematik angesprochen werden. Hier ist die Wahl von kompetenten Schlüsselinformanten zentral. Die auf ihren Aussagen basie-renden Ergebnisse sind im Normalfall informativer als die der Schnittmenge von Personen des repräsentativen Samples.

3. Nach geraumer Zeit sind diese Informanten in aller Regel bereit, auch über die mit dem entsprechenden Handlungsbereich verbundenen Probleme Auskunft zu geben. Dies um so mehr, wenn der Feldforscher erkennen läßt, daß ihm die Problematik bereits bekannt ist.

4. In einem weiteren Schritt kann dann die Einschätzung der Informanten über die Meinung anderer Personen im Dorf erfragt werden. Da hinsichtlich der An-sichten zu einem Themenkomplex Variationen innerhalb der Gemeinschaft an-zunehmen sind, wird der Informant eher dazu tendieren, Personen mit einer ihm *ähnlichen* Position zum Problem zu benennen (*peer effect*). Auf diese Weise ist

---

[14] So wurde im Beispiel PKK-Management strikt beachtet, daß die interviewten Frauen keine allzu engen persönlichen, nachbarschaftlichen und familiären Kontakte mit den Führungskadern un-terhalten. Es ergab sich deshalb zwangsläufig eine Dominanz der Nachbarschaftseinheiten RT 1 und RT 2, da die Kader in den Einheiten RT 3 und RT 4 leben. Es kann angenommen werden, daß auch dort Unzufriedenheit über das PKK-Management vorherrscht. Aber aufgrund der mul-tiplexen nachhaltigen Bindungen zwischen Kadern und Bevölkerung wäre eine Befragung dort mit großer Wahrscheinlichkeit auf emotionale Widerstände gestoßen. Sie hätte vermutlich auch wenig verwertbares Datenmaterial ergeben.

es beispielsweise gelungen, zum Teil sehr kritische Meinungen von zunächst siebzehn, später fast dreißig Frauen zum Finanzmanagement der PKK-Kader zu erhalten. In den Diskussionen werden einzelne Aspekte einer Problematik in unterschiedlicher Frequenz auftreten. So werden einige Informanten einen Aspekt A anführen, andere einen Aspekt B, andere wiederum beide Aspekte. Die Frequenz der einzelnen Meinungsaspekte kann dann in einer Tabelle festgehalten werden. Diese Frequenzwerte liefern somit wichtige Hinweise auf die Verteilung einzelner Meinungen innerhalb der untersuchten Population.

5. In einem letzten Schritt ist dann zu prüfen, ob die Frequenz der einzelnen genannten Aspekte gleichmäßig über den interviewten Personenkreis variiert, oder ob nicht bestimmte, von den Einzelinformanten als zentral erachtete Aspekte mit sozio-ökonomischen Variablen in Beziehung stehen.

Selbstverständlich können bei dieser Vorgehensweise Abstriche bei der Repräsentativität nicht ausgeschlossen werden. Die andere Alternative wäre ein zwar theoretisch repräsentatives Sample, dessen Ergebnisse aber nicht viel mehr als eine 100%ige Zustimmung zu einer abstrakten normativen Position ergeben hätten. Die hier verfolgte Strategie ist zugegeben zeitaufwendig und fordert eine ausreichende feldforscherische Geduld, bis verwertbare Daten vorliegen. Aber sie scheint die einzig sinnvolle Option, um überhaupt eine ausreichend gute Datenqualität zu erreichen. An diesen Beispielen wird darüber hinaus deutlich, daß die stationäre Feldforschung für das Verständnis untersuchter Phänomene fundamental ist. Nur der längerfristige Feldaufenthalt läßt auch die Verringerung der stets vorhandenen Reaktivität zu. Nur durch meinen dukuh-internen Ortswechsel war es überhaupt möglich, verläßliche Daten zum obigen Themenbereich zu erhalten. Erst nachdem ich die Einheit RT 4 und damit meine Präsenz in einem Haushalt der Dukuh-Elite verlassen hatte und den RT 1 bezog, begannen die Informanten sich zu öffnen und ihren Unmut zu artikulieren. Ein tieferes qualitatives Verständnis der soziokulturellen Situation im ländlichen Java der Gegenwart scheint auch für die Interpretation der quantitativen Daten unverzichtbar. In wieweit die Javanen uns dies zu wissen erlauben, wird wesentlich von der Art und Weise abhängen, mit welchen methodischen Mitteln wir uns ihnen annähern.

2. Zum Problem der Peasants und des kulturellen Wandels

2.1. Vom Strukturfunktionalismus zum individuellen Akteur: Die Perspektiven ethnologischer Theorien

Die Anthropologie als wissenschaftliche Disziplin entstand mit der Erforschung von außereuropäischen Kulturen, die bis dato als mehr oder minder isolierte und statische, in sich geschlossene Systeme aufgefaßt und analysiert wurden. Das Konzept der „Stammesmonograpie" unterstellte implizit die Existenz von sprachlich und kulturell homogenen und starr gegeneinander abgrenzbaren sozialen Einheiten (Cohen 1978: 379). Die kulturellen und sozialen Merkmale der untersuchten Gesellschaften wurden als weitgehend funktional stabil angesehen. Beeinflußt durch das ethnographische Umfeld Afrikas mit dem Vorherrschen segmentärer Deszendenzgruppen und ihren sozialen Institutionen etablierte sich der *Strukturfunktionalismus* als einflußreichste theoretische Ausrichtung.

Sein Paradigma war im wesentlichen von zwei Komponenten bestimmt: Zum einen wurde die Rolle von sozialen Institutionen fast ausschließlich aus der Perspektive ihrer Funktion zur Aufrechterhaltung des sozialen Gesamtsystems analysiert. Das zweite Kernelement basierte auf der Prämisse, soziales Handeln direkt aus der institutionellen Struktur ableiten zu können (Görlich 1989: 133f). Der Strukturfunktionalismus interessierte sich somit vorrangig für das standardisierte und normative Verhalten innerhalb der untersuchten Populationen. Die aktuellen Beziehungen und das reale Verhalten der Akteure waren lediglich relevant hinsichtlich ihrer Aussagekraft für die ihnen zugrunde liegenden normativen Strukturprinzipien (vgl. Schweizer 1989b: 5).

Beeinflußt durch die Arbeiten von Clifford Geertz (1960, 1966) etablierte sich in den sechziger Jahren mit der *symbolbezogenen Anthropologie* (Ortner 1984: 129) eine der einflußreichsten theoretischen Gegenbewegungen. Geertz hatte gezeigt, wie kulturelle Systeme vermittels symbolischer Mechanismen eine spezifische Wirklichkeitsauffassung plausibel machen und dabei „starke, umfassende und dauerhafte Stimmungen und Motivationen" (Geertz 1966: 8) in den Mitgliedern einer Gesellschaft erzeugt werden.

Demnach ist die soziale Wirklichkeit nicht objektiv gegeben, sie ist vielmehr als ein durch „socially constructed meanings" (Geertz 1984: 511) hervorgebrachtes Symbolsystem zu begreifen. Die Symboltheorie ist vor allem dahingehend zu kritisieren, daß sie die Aspekte der historischen Erfahrung und der gesellschaftlichen

Praxis bei der Ausbildung von Wirklichkeitsvorstellungen nicht adäquat berücksichtigt und die Frage der *Genese* der analysierten Symbolinhalte sträflich vernachlässigt (Asad 1983: 239, Mischung 1984: 118).

Die Einsicht in die Begrenztheit strukturfunktionalistischer Konventionen kam nicht zuletzt auch aus den eigenen Reihen: Bereits recht früh hatte Malinowski in seinem Buch „Crime and Custom in Savage Society" (Malinowski 1926) auf die strategischen Möglichkeiten der Manipulation von sozialen Normen hingewiesen. Später forderte vor allem R. Firth (1954) einen akteurbezogenen Ansatz zur Analyse sozialen Wandels (vgl. Görlich 1989: 135). In seinem inzwischen zum Klassiker avancierten Buch „Political Systems of Highland Burma" konnte Edmond Leach (Leach 1964) zeigen, wie Teile der burmesischen Kachin in Abhängigkeit äußerer Umstände zwischen einer egalitären (*gumlao*) und autokratischen (*gumsa*) Form der politischen Organisation oszillieren und in Extremfällen die Identität der benachbarten Shan annehmen. Frederik Barth`s Diskussion ethnischer Identität (Barth 1967) etablierte ein für allemal die Inkongruenz von ethnischen Kategorien mit objektiv beobachtbaren kulturellen Merkmalen. Der Fokus der Analyse verschob sich somit zusehends weg von standardisierten Rollen hin zu den strategischen Manipulationsmöglichkeiten sozialer Systeme. Das Konzept der *zielorientierten Handlung* etablierte sich als konstitutives Element der ethnologischen Forschung.

Es ist an dieser Stelle wichtig festzuhalten, daß die Krise des strukturfunktionalistischen Ansatzes durch einen zusätzlichen Faktor beeinflußt war. Sowohl der Strukturfunktionalismus als auch die Symboltheorien behandelten „societies, even villages, as if they were islands unto themselves, with little sense of the larger systems of the relations in which these units are embedded" (Ortner 1984: 142). Die durch die Expansion der Weltwirtschaft und die Ausbildung moderner Nationalstaaten entstandene Situation zwang auch die ethnologische Disziplin, soziale und kulturelle Systeme stärker aus der Perspektive ihrer Integration in ökonomische und politische Zusammenhänge heraus zu analysieren. Das analytische Primat verlagerte sich nun von der Erfassung abstrakter Strukturprinzipien, standardisierten Mustern und symbolischen Inhalten noch stärker zur Analyse von *Prozessen*.

Ein zentraler Punkt in der kontinuierlichen Kontroverse um die Annäherung an das Problem des Kulturwandels ist auch hier die Rolle des Individuums. In den strukturfunktionalistischen Theorien interessierte das individuelle Handeln in erster Linie zur Erfassung der normativen Strukturprinzipien. Nun, nachdem der „Einzelakteur" als konstantes Element in der ethnologischen Theoriendiskussion nicht mehr zu vernachlässigen war, zielte die Fragestellung auf die Analyse der Rolle dieses individuellen Akteurs in den beobachteten Wandlungsprozessen. Die Mehrzahl der Anthropologen hat ihn als einen innerhalb den Grenzen seines soziokulturellen Systems agierenden „freien Akteur" aufgefaßt, für andere in der Tradition Leslie White's und seiner Hypothese „culture makes itself" (White 1959) wiederum schien das Individuum in diesen Prozessen als vollkommen irrelevant. In ihrem aufschlußreichen Artikel „Theory in Anthropology since the Sixtees" hat Sherry Ortner (Ortner 1984: 158ff) die wesentlichen theoretischen Trends zusammengefaßt und für die Annahme eines *praxisorientierten*, akteurbezogenen Ansatzes bei der Analyse sozialer Systeme und ihren Wandlungsprozessen argumentiert. Ortner spricht in diesem Zusammenhang von der Entwicklung einer diachronischen Analyse: In dem Maße, wie der makrohistorische Trend die durch globale ökonomische und sozioplitische Faktoren beeinflußte, von außen induzierte Entwicklungsdynamik von Gesellschaften in den Mittelpunkt seiner Forschung stellte, rückten auch der individuelle Akteur und seine Handlungen in spezifischen soziokulturellen Zusammenhängen ins Blickfeld der Untersuchung.

Diese komplementären Ansatzpunkte sind als *Makro-* und *Mikroperspektive* bezeichnet worden. Die theoretisch fundierteste Formulierung der Makroanalyse ist die sogenannte *Weltsystemtheorie*. In seinem wirtschaftsgeschichtlichen Werk „The Modern World System" hatte Immanuel Wallerstein (Wallerstein 1974) ein kapitalistisches Weltsystem als primären Faktor weltweiter sozio-kultureller Wandlungsprozesse postuliert. Entsprechend dieser Konzeption sind auf nationaler und lokaler Ebene stattfindende Wandlungsprozesse auf die Faktoren weltweiter Arbeitsteilung und asymmetrischer Tauschbeziehungen zurückführbar (vgl. Schmidt und Wittek 1989).

Hier stellt sich die Frage nach der adäquaten Analyseeinheit ethnologischer Forschung. Die symbolbezogene Betrachtungsweise von Kulturen als „local frames of awareness" (Geertz 1983: 61) ist in ihrer Exklusivität gleichermaßen zurückzuweisen wie der holistische Reduktionismus der Dependenz- und Weltsystemtheorie. Der Makroansatz ist in seiner Tendenz, die multiplexen Faktoren des Außeneinflusses in konkreten Situationen auf universell wirksame Variablen zu reduzieren (implizit der Prämisse einer passiven Formung des Mikro-Levels durch die Makro-Kräfte) unzureichend für die Analyse des kulturellen Wandels in Lokalgemeinschaften. Die ethnologische Forschung der letzten Jahrzehnte hat gezeigt, daß es oft sinnvoller ist, von *regionalen* politischen und ökonomischen Machtzentren als Rahmenbedingungen (mit regionalen Auswirkungen auf lokale Gemeinschaften, Haushalte und Individuen) auszugehen, als ein globales Weltsystem als monokausale Erklärung für weltweite Wandlungsprozesse zu postulieren.

Sozio-kulturelle und ökonomische Wandlungsprozesse vollziehen sich in konkreten Gesellschaften, in konkreten Weilern mit ihren spezifischen Konfigurationen, Traditionen, Statuspositionen und sozialen Interaktionsformen. Sie geschehen unter den Bedingungen lokaler Machtverteilung und den lokalen Dominanzstrukturen einer Population, deren Interaktion mit den generellen Tendenzen erst die spezifischen Differenzierungen hervorbringen (vgl. White 1989: 15). Mit zunehmender Konzentration auf die „processes of change" wuchs deshalb in der ethnologischen Disziplin auch die Sensibilität gegenüber der Interessen-Diversifizierung innerhalb lokaler Gemeinschaften. Die von Bourdieu (1977) konzipierte und von Ortner (1989: 11-18) weiterentwickelte *Praxistheorie* stellte das Individuum und die individuelle Handlung in den Mittelpunkt der Analyse von Wandlungsprozessen, indem sie die Prozesse der Genese, Reproduktion und Transformation soziokultureller Systeme als Ergebnis von Handlungen realer Akteure in konkreten Situationen begriff und den Fokus der Analyse von teils schwer zugänglichen abstrakten und symbolischen Strukturen auf konkret beobachtbare individuelle Handlungen verlagerte. Durch ihre Betonung der Interdependenz von individueller Handlung und Struktur einschließlich der Konzeption von strukturell positionierten Akteuren unterscheidet sich die Praxistheorie von den älteren sozialethnologischen Theorien vor allem durch ihre nachdrückliche Analyse von Asymmetrie und Dominanzstrukturen in sozialen Beziehungen.

2.2. Die Peasants als Gegenstand wirtschaftswissenschaftlicher und ethnologischer Fragestellungen

Mit der zunehmenden Integration traditioneller Gesellschaften in größere politische und ökonomische Systeme setzte vor allem seitens der Wirtschaftswissenschaften und der Soziologie eine Ausdehnung ihres Forschungsbereiches auch auf solche kleinbäuerliche Kulturen ein, die neben der Subsistenzwirtschaft[1] auch durch regelmäßige Marktkontakte charakterisiert waren. Gerade diese als *peasantry* bezeichneten Gesellschaften zeigten, daß die sozialen Formen lokaler Gemeinschaften nicht „in situ" konstruiert werden, sondern sich vielmehr in komplexen Beziehungen mit den Institutionen der sie umgebenden Gesellschaft herausbilden. Durch das Problem, den Entwicklungsprozeß vieler Peasant-Gemeinschaften nicht durch schriftliche Quellen historisch rekonstruieren zu können, beschränkte sich die Diskussion der Peasants zunächst weitgehend auf den Versuch einer generellen Typologisierung. So basieren die meisten Definitionen zum einen auf kognitiven Ausprägungen, nach welchen sich die Peasants im Sinne einer bäuerlichen Subkultur von der sie umgebenden Gesamtgesellschaft absetzen, während gleichzeitig das ökonomische Merkmal der partiellen Marktintegration und die durch Subordination

---

[1] Mit Subsistenzwirtschaft ist hier die durch minimale Kommerzialisierung gekennzeichnete Produktion für den Eigenbedarf zu verstehen. Davon zu unterscheiden ist die Subsistenz als marginale Lebensform am Rande des Existenzminimums, auch wenn ein empirischer Zusammenhang zwischen beiden als nachgewiesen gelten kann (vgl. Rogers und Svenning 1967: 21).

gekennzeichnete Situation des beschränkten Zugangs zu politischer Macht hervorgehoben wurde (z. B. Kroeber 1948, Redfield 1956, Belshaw 1965, Wolf 1966, Rogers 1967). Einflußreich war hier vor allem Robert Redfield's (Redfield 1947) deskriptive Dichotomie des „folk-urban", nach der sich die Peasants durch diachronische kulturelle Merkmale von der urbanen Gesellschaft absetzen. Redfield hatte darin auf der Grundlage seiner Forschungen in einem mexikanischen Dorf das Modell einer von weitgehend harmonischen Beziehungen geprägten „folk society" entworfen.

Im Gegensatz zu Redfield beschrieb Oscar Lewis (Lewis 1951) den mexikanischen Peasant als einen auf Eigenvorteil bedachten, zurückgezogenen Individualisten, der nur widerwillig zur Kooperation zu bewegen ist und weder freiwillig materielle Hilfe leistet noch diese für sich in Anspruch nimmt. Dieses Bild des im Grunde auf eigene Interessen orientierten und stets mißtrauischen Individuums ist aus zahlreichen ethnographischen Fallstudien bekannt (z.B. Bailey 1966: 113, Foster 1967: 134). In Zusammenhang mit den Elementen des Eigenvorteils und des zwischenmenschlichen Mißtrauens steht auch das von George Foster (1965) in die Diskussion gebrachte Konzept des *Image of the Limited Good*, einer bäuerlichen Wirklichkeitsvorstellung, nach der alle begehrenswerten materiellen und immateriellen Güter (Land, Reichtum, Ansehen, Freundschaft usw.) nur in begrenzter Menge zur Verfügung stehen und auch nicht durch menschliches Handeln zu vermehren sind (ebd: 296).

Anhand ethnographischen Materials verschiedener Regionen und den Ergebnissen ihrer eigenen Feldforschungen in Kolumbien unternahmen Rogers und Svenning (1967) den längst fälligen Versuch einer Synthese, in der sie zehn signifikante Einstellungsmerkmale isolierten, welche die „bäuerliche Subkultur" charakterisieren sollen. Diese sind: 1. Vorstellung der begrenzten Güter, 2. Unauffälliger Konsum (*inconspicious consumption*), 3. Subordination und Mißtrauen gegenüber den personellen und institutionellen Repräsentanten staatlicher Autorität, 4. Familismus, d.h. Zurückstellung individueller Aspirationen hinter die Ziele der Haushaltsgemeinschaft, 5. Fatalismus, d.h. fehlende Kontrolle des Individuums über seine eigene Zukunft, 6. Mangel an Innovationsbereitschaft, 7. begrenzte Aspiration, 8. Nichtvorhandensein der verzögerten Belohnungserwartung, 9. limitierte Weltsicht (bzw. geringe Ausprägung von Kosmopolitismus) und 10. schwach ausgeprägte Rollenempathie.[2] Rogers und Svenning gehen nun von folgendem Wirkungszu-

---

[2] Der Begriff der Rollenempathie - definiert als die quantitativ meßbare Fähigkeit, sich in die Rolle und Situation anderer Personen hineinversetzen zu können und damit auch die, sich mit neuen Aspekten der sozio-kulturellen Umgebung zu identifizieren - wurde bereits von Lerner (1958) in seiner Studie einer syrischen Dorfgemeinschaft als zentrales kognitives Ausstattungsmerkmal im individuellen Modernisierungsprozeß in die Diskussion gebracht.

sammenhang zwischen den ihrer Auffassung nach zentralen kognitiven Modernisierungsvariablen aus, die sie den traditionellen Einstellungsmerkmalen gegenüberstellen: Die unabhängigen Variablen kognitiver Modernität Schreibfähigkeit, Massenmedienzuwendung und Kosmopolitismus beeinflussen die intervenierenden Variablen Ausprägung des Fatalismus, Leistungsmotivation und Rollenempathie, die ihrerseits wiederum Auswirkungen auf die abhängigen Variablen Innovationsbereitschaft, politisches Wissen und Aspirationen haben (ebd: 50). Nach dieser Konzeption beruht die ländliche Modernisierung primär auf Kommunikationsprozessen, welche die Diffusion von externen Ideen innerhalb der Lokalgemeinschaft vermitteln. Allgemein ist an der Rogers/Svenning-Theorie vor allem die implizite Überlegenheit, die den modernen über den vermeintlich traditionellen Einstellungskomponenten zugeschrieben wird, zu kritisieren.

Die verschiedenen Typologisierungsversuche ermöglichten zwar nützliche deskriptive Differenzierungen, sie offenbarten aber nicht selten signifikante Mängel bei der Analyse von empirischen sozialen Situationen. Zum ersten ist anzumerken, daß die in den oben vorgestellten Ansätzen angenommenen kognitiven Einstellungen keineswegs ein exklusives Merkmal der Peasants (etwa im Sinne der „folkurban"-Dichotomie) darstellen. So hatte Oskar Lewis in seinem Buch „The Culture of Poverty" (Lewis 1964) über das Verhalten von Slumbewohnern in den Megastädten der III. Welt einige zentrale Merkmale, die später als „peasant-typisch" charakterisiert wurden vorweggenommen. Diese Merkmale betrafen eine lokale Orientierung, mangelnde Integration in nationale Institutionen (verbunden mit einer geringen formalen Partizipation) und eine auf gegenwartsbezogene Bedürfnisbefriedigung orientierte Grundeinstellung, die Lewis (ebd: xxvi) als „strong present time orientation" charakterisierte.

Des weiteren ist das Merkmal der Subordination nicht ausschließlich für den Bereich der Außenbeziehungen der Peasants gegeben, sondern gleichsam auch auf interne Machtverhältnisse übertragbar (Ellis 1988: 6). Peasant-Gemeinschaften sind keineswegs in sich homogene und egalitäre Kollektive, wie die von einschlägigen Autoren vertretenen Konzeptionen der *shared poverty* (Geertz 1963) vermuten ließen. Anders als von Geertz in seinem Modell der stagnierenden, durch *agrikulturelle Involution* charakterisierten Gesellschaft angenommen, waren javanische Dörfer auch in der Vergangenheit nicht durch ökonomische Homogenität gekennzeichnet. Wie Benjamin White (1983) und Frans Hüsken (1988) anhand von Archivdaten nachweisen konnten, hat sich seit Mitte des 19. Jh. eine zunehmende ökonomische Differenzierung herausgebildet, infolge derer die dörfliche Beamtenelite durch Akkumulation und Vererbung von Beamtenland ihre Position festigen konnte. Drittens ließen die älteren Typologisierungen eine tragfähige Konzeption der Analyse von Wandlungsprozessen vermissen. Die vorherrschende Sichtweise blieb vielmehr auf eine reine „collection of traits and tendencies" (Bennett 1985: 24) beschränkt. Vor allem die kontinuierlichen Prozesse adaptiver Bewältigung wurden kaum zu Kenntnis genommen. So zeigten emigrierte Peasants nicht selten eine erstaunliche Anpassungsfähigkeit im städtischen Milieu.

Das *wirtschaftliche Entscheidungsverhalten* der Peasants ist als Gegenstand ökonomischer Arbeiten verschiedenster theoretischer Ausrichtungen analysiert worden. In Anbetracht der äußeren Rahmenbedingungen zahlreicher Peasant-Gesellschaften (z. B. drohende Naturkatastrophen, Marktfluktuation, soziale Unsicherheit) sind eine Reihe theoretischer Ansätze formuliert worden, die das Einstellungsmerkmal der Subsistenzorientierung hervorheben und die deshalb als *Theorien des risikoscheuen Peasant* zu charakterisieren sind (vgl. Ellis 1988: 84). Einflußreich war hier vor allem Scott's phänomenologische Abhandlung „The Moral Economy" (Scott 1976). Im Mittelpunkt dieses Modells steht der normative Charakter traditioneller Arrangements zur Sicherstellung einer allgemeinen Subsistenzgarantie. Scott geht darin von der Risikovermeidung als grundlegendes Verhaltensprinzip des Peasants aus. Nach dieser Konzeption bewirken die möglichen katastrophalen Konsequenzen eines Desasters an der Marginalität des Subsistenzminimums, daß Sicherheit und Verläßlichkeit in Form von traditionellen Anbaustrategien und sozialen Arrangements (*Reziprozität*) einer kurzfristigen Profitmaximierung vorgezogen werden.

Gerade am Beispiel Javas wird dabei deutlich, daß das Prinzip der Reziprozität keineswegs nur die Beziehungen zwischen Gleichen definiert; es strukturiert vielmehr - z. B. im Fall der Patron-Klient-Beziehung - auch den Austausch zwischen Nicht-Gleichen (vgl. Jay 1963: 98f). Es ist allgemein bekannt, daß die reziprozitären Prinzipien der Peasants zwar von vielen der betroffenen Kulturen ideologisch verklärt werden, jedoch selten mit wirklich egalitären Beziehungen korrelieren. Die Idealisierungen solcher Arrangements sind m. E. am ehesten als *rhetorische Metaphern* der allen Gesellschaftsmitgliedern zustehenden minimalen Subsistenzgarantien zu begreifen, durch die nicht selten eine mythisch oder kosmisch abgeleitete Stratifikation nachdrücklich legitimiert werden sollen.

Dem Subsistenzmodell explizit ablehnend gegenüber steht die neoklassische *Theorie des profitmaximierenden Peasant*, deren Repräsentanten den individuellen Akteur zu einem rationalen Strategen reduzieren, dessen Entscheidungsverhalten primär darauf abzielt, den eigenen Vorteil zu optimieren. Dieser Ansatz basiert auf der konzeptionellen Simplifizierung, daß die Nutzenmaximierung die einzige Variable im ökonomischen Entscheidungsprozeß der Peasants darstellt (vgl. Ellis 1988: 16). Die Neoklassik übersieht vor allem den Subsistenzaspekt individueller Entscheidungen, da sie verkennt, daß die Ressource Land in ihrer Funktion als Subsistenzgarantie in vielen Gesellschaften weit mehr als nur Produktionsfaktor ist, d.h. sie vernachlässigt den Aspekt der für Peasant-Haushalte typischen Spannung zwischen Subsistenz und Marktpartizipation. Die für Peasant-Gesellschaften typischen Austauschbeziehungen implizieren gerade, daß ihre Transaktionen nicht an Marktpreisen und materiellem Profit gemessen werden (vgl. Otterbein 1972: 28). Sie zeichnen sich vielmehr dadurch aus, daß ihre Subsistenzgarantien unabhängig von individueller Tüchtigkeit allen Gesellschaftsmitgliedern offen stehen (vgl. Polanyi 1957: 163f). Auch sind lokale Märkte und ökonomische Institutionen stets von lokalen Regelmechanismen abhängig, die ihrerseits nicht isoliert von normativen Prinzipien zu betrachten sind.

Gemäß dem Gesagten sind die Entscheidungsregeln auf den lokalen Märkten meiner Untersuchungsregion keineswegs durch ökonomisches Vorteilsdenken zu erklären. Die Kleinhändlerinnen aus Karangduwet kaufen dort bei regionalen Großhändlern Gewürze und verschiedene Sojaprodukte, die sie dann auf dem selben Markt weiterverkaufen. Trotz der leicht steigenden Preise durch den Zwischenhandel ziehen es die Kunden vor, bei ihren Dorfgenossinnen zu kaufen. Ein direktes Erwerben von den Großhändlern wird als unangemessen betrachtet, da man aufgrund der kleinen Einkaufsmengen Scham empfinden würde. Es kommen hier also auch Konzepte kulturell vermittelter „Ehre" und kommunaler Solidarität ins Spiel. Nach Hefner (1990: 20) definieren individuelle Akteure den Standard dessen, was ihnen wertvoll und angemessen erscheint stets auch vor dem Hintergrund sozialer Referenznahme, bei der signifikante Andere den Maßstab dessen bilden, was man für sich selbst als erstrebenswert erachtet. Individuelle Präferenzen stehen demnach auch in Zusammenhang mit strukturellen Positionen:

> „The view of the person as a clear-headed maximizer over clearly defined preferences must give way to the image of a more complicated and less certain actor, attempting to sort out what is worth doing and what sort of person to be" (ebd: III).[3]

Hinzu kommt, daß aufgrund der schwachen sozialen Position vieler Peasants der Einzelakteur nicht in allen ökonomischen Handlungsbereichen individuelle Entscheidungen treffen kann. So können Entscheidungen im Bereich des Inputs von Düngemittel und Hybriden, wie die indonesische Situation zeigt, durchaus von staatlichen Zwangsmechanismen bestimmt sein (vgl. Hansen 1981). Fassen wir das Gesagte zusammen, so ist der neoklassische Ansatz des profitmaximierenden individuellen Akteurs für sich alleine genommen wenig geeignet, das ökonomische Entscheidungsverhalten von Peasants zu erklären. Es ist m. E. sinnvoller von einer

---

[3] Zitiert in Hefner 1990: 113. Ähnlich argumentierten bereits Ortner (1984: 131) und Keyes (1983: 852), indem sie die Ersetzung des profitmaximierenden Individuums durch einen in konkreten politischen und kulturhistorischen Zusammenhängen agierenden Akteur forderten.

partiellen oder *eingeschränkten* Profitmaximierung zu sprechen. Das andere Extrem ist die Formulierung des ausschließlich risikoscheuen Peasant, der aufgrund von Dependenz, instabiler Marktsituation und seiner kognitiven Subsistenzorientierung jegliche Form der Profitmaximierung meidet. Beide theoretischen Ansätze wirken in ihren Verallgemeinerungen gleichermaßen wirklichkeitsfremd, da sie von abstrakten Idealtypen ausgehen.

In Abgrenzung zur Neoklassik liegt der Interessenschwerpunkt der *neomarxistischen Theorie* auf dem Problem der Produktionsbeziehungen und der Kontrolle zentraler Produktionsmittel, d.h. ihr analytisches Primat setzt weniger bei der individuellen Produktionseinheit, als vielmehr beim Zugang verschiedener sozialer Gruppierungen zu den produktiven Ressourcen einer Gesellschaft an. Die für unsere Fragestellung entscheidende Diskussion innerhalb der Neomarxisten ist die der Kontinuität der Peasant-Gesellschaften. Die Argumentation für ihren Verfall stützt sich vor allem auf eine zunehmende ökonomische Polarisierung in den betreffenden Gesellschaften: Individuelle Differenzen im Input und eine zunehmende Lohnarbeit würden demnach über kurz oder lang zu einer Auflösung der Peasant-Gesellschaften führen. Demgegenüber verweisen die Repräsentanten der Annahme eines Fortbestandes der *peasantry* auf die haushaltliche Organisationsform bäuerlicher Gesellschaften, die durch die Integration in reziprozitäre Arrangements, ihrer natürlichen Tendenz zur *self-exploitation* und ihre multidimensionale Form der Einkommensbeschaffung ein systemimmanentes Resistenzpotential gegen kapitalistische Entwicklungstendenzen besitzt (vgl. Ellis 1988: 46ff). Auch wenn die vorliegende Studie die allgemeine Richtung dieser Entwicklung offen läßt, so spricht die Tatsache, daß in Karangduwet im Verlauf der letzten zehn Jahre nicht nur die Lohnarbeit, sondern auch die Praxis des Sharecropping zugenommen hat, doch eher für die zweite These.

Das zentrale Element der neomarxistischen Analyse ist nun die Frage der Appropriation des von den Peasants produzierten Mehrwerts durch andere soziale Gruppierungen. Das Problem dieser Konzeption ist, daß sie auf weitgehend abstrakten Standards von „Ausbeutung" basiert. Peasants handeln aber nicht selten außerhalb dieser Abstraktion in Traditionen, in denen - sofern sie überhaupt ein konzeptuelles Äquivalent dazu besitzen - durchaus andere Standards von „Ausbeutung" vorhanden sind. Das grundlegende Problem ist recht eigentlich der analytische Nutzen dieses Ansatzes, denn er läßt nicht selten eine konzeptionelle Verbindung zwischen dem postulierten Phänomen der *exploitation* und der Selbstwahrnehmung der betreffenden Akteure vermissen. Die Inkonsistenz von kognitiver Wahrnehmung und objektiver Situation wird allgemein mit dem Konzept des *false consciousness* theoretisch umgangen. Dieser Term bezeichnet einen Mangel an Klassenbewußtsein im Sinne der Unfähigkeit, die reale Klassensituation wahrzunehmen und die eigenen Interessen zu repräsentieren (Hefner 1990: 17). Hierbei scheint man konsequent zu übersehen, daß das Problem nicht primär daran liegt, daß die Peasants ihre Wirklichkeit nicht einschätzen können, als vielmehr daran, daß diese Wirklichkeit nicht selten auf anderen Werten und Normen basiert. Außerdem übersieht das Konzept des *false consciousness* das Resistenzpotential indigener Artikulationswege, die vor allem von Eric Wolf (1969) und James Scott (1985) eindrucksvoll dokumentiert wurden.

Die Funktion der Sicherstellung minimaler Subsistenzgarantien ist mit der Ausbildung moderner Nationalstaaten von den lokalen Eliten zunehmend auf die jeweiligen Regierungen und ihre Institutionen übergegangen, die durch Preisregulierung, staatliche Entwicklungsprogramme und finanzpolitische Maßnahmen direkten Einfluß auf die traditionellen Subsistenzökonomien nehmen (vgl. Ellis 1988: 56). Sowohl die neoklassische Theorie als auch die neomarxistische Analyse offenbaren signifikante Mängel in ihrer Auffassung der Funktion des Staates in den Wandlungsprozessen von Peasant-Gesellschaften:

> „The role of the state is played down both by Marxists (who see it as an apparatus for oiling the wheels of capitalism) and the neoclassicists (who advocate a minimum role for the state in controlling economic life). Both is misplaced in societies with large agrarian populations. A common situation is one of a powerful central state drawing its support and legitimacy from a small minority of the population with a foothold in the more advanced sectors of the economy (or in the military), and with little or no effective representation of its peasant population.

Gerade die Ethnographie Javas offenbart, daß die ideologisch überfrachtete Analyse die Aspekte der Kommerzialisierung und Mechanisierung viel zu hoch angesetzt hat, während staatliche Dominanzstrukturen weitgehend von der Analyse des Wandels in Lokalgemeinschaften ausgeschlossen wurden. Dies gilt für die neoklassisch orientierten Autoren (z. B. Hayami und Kikuchi 1982) gleichermaßen wie für die Vertreter der sogenannten **neopopulistischen Richtung** (Collier 1978, Stoler 1977), die vor allem den technologischen Wandel der „Grünen Revolution" für agrarische und soziale Wandlungsprozesse verantwortlich machen. Erst in den achtziger Jahren verschob sich der Ansatzpunkt von diesen im Kern technologischen Erklärungsmodellen hin zur Analyse lokaler Produktionsformen in ihrem Verhältnis zum machtpolitischen System. Hier lag der Fokus vor allem auf der Analyse der institutionellen Arrangements, die den Zugang zu landwirtschaftlichen Ressourcen kontrollieren. Hart et all. (1989) zeigen, wie südostasiatische Staaten einer öffentlichen Artikulation von Unzufriedenheit durch die Sicherstellung der Reisproduktion zuvorkommen, indem sie lokalen Eliten den Zugang zu staatlichen Ressourcen als Belohnung für ihre Kooperation ermöglichen. Der Staat ersetzt hier nicht selten die

Kräfte des Marktes mit den Mitteln festgesetzter Preise von Inputs und Outputs agrarischer Produktion, staatlichen Vermarktungskooperativen und der obligatorischen, notfalls mit den Mitteln militärischer Gewalt und öffentlicher Diffamierung durchgesetzten Verwendung von über staatliche Kredite vermittelten Inputs (Hansen 1981: 113).

Ein wichtiger Aspekt im Zusammenhang mit staatlichen Organisationsmechanismen ist, daß sich in Ländern der III. Welt die Infrastruktur durchaus vor der Transformation der Produktionsbeziehungen wandeln kann (Hefner 1990: 130ff). So ist die ökonomische Entwicklung Javas nicht auf eine neomarxistische „kapitalistische Penetration" oder die neoklassischen „Kräfte des Marktes" reduzierbar. Durch staatliche Interventionen im Straßenbau oder in der Kommunikationstechnik, demographische Entwicklungen (z.B. Migranten-Dorf-Kontakte), Veränderungen der Konsumstile, Schulbildung und Massenmedienzugang werden neue Aspirationen nicht selten zu einem Zeitpunkt stimuliert „where production, property, and class are as yet untransformed" (ebd: 242). Es ist in diesem Zusammenhang wichtig darauf hinzuweisen, daß ökonomischer Wandel stets auch einen Prozeß kultureller Reorientierung impliziert:

> „In a folk world, goods, commodities and relationships might have been finite, and the means for providing them limited, but in the expanding world of the nation, there are no such constants. The promises of the state to its citizens, however, tend to be larger than the market will bear; thus „poverty" emerges, and people who existed adequately with few possesions or power now desire more of both. The external exchanges thus generate new internal exchanges, and the relationships among community members are irrevocably changed because basic needs, values, and ideologies will be affected" (Bennett 1985: 39).

In Zeiten fließender gewordener Grenzen zwischen Innen- und Außengruppen beziehen sich individuelle Akteure auch auf Referenzgruppen außerhalb ihrer Lokalgemeinschaft. Neue Formen des Prestiges und neue Strukturen des Austausches im Kontext neuer Machtbeziehungen innerhalb der dörflichen Gemeinschaften und an den personellen „Schnittstellen" zwischen Dorf und Außenwelt inspirieren den individuellen Akteur, sich mit bestimmten Personen zu identifizieren und sich von anderen abzugrenzen. Individuelle Aspirationen können so die traditionelle Gesellschaft durchaus vor Identitätsprobleme stellen. Es ist deshalb nicht erstaunlich, daß beispielsweise die indonesische Regierung darum bemüht ist, mit den Mitteln einer obligatorischen Religionsangehörigkeit, sprachlichen Standardisierung, politischer Restriktion, Promotion traditioneller reziprozitärer Verhaltensweisen und der Sponserung nationaler Rituale das Management kultureller Orientierungen zu beeinflussen, um diese Aspirationen zu kontrollieren (vgl. Hefner 1990: 223ff). Die subsistenzanalytischen, neoklassischen und neomarxistischen Theorien ähneln sich nicht nur darin, daß sie das Problem individueller Entscheidungen weitgehend isoliert von den Strukturen staatlicher Macht behandeln; sie unterliegen vor allem dem Trugschluß, den Haushalt als homogene Entscheidungseinheit anzusehen. Es wird quasi unterstellt, daß die Interessen des Haushaltsvorstandes automatisch die Ziele aller Haushaltsmitglieder repräsentieren. So bleiben Fragen der geschlechtlichen Arbeitsteilung, der Rolle des eigenen Einkommens von Familienmitgliedern und Interessenkonflikte zwischen Geschlechtern und Generationen von der Analyse ausgeschlossen.

Die konsequentere Anwendung demographischer Methoden und die Anerkennung von Variationen in Geschlechts- und Altersstrukturen offenbarte, daß innerhalb des einzelnen Haushalts durchaus überlappende Produktions- und Akkumulationseinheiten existieren (z. B. Ellis 1988). Damit zusammenhängend verlagerte sich der Fokus der Analyse nun stärker auf die konstitutive Rolle von Frauen in den beobachteten Wandlungsprozessen. Little und Brokensha (1988) zeigten am Beispiel ostafrikanischer Gesellschaften, wie durch Arbeitsemigration der Männer und zunehmenden Schulbesuch der Kinder die Frauen stärker in die agrarische Produktion involviert werden und sich dadurch - oft in Widerspruch zu traditionellen Geschlechterrollen - zunehmend zu Entscheidungsträgern in direkt produktiven Handlungsbereichen wandeln (ebd: 22ff).

Eine grundsätzliche Frage ist, inwieweit man angesichts dem zunehmenden Vorherrschen multiplexer Einkommensstrategien überhaupt noch von „Peasant-Gesellschaften" sprechen kann. Das Problem ländlicher Differenzierung ist nämlich keineswegs auf den Agrarsektor beschränkt. Die Variable des Landbesitzes für sich alleine genommen dürfte kaum ausreichen, um als Indikator für eine ländliche Klassendifferenzierung zu dienen. Auch korrelieren innerkommunale Dominanzstrukturen nicht zwingend mit dem Landbesitz. Dieser ist keineswegs der ausschließliche, ja oft nicht einmal der dominante Faktor im Erreichen lokaler Machtpositionen. Die These Benjamin White's, nach der die ländliche Differenzierung auf einem Akkumulationsprozeß basiert, bei dem „different groups in rural society gain access to the products of their own or others labour, based on different control over production ressources" (White 1989: 20) greift zu wenig, da auch der Zugang zu staatlichen Ressourcen (insbesondere zu außeragrarischen Krediten) ein relevanter Faktor dieses Prozesses ist. Staatliche Maßnahmen führen gerade in diesem Bereich oft zu unbeabsichtigten Konsequenzen, die den erhofften sozialen und ökonomischen Wandel eher hemmen als vorantreiben. Auch sind agrarische Arbeitsarrangements, technologischer Wandel und staatliche Dominanzstrukturen nicht die ausschließlichen Faktoren in den lokalen Wandlungsprozessen. Wie bereits erwähnt, stellt die Migration - ob temporär, zyklisch oder permanent - eine der wichtigsten Einkommensquellen der Bewohner Karangduwets dar. Die Mobilität von Arbeit und Kapital zwischen Siedlungseinheiten, konkret: zwischen Stadt und Land hat zur Konsequenz, daß ein verzerrtes Bild ländlicher Differenzierung entsteht, wenn die Analyse ausschließlich auf innerkommunale Beziehungen und den agrarischen Produktionsprozeß beschränkt bleibt. Die Mechanismen von nicht-agrarischen Kreditprogrammen, außerlandwirtschaftlichen Erwerbsformen und Populationsbewegungen blieben in den bisherigen Fallstudien zum ländlichen Java ebenfalls weitgehend aus der Analyse von Differenzierungsprozessen ausgeschlossen. In diesen zentralen Bereichen ist vor allem der Zugang zu relevanten Informationen ein operativer Faktor, der die Handlungschancen der Akteure beschränkt oder begünstigt.

2.3. Außenwelt, Lokalgemeinschaft, kulturelles System und individueller Akteur: Ein Synthesemodell

Ziel der vorangegangenen Abschnitte war es, in die Schwächen der älteren ethnologischen Theorien und Formulierungen zu den Peasant-Gesellschaften einzuführen. Im Verlauf der bisherigen Diskussion klangen bereits konzeptionelle Alternativmodelle an, die in ihrer Kombination einen durchaus angemessenen Ansatz zur Analyse der Wandlungsprozesse in Karangduwet darstellen. Ich möchte diese Alternativen zunächst unter vier allgemeinen Aspekten betrachten: Dem Bereich der Außenbeziehungen, dem siedlungsinternen Milieu, dem kulturellen System und dem individuellen Akteur.

Ich habe aus Gründen der Einfachheit den Bereich der Außenwelteinflüsse in drei funktionale Sphären eingeteilt, nämlich 1. die Migrationssphäre, 2. die staatlich-institutionelle Sphäre und 3. die Sphäre der Massenmedien, welche man unter dem obigen Begriff der regional dominanten Wandlungsfaktoren zusammenfassen könnte.[4] Im Bereich des Binnenmilieus wurden 1. die demographische Situation (Alters- und Geschlechtsstrukturen), 2. der Aspekt der strukturellen Differenzierungen (Landbesitz, materielle Situation, Berufe), 3. die Sphäre der Produktionsbeziehungen und 4. die Sphäre der Werte und Normen unterschieden. Entscheidend für die Analyse des Verhältnisses von Binnen- und Außenwelt ist die Feststellung der quantitativen und qualitativen Austauschdimensionen, d.h. wie groß ist der „outflow" und „inflow" von Waren, Dienstleistungen, Ideen und Personen und

---

[4] Verschiedene andere Sphären wären denkbar, so z. B. die Marktsphäre. Sie spielt aber in Karangduwet eine untergeordnete Rolle und impliziert weder nennenswerte Entfernungen noch eine Änderung des sozialen Milieus, so daß sie hier nicht als separater Außenfaktor aufgeführt wurde.

„who has the power to change and direct these flows?" (Bennett 1985: 39). Eine zentrale Rolle kommt hierbei den personellen Schnittstellen zwischen den Sphären zu, wie z.b. den Dorfkadern, die zwischen der institutionellen Sphäre und dem Innenbereich der kooperativen Netzwerke vermitteln. Eine ähnliche Funktion haben die saisonalen Migranten und emigrierten Familienväter, da sie die zentralen Broker zwischen Migranten und Lokalgemeinschaft (z.b. beim Überbringen von Geldsendungen oder bei der Jobsuche) darstellen.

Die Migrationssphäre stellt den für die Wandlungsprozesse in Karangduwet wichtigsten Einflußfaktor dar. Ihre Auswirkungen zeigen sich in allen zentralen Lebens- und Handlungsbereichen, so in der demographischen Struktur, in den Formen der Landnutzung, der geschlechtlichen Arbeitsteilung, der Diffusion von Konsumgütern und der allgemeinen Entwicklungsdynamik. Auf die Notwendigkeit einer stärkeren Einbeziehung der staatlich-institutionellen Sphäre wurde bereits hingewiesen. In diesem Bereich ist vor allem die Interaktion von staatlichen Entwicklungsprogrammen mit lokalen Statuspositionen bzw. Dominanzstrukturen und den indigenen Formen der Nachbarschaftskooperation hervorzuheben, im Rahmen derer traditionelle Gemeinschaftsnormen zunehmend institutionalisiert werden. Eine zentrale Machtposition haben hier im Sinne der *Staatsklientel* die Dorfkader inne, indem sie die zentralen „ressource allocation spheres" (Bennett) im Dukuh kontrollieren. Massenmedien stellen, auch wenn sie im Regelfall keinen direkten Einfluß auf das Verhalten von Peasants ausüben, ebenfalls einen zentralen Faktor im bäuerlichen Modernisierungsprozeß dar, indem sie ein generelles „climate for modernization" (Rogers und Svenning 1967: 110) erzeugen können.

Innen- und Außenbereich sind interaktive Systeme, ihre Wechselwirkungen sind hochgradig komplex und dynamisch. Alle Interaktionsformen der Mitglieder lokaler Gemeinschaften mit regionalen Systemen (über die Siedlungsgrenzen hinaus reichende Loyalitäten, Mitarbeit in staatlichen Institutionen, Kontakte mit emigrierten Familienmitgliedern usw.) beeinflussen stets auch die kognitive Orientierung, da sich der individuelle Akteur nicht nur mit seinen innerkommunalen sozialen Rollen, sondern auch mit *äußeren* Referenzgruppen identifiziert:

> „Until peasants in relatively isolated and traditional villages are connected
> with the outside world of opportunities, they are largely unaware of the status
> levels their children might achieve (Rogers and Svenning 1967: 112).

Die für offene Peasant-Gemeinschaften (Wolf 1957) typischen Außeneinflüsse implizieren hingegen stets ein „awareness of higher levels of living" (ebd.), daß nun an die Seite der innerkommunalen Standards tritt. Der zentrale Aspekt der Wandlungsprozesse in gegenwärtigen Peasant-Gesellschaften ist m. E. die wachsende Disparität zwischen armen und reichen Peasants und die zunehmende Ausprägung individueller Differenzen hinsichtlich Qualifikation und Kapital, die über kurz oder lang zu einer stärker in individuellen Handlungschancen begründeten sozialen Differenzierung führen. Genau hier stellt sich die Frage nach dem individuellen Akteur, seinen objektiven Handlungschancen und subjektiven Aspirationen.

Das hier vorgestellte Analysemodell geht von der praxistheoretischen Annahme aus, nach der die für einen bestimmten gesellschaftlichen Typus konstitutiven Strukturen (materielle Existenzbedingungen, sozialer Status, Klassenzugehörigkeit usw.) spezifische Dispositionen erzeugen, die, indem sie eine Anpassung an die objektiven Strukturen darstellen, diese zugleich auch reproduzieren (vgl. Bourdieu 1976: 165-169). In Abgrenzung zu anderen praxistheoretischen Ableitungen (z.B. Scott 1985) bezieht sich der hier verwendete Begriff der objektiven Strukturen nicht nur auf die materiellen Existenzbedingungen, sondern schließt vielmehr auch die für spezifische Typen von Akteuren relevanten kognitiven Einflußstrukturen (Lese- und Schreibfähigkeit, formale Bildung, Informationszugang) und sozialen Differenzierungsfaktoren (z.b. Alters- und Geschlechtsstrukturen) mit ein.

Die individuellen Einschätzungen von Handlungschancen erzeugen stets auch Aspirationen. Stimmen die individuellen Existenzbedingungen weitgehend mit diesen Aspirationen überein, d.h. wenn sich die objektiven Strukturen in den Dispositionen des individuellen Handlungssubjekts widerspiegeln, erscheint die soziale und kulturelle Umwelt als mehr oder minder selbstverständlich vorgegebene. Diese Erfahrung wird von der Praxistheorie mit dem Begriff *Doxa* umschrieben (Bourdieu 1976: 325). Bestehen indes Widersprüche zwischen objektiven Strukturen und Aspirationen oder kontrastieren die individuell erzeugten Wissensinhalte mit den sozial vermittelten kulturellen Schemata und Wirklichkeitskonzeptionen, ist die individuelle Wahrnehmung durch einen Zustand charakterisiert, den ich in Anlehnung an L. A. Festinger (1957) als „kognitive Dissonanz" bezeichnen möchte. Der Kerninhalt der Theorie Festingers ist, wie es Bernard (1988: 59f) formuliert

> „based on the insight that people can tell when their beliefs about what ought to be don't match their perception of how things really are, and that the dissonance is uncomfortable. People than have a choice: they can live with the dissonance; change the external reality or change their beliefs".

Die erste Option stellt im Grunde die Akzeptanz der Unvereinbarkeit von objektiven Handlungschancen und subjektiven Motivationen dar, im Rahmen derer sich die Unterwerfung unter die objektiven Strukturen vollzieht (vgl. Bourdieu 1976: 324). Die zweite Option wäre eine bewußte Veränderung der externen Realität (z.B. Rebellion), welche im Regelfall nur geringe Realisierungschancen haben dürfte (vgl. Wolf 1966). Die realistischste Option dürfte indes die Änderung der Konzeption darstellen. Diese besitzt aber nicht zwingend die Qualität eines prinzipiellen „change of beliefs" wie ihn Festinger und Bernard implizit zu unterstellen scheinen. Typischer ist m. E. vielmehr die Konstruktion einer abweichenden Interpretation, d.h. die Manipulation von Symbolen des normativen Umfelds. In diesen Prozessen spielen Dominanzstrukturen eine konstitutive Rolle, indem die

> „beherrschten Klassen vom Interesse geleitet [werden], die Schranken der Doxa zurückzuversetzen und den Willkürcharakter des Selbstverständlichen bloßzustellen; während die herrschenden Klassen daran interessiert sind, die Integrität der Doxa zu wahren, oder ... in Form einer Orthodoxie zu restaurieren" (Bourdieu 1976: 151).

Ein wesentliches Merkmal dieses Prozesses ist die ebenfalls von Bourdieu (ebd: 191) anhand der Gesellschaft der Kabyle abgeleitete „Euphemisierung" von Macht, d.h. eine „socially recognized form of domination which must assume a form that gains social compliance" (Scott 1985: 309). Die zentrale Aufgabe einer praxistheoretischen Analyse von sozio-kulturellen Wandlungsprozessen ist deshalb laut Scott (ebd: 310): „not to tease out a consensus of agreed-upon rules but rather to understand how divergent constructions of those rules are related to class interests."

Hier zeigt sich eine generelle Schwäche der bisherigen Praxistheorie, die dazu tendiert, Dispositionen und die divergente Konstruktion normativer Regelungen fast ausschließlich im Zusammenhang mit Produktionsbeziehungen und ökonomischen Klasseninteressen zu analysieren. Unter Berücksichtigung der Tatsache, daß die Interessen der Akteure nicht immer mit Klassen- und Produktionsbeziehungen kongruent sind, sondern stets auch andere Strukturen von Macht-, Interessen- und Solidaritätsbegründungen vorhanden sind, die in der Alltagswelt nicht weniger stark in Erscheinung treten als die Klassenstruktur, ist der in dieser Arbeit verwendete Begriff der *strukturellen Position* stets auch im Hinblick auf die soziale Identität und im Kontext der Strukturen, die sie aufrecht erhalten, aufzufassen.

3. Umwelt, Geographie und Lokalgeschichte

3.1. Einführung: Strukturen regionaler und lokaler Verwaltung

Die dominierende politische Institution im Indonesien der „Neuen Ordnung" (seit 1965) ist die Bürokratie, einschließlich Militär und Polizei (*ABRI*). Politische Parteien, Parlament und Interessenverbände stellen kein ernst zu nehmendes Gegengewicht dar (vgl. Crouch 1984, Schwarz 1994). Die strikt hierarchisch organisierten bürokratischen Strukturen sehen zwischen der Provinz (*propinsi*) und dem Landkreis (*kecamatan*) als regionale Verwaltungsebene zweiter Ordnung (*daerah tingkat kedua*) den Regierungsbezirk (*kabupaten*) vor, in dem alle wichtigen zivilen, polizeilichen und militärischen Behörden und Institutionen der Provinz in Form subordinierter Regionalämter vertreten sind (vgl. Schweizer 1989a: 76). Die Sonderverwaltungszone Yogyakarta besteht einschließlich dem städtischen Bezirk (*kota madya*) aus insgesamt fünf Regierungsbezirken, die sich aus jeweils etwa 15 Landkreisen (*kecamatan*) zusammensetzen. Dienstleistungs- und Wirtschaftszentrum eines solchen Kecamatan ist die Kreisstadt (*kota kecamatan*), in der auch die Polizeistation des Kreises, das regionale Militärkommando (*koramil*) und als zentrale Zivilbehörde das Kreisamt (*kantor kecamatan*) präsent sind (Soemardjan und Breazale 1990: 11-15).

Dem Landkreis unterstellt ist als kleinste Verwaltungseinheit das Dorf (*kelurahan*), das vom Bürgermeister (*Lurah*) und den Dorfbeamten (*pamong desa*) verwaltet wird. Sowohl der Lurah als auch die Leiter der wichtigsten Sektionen (*kepala urusan*) der Dorfverwaltung genießen den Status von minderen Staatsbeamten (*pegawai negeri*) (vgl. Hart 1986: 44). Die mit Abstand wichtigste dieser Dorfbeamtenpositionen ist die des Sekretärs (*carik*), dem alle anderen Ressorts unterstellt sind. Dorfsekretär und Sektionsleiter werden vom Kecamatan ernannt.[1] Das Amt des Bürgermeisters wird dagegen alle acht Jahre durch allgemeine Wahlen vergeben. Bei allen anderen Ämtern handelt sich theoretisch um Positionen auf Lebenszeit. Sowohl der Lurah als auch seine beamteten Helfer werden mit Nutzungsrechten von öffentlichem Amtsland (*bengkok*) entlohnt.

Diese nicht selten bis zu 5000 Einwohner und mehr zählenden Dörfer stellen keine kompakten Siedlungseinheiten dar, sondern bestehen vielmehr aus einer Rei-

---

[1] Information des Kelurahan Karangmojo. Lokale Variationen in der Zusammensetzung der beamteten Positionen sind durchaus möglich. Ich beziehe mich in dieser Beschreibung vor allem auf die Situation in Karangmojo.

he von Weilern (*dusun*), welche die eigentlichen Orte des sozio-kommunalen Lebens der javanischen Landbewohner darstellen (vgl. Sinaga 1977: 7). Die Entfernung zwischen den einzelnen, zumeist durch Felder gegeneinander abgegrenzten Weilern kann durchaus mehrere Kilometer betragen. Das Kelurahan stellt also vielmehr eine politisch-administrative Einheit, denn eine auf traditionellen Wohn- und Sozialstrukturen basierende, sozial integrierte Lokalgemeinschaft dar. Es existiert deshalb zumeist auch keine direkte Interaktion zwischen allen Bewohnern eines Kelurahan (etwa im Sinne des Konzeptes der korporierten Gruppe); vielmehr bleiben die persönlichen und verwandtschaftlichen Netzwerke der Akteure auf das soziale Umfeld des Dusun und die umliegenden Weiler beschränkt.

Politischer Repräsentant des Dusun nach außen und Kontaktperson zur Dorfverwaltung ist der Weilervorstand (*kepala dusun*). Dieser erhält zwar in manchen Gemeinden eine Entlohnung in Form von Nutzungsrechten des kommunalen Dorflandes (*kas desa*), genießt allerdings nicht die Position eines offiziellen Staatsbeamten. Zu den wichtigsten administrativen Aufgaben eines Kepala Dusun gehören die routinemäßige Durchführung des Regierungszensus, die Verwaltung der Identitätskarten (*KTP*) der Weilerbewohner, die formale Abwicklung beim Wechsel des Wohnortes und die Organisation der Ausrichtung nationaler Feiertage. Innerhalb des Dusun stellen die Nachbarschaftseinheiten (*rukun tetangga*, allgemein als RT bezeichnet) die wichtigste sozio-politische Institution dar.

Anders als das Amt des Bürgermeisters und des Weilervorstandes ist das des Nachbarschaftsvorstehers (*ketua RT*) eine ehrenamtliche Funktion, d. h. der Ketua RT erhält keine Vergütung in Form von Nutzungsrechten öffentlicher Felder. Innerhalb des RT existieren eine Reihe minderer Sektionen wie Stellvertretung des RT-Vorstandes, Kassenverwaltung, Materialbeschaffung, Einsatzleitung von Gemeinschaftsarbeit (*kerja bakti*) usw. Die zu einem RT zusammengeschlossenen Familien werden formell durch den Haushaltsvorstand repräsentiert, für den die Teilnahme an den zyklisch abgehaltenen RT-Treffen obligatorisch ist. Parallel zu den RT besitzen die Frauen in Form der sogenannten PKK-Zirkel[2] eine ähnliche, wenn auch in der Frage der Mitgliedschaft eher freiwillige Nachbarschaftsorganisation, die auf RT-Ebene vor allem als Spargemeinschaft (*perkumpulan arisan*) in Erscheinung tritt. Diese PKK-Nachbarschaftszirkel bilden zusammen die PKK-Gruppe des Dusun, deren Vorstände (*kader PKK*) unter anderem auch Schlüssel-

---

[2]   Die seit Anfang der siebziger Jahre bestehende PKK-Bewegung stellt eines der bekanntesten Programme der Orde Baru-Periode (seit 1965) dar. Vorrangiges Ziel ist die Anhebung der haushaltlichen Innovativität der Frauen in ländlichen Räumen durch einen Prozeß der „Selbstentwicklung durch Partizipation" in kommunalen Informationsveranstaltungen, die von den Frauen der Dorfelite geleitet werden. Das PKK-Konzept unterscheidet sich von anderen staatlichen Entwicklungsprogrammen vor allem durch seinen geschlechtsspezifischen Fokus.

funktionen in der Durchführung von staatlichen Entwicklungsprogrammen wahrnehmen. Die PKK-Gruppen auf der Ebene des Dusun sind als PKK Kelurahan formell dem Dorfgremium (*LKMD*) unterstellt. Eine entscheidende Rolle kommt hierbei der Ehefrau des Bürgermeisters (*Bu Lurah*) zu, die ex officio die Positionen der Vizevorsitzenden des Dorfkonzils und der Vorsitzenden der PKK-Organisation des Kelurahan wahrnimmt und deshalb die personelle Schnittstelle zwischen den Angelegenheiten der Frauen des Dorfes und der Dorfverwaltung darstellt (Soemardjan und Breazale 1990: 13).

Im folgenden sollen zunächst die ökologischen und wirtschaftlichen Rahmenbedingungen des Regierungsbezirks Gunung Kidul und des Landkreises Karangmojo in ihren Grundzügen dargestellt werden. Die Detailanalyse der Wirtschaft, materiellen Situation und Demographie bleibt der Deskription des Dusun Karangduwet vorbehalten, die sich der Regionalbeschreibung anschließt.

3.2. Die Untersuchungsregion: Ökologie und Probleme der Agrarwirtschaft

Wie die Bezeichnung Gunung Kidul - wörtlich „die Südberge" - vermuten läßt, zeichnet sich dieses Gebiet topographisch vor allem durch seine geographische Lage und seine vorwiegend aus Hügellandschaften bestehende Geomorphologie aus. Während die Grenze im Westen der ebenfalls zur Sonderverwaltungszone Yogyakarta gehörige Bezirk Bantul bildet, zählen die nördlich und östlich angrenzenden Kabupaten Klaten und Wonogiri zur Provinz Mitteljava (*Jawa Tenggah*), die ökonomisch und kulturell von der Sultansstadt Solo (Surakarta) beherrscht wird. Die natürliche Südgrenze bildet bereits der indische Ozean (vgl. Anhang C.).

Die Sonderzone Yogyakarta liegt im Bereich des tropischen Klimas mit zwei ausgeprägten Jahreszeiten, einer Regenzeit von November bis Mai und einer Trokkenperiode von Juni bis November. Die durchschnittliche jährliche Niederschlagsmenge im Kabupaten Gunung Kidul beträgt 2100 mm. Allerdings kommt dieser Mittelwert durch eine beachtliche Streuung innerhalb der 13 Landkreise zustande: So mißt man in den ökologisch begünstigten Teilen (vor allem im Westen und Nordwesten des Regierungsbezirks) bis zu 3200 mm, während in den Landkreisen im Süden und Osten nur 1100 mm pro Jahr anfallen (Ritohardoyo 1990: 16). Etwa 45% der Gesamtfläche des Regierungsbezirkes bestehen aus Kalkstein- und Karstlandschaften, welche das Regenwasser nur sehr begrenzt speichern können. Hinzu kommt, daß bereits über 20% aller Nutzflächen Gunung Kiduls stark erosionsgeschädigt sind (ebd: 20).

Im groben läßt sich der Regierungsbezirk in drei ökologische Zonen einteilen:

1. Im Nordwesten wird die landschaftliche Szene von der *Ledok Wonosari*, einer ca. 168 km² großen, 150-200 m hoch gelegenen Alluvialebene bestimmt, die sich konzentrisch um die Bezirkshauptstadt Wonosari lagert. Sie nimmt den zentralen Teil Gunung Kiduls ein. Hier ermöglichen die mineralreichen, andesitischen Grumusol-Lehmböden (*tanah lempung*) bei ausreichender Irrigation den Anbau von Reis in bewässerten Feldern (*sawah*). Dieses Gebiet stellt den für die Landwirtschaft günstigsten Raum Gunung Kiduls dar. Der Bau von Asphaltstraßen und Irrigationskanälen wird durch die ebene Struktur wesentlich erleichtert (Wijoyo 1994: 25f). Die Ledok Wonosari bildet den ökonomischen und demographischen Mittelpunkt Gunung Kiduls.

2. Von Nordwesten nach Nordosten zieht sich die als *Gunung Sewu* (tausend Berge) bekannte Kalksteinlandschaft. Die vorherrschenden Erosionsrohböden auf Festgesteinen (Lithosole) dieses an seinen höchsten Stellen bis zu 800 m hohen Gebirgskamms besitzen eine äußerst geringe effektive Nutztiefe (30cm) und sind deshalb extrem anfällig gegen Bodenerosion. In diesem Bereich herrscht vor allem der Anbau von Mais (*jagung*) vor.

3. Der dritte natürliche Differenzierungsraum sind die im Südosten gelegenen, vorrangig aus Kalken und Mergeln aufgebauten *Baturagung*-Höhen, die an ihren höchsten Erhebungen ca. 400 m erreichen (vgl. Röll 1976: 11). Die Mehrzahl der Flußläufe führen während der Trockenzeit kein Wasser. Der rötlichweiße Litosolboden besitzt eine durchschnittliche Tiefe von 50-100 cm. Typisch ist der Anbau von lokalem Trockenreis (*padi gogo*) und Kokosnüssen (*kelapa*). In neuerer Zeit ist man zum Anbau einer hybriden Trockenreis-Varietät (*padi dodongan*) übergegangen, die sich durch ihre Sparsamkeit im Wasserverbrauch auszeichnet. Anders als in Gunung Sewu hat man hier durch eine seit Generationen übliche Terassierung der Bodenerosion vorbeugen können (Wijoyo 1994: 25-30, Ritohardoyo 1990: 16ff). Während der Trockenmonate (Mai bis November) sind die Dörfer der Region auf zusätzliche Wasserlieferungen von außen angewiesen.

Im Südosten des Regierungsbezirks befindet sich Landkreis Karangmojo. Die obigen ökologischen Ausprägungen finden sich dort in verkleinertem Maßstab wieder:

1. *Lembah Oyo:* Dieser nordwestliche Teil ist die 200 bis 700 m hoch gelegene Zone entlang des Oyo-Flusses, der - als größter Fluß Gunung Kiduls - vom Gunung Sewu zum indischen Ozean fließt. Die Quelle des Oyo stellt ein beliebtes regionales Ausflugsziel dar. Lediglich entlang des Flußbeckens ist eine ganzjährige Wasserversorgung möglich. Der größte Teil des Lembah Oyo-Gebiets ist aufgrund der steilen Hänge mit Steigungen bis zu 40% bereits stark von Erosion betroffen.

2. Der Großteil des Landkreises fällt in den östlichen Bereich der *Ledok Wonosari*.
3. Der Nordosten des Kecamatan Karangmojo schließlich ist vom *Baturagung*-Gebiet beherrscht, das sich vegetationsmäßig vor allem aus Bambus- (*Bambusa vulgaris*) und Buschformationen zusammensetzt. Die im Rahmen der staatlichen Wiederaufforstung seit den sechziger Jahren angelegten Baumkulturen (v.a. Akazien) befinden sich in Staatsbesitz.

Die mittlere Niederschlagsmenge des Landkreises beträgt 1559 mm mit durchschnittlich 78 Tagen Regen im Jahr. Ein generelles Problem ist, daß die physische Struktur des Bodens nur wenig Regenwasser aufnimmt. Diese Bodenbeschaffenheit führt nicht nur zu einer ausgesprochenen Trockenheit (*kekeringan*) während den regenfreien Monaten, sondern auch zu häufigen Überschwemmungen (*banjir*) in der Regenzeit. Die durchschnittlichen Lufttemperaturen von 27,5 Grad Celsius zeigen die für Java typische Gleichmäßigkeit im Jahresverlauf. Extreme Temparaturschwankungen kommen nicht vor. Von August bis Januar kommt der Wind aus südöstlicher Richtung, ab Januar bis Juli dagegen herrschen Südwestwinde vor (Wijoyo 1994: 27-29). Während der Regenperiode sind ohne künstliche Bewässeung zwei Ernten möglich.

Grundlegend für das Anbausystem Gunung Kiduls ist die Differenzierung zwischen dem Reisanbau in Naßreisfeldern (*sawah*) und dem Anbau von primär regenabhängigen Nahrungspflanzen (Sojabohnen, Mais, Cassava, Erdnuß) auf Trockenfeldern (*tegalan*), die mit dem Begriff *palawija* bezeichnet werden.[3] Die allgemein übliche Identifizierung der Kategorie Palawija mit „secondary food crops" (Harjono 1990: 292, Röll 1976: 23) ist auf den Regionalbereich Karangmojo nicht ohne Einschränkung übertragbar, da hier die Sojabohne (*kedelai*) und die Cassava (*ketela*) nicht nur die dominanten Anbaupflanzen, sondern bis Mitte der siebziger Jahre auch die primäre Ernährungsgrundlage der Landbewohner darstellten.

Aufschluß über die vorherrschenden Formen der Landnutzung und ihre prozentualen Anteile für den Gesamtlandkreis gibt Tabelle 3.1. Ins Auge springt hier vor allem der minimale Anteil von Naßreisfeldern (*sawah*), die nur 13,7% der landwirtschaftlichen Nutzfläche ausmachen.[4] Berücksichtigt man, daß ein nicht genau ermittelbarer Anteil dieser Flächen nur saisonal zu Naßreisfeldern konvertiert wird,

---

[3] Unter die Kategorie Palawija fallen allgemein sieben Pflanzen: Mais (*jagung*), Cassava (*ketela*), Süßkartoffel (*ubi manis*), Erdnuß (*kacang tanah*), Sojabohnen (*kedelai*) und Kideney-Bohnen (*kacang merah*). Mit Ausnahme der Süßkartoffel werden in Karangduwet alle Palawija-Sorten angebaut.

[4] Zum Vergleich: Im benachbarten Landkreis Klaten beträgt der Sawahanteil immerhin 58% der agrarischen Nutzfläche (Röll 1976: 21). Die entsprechenden Vergleichsdaten aus einzelnen Dorfstudien werden weiter unten im Zusammenhang mit der aktuellen Situation Karangduwets diskutiert.

andererseits aber von den Haushalten entlang der Bewässerungskanäle auch die Hausgärten (*pekarangan*) als Sawah genutzt werden, sind hinsichtlich der Exaktheit der offiziellen Statistik durchaus Vorbehalte angebracht. Ein weiteres Problem dieser offiziellen Angaben besteht darin, daß die Tabelle keine Unterscheidung von öffentlichem Beamtenland (*bengkok*), kommunalen Flächen zur Finanzierung öffentlicher Ausgaben (*kas desa*) und dem Landbesitz von privaten Haushalten vornimmt.

Nutzungsform	indigene Bezeichnung	Fläche in ha	Anteil in %
Bewässerungsfelder	*sawah*	504	6,3
Trockenfelder	*tegalan*	3179	39,8
Hausgärten	*pekarangan*	3101	38,7
Staatswald	*hutan negri*	925	11,5
Andere (z.B. Wege)	*lain-lain*	300	3,8
		8027	100

Tabelle 3.1. Formen der Landnutzung im Landkreis Karangmojo

Der ausgeprägte Wechsel von Regen- und Trockenzeiten und der hohe Anteil von Trockenfeldern (*tegalan*) im Verhältnis zu den Sawah führt nicht nur dazu, daß die regionale Agrarwirtschaft sehr stark vom saisonalen Zyklus bestimmt wird; sie implizieren vielmehr auch erhebliche Produktivitätsschwankungen und Ertragsrisiken für die bäuerliche Bevölkerung. Hinzu kommt, daß die in der Kolonialzeit errichteten Hauptkanalsysteme primär den Anbauflächen entlang der Hauptstraßenverbindungen zugute kommen. Die in den siebziger Jahren in kommunaler Gemeinschaftsarbeit angelegten Erdgräben führen durch natürliche Versickerung zu hohen Wasserverlusten (vgl. Röll 1976: 22f).

Die Bewohner der Untersuchungsregion teilen das Jahr in insgesamt vier, durch einen festgelegten Arbeitszyklus gekennzeichnete Anbauperioden (*musim*) ein:

Musim Rendengan: Diese erste Periode beginnt Anfang November mit dem Einsetzen der Regenzeit (*Tibo Labuh*) und erstreckt sich bis zur Ernte im Januar. Dabei werden auf den Trockenfeldern (*tegalan*) zwei Anbaupattern in Form von Mischkulturen (*tumpang sari*) praktiziert:

a) 75% Sojabohnen (*kedelai*) : 25% Mais (*jagung*) oder Cassava (*ketela*)
b) 75% Erdnüsse (*kacang tanah*) : 25% Mais (ohne Cassava).

Der Löwenanteil dieses Produktes (durchschnittlich ca. 75%) wird zumeist sofort nach der Ernte auf den lokalen Märkten verkauft, nur ein geringer Anteil (laut Zensus zwischen 5 und 15% bei einer Tegalanfläche über 0,25 ha) dient dem Eigenkonsum. Der Rest stellt das Saatgut für die kommende Anbauperiode.

Musim Lemaringan: Die sich nun anschließende Phase ist die Anbauperiode von Mitte Februar bis Mitte Mai. Anders als bei der ersten Phase bestehen die Felder nun aus:

a) 50% Sojabohnen (*kedelai*) : 25% Erdnuß plus 25% Cassava (*ketela*).

b) 50% Erdnuß (*kacang tabah*) : 25% (*jagung*) plus 25% Soja (*kedelai*).

Nach der Ernte Mitte Mai wird der Verkaufserlös zum Teil in Mastvieh (vorwiegend Zebu-Rinder und Ziegen) angelegt, der Rest wird wiederum als Saatgut verwendet. Mais wird zur Viehversorgung für die kommenden Monate gelagert. Ökonomisch potente Haushalte legen einen zusätzlichen Vorrat an Erdnüssen und Cassava für anstehende rituelle Anlässe an. Der Unterschied zwischen den einzelnen Anbauformen der Phasen 1 und 2 besteht weitgehend im Anbau bzw. Nichtanbau der Cassava. Es zeigt sich hier weiterhin eine gewisse Konkurrenz zwischen der Sojabohne (*kedelai*) und der Erdnuß (*kacang tanah*). Nach Auskunft der Bauern wird durch die vorherrschende Mischkultur die Sojabohne durch die Erdnuß verdeckt, so daß bei einer Kombination beider Pflanzen ein größerer Pflanzabstand erforderlich wäre.

Musim Taman Ekstra: Die letzte, von Mitte Mai bis Mitte Juli andauernde Phase entscheidet, ob zwei oder drei Ernten möglich sind. Aufgrund der nun selteneren Regenfälle ist in dieser Phase eine zusätzliche künstliche Bewässerung notwendig. Der Ertrag der Sojabohne (*kedelai*) verringert sich nun um etwa die Hälfte. Bei ausreichender Nutzfläche praktizieren einzelne Bauern eine saisonale Mais-Monokultur, die nach dem Tebasan-System vor der Ernte an die Zwischenhändler verkauft wird, welche die Erntearbeit in Eigenregie ausführen und auch die dazu notwendigen Arbeitskräfte stellen.

Musim Kemarau: Dies ist die Brachezeit (*musim bero*) von Mitte Juli bis etwa Ende Oktober. Diese Phase ist durch die Instandsetzung der Felder nach der Ernte der Cassava (*ketela*) gekennzeichnet.

Das typischste Merkmal der in Karangmojo praktizierten Anbauform ist die Misch-kultur (*tumpang sari*). Trotz des höheren Arbeitsinputs (so muß insbesondere beim Jäten mit äußerster Vorsicht vorgegangen werden) wird der Vorteil dieses Systems vor allem in der Eigenversorgung mit einer Reihe verschiedener Palawijapflanzen gesehen. Die Sicherstellung der Palawijavielfalt wäre theoretisch auch bei Monokulturen einzelner Parzellen möglich. Diese Alternative wird allerdings ausschließlich beim Mais praktiziert, da die Zwischenhändler (*penebas*) nur bei Monokulturen die komplette Erntearbeit übernehmen. Während die vorherrschende Mischkultur von Teilen der jüngeren Bevölkerung und seitens der staatlichen Entwicklungsagenten (*penyuluh pertanian*) als rückständig und wenig innovativ angesehen wird, verweist die Mehrheit der Bauern auf die Vorteile höherer Erträge und einer Verringerung des Krankheitsbefalles der einzelnen Kulturen. Charakteristisch für dieses Anbau-Pattern (*tata tanam*) ist vor allem der geringe Pflanzabstand (*jarak taman*) von nur ca. 10 cm zwischen den Pflanzenarten, die zwischen der alles beherrschenden Sojabohne (*kedelai*) hervorsprießen.

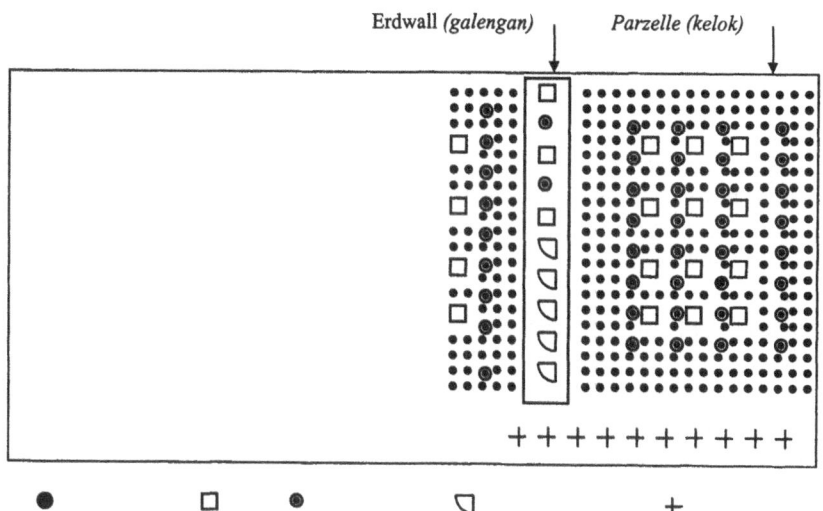

●	☐	◉	⧠	+
Soja (*kedelai*)	Cassava (*ketela*)	Mais (*jagung*)	Erdnuß (*kacang*)	Futtergras (*rumput kolongono*)

Abbildung 3. 1. Anbaupattern Mischkultur (*tumpang sari*) von Palawija-Pflanzen

Reis (*padi*) wird fast ausschließlich in Form von Sawah angebaut, während der Trockenreis in der dörflichen Wirtschaft so gut wie verschwunden ist. Die Gründe hierfür sind vielfältig: Zum einen gilt der Anbau der Kedelai als weniger arbeits- und kostenintensiv als der des Trockenreises (*padi gogo*), der zudem eine etwas längere Reifezeit als die Sojabohne besitzt. Ein häufig genannter Grund der Bauern ist, daß auf den über Erdgräben bewässerbaren Tegalanfeldern aufgrund des höheren Wasserbedarfs des Trockenreises[5] in der regenfreien Zeit quasi eine Monokultur angelegt werden müßte. Der Trockenreis konkurriert hier vor allem mit der Cassava, die eine dem Trockenreis gemäße Bewässerung nicht verträgt. Die Abnei-

---

[5] Ähnlich wie im Fall der Palawija ist auch der Begriff Trockenreis nicht wörtlich zu nehmen, sondern impliziert ebenfalls eine semi-technische Wasserzufuhr in der Trockenzeit.

gung gegen die staatlich propagierte Fruchtfolge *Padi-Padi-Palawija* wird damit erklärt, daß ein sich direkt anschließender Anbau von Palawijakulturen (insbesondere der Cassava) nach einer Bepflanzung mit Reis problematisch ist, da die Böden durch die vorangegeangene Reisbewässerung zu „feucht" (*basah*) seien. Des weiteren stellt eine von Palawijapflanzen umgebene Trockenreisfläche nach Auskunft der Bauern einen Fokus für Vögel dar. Ein solches Feld müßte stets isoliert bewacht werden. Wegen der wesentlich höheren Inputkosten (einschließlich Zeitaufwand) im Trockenreisanbau und des Vorteils der Variationsmöglichkeiten verschiedener Palawijapflanzen konnte sich der Reisanbau auf Tegalanfeldern bei weiten Teilen der Bevölkerung nicht durchsetzen. So bauen beispielsweise nur 3,7% (n=3) aller in der Landwirtschaft aktiven Haushalte Karangduwets Trockenreis an.

Das Problem der Suffizienz bzw. minimalen Subsistenz ist bereits in verschiedenen empirischen Erhebungen zur Wirtschaft des ländlichen Java diskutiert worden. Die variierenden lokalen Rahmenbedingungen und die definitorische Ungenauigkeit des Begriffs des Existenzminimums machen es allerdings recht schwierig, eine allgemein verbindliche Flächenzahl zu nennen, die wirklich einen Durchschnittshaushalt ernähren kann. Bennet (1961: 105) geht bei einer Haushaltsgröße zwischen 4 und 5 Personen von 0,7 ha Bewässerungsfeldern (*sawah*) oder 1,4 ha Trockenfelder (*tegalan*) aus. Penny und Singarimbun (1973: 2) veranschlagen eine minimale Subsistenzfläche von 0,7 ha regenabhängigen Reisfeldern plus 0,3 ha Hausgärten für eine durchschnittliche Familie in der Sonderregion Yogyakarta. White (1976: 278) dagegen hält 0,2 ha Sawah für einen 4-5 Personenhaushalt als ausreichend. Eine ähnliche Annahme liegt von Hart (1986: 103) vor, die 0,24 ha Sawah als „reis-subsistent" ansieht.

In diesem Zusammenhang ist vor allem die bereits des öfteren quotierte Untersuchung des indonesischen Geographen Ritohardoyo (1990) von Interesse. Diese stellt nicht nur einen sinnvollen Ansatz zur vergleichenden Kategorisierung eines Mikroraumes dar; sie hat des weiteren den Vorteil, daß dieses Modell anhand von Daten aus 35 Landkreisen der Regierungsbezirke Wonogiri und Gunung Kidul entwickelt wurde, so daß an dieser Stelle lediglich eine inhaltliche Zusammenfassung der für Karangmojo spezifischen Ergebnisse vonnöten ist. Entscheidend ist auch hier der Index der „carrying capacity", berechnet aus dem Bedarfspotential von 650 kg Reis pro Person/Jahr durch die Bevölkerungsdichte. Hier nimmt das Kecamatan Karangmojo mit einem Index von < 0,25 einen recht kritischen Stellenwert ein. Dieser Index besagt, daß für den Gesamtraum des Landkreises auf die Produktion von 650 kg enthülstem Reis mehr als 4 zu ernährende Personen (genau: 4,82) kommen. D. h. daß die von den Nutzflächen der Region produzierte Menge keine subsistente Reisbedarfsdeckung zuläßt.

3.3. Allgemeine Angaben: Demographie, Berufs- und Bildungssituation

Karangmojo stellt den bevölkerungsreichsten Landkreis Gunung Kiduls dar (Ritohardoyo 1990: 16). Die neuesten mir zugänglichen Angaben zur Bevölkerungszahl des Kecamatan stammen von 1994. Damals betrug die Gesamtbevölkerung 56864 Personen, die sich auf 12820 Haushalte verteilten (Monografi Kecamatan Karangmojo 1995). Es ergibt sich dabei mit 29230 zu 27621 insgesamt ein Übergewicht der Frauen. Diese Situation dürfte primär auf eine vorherrschend männliche Arbeitsemigration zurückzuführen sein.

Ein weiterer Erklärungsfaktor wäre in der höheren allgemeinen Lebenserwartung der Frauen in Java zu suchen (vgl. White 1976a). Die durchschnittliche Haushaltsgröße liegt mit 4,4 Personen unter den Durchschnittswerten vergleichbarer Fallstudien (vgl. Hart 1986: 109, Schweizer 1989a: 77). Der Anteil der unter 20jährigen beträgt 41%; insgesamt 37,5% verteilen sich auf die Altersgruppen zwischen 30 und 60. 20,5% gehören den Intervallen über 60 Jahre an (Monografi Kecamatan Karangmojo 1995). Der Überschuß der Frauen konzentriert sich vor allem in den Gruppen zwischen 30 und 45 und in der Kategorie über 60. Im Vergleich mit den Bevölkerungsdaten des Nachbarkreises Klaten weisen diese Werte auf einen recht geringen Anteil der jüngeren Generation (bis 29) hin, während die der Gruppen ab 60 und insbesondere die ab 65 (16,4%) überproportional stark repräsentiert sind (vgl. Röll 1976: 18, Schweizer 1989a: 77). Das jährliche Bevölkerungswachstum bleibt mit 1,03% (Monografi Kecamatan Karangmojo 1995) hinter den Werten der Provinz zurück (vgl. Sjahrir 1995: 34).

Die Populationsdichte für das Jahr 1993 beläuft sich auf 702 Personen pro km². Allerdings bezieht sich dieser vom Kreisamt genannte Wert auf die Gesamtfläche des Landkreises. Ein realistischeres Bild vermittelt dagegen die Populationsdichte pro km² landwirtschaftlicher Nutzfläche (LN), die nun auf 917 Einwohner/km² ansteigt. Der Direktvergleich mit dem benachbarten Landkreis Klaten (der bereits 1973 eine Dichte von 1600 EW/km² LN aufwies) zeigt aber, daß das Kecamatan Karangmojo für zentraljavanische Standards in absoluten Zahlen als eher schwach besiedelt gelten kann (vgl. Röll 1976: 15).

Die Punkte der Siedlungskonzentration des Landkreises liegen allgemein an den Asphaltstraßen und in der Nähe der Linien zentraler Wasserversorgung (Flußläufe, Kanäle). Vor allem entlang der Hauptverkehrswege sind seit Anfang der neunziger Jahre verputzte Backsteinhäuser errichtet worden, in welchen sich kleine Imbißstuben (*rumah makan*) und Verkaufsstellen für Gegenstände des täglichen Bedarfs (*warung*) befinden. Anders als die Verbindungsstraßen der Landkreise sind die Wege zwischen und innerhalb der Dörfer und Weiler nicht asphaltiert, sondern bestehen aus maschinell eingewalzten Kalksteinen. Diese innerkommunalen Wege

sind in den Ebenen partiell von Mopeds, Kleinbussen und Kleinlastwagen benutz-
bar, lediglich die Verbindungen zu den höher gelegenen Weilern im Bereich des
Lembah Oyo (Gunung Sewu) und des Baturagung sind nicht befestigt.

Die Kreisstadt des Kecamatan Karangmojo befindet sich ca. 9 km östlich von
Wonosari, 59 km von Yogyakarta und 78 km von Solo entfernt. Dieses lokale Zentrum ist in seinem Erscheinungsbild kaum als Stadt anzusprechen. Der Mittelpunkt
ist eine Straßenkreuzung, welche in westlicher Richtung nach Wonosa-
ri/Yogyakarta und im Norden nach Semin, Klaten und Solo führt. Im Süden besteht
eine Verbindung zur Kreisstadt Semanu, in deren Einzugsbereich bereits die Küste
des indischen Ozeans liegt. Im Osten führt die Straße bis zum Nachbarlandkreis
Ponjong, wo sie am Baturagung-Gebirge ihre natürliche Grenze findet. In unmittelbarer Nähe dieser Kreuzung befinden sich alle zentralen Regierungsstellen (Kreisamt, Militärkommandantur, Polizeistation), das lokale Marktgebäude sowie die
staatlichen und privaten Schulen. Die Anzahl der Wohnhäuser beläuft sich auf ca.
200 Einheiten, die sich konzentrisch um die Straßenkreuzung lagern. Die Kreisstadt
stellt somit ein reines Dienstleistungs- und Verwaltungszentrum dar. Über Generationen gewachsene urbane Wohn- und Lebensstrukturen fehlen. Die für andere Re-
gionalzentren Javas typischen Symbole indonesischer Modernität wie Leuchtre-
klamen, Computer-Rental-Shops, Apotheken usw. haben in Karangmojo noch keinen Einzug gehalten. Auch existierten zum Zeitpunkt meines Feldaufenthaltes im
Landkreis keine Fabriken oder industriell-verarbeitende Betriebe (z. B. im Textil-
bereich oder in der Tabakverarbeitung).

Laut Angaben der Monografie des Kantor Kecamatan Karangmojo von 1995
verteilte sich die berufstätige Bevölkerung des Landkreises im Jahr 1994 wie folgt:
Staatsbeamter (*pegawai negeri*) 3,9%; Polizei und Militär (*ABRI*) 0,6%; Angestellter (*pegawai swasta*) 4,3%; Händler (*pedagang*) 13,7%; Bauer (*tani*) 70,7%;
Landarbeiter (*buruh tani*) 2,3%; Handwerker (*pertukangan*) 2,8%; Pensionär (*pensiunan*) 0,5% und Dienstleistungen (*jasa*) 1,2%. Diese auf den offiziellen Zensusangaben basierende Auflistung ist insofern von beschränkter Aussagekraft, als
sie sich nur auf die Hauptberufe der Landkreisbewohner bezieht und die oft multiplexen Einkommensstrukturen der ländlichen Bevölkerung nicht adäquat berücksichtigt. So besitzen einzelne Haushaltsmitglieder nicht selten diverse Einkommensquellen zum selben Zeitpunkt. Was davon monatliches Erst-, Zweit- oder
Dritteinkommen darstellt, kann sich abhängig von sporadischen Erwerbsmöglichkeiten und saisonalen Handlungschancen stets ändern. Ein Vergleich mit den Daten
zur Berufsstruktur aus anderen Lokalstudien läßt aber dennoch signifikante Merkmale erkennen. Der Anteil der Staatsbeamten (einschließlich Militär und Polizei)
ist mit insgesamt 4,5% an der Gesamtbevölkerung erheblich höher als in den Stati-
stiken zur Berufsstruktur vergleichbarer Fallstudien. So dokumentieren Schweizer

(1989a: 645) für Sawahan/Klaten, Hastani (1993: 45) für Martani/Sleman und Harjono (1990: 250) für Sukahaji/Majalaya einen nahezu identischen Beamtenanteil von ca. 2,8%. Die Gruppe der Angestellten (*pegawai swasta*) weist mit 4,5% einen ebenfalls recht hohen Anteil auf. Die Frequenz des Hauptberufes des Händlers[6] weicht dagegen nicht signifikant von den Datenerhebungen der obigen Autoren ab, während der des Handwerkers in Karangmojo sehr schwach vertreten ist (in allen oben genannten Vergleichsstudien über 10%). Sehr schwach repräsentiert ist ebenfalls die Kategorie der Landarbeiter und der vom aktiven Arbeitsleben ausgeschiedenen Pensionäre. Die Tätigkeit des Fabrikarbeiters (der in allen zitierten Lokalerhebungen immerhin zwischen 10 und 23% aller Hauptberufe ausmacht) scheint in Karangmojo so selten, daß man seitens des Kreisamtes anscheinend keine Notwendigkeit sah, hierfür eine eigene Kategorie zu erstellen. Während die Gründe für das Nichtvorhandensein eines nennenswerten Fabrikarbeiter-Segmentes aufgrund des bereits erwähnten Mangels von industriellen Betrieben in der Region auf der Hand liegen, sind für die Verteilung der anderen Berufsgruppen primär demographische Gründe relevant.

Die obigen Ausführungen zur demographischen Struktur lassen aufgrund der relativ geringen Personenzahl in den produktiven Altersphasen (15-65) auf eine hohe Abwanderungsrate schließen. Diese Situation dürfte wesentlich dazu beitragen, daß sich die aktive Arbeitszeit der Haushaltsvorstände durch die Emigration der Kinder oft bis ins hohe Alter erstreckt, was eine Reduzierung der Gruppe der Pensionäre zur Folge haben dürfte, wie von der offiziellen Statistik ausgewiesen. Durch den produktiven Aderlaß ist eine Zunahme von Sharecropping-Arrangements und Pacht nicht unwahrscheinlich, da ältere Personen ihre Anbauflächen nicht mehr vollkommen selbst bewirtschaften können. Es kann vermutet werden, daß eine hohe Migrationsrate landlosen Haushalten einen leichteren Zugang zu Sharecropping- und Pacht-Arrangements verschafft. Sie gehören damit in ihrem Selbstverständnis (auch dann, wenn sie weiterhin sporadisch oder saisonal als Landarbeiter tätig sind) aufgrund der eigenverantwortlichen Bewirtschaftung der Felder bereits zur Kategorie der Bauern, was den geringen Prozentsatz des Berufes des Landarbeiters in der amtlichen Statistik zumindest partiell erklären würde. Zwar liegen zur Stützung dieser These für den Gesamtlandkreis keine empirischen Daten vor, sie scheint aber aufgrund der weiter unten zu diskutierenden aktuellen Situation in Karangduwet durchaus plausibel. Der minimale Prozentsatz von offizi-

---

[6] Der Beruf des Händlers schließt dabei die Besitzer kleiner Einkaufsläden (*warung*) und Imbißstuben (*rumah makan*) mit ein. Ansonsten handelt es sich hierbei vor allem um Personen, die hauptsächlich den Händlerberuf ausüben. Die Gruppe der sporadisch oder temporär (d. h. nicht täglich) aktiven, nebenberuflichen Kleinhändlerinnen dürfte sich vor allem innerhalb der Kategorie der hauptberuflichen Bauern (*tani*) konzentrieren.

ell nur 2,8% Handwerkern dürfte sich neben der statistisch vernachlässigbaren Anzahl von Personen, die ihr Handwerk in Form kleiner Unternehmen (*perusahan*) wie z. B. Reparaturwerkstätten (*bengkel*) oder Zimmermannsbetriebe (*perusahan kayu*) mit einem oder mehreren permanent Beschäftigten betreiben (n = 42), vor allem auf Ein-Mann-Betriebe beziehen, die ausschließlich ihrem Gewerbe nachgehen und kein signifikantes kleinbäuerliches Einkommen beziehen.

Interpretationsbedürftig erscheint vor allem der recht hohe Anteil der Berufskategorie Bauer (*tani*) von 71% in der regierungsamtlichen Statistik. Diese ist - davon abgesehen, daß sie keinerlei internen Differenzierungen erkennen läßt - schon deshalb problematisch, da die Dorfbewohner dazu tendieren, sich primär kulturell als *tani* identifizieren; und zwar auch dann, wenn andere Einkommensquellen gleichrangig sind oder im Jahresverlauf die Einkünfte aus der Landwirtschaft übertreffen. Entsprechend meinen Beobachtungen dürfte die Kategorie des Bauern in einer nicht unerheblichen Anzahl von Fällen mit dem Beruf des traditionellen Handwerkers (Maurer, Schreiner, Schneider, Bambusflechter) zusammenfallen, der allerdings aufgrund seiner Abhängigkeit von Aufträgen nicht die Kontinuität der landwirtschaftlichen Routine besitzt und deshalb zumeist nicht als Hauptberuf in der Statistik erscheint. Diese primär bäuerliche Selbstidentifikation ist allerdings insofern bemerkenswert, da hier offensichtlich die Subsistenzsicherheit als entscheidendes Merkmal der Berufsidentifikation herangezogen wird. So bezeichneten sich bei Durchführung meines Zensus in Karangduwet innerhalb der landwirtschaftlich aktiven Haushaltsvorstände nur die Staatsbeamten (*pegawai negeri*) nicht hauptberuflich als Bauern, während nahezu alle anderen in verschiedenen ökonomischen Handlungsbereichen tätigen Informanten den Hauptberuf *tani* nannten, sofern die Landwirtschaft eine ihrer multiplexen Einkommensquellen darstellte.

Folgt man der bereits mehrfach erwähnten Studie von Ritohardyo (1990) wäre - bei Zugrundelegen des vom indonesischen Amt für Statistik definierten subsistenten Minimaleinkommens von 1989[7] - für den Bereich des Landkreises Karangmojo eine agrarische Nutzfläche von 0,52 ha pro Person! erforderlich, um vollkommen subsistent (einschließlich der Finanzierung von sekundären Bedürfnissen wie Schulbildung) vom bäuerlichen Wirtschaftsbereich zu existieren (ebd: 62). Bezieht man darüber hinaus die mittlere Haushaltsgröße des Kreises von 4,4 Personen in die Analyse mit ein, beliefe sich die durchschnittlich benötigte Gesamtfläche agrarischer Subsistenz auf 2,3 ha pro Haushalt! Es liegen meinerseits keine Daten zur

---

[7] Nach Angaben des Biro Pusat Statistik (1989) beläuft sich das notwendige Einkommen zur Sicherstellung des Existenzminimums in der Sonderregion Yogyakarta bei einer erwachsenen Person auf 56500 Rupiah (Rp.) im Monat. Bei einem Drei-Personen-Haushalt (1 Kind) steigt der Minimalbedarf auf 134000 Rp. an, während für einen Vier-Personen-Haushalt bereits 164000 Rp. benötigt werden.

Streuung des Landbesitzes für den gesamten Landkreis vor. Aus den offiziellen Daten des Kecamatan läßt sich indes lediglich der Durchschnittswert von 0,34 ha pro Haushalt berechnen, der allerdings durch die fehlende Variable der nicht bekannten Flächenanteile des kommunalen Landes (*kas desa*) und Beamtenlandes (*bengkok*) nur eine Annäherung an den real wesentlich kleineren Wert darstellen kann. Berücksichtigt man weiterhin die von Wijoyo (1995:54) für die Dörfer Bejiharjo und Jatiayu ermittelte Durchschnittsfläche von 0,66 ha pro Haushalt (inklusive *bengkok*) und die von mir errechneten Verteilungswerte von 0,35 ha (SD = 0,26) für das Kelurahan Karangmojo und von 0,29 ha (mit einer Standardabweichung von SD = 0,35 unter Ausschluß des kommunalen Dorf- und Beamtenlandes) für den Weiler Karangduwet, so dürfte die Landwirtschaft wohl kaum für 71% der erwerbsfähigen Bevölkerung des Landkreises die primäre oder gar exklusive Einkommensquelle darstellen.

Zusammengefaßt formuliert bedeutet dies, daß die Mehrzahl der landwirtschaftlichen Haushalte in Karangmojo schon aus Gründen der Subsistenzsicherung auf eine Reihe permanenter, saisonaler und sporadischer „off-farm-activities" angewiesen ist. Aufgrund des Nichtvorhandenseins von größeren Industriebetrieben in der Region ist davon auszugehen, daß - mit Ausnahme einzelner Bereiche wie z. B. im Transportsektor - ein sehr hoher Anteil dieser „off-farm-activity" auf den traditionellen Sektor (Handel und Märkte, Landarbeit, einfaches Handwerk usw.) beschränkt bleibt, d. h. in durch eine geringe Produktivität der Stundenlöhne gekennzeichneten Erwerbszweigen, deren Qualifizierung ausschließlich auf persönlicher Erfahrung und Familientradition, nicht aber auf formaler Ausbildung basiert.

Nach Angaben der Monographie des Kecamatan Karangmojo von 1992 verteilt sich der Bildungsstand der Landkreisbewohner bezogen auf die Schulabschlüsse wie folgt: Grundschule (*SD*) 40,9%; Mittelschule (*SMP*) 19,4%; Oberschule (*SMA*) 10,1%; Hochschule/Akademie 0,7%; Sonstige 27,9%.[8] Die offiziellen Angaben lassen allerdings offen, *wie lange* die betreffenden Schulen besucht wurden. So ist anzunehmen, daß sich unter der Kategorie Grundschule ein hoher Anteil von Personen befinden, die eine nur zweijährige Grundschulausbildung während der japanischen Besatzungszeit erhielten und die deshalb im strengen Sinne weiterhin als Analphabeten zu kategorisieren wären. Allgemein ist der Bildungsstandard des Kreises mit nur 19% Mittelschul-, 10% Oberschulabschlüssen und 0,7% Hochschulabschlüssen (vorwiegend Lehrerberuf) als relativ niedrig zu bezeichnen. Leider lassen es die regierungsamtlichen Daten nicht zu, eine Verbindung zwischen

---

[8] Die Kategorie „Sonstige" bezieht sich zum einen auf Personen ohne Schulausbildung und Schulabbrecher (*drop outs*), zum anderen aber auch auf Einzelfälle, die eine nicht-formale Schulbildung (Pesantren, Madrash) durchlaufen haben.

Schulabschluß und Altersintervallen herzustellen. Ich kann mich allerdings der Ursachenanalyse von Wijoyo (1995: 40) nicht anschließen, nach der das geringe Durchschnittslevel der formalen Bildung in Karangmojo primär auf die ökonomische Situation der Haushalte zurückzuführen ist, da nur „reiche" Familien in der Lage seien, ihren Kindern eine kontinuierliche Schulausbildung zu finanzieren. Diese monokausale Betrachtungsweise vernachlässigt den demographischen Aspekt, der einen wesentlichen Einflußfaktor beim Zustandekommen der vorliegenden Bildungsverhältnisse darstellt. Der hohe Anteil von Grundschulbesuchern und Sonstigen (die sich zu einem beträchtlichen Teil aus Personen ohne Schulbildung zusammensetzen) in der amtlichen Statistik spiegeln vielmehr die oben skizzierte demographische Situation wider. So dürfte die durch den geringen Prozentsatz der Gruppe der 20-45jährigen indizierte hohe Migrationsrate nicht unerheblich durch die Variable der Schulbildung beeinflußt sein.

In anderen Worten: Der recht schwache Anteil von Absolventen der Mittel- und Oberschulen innerhalb der Kreisbevölkerung weist in seinem statistischen Gesamtausdruck vielmehr auf eine sich dem Schulabschluß direkt anschließende Migrationstendenz, denn auf eine ökonomisch verursachte Verkürzung der allgemeinen Schulzeiten hin.

Es sind von indonesischer Seite verschiedene Untersuchungen zur Einkommensstrukur und Arbeitsmarktsituation im ländlichen Java durchgeführt worden. Da die mir bekannten Arbeiten zu diesem Bereich ausnahmslos auf Datenerhebungen in den Regierungsbezirken Sleman und Bantul basieren, sind die von den Autoren vorgelegten Schlußfolgerungen nicht pauschal auf den Landkreis Karangmojo übertragbar. Ich möchte die Ergebnisse dennoch in Kurzform wiedergeben:

1. Nach Auffassung von Bintarto (1983: 165) ist ein wesentlicher Faktor in der Feststellung des Grades der Isolation einer Region ihre Nähe zu einer asphaltierten Straßenverbindung, die zu einem ökonomisch zentralen Ort führt, da sich die Arbeitsmobilität ländlicher Populationen stets an festgelegten Verbindungswegen orientiert.

2. Soentoro (1984) zeigte in seiner Studie über nicht-agrarische Erwerbsformen, daß der Anteil der außerhalb des traditionellen Sektors beschäftigten Personen mit der Nähe zu einem wirtschaftlichen Verdichtungsraum korreliert.

3. Ganz ähnlich weist Esmara Hendra (1995) anhand ihrer Daten zur Erwerbsstruktur im Dorf Martani/Sleman den Zusammenhang von Einkommen und Arbeitsort nach. Demnach korreliert die Lokalität des Arbeitsplatzes (Weiler, Dorf, Landkreis-, und Bezirkshauptstadt) mit einem höheren nicht-agrarischen Durchschnittseinkommen.

Während These 2 im Rahmen dieser Untersuchung eine indirekte Unterstützung erfährt, sind die Thesen 1 und 3 auf die Situation in Karangmojo nur eingeschränkt übertragbar. Zwar ist die infrastrukturelle Anbindung mit den urbanen Zentren Yogyakarta und Solo durch ein ausgesprochen dichtes Busnetz sichergestellt, doch ist die Entfernung zu diesen Zentren mit durchschnittlich 2 und 3 Stunden Fahrt für den beruflichen Pendelverkehr bereits recht weit. Bezieht man die oft langen Verkehrswege innerhalb von Yogyakarta und Solo mit ein, wäre ein Arbeitnehmer, sofern er auf öffentliche Verkehrsmittel angewiesen ist, täglich etwa 5-7 Stunden unterwegs, um zu seinem Arbeitsplatz und wieder nach Hause zu gelangen. Ein ausgeprägter Industrie- und Handelssektor, der einen nennenswerten Prozentsatz der arbeitsfähigen Bevölkerung absorbieren könnte, existiert in unmittelbarer Nähe des Landkreises nicht. Mit Ausnahme des Berufes des Beamten und dem Bereich der Angestellten- und Dienstleistungsstellen (Privatschulen, Gesundheitszentrum usw.) stehen sowohl in den Nachbarkreisen als auch in der Bezirkshauptstadt Wonosari kaum Beschäftigungsmöglichkeiten im modernen Sektor zur Verfügung.

Der Löwenanteil der „off-farm-activity" vollzieht sich demnach weiterhin im traditionellen Sektor. Während einerseits eine insgesamt geringe berufliche Differenzierung festzustellen ist, ist die vorherrschende Einkommensstrategie durch einen heterogenen Mix von landwirtschaftlicher Tätigkeit plus diversen „off-farm-activities" gekennzeichnet. Auffallend ist die nur sehr schwach entwickelte Spezialisierung des traditionellen Handwerks. Lokalspezifische Erwerbszweige wie beispielsweise die für die Regierungsbezirke Sleman und Bantul typische Weberei und Batikherstellung oder die in Klaten anzutreffende Ziegelbrennerei, die eine stärker am Markt orientierte Produktion und den Export von lokal hergestellten Gütern ermöglichen könnten, existieren in der Untersuchungsregion nicht. Die für Gunung Kidul generell festzustellende schwache Ausprägung von regionalen Industrie- und Handelszentren dürfte somit auch mit dem Fehlen von industriell expansionsfähigen, für den Markt produzierenden Handwerkstraditionen zusammenhängen.

Das Mobilitätsverhalten der Landkreisbewohner ist aufgrund der ökonomischen Rahmenbedingungen wesentlich stärker durch permanente Migration (*merantau*) als durch den in moderneren Regionen vorherrschenden Pendelverkehr (*nglaju*) zu regionalen Wirtschaftszentren charakterisiert. Die Folge ist ein signifikanter „drain off" der produktivsten und innovativsten Altersgruppen, so daß sich die Bevölkerung der Region durch einen starken Anteil von (noch nicht emigrationsberechtigten) schulpflichtigen Personen und eine überproportional hohe Anzahl von Personen über 60 (die bereits mehrheitlich zu alt sein dürften, um permanente Beschäftigungen in den Städten zu erhalten) zusammensetzt, so daß man insgesamt von einer tendenziell bimodalen Bevölkerungsstruktur im Landkreis Karangmojo sprechen kann.

3.4. Lokalgeschichte

3.4.1. Die Kolonialzeit und davor

Bezüglich der organisatorischen Struktur des frühen Karanduwet gibt es erwartungsgemäß nur spärliche Informationen. Es existieren aber Indizien, die vor dem Hintergrund rezenterer Studien zum präkolonialen Java durchaus plausible Zusammenhänge erkennen lassen. Neuere Untersuchungen zur indigenen Sozialstruktur der javanischen Landbevölkerung haben gezeigt, daß das javanische Dorf im Sinne einer homogenen, in sich geschlossenen und korporierten Gemeinschaft eher ein Produkt der kolonialen Administration als eine in Jahrhunderten gewachsene Wohn- und Lebensstruktur darstellt.

Nach der indigenen Rechtskonzeption in den zentraljavanischen Fürstentümern war der Fürst Eigentümer allen Bodens innerhalb seines Territoriums. Das agrarische Umland außerhalb der Hauptstadt (*manca negara*) wurde als Apanagen (*gaduhan*) an Familienmitglieder und Hofbeamte (*patuh*) vergeben, welche die ihrerseits zugewiesenen Ländereien an örtliche Patrone (*bekel*) veräußerten. Diese lokalen Repräsentanten fungierten primär als Steuereintrieber für ihre Herren (Röll 1976: 47, Schweizer 1989a: Kap. 4.1.2.). Wie namhafte Autoren (Ongkoham 1975: 64ff, Kano 1977: 34ff, Breman 1980: 28ff) zeigen konnten, kontrollierten diese *bekel* ursprünglich keineswegs klar umrissene Dörfer, sondern vielmehr verstreut liegende, lose assoziierte Haushalte (*cacah*), die zwar eine gemeinsame Steuerpflicht gegenüber ihrem *bekel* hatten, in keinem Fall aber eine korporierte Gemeinschaft bildeten. Die Souveränität der lokalen Patrone orientierte sich folglich primär an der Anzahl der unter ihrer Kontrolle stehenden Haushalte, nicht aber an territorialen Siedlungsgrenzen (vgl. Hall 1985: 4).[10]

Dies impliziert selbstverständlich nicht, daß es im vorkolonialen Java keine Formen lokaler Solidarität gegeben hat; es scheint sich vielmehr um ein konzentrisches Kontinuum von sich egozentrisch ausdehnenden Beziehungen zu handeln, das mit einer verschieden stark ausgeprägten reziproken und rituellen Integration einher ging (vgl. Koentjaraningrat 1967: 389).[11] Falls diese Verhältnisse für die

---

[10]   Es sei an dieser Stelle darauf hingewiesen, daß in den niederländischen Kolonialberichten vor 1803 kein Hinweis auf die Existenz eines Dorfoberhaupts zu finden ist. Außerdem erscheint das Dorf (*desa*) auch am Beginn des 19.Jh. in der Literatur kaum als integrierte, homogene Einheit (Breman 1980: 11). Ähnlich charakterisierte ein Bericht von 1875 das javanische Dorf lediglich als ein „agglomeration of houses in an orchard" (ebd. 36).

[11]   Die Ursache der von Geertz (1959: 35) festgestellten schwachen „structural solidity" javanischer Dörfer wäre demnach nicht, wie von Geertz angenommen, in einer durch koloniale Außenein-

intensiven Naßreisanbaugebiete Mittel- und Westjavas zutreffen, um so wahrscheinlicher ist es, daß solche lose Assoziationen von Haushalten auch in den höhergelegenen, weniger dicht besiedelten Regionen wie z.b. in Gunung Kidul die Regel waren. Dies gilt zumindest für den Landkreis Karangmojo, dessen Bewohner bis Ende des 19. Jh. keine irrigierten Felder kannten und bis Mitte des 19. Jh. hinein primär Brandrodungsfeldbau betrieben.[12] Hauptanbaufrucht waren Mais und Cassava, die durch Sojabohnen ergänzt wurden. Auch scheint es in der Untersuchungsregion vor dem 19. Jh. aufgrund der schwachen Ressourcen keine lokalen Märkte gegeben zu haben.

Wie Ongkoham (1975: 152) am Beispiel des Landkreises Madiun aufzeigt, gingen dort eine relativ geringe Bevölkerungsdichte und ein zerstreutes Siedlungspattern mit einer sehr hohen horizontalen Mobilität einher. So sind in den offiziellen Kolonialberichten nicht selten „complaints about the slight attachement shown by the Javanese peasant to his home and land" (Breman 1980:40) zu vernehmen. Es ist deshalb nicht verwunderlich, daß die Kolonialmacht daran interessiert war, die territorial indifferente Bindung der ländlichen Bevölkerung an die *bekel* durch die Formung von klar definierten dörflichen Siedlungsgrenzen aufzulösen, um die agrarische Bevölkerung besser kontrollieren zu können:[14]

> „Where no village heads existed yet, they were appointed during the course of the first half of the 19th century. In many instances this meant that the lower intermediaries, both in title and practice, became identified with this function and, because of this, the notion soon gained ground that this had always been their true and original station" (Breman 1980: 32).

Diese These, der gemäß das javanische Dorf im Sinne einer korporierten Gemeinschaft im Grunde eine koloniale Innovation darstellt, stimmt weitgehend mit der Ansicht von Kano (1977: 34) überein, nach der „setting boundaries and enclosing territory ... were very much a product of colonial rule". Wenden wir uns vor dem Hintergrund dieser Überlegungen zur Genese des javanischen Dorfes wieder der

---

flüsse („dual economy") bedingten sozialen Regression, sondern vielmehr in der eher vagen sozialen Struktur des präkolonialen javanischen Hinterlands selbst zu suchen (vgl. Breman 1980: 35).

[12] Daß diese Informationen meiner Interviewpartner durchaus der Realität entsprechen dürften, äußerte sich z.B. daran, daß die Bewohner Karangduwets ihre Trockenfelder in der Alltagskonversation nach wie vor als *ladang* bezeichneten. Dieser Term bezog sich ursprünglich im gesamten malaiischen Sprachkreis ausdrücklich auf Brandrodungsfelder.

[14] So war in Priangan, Westjava bereits seit 1778 jeder Wohnortswechsel vom Bupati zu genehmigen (Breman 1980: 37). Seit den Reformen durch Raffles während des britischen Interregiums (1811-16) hatte jede Siedlung ein Populationsregister zu führen, in dem jeder Zuzug bzw. Wegzug zu vermerken war (ebd. 40).

Geschichte unserer Untersuchungsregion zu. Nachdem das Reich von Mataram 1755 als Folge interner Querelen in die beiden Staaten des Sultans von Yogyakarta und des Susuhan von Surakarta zerfiel, gehörten die Hügelregionen Gunung Kiduls zum Reichsgebiet Yogyakartas. Im Lauf des 19. Jh. nahm der politische und wirtschaftliche Druck der Kolonialmacht kontinuierlich zu. Nach der Niederschlagung des Aufstands des Prinzen Diponegoro von Yogyakarta (1825-31) mußten beide Staaten eine massive Reduzierung ihres Machtbereichs hinnehmen. Während man den Fürsten die Hauptstadt und das nähere Umland als *Vorstenlanden* beließ, wurden die Außengebiete als *Gouvernementslanden* direkt der Kolonialmacht unterstellt (Carey 1979: 63ff, Schweizer 1989a: Kap. 4).

Seit Anfang des 19. Jh. gingen die Fürsten und Hofbeamten nun dazu über, ihr Land an europäische Plantagenunternehmen zu verpachten. Bei diesen Kontrakten (*landhuur*) gab es in Mitteljava zwei Systeme: Das im Bereich der *Vorstenlanden* praktizierte *glebagan*-System galt primär für einjährige Exportpflanzen (Zuckerrohr, Indigo), die vor allem in den Gebieten mit ausgeprägter Sawahwirtschaft in Rotation mit Reis und anderen Nahrungsmitteln angebaut wurden. Den *bekel* als lokale Organisatoren des Plantagenbetriebs stand 1/5 der Flächen als Amtsland zu, während die Bauern 2/5 der Felder für Exportprodukte und 2/5 für den Eigenbedarf bebauten (vgl. Schweizer 1989a: Kap. 4.1.2.2). Dieses System scheint aber in Gunung Kidul aufgrund der schlechten ökologischen Rahmenbedingungen nicht praktiziert worden zu sein. In den Hügelregionen galt deshalb das *bengkok*-System, das sich vom *glebagan*-System neben seiner Präferenz für den Anbau von mehrjährigen Exportpflanzen (vor allem Kaffee) vor allem dadurch unterschied, daß hier keine Rotation der Felder stattfand. So war der Plantagengrund auch nicht in das Subsistenzhabitat integriert, sondern stellte eine separate Enklave dar, so daß die Bauern ihre fixen Flächen für den Eigenanbau behielten. In Karangduwet selbst gab es keine solchen Plantagenbetriebe. Allerdings mußten die Dukuhbewohner hin und wieder Herrendienste (*pegawaian*) auf einer in der Nähe von Wonosari gelegenen Kaffeeplantage verrichten.

Zu Beginn unseres Jahrhunderts wurden in Zentraljava tiefgreifende Reformen der regionalen Administration durchgeführt. So berichtet z.B. Schweizer (1989a. Kap. 4.1.2.3.), wie in Klaten mehrere Bekelschaften zu neuen Dörfern (*kelurahan*) mit einem *Lurah* als formalem Dorfoberhaupt zusammengefaßt wurden. Zu welchem genauen Zeitpunkt dieser Prozeß in Gunung Kidul abgeschlossen war, kann ich nicht mit Sicherheit sagen, da mir hierzu das historische Quellenmaterial fehlt. Dennoch treten in diesem Zusammenhang zwei signifikante Besonderheiten hervor, die für die Rekonstruktion der Geschichte Karangduwets von zentraler Bedeutung sind. Daß es im Landkreis Karangmojo anders als im benachbarten Regierungsbezirk Klaten im Zuge dieser Reformen nicht zu einer terminologischen Klassifizierung der Dorfbewohner nach ihrem Landbesitz kam, ist ein Indiz dafür, daß zu diesem Zeitpunkt im Untersuchungsgebiet noch keine akute Landknappheit vorherrschte.[15] Dies sagt freilich noch nichts über den Lebensstandard jener Zeit aus. Dennoch kann das Fehlen von offiziellen Landbesitzklassen als Indiz für die Existenz einer institutionell unabhängigen Bauernschaft interpretiert werden. So sollen z.B. in jener Zeit Sharecropping-Arrangements noch äußerst selten gewesen sein. Insofern unterschied sich die Situation in der Untersuchungsregion von der in den *Vorstenlanden* doch erheblich (vgl. Röll 1976: Kap. 5, Schweizer 1989a: Kap. 4.1.2.3.). So ist den Bewohnern Karangduwets auch nichts darüber bekannt, daß man - wie z.B. in Klaten üblich - die Felder zu gleichen Teilen unter den Bauern aufgeteilt hätte. Lediglich die Institution des öffentlichen Gemeindelands (*kas desa*) scheint von den Kolonialherren eingeführt worden zu sein.

Es ist gewiß kein Zufall, daß das erste größere Bauprojekt jener Zeit (um 1900), nämlich die Umleitung und streckenweise Begradigung des Oyo-Flusses und seiner Seitenarme kurz nach Festlegung der Dorf- und Weilergrenzen zur Amtszeit des *ersten* Lurah von Karangmojo durchgeführt wurde. Einige Jahre später errichteten die Niederländer dann den großen Kanal und parallel dazu die Hauptstraße Ponjong-Karangmojo, zu deren Fertigstellung die Einheimischen regelmäßig zu Arbeitsdiensten herangezogen wurden. Mit der Errichtung dieses Hauptkanalsystems wurde erstmals der Reisanbau in Naßfeldern (*sawah*) möglich. Da dieser Kanal zugleich die Grenzen der neu gebildeten Ortschaften (*desa gabungan*) und Weiler markierte, dürfte die lokale Bevölkerung nun wesentlich leichter zu kontrollieren gewesen sein.

Daß die Bewohner der Untersuchungsregion vor diesen administrativen und infrastrukturellen Maßnahmen wahrscheinlich weniger in territorial klar umrissenen Gemeinschaften, als vielmehr in lose assoziierten Ansiedlungen von wenigen Haushalten lebten, läßt sich auch daraus ablesen, daß es z.B. keinen Schutzgeist (*cikal bakal*) gibt, der für den ganzen Weiler Karangduwet zuständig ist. Vielmehr gibt es in Karangduwet mehrere verstreut liegende Schreine von Schutzgeistern. In dieses Bild paßt weiterhin, daß das in den Namen der Einzelweiler der Region sehr häufig vorkommende Präfix *Karang-* im lokalen Dialekt ein auf einem freien Platz stehendes „Gehöft" bezeichnet.

Die imperialistische Phase der Kolonialpolitik am Ende des 19. Jh. fiel zeitlich mit dem Ende der liberalen Ära und dem Aufstieg der christlichen Parteien in den

---

[15] So unterschied man in Klaten Bauern, die Felder und einen Hausgarten besaßen (*kuli kenceng*), Bauern, die nur einen Hausgarten hatten (*kuli setengah kenceng*), Bewohner, deren Haus auf einem fremden Grundstück stand (*pengindung*) und solche, die im Haus anderer Familien lebten (*nglosor*) (Schweizer 1989a: Kap. 4.1.2.3.). Diese Differenzierungen sind den Bewohnern Karangduwets unbekannt.

Niederlanden zusammen. Die unter dem Postulat der *Ethischen Politik* stehende Neuorientierung betonte die moralische Pflicht der Kolonialmacht, die indigene Bevölkerung in den Kolonien mit der Teilhabe an westlichen Errungenschaften wie medizinischer Grundversorgung, Schulbildung und dem Ausbau der Infrastruktur zu entschädigen (Schmutzer 1977: 14ff).

Es liegt auf der Hand, daß dieser *Zeitgeist* dem Anliegen der niederländischen Missionsgesellschaften außerordentlich entgegenkam. In den zwanziger und dreißiger Jahren dieses Jahrhunderts hatten die protestantischen und katholischen Missionsgesellschaften im Landkreis Karangmojo eine protestantische Grundschule (*SD Bopkri*), eine protestantische Mittelschule (*SMP Bopkri*) und eine katholische Grundschule (*SD Kanisius*) errichtet. Obwohl die Protestanten im Landkreis Karangmojo heutzutage nur 10,9% und die Katholiken nur 3,2% der Gesamtbevölkerung stellen, spielte die Gründung dieser Schulen eine wichtige Rolle in der weiteren historischen Entwicklung Karangduwets. So wurden vor allem in den dreißiger Jahren aus dem Landkreis Karangmojo stammende Lehrer in den protestantischen Schulen in Südsumatra eingesetzt. Die staatliche Transmigration, vermittels derer seit Mitte des 19. Jh. unzählige Familien in die Kolonisationsgebiete Südsumatras umgesiedelt wurden (vgl. Bryant 1973: 319) spielte in Karangmojo keine zentrale Rolle. Vielmehr dienten die als Lehrer entsandten *pioneer migrants* in Südsumatra als Nukleus, der zunehmend andere Bewohner der Mikroregion anzog, die vor allem in Zeiten von Nahrungsknappheiten (*paceklik*) in die Kolonisationsgebiete nachfolgten. Infolge der Kriegswirtschaft in der japanischen Besatzungszeit (1942-45) hatte sich das Los der Landbevölkerung signifikant verschlechtert.

3.4.2. Die postkoloniale Situation

In der postkolonialen Phase kam es wiederholt zu schweren Nahrungsmittelengpässen (*paceklik*). Diese entstehen für gewöhnlich dann, wenn die Trockenperiode länger als maximal acht Monate andauert und die Landbewohner auf Hilfe von außen angewiesen sind. Hier sind insbesondere die Jahre 1958 und 1962/63 zu nennen, in welchen zahlreiche Bauern aus Gründen des schlichten Subsistenzerhalts ihre Heimatregion verlassen mußten. So sollen während der 12monatigen Trockenphase von 1962-63 zahlreiche Dukuhbewohner an Unterernährung gestorben sein (was die Zensusdaten zur Mortaliät eindrucksvoll bestätigten). Hinzu kam, daß die vorherige Ernte durch eine Rattenplage vernichtet worden war. So soll damals der Preis für 1 kg Reis oder Palawija höher als der Gegenwert einer Ziege gewesen sein. Vorübergehend schienen sich die Dukuhbewohner primär vom

Fleisch ihrer unterernährten Tiere und von Ratten ernährt zu haben, was zu der sprichwörtlichen Situationsbeschreibung führte „der Reis war Beilage, Fleisch war Hauptmahlzeit" (*nasi jadi lau, daging jadi nasi*).[16]

In dieser Phase schien sich der agrarische Grundbesitz in Karangduwet grundlegend neu zu ordnen. So ist es einzelnen Familien durch den Kauf von Feldern gelungen, ihren Landbesitz immens zu vergrößern. Als Symbol ihres Reichtums ließ die Elite jener Zeit im Sinne der *lavish consumption* regelmäßig Schattenspiele (*wayangan*) aufführen und demonstrierte ihren Reichtums durch große Slametane.[17] Weithin sichtbares Symbol des damals erworbenen Reichtums sind die *Joglo*-Häuser, die sich architektonisch durch ihre spitze Dachkonstruktion abheben und die man noch heute in Karangduwet bestaunen kann.

Über die Ereignisse von 1965, die letztendlich in die Phase der „Neuen Ordnung" (*Orde Baru*) mündeten, wurden aufgrund der traumatischen Erinnerungen, die die Landbewohner damit verbinden und der weit verbreiteten Angst der Indonesier, sich zu diesem Thema zu äußern keine systematischen Befragungen durchgeführt. Aus Gesprächen mit Schlüsselinformanten war aber erkennbar, daß es sich bei den damaligen Auseinandersetzungen kaum um einen Kampf um knapper werdende Produktionsmittel handelte. Während die flachen Ebenen stärker von der konservativ-islamischen Nahdatul Ulama (NU) dominiert waren, war die Region Gunung Kidul (einschließlich dem Landkreis Karangmojo) ein Zentrum der kommunistischen Organisationen der PKI. Interessanterweise waren es hier Teile der landbesitzenden Eliten, die sich als besondere Aktivisten profilierten. Aufgrund bestehender verwandtschaftlicher, nachbarschaftlicher und ökonomischer Bindungen zwischen landbesitzenden und landlosen Haushalten verliefen hier Mitgliedschaft und Nichtmitgliedschaft in den kommunistischen Organisationen oft quer über sozio-ökonomische und religiöse Grenzen (Moslems und Protestanten) hinweg.

Es scheint, daß hier im allgemeinen weniger rein religiöse und ökonomische Beweggründe, als vielmehr Fragen der gegensätzlichen Konzeption von Macht und Privilegien sowie konkurrierende Auffassungen des kommunalen Zusammenlebens und die eigene Tradition die Hintergründe der Auseinandersetzungen waren. Aufgrund traditioneller Abhängigkeiten dürften hier allerdings sowohl dem eigenen Werturteil als auch der politischen Identifikation enge Grenzen gesetzt gewesen sein. Da die kommunistische Bewegung in Java aufs engste mit der synkretisti-

---

[16] Der Begriff *nasi* bezeichnet nicht nur den Reis, sondern die Stapelfrucht im allgemeinen. So unterscheiden die Bewohner Karangduwets zwischen „weißem", d.h. „echtem" Reis (*nasi putih*) und dem sogenannten *nasi tiwul*, der die Cassava bezeichnet.

[17] Der *slametan* ist ein rituelles Mahl im Kreis der Nachbarschaft, durch das das sozio-spirituelle Umfeld harmonisiert werden soll. Er stellt das zentrale Ritual im Leben der Javanen dar.

schen, von lokalen Geistervorstellungen beeinflußten *abangan*-Tradition verknüpft war, sind unmittelbar nach der Niederschlagung der Kommunisten zahlreiche Bewohner Karangduwets zum Islam konvertiert.

In den siebziger Jahren vollzogen sich in Karangduwet zukunftsweisende Veränderungen. Einmal brachte die staatlich organisierte Schaffung von semitechnischen Seitenkanälen eine temporäre Irrigation der Trockenfelder und eine Ausdehnung der Sawahflächen mit sich. Des weiteren ermöglichte die Einführung der neuen HYV-Züchtungen im Rahmen des *Bimas*-Intensivierungsprogramms auf permanenten Sawah durch die verkürzte Reifezeit nun drei anstatt zwei Ernten im Jahr. Allerdings profitierten von den genannten Innovationen nur wenige Haushalte, die direkt mit dem volltechnischen Hauptkanal verbunden sind. Bezeichnenderweise sind die Nutznießer dieser Neuerungen fast ausschließlich Staatsbeamte. Dies reflektiert bereits ein zentrales Merkmal der Politik der Neuen Ordnung, nämlich die Schaffung einer einerseits vom Regierungsapparat abhängigen, andererseits privilegierten Staatsklientel, die zunehmend an die Stelle der traditionellen dörflichen Eliten tritt. Die außerhalb des Wohnbereichs lokalisierten Trockenfelder (*tegalan*) wurden gleichsam mit einem Netz von Erdgräben durchzogen und indirekt mit dem Hauptkanalnetz verbunden. In diesem Prozeß haben sich die Nutzflächen im Dukuh in zwei Richtungen ausdifferenziert: in nun intensiver bewirtschaftete Trocken- und Sawahflächen zum einen und in primär residentiellen Zwecken vorbehaltene, größtenteils unbewässerte Flächen (*darat*) zum anderen.

Typisch für die Entwicklung seit den siebziger Jahren ist eine Modernisierungspolitik, die über die Verwendung von lokalen Statuspersonen versucht, ihre ländlichen Entwicklungsziele mit Nachdruck durchzusetzen. Bedingt durch die verbesserten Bildungschancen haben sich auch die Erwartungen, die die Dorfbewohner an das Leben stellen grundlegend verändert. Die Folge ist eine kontinuierliche Zunahme der *aspirative migration*, von der mehr und mehr auch die Mädchen betroffen sind. Veränderungen in der Lebensplanung, eine Verzögerung des Heiratsalters und ein Wandel der Geschlechterrollen sind die Konsequenzen. Die Frage, wie die Bewohner Karangduwets mit den diversen „processes of change" umgehen, welche Lösungswege ihr soziales System für die mit der Modernisierung zusammenhängenden Konflikte bereit hält und welche Probleme mit den Errungenschaften der Moderne verbunden sind stellen den Hauptgegenstand der vorliegenden Arbeit dar. Eine zentrale Rolle in der Analyse dieser Wandlungsprozesse kommt der Rolle des individuellen Akteurs und seinen strukturellen Positionen zu, die vor allem durch Status, Alter, formale Bildung und das Geschlecht definiert werden.

4. Demographische Strukturen

4.1. Alter und Geschlecht

Die demographischen Daten Karangduwets sind ein wichtiger Faktor in der Analyse der innerkommunalen Dynamik. Zur Zeit meines Feldaufenthalts kam es zu folgenden demographischen Veränderungen: Sieben Personen sind nach Jakarta abgewandert; zwei kehrten von dort nach mehreren Jahren Arbeitsemigration zurück. Zwei Migrantenkinder wurden von ihren nach Jakarta emigrierten Eltern den im Dukuh ansässigen Großeltern anvertraut; eine in Karangduwet relativ verbreitete Praxis.[1] Vier Personen sind während des Forschungszeitraumes in Karangduwet verstorben, aber nur ein Kind wurde geboren. Fälle von Kindersterblichkeit ereigneten sich nicht. Dies stützt meine allgemeinen Beobachtungen, nach welchen die Geburtenrate im Dukuh im Laufe des letzten Jahrzehnts erheblich gesunken sein dürfte.

Die durchschnittliche Anzahl lag zur Zeit meines Zensus bei 3,9 Kindern pro Kernfamilie (mit einer Standardabweichung von 2,6). Innerhalb der Gruppe der Mütter unter 40 allerdings sinkt diese Zahl auf 2,3 gegenüber 4,9 in der Gruppe der Frauen über 40, die mehrheitlich bereits die Menopause erreicht haben. Für das aus anderen javanischen Dörfern bekannte Phänomen, nach dem ökonomisch bessergestellte Haushalte zu einer größeren Kinderzahl tendieren (Hart 1986: 110) fanden sich in Karangduwet keine Indizien. Nach Angaben der Monographie des Bürgermeisteramtes ist die Gesamtpopulation des Kelurahan Karangmojo von 1980 bis 1990 um -0,32% gesunken.

Es existieren eine Reihe von plausiblen Erklärungsfaktoren für den festzustellenden Rückgang der Geburtenrate und damit implizit auch für das relativ geringe Bevölkerungswachstum in Karangduwet. Die zunehmende Landknappheit und damit schlechten Zukunftschancen im traditionellen Wirtschaftsbereich dürften dabei aber nur eine von mehreren Ursachenvariablen sein. Zum einen ist nur noch eine Minderheit der Männer und Frauen der jüngeren Generation bereit, ein kärgliches Landleben den Handlungschancen der Städte vorzuziehen. Zum zweiten zeigen die hohe Priorität der formalen Bildung und die relativ hochgesteckten Berufsaspirationen der Eltern, daß man den traditionellen Beruf des Bauern (*tani*) kaum noch

---

[1] Die von Geertz (1963: 39) und Jay (1969: 72) beschriebene Adoption zwischen Nichtverwandten kommt in Karangduwet nicht vor; sie scheint auch in der Vergangenheit nicht üblich gewesen zu sein.

als eine adäquate Zukunftsalternative seiner Kinder ansieht. Neben den unbestreitbaren Erfolgen der indonesischen Familienplanung, der Tatsache daß mehr Kinder auch mehr Kosten (Schulgeld!) bedeuten und der zunehmenden Einsicht, daß weniger Kinder auch mehr Zeit und Aufmerksamkeit für jedes einzelne Kind mit sich bringen, sind die Ursachenfaktoren für die relativ niedrigen Geburts- und Wachstumsraten vor allem in der Altersstruktur der Dukuh-Gemeinschaft zu suchen.

Grundlegend für die hier vorliegende Bevölkerungsstatistik ist die Differenzierung zwischen der *Population* (die im Dukuh lebende Bevölkerung) und dem *Universum*, d. h. die Summe aller lebenden im Dukuh geborenen Personen. Zur Zeit des Zensus (Januar 1995) wies das Dukuh eine Bevölkerung von 381 Personen (189 Männer und 192 Frauen) auf. Zieht man davon die Personen ab, die durch Heirat oder Residenzwechsel von *außen* zu Mitgliedern der Dukuh-Gemeinschaft wurden, verringert sich die Zahl der im Dukuh geborenen Bewohner Karangduwets auf 289 Individuen. Die Gesamtzahl aller im Dukuh geborenen Lebendpersonen beträgt 699 Individuen. In anderen Worten: 401 aller lebenden Personen, die das Licht der Welt in Karangduwet erblickten, hatten zur Zeit des Zensus entweder temporär oder permanent ihr Dukuh verlassen.

Die Mehrheit der kontemporären Migranten verläßt das Dukuh im Alter von 19 oder 20 Jahren nach Abschluß der Oberschule (*SMA*). Diese Migranten sind somit meist unverheiratet.[2] Die Zukunftspläne sind heutzutage derart, daß Heiratspläne zunehmend aufgeschoben werden, um zunächst das Kapital für eine Familiengründung in den Städten zu akkumulieren. Der Lebenswunsch der Gründung einer Familie knüpft sich dabei zunehmend an die Konditionen der Sicherheit der beruflichen Tätigkeit und eines ausreichenden Einkommens, die als notwendige Voraussetzungen für ein erfolgreiches Familienleben betrachtet werden. Nahezu alle unverheirateten Personen gaben an, die Zahl ihrer Kinder auf zwei beschränken zu wollen. Die traditionelle javanische Einstellungsregel „viele Kinder, viel Wohlstand" (*banyak anak, banyak rejeki*) wurde im Durchschnitt von allen Altersgruppen abgelehnt. Die *Small Family Norm* hatte sich also bereits weitgehend durchgesetzt.

In der Altersgruppe der 20 - 24jährigen waren zum Zeitpunkt des Feldaufenthaltes immerhin noch 16 von 22 Personen ledig. Eine Frau war geschieden und nur fünf Personen waren bereits „unter der Haube". Vier dieser verheirateten Personen sind Frauen, ebenfalls vier Frauen waren bis dato noch unverheiratet. Von den 14 Männern dieser Altersgruppe waren immerhin 13 noch unverheiratet. In der nächsten Altersgruppe der 25 bis 29jährigen waren dagegen bereits 14 von 23 Personen

---

[2]   Das offizielle minimale Heiratsalter beträgt für Mädchen 16, für die Jungen 19 Jahre (Mantra 1978: 186). Dies ist somit auch das jüngst mögliche Alter für den Fall der Heiratsmigration.

verheiratet, wiederum eine Frau war geschieden und acht Personen waren noch niemals verheiratet. Das durchschnittliche Alter der ersten Heirat eines repräsentativen Samples von 60 verheirateten Personen im Alter von 20 bis 65 lag bei 22,5 Jahren mit einer Standardabweichung von SD = 3,78. Die Unterschiede nach Geschlecht sind dabei 20,2 für die Frauen und 22,8 Jahre für die Männer. Die Korrelation zwischen dem Lebensalter und dem Alter der Erstheirat beträgt r = -5,32 (statistisch signifikant mit 0,004). Das heißt, um so älter jemand ist, desto jünger hat er in aller Regel zum ersten Mal geheiratet.

Alter in Intervallen
von fünf Jahren

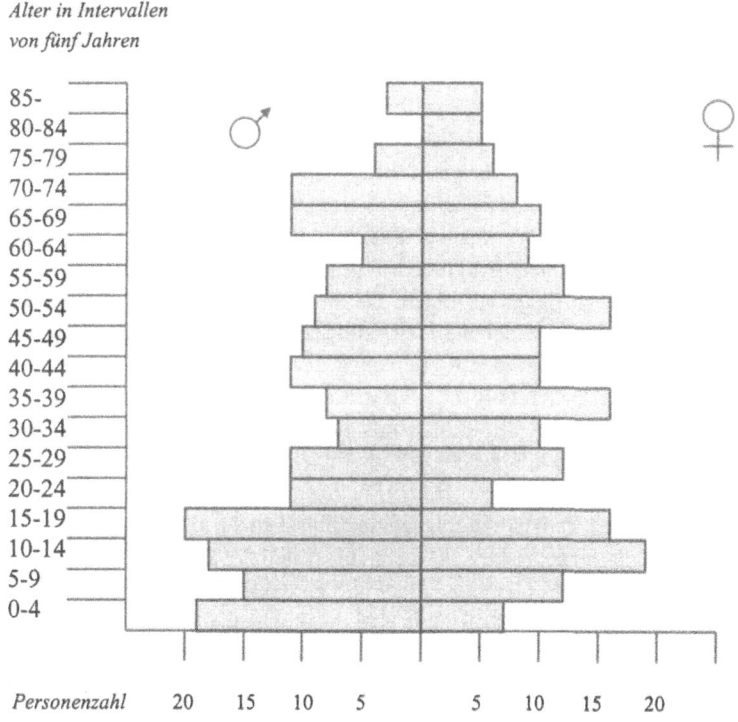

Diagramm 4.1. Bevölkerungspyramide Karangduwets (Stand Januar 1995)

Dies mag neben der zunehmenden Neuorientierung der Lebensplanung und den weiter unten noch zu diskutierenden Faktoren der Migration und formalen Bildung auch damit zusammenhängen, daß der Heiratspartner heute kaum noch durch die Eltern bestimmt wird (*dijodohkan*). Daß diese auf eine signifikante Verzögerung des Heiratsalters (*delayed marriage*) und damit auf eine geringere Geburtenrate

71

hinweisenden Daten ein realitätsgrechtes Bild der Situation in Karangduwet beschreiben, zeigt ein Blick auf Diagramm 4.1, das die Altersstruktur der Dukuh-Gemeinschaft graphisch darstellt. Die relativ gleichmäßige Geschlechterverteilung der Gesamtpopulation von 189 Männern zu 192 Frauen sagt nämlich für sich allein genommen recht wenig aus. Sie kann nämlich durch Verteilungsverzerrungen innerhalb der einzelnen Altersabschnitte durchaus zufällig zustande gekommen sein.

Ein adäquateres Bild vermittelt die geschlechtliche Zusammensetzung nach Altersintervallen. Demnach verschiebt sich das Verhältnis von 100 Jungen zu 74 Mädchen in der Gruppe der unter 15jährigen[3] zu einer Ratio von 100 Männern zu nun 118 Frauen in den produktiven Altersgruppen von 15 - 64. Die Ausbildung einer solchen Gesellschaftsstruktur setzt die Wirksamkeit lang anhaltender demographischer Prozesse wie die einer konstanten Abwanderungsrate voraus.

Die Bevölkerungsstruktur läßt aber noch weitere signifikante Merkmale erkennen. Das Diagramm erscheint im Vergleich mit den Alterspyramiden anderer Fallstudien im oberen Bereich immer noch auffallend stabil, während das untere Drittel insgesamt recht schmal ausfällt. Die abrupte Verengung von der Gruppe der 15-19jährigen zu der ihr nachfolgenden spiegelt deutlich das Migrationsverhalten nach Abschluß der Oberschule wider. Auffallend ist, daß sich auch die Zahl der Mädchen an diesem Punkt signifikant verringert. Da diese Altersgruppe in aller Regel noch nicht verheiratet ist, scheidet die Heiratsmigration als Push-Faktor aus. Es zeigt sich vielmehr die Tendenz der Angleichung der Aspirationen zwischen den Geschlechtern in dieser Generation. Die statistische Dominanz der Frauen setzt bezeichnenderweise erst ab 25 ein, d. h. relativ rasch nach der Erstheirat und der Geburt des ersten Kindes. In dieser Kategorie befindet sich in der Tat ein sehr hoher Anteil von *return migrants*.

Entsprechend anderen Fallstudien zu demographischen Strukturen javanischer Dörfer gilt eine Population als relativ alt, wenn der Anteil der unter 15jährigen unter der Schwelle von 35% der Gesamtbevölkerung zurückbleibt (Mantra 1985: 44, Wijoyo 1995: 36). In Karangduwet beläuft sich der prozentuale Anteil der ersten drei Altersgruppen (0-14) mit einer Fallzahl von n = 90 auf nur 23,6%. Nur insgesamt 36% der Bewohner Karangduwets sind jünger als 25 Jahre.[4] Die Gruppe von 65 aufwärts stellt immerhin 17,6% (n = 63) aller Dukuhbewohner, ein verglichen

---

[3] Diese Mißverhältnis kommt dadurch zustande, daß im Falle der Migration vorwiegend die Jungen bei den Großeltern im Dukuh bleiben (zumindest zeitweise), die Mädchen aber ihren Eltern in die Städte folgen. Von den 17 Kindern in Karangduwet, die aufgrund der Emigration ihrer Eltern bei den Großeltern leben sind 14 Jungen (Stand Zensus Januar 1995).

[4] Zum Vergleich: In dem von Mantra untersuchten Dorf Piring (Sleman) stellte der Anteil der unter 25jährigen 54% (Mantra 1978: 187). Harjono (1990: 41) berichtet für Sukahaji (Westjava) gar einen Anteil dieser Altersklasse von 62%.

mit den Daten aus anderen javanischen Siedlungen ausgesprochen hoher Wert (vgl. Röll 1976: 18, Harjono 1990: 41). Die bereits für den Landkreis Karangmojo fest-gestellten generellen Tendenzen treten in Karangduwet gewissermaßen verstärkt in Erscheinung. Das Dukuh kann somit als exemplarisches Migranten-Dorf gelten. Folgt man der allgemein üblichen Klassifikation, nach der alle Altersintervalle un-ter 15 und über 65 den nicht-produktiven Altersabschnitten zuzurechnen sind (vgl. Wijoyo 1995: 39), dann kämen in Karangduwet auf 100 produktive Akteure 41 abhängige, weitgehend ökonomisch inaktive Personen.[5] Dies allerdings ist für die Situation in Karangmojo eine rein arithmetische Option. Den Angaben des Zensus zufolge gingen im Januar 1995 noch 18 Männer und 13 Frauen (49,2%) der Alters-stufen über 65 direkt produktiven Tätigkeiten nach.

Dies ist nicht weiter erstaunlich, wenn wir die Komposition der Haushalte dieser Altersstufen betrachten: In immerhin zehn von 25 landbesitzenden Haushalten mit einem Haushaltsvorstand über 65 waren im Januar 1995 alle Kinder emigriert. Weiterhin sind alle 11 allein lebenden Witwen bereits über 65. Zur Zeit des Zensus waren in acht dieser Witwenhaushalte alle Kinder emigriert. Insofern zeigt sich hier deutlich ein Zusammenhang zwischen Arbeitsemigration und der Verlängerung der Lebensarbeitszeit. Das Durchschnittsalter aller Haushaltsvorstände Karangduwets belief sich im Januar 1995 auf 56 Jahre (SD = 11,8). Der Durchschnittswert für die Haushaltsgröße ist mit 3,47 (SD = 1,83) außerordentlich niedrig. Die Varianzbreite variiert dabei von ein bis neun Personen pro Haushalt. Etwa 2/3 aller Haushalte setzen sich aus 2-5 Personen zusammen.

4.2. Lebenszyklen und Haushaltsorganisation

Ein wichtiges Element in der Analyse der demographischen Strukturen einer Po-pulation (und damit ihrer Entwicklungsdynamik) ist neben der Komposition nach Alter und Geschlecht ihrer individuellen Mitglieder die Einteilung der Haushalte nach Lebenszyklusphasen. Ich orientiere mich bei der Klassifizierung der einzelnen Phasen an die von Hart (1986: 110) vorgeschlagenen Kriterien, beziehe aber alle in Karangduwet existierenden Formen der Haushaltsorganisation in die Analyse mit ein. Die von Hart vorgenommene Beschränkung der Verteilungsfrequenz der Le-benszyklen auf den Typus der Nuklearhaushalte schien aufgrund der komplexen Organisationsprinzipien in Karangduwet wenig sinnvoll, da nur rund 43% aller

---

[5] Die konventionelle Ansicht, den Beginn der produktiven Altersabschnitte bei 15 festzulegen, scheint mir für Karangduwet zu früh angesetzt. Da heutzutage nahezu alle Jugendlichen die Oberschule (SMA) abschließen, würde ich den Übergang von der wirtschaftlich inaktiven zur produktiven Phase deshalb eher in der Kategorie ab 20 Jahren ansiedeln.

Haushalte die Kriterien von wirklichen Nuklearhaushalten (bestehend aus Eltern und unverheirateten Kindern) erfüllen. Statt dessen wurde der jeweilige Lebenszyklus aus der Perspektive der im Zensus als Haushaltsvorstand (*kepala rumah tangga*) angegebenen Person ermittelt. Aufgrund der häufig temporären Natur erweiterter Haushalte beziehen sich die folgenden Angaben auf die Situation zur Zeit der Durchführung des Zensus im Januar 1995. Sie dürften aber aufgrund der Signifikanz ihres statistischen Ausdrucks in ihrer Varianzbreite für Karangduwet keine Ausnahmesituation darstellen.

Wie aus Tabelle 4.1. ersichtlich, sind mehr als 2/3 aller Haushalte der Dukuh-Gemeinschaft den mittelspäten und späten Entwicklungsphasen zuzuordnen. Es stellt sich deshalb die Frage, inwieweit durch das Vorherrschen einer Lebenszyklus- und Altersverteilung gemäß der Situation in Karangduwet traditionelle Formen der Haushaltsorganisation zur Anpassung an sich verändernde Verhältnisse gezwungen werden. Die primäre soziale und wirtschaftliche Einheit der javanischen Gesellschaft ist die ökonomisch autonome und mit dem Haushalt identische Kernfamilie. Es kann aber als erwiesen gelten, daß - zumindest für den Bereich des ländlichen Java - parallel zur Kernfamilie durchaus auch komplexere Formen der Haushaltsorganisation bestehen (Geertz 1966, White 1976). In allen mir bekannten Fallstudien blieb aber die Nuklearfamilie das statistisch dominante Organisationsprinzip. Zwar stellt die Nuklearfamilie auch in Karangduwet die häufigste Form der Haushaltsorganisation dar, sie ist aber mit lediglich 42,7% am Gesamtanteil auffällig schwach vertreten. Immerhin existieren in Karangduwet aus der Gesamtperspektive betrachtet mehr nicht-nukleare Kompositionen als Kernfamilien.

Phase	Bezeichnung	Definition	Anzahl	Anteil in %
I	früh	alle Kinder < 6	11	10,5
II	früh-mittel	1 Kind > 10	6	5,8
III	Mittel	Kinder 10 - 15	8	7,8
IV	mittel-spät	1 Kind > 15	13	12,6
V	spät	alle Kinder > 15	65	63,1
			103	**100**

Tabelle 4.1. Lebenszyklen in Karangduwet

Ich habe mich bei der Einteilung der Haushalte auf die Zuordnung zu einigen zentralen Kategorien beschränkt. Damit wird es möglich, generelle Formen von Haushaltstypen mit anderen sozio-ökonomischen Merkmalen der Haushalte in Beziehung zu setzen. Eine solche Zusammenfassung zu allgemeinen Organisationsformen besitzt darüber hinaus den Vorzug, daß die Daten innerkulturell vergleichbar bleiben. Andererseits führt diese Vergleichsabsicht zu der Konsequenz, daß die teilweise recht unkonventionellen Formen der Haushaltskompositionen in Karangduwet nicht in ihrer kompletten Vielfalt porträtiert werden können. Die Haushaltskategorisierung orientierte sich an folgenden Kriterien:

Nuklearhaushalte: Alle aus Eltern und den unverheirateten Kindern bestehenden residentiellen Einheiten wurden statistisch als Nukleartyp klassifiziert. Familien, deren residentielle Organisation aus der verwitweten Mutter und ihren unverheirateten und nicht emigrierten Kindern bestehen, wurden entsprechend allgemeinen Konventionen (vgl. Vivelo 1988: 246) ebenfalls den Nuklearhaushalten, nicht aber den Witwenhaushalten zugeordnet.

Regulär erweiterte Haushalte: als regulär erweiterte Haushalte möchte ich die Formen von Kombinationen zusammenfassen, bei denen zwei oder mehr lineal verwandte Generationen von verheirateten (oder verwitweten) Personen zusammenleben. Die Kernfamilie kann sich dabei vorübergehend oder permanent um die Familie eines verheirateten Kindes, die Mutter bzw. Schwiegermutter des Haushaltsvorstands oder beides erweitern.

Irregulär erweiterte Haushalte: Unter die Gruppe der irregulär erweiterten Haushalte fallen all die Kombinationen, die nicht durch die obige Kategorie repräsentiert sind. Hierzu gehört zunächst die Gruppe aller aus Personen *alternierender* Generationen zusammengesetzten Haushalte. Diese Situation ergibt sich in den Situationen, in denen Enkel, deren Eltern emigriert sind bei ihren Großeltern wohnen. Von den 103 Haushalten in Karangduwet bestanden 8,7% (n = 9) aus einem älteren Ehepaar (Haushaltsvorstand über 65) und einem oder mehreren Enkeln der emigrierten Kinder. Drei Haushalte setzten sich aus Witwen und einem oder mehreren Enkeln zusammen, deren Eltern ebenfalls emigriert waren. In einem Fall setzte sich die Wohngemeinschaft aus den Eltern, der verheirateten Tochter (Gatte emigriert) und ihren Kindern plus dem Enkel einer zweiten, verheirateten und nach Jakarta emigrierten Tochter zusammen. Ein anderer irregulärer Haushalt entstand durch die Erweiterung um den unverheirateten Bruder des weiblichen verwitweten Haushaltsvorstands.

Alleinlebende Paare: Dieser Typus entsteht entweder bei kinderlosen Paaren, oder bei Paaren, deren Kinder bereits alle das Elternhaus aufgrund von Heirat, Migration oder einer Kombination aus beiden verlassen haben. Unter den nicht kinderlosen alleinlebenden Paaren waren in 15 Fällen alle Kinder nach Jakarta emigriert. Nur in einem Fall lebte noch eine verheiratete Tochter im selben Dorf.

Witwenhaushalte: Als letzte Kategorie schließlich sind die nur aus einer Person bestehenden Witwenhaushalte zu isolieren. Diese Kategorie schließt den Einzelfall eines allein wohnenden Witwers mit ein.

Die in Tabelle 4.2. abgebildete Zusammensetzung änderte sich während des Feldaufenthalts nur wenig. Es ergeben sich dabei für die einzelnen Kategorien die folgenden Änderungswerte: Nuklearhaushalte + 3; regulär erweiterte Haushalte − 1; irregulär erweiterte Haushalte +/- 0; alleinlebende Paare − 1; Witwenhaushalte + 2. Das Gesamtmuster der heterogenen residentiellen Organisation blieb demnach bestehen, ohne daß es dabei zu signifikanten Verschiebungen des Anteils der haushaltlichen Organisationsprinzipien gekommen wäre.

Typ	Bezeichnung	Anzahl	Anteil in %
I	nuklear	44	42,7
II	regulär erweitert	19	18,4
III	irregulär erweitert	13	12,7
IV	alleinlebende Paare	16	15,6
V	Witwenhaushalte	11	10,6
		103	**100**

Tabelle 4.2. Formen der Haushaltsorganisation in Karangduwet

Eine andere Frage ist, inwieweit sich die durch Mortalität, Fertilität und Migration bedingten Veränderungen dieses Zeitraumes auf die demographischen Strukturen des Dukuh ausgewirkt haben. Durch die Aufnahme zweier zuvor in Jakarta lebenden Jungen in die Haushalte der Großeltern und die Geburt eines weiteren Jungen erhöhte sich die Anzahl der Personen in den Altersgruppen unter 15 um drei auf nun 93 Individuen. Dabei verschob sich der Anteil nach dem Geschlecht noch stärker zum Nachteil der Mädchen, da sich die Anzahl der Jungen von 52 auf 55 gegenüber der stabilen Anzahl von 38 Mädchen erhöhte. In den Altersgruppen über 65 hat sich durch den Tod zweier Männer und einer Frau die zahlenmäßige Dominanz der Frauen mit nun 33 zu 27 Männern stabilisiert. In den Altersgruppen von 40 bis 65 ergab sich außer vereinzelten Sprüngen von einer Gruppe zur nächsten keine Gesamtveränderung. Durch einen Todesfall und die Emigration von sechs männlichen Individuen und einer jungen Frau bei gleichzeitiger Rückkehr einer Frau der gleichen Altersgruppe hat sich die ungleiche Verteilung von Männern und Frauen in den Gruppen der 20 - 39jährigen von ehemals 38 zu 46 mit nun 31 zu 46 nochmals verfestigt.

Der oben bereits aufgezeigte Zusammenhang einer umgedrehten Situation in der Geschlechterzusammensetzung der unter 15jährigen zu den Gruppen darüber erfährt hiermit durch die detaillierte mikroperspektivische Betrachtung eines relativ kurzen Zeitraumes eine zusätzliche empirische Unterstützung. Entscheidend für die Analyse der demographischen Strukturen in Karangduwet ist nun die Frage, inwieweit ein Zusammenhang dieser Organisationsprinzipien mit den oben skizzierten Phasen des Lebenszyklus besteht. Betrachten wir hierzu Tabelle 4.3. Eine Variation über alle Lebenszyklen hinweg besteht nur bei den Nuklearhaushalten, alle anderen Formen konzentrieren sich weitgehend auf die letzten beiden Phasen. Alle Haushalte der frühen Lebensphase sind Nuklearhaushalte bestehend aus den Eltern und den Kindern unter sechs Jahren. Die früh-mittlere Phase mit mindestens einem Kind über zehn und die mittlere Phase mit mindestens einem Kind über 15 sind ebenfalls vom Typus der Nuklearhaushalte dominiert. Dies ist nicht weiter erstaunlich, da in diesen Phasen die Kinder noch nicht verheiratet sind und die Eltern des Haushaltsvorstandes häufig noch beide in einem eigenen Haushalt zusammenleben. Die Situation einer regulären Erweiterung durch die Familie eines verheirateten Kindes oder durch die verwitwete Mutter bzw. Schwiegermutter ist im Regelfall noch nicht gegeben.

Lebens-zyklus	nuklear	regulär erweitert	irregulär erweitert	Paare	Witwen/ Witwer	Summe
früh	11					11
früh-mittel	5	1				6
mittel	7	1				8
mittel-spät	6	5	2			13
spät	15	12	11	16	11	65
	44	**19**	**13**	**16**	**11**	**103**

Tabelle 4.3. Verteilung der Lebenszyklen auf haushaltliche Organisationsprinzipien

Die späte Phase stellt bei allen Haushaltstypen die größte Gruppe. Allein lebende Paare und die Witwen der Einpersonenhaushalte haben wie zu erwarten bereits alle die Spätphase erreicht. In den 15 Fällen, wo die späte Phase mit dem Nuklearhaushalt zusammenfällt, lebt ein unverheiratetes Kind *noch* oder *wieder* bei den Eltern.

Des weiteren hatten 11 der Kinder dieser Haushaltsgruppe bereits mehrere Jahre in Arbeitsemigration verbracht und sind dann wieder in den Haushalt der alleinlebenden Eltern oder der allein lebenden Mutter (Witwe) zurückgekehrt. Die relativ hohe Anzahl von Nuklearfamilien mit Haushaltsvorständen in der Lebenszyklusphase V hängt somit unmittelbar mit der Gruppe der unverheirateten *return migrants* zusammen.

Der hohe Prozentsatz von Witwenhaushalten in Karangduwet (plus sechs weitere von Witwen geführte Haushalte des nuklearen und irregulär erweiterten Typs) läßt sich anhand der demographischen Struktur ableiten. Wie Benjamin White (1976: 320) richtig feststellt, heiraten Frauen in Java häufig ältere Männer, sie besitzen eine längere Lebenserwartung (siehe Bevölkerungspyramide) und sie gehen im Fall einer Scheidung auch seltener als Männer eine neue Ehe ein. So lebten in Karangduwet zur Zeit meines Zensus nur zwei Witwer, die beide bereits über 70 Jahre alt waren. In der Gruppe der drei Nuklearhaushalte, bei denen Witwen mit ihren Kindern zusammenleben, betrug das Alter der Frauen 38, 39 und 51 Jahre. Das Durchschnittsalter der geschiedenen Frauen war 27,4 Jahre. Die Informanten begründen die langjährige Situation dieser Frauen damit, daß Frauen nach einer Scheidung oder dem Tod ihres Gatten eine gewisse Scham empfinden (*malu*), eine neue Ehe einzugehen. Sie leben zumindest für einen längeren Zeitraum alleine als geschiedene Männer, die recht bald nach der Scheidung ein neues Heiratsverhältnis eingehen.

Allgemein ist die Scheidungsrate im kontemporären Karangduwet recht niedrig. Nach Aussagen der Dukuhbewohner sollen Scheidungen „in der alten Zeit" (*jaman dulu*) dagegen häufig gewesen sein. Man erklärte sich dieses Phänomen damit, daß die Vorfahren (*leluhur*) noch keine Religion (*agama*) besaßen und die Promiskuität deshalb weit verbreitet gewesen sei. Polygynie kommt in Karangduwet nicht vor.

Gillian Hart (1986) glaubt in den häufig zu beobachtenden verwandtschaftlichen Bindungen zwischen reichen und armen Haushalten eine langfristige Perspektive der sozialen Mobilität für ökonomisch schwache Haushalte zu erkennen. Des weiteren (so Hart) eröffnen diese familiären Kontakte auch die Chance auf kurzfristige Einkommensverbesserungen. Diese Annahmen werden durch meine Beobachtungen in Karangduwet nicht bestätigt. Einmal sind Heiratsverbindungen zwischen armen und reichen Haushalten eher die Ausnahme. So existieren keine Eheschließungen von Personen der Haushaltsklasse I mit Partnern der Haushaltsklasse III. Klassenübergreifende Eheschließungen kommen nur zwischen den Kategorien I und II (n = 22) sowie II und III (n = 19) vor. Die sozio-ökonomische Situation wird demnach durch eine recht starke Klassenendogamie akzentuiert.

Erstaunlicherweise gilt diese Feststellung weniger für den Landbesitz. Heiraten kommen prinzipiell zwischen allen Besitzintervallen vor. Lediglich unter den älteren Dukuhbewohnern (über 65) ist hin und wieder eine „tendency for land to marry land" (Harjono 1990: 66) erkennbar. Arrangements selektiver Patronage (*kedokan*), die den Haushalten exklusive Zugangsrechte, z. B. bei der Reisernte verschaffen könnten, sind in Karangduwet gänzlich unbekannt. Auch die Ressource eines in verwandtschaftlichen Beziehungen begründeten sozialen Kapitals, daß zumindest kurzfristige ökonomische Handlungschancen bereit hält, scheint in Karangduwet eher sporadisch aufzutreten. Fassen wir die generellen Trends an dieser Stelle kurz zusammen, so treten insgesamt vier signifikante Zusammenhänge in Erscheinung:
1. Die Nuklearhaushalte weichen nicht erheblich von der Gesamtverteilung der einzelnen Besitzklassen ab. Der recht geringe Anteil von Landbesitzern mit über 0,5 ha in dieser Gruppe kann nicht pauschal als Korrelat eines geringen Landbe-

sitzes mit der Organisationsform des Nuklearhaushalts interpretiert werden. 52,3% (n = 19) der Vorstände dieser Haushalte befinden sich in den frühen bis mittleren Lebenszyklusphasen, so daß ein Teil dieser Gruppe in der Zukunft durch Vererbung zusätzliches Land akkumulieren dürfte.

2. Reguläre Erweiterungen sind vorwiegend in den Besitzklassen II und III anzutreffen. Während sie in Klasse II und der *middle peasantry* quasi parallel zu den irregulären Kompositionen bestehen, stellen sie für die dörfliche Elite eine weitgehend exklusive Form der Haushaltserweiterung dar. Ihre Repräsentation ist sowohl in der Besitzklasse III als auch unter den potenten Landbesitzern mit über 0,5 ha signifikant hoch.

3. Irregulär erweiterte Kompositionen kommen fast ausschließlich in den Besitzklassen I und II sowie in den Haushalten der *middle peasantry* mit einem Landbesitz zwischen 0,25 und 0,5 ha vor. Die irreguläre Haushaltserweiterung stellt keine Anpassungsstrategie der ökonomisch bessergestellten Haushalte dar.

4. In Übereinstimmung mit den Ergebnissen anderer Fallstudien (z. B. Hart 1986: 112, Hefner 1990: 69) sind Witwen- und Zweipersonenhaushalte die am stärksten von Armut an landwirtschaftlichen Ressourcen und materiellem Besitz betroffenen Kategorien. Dies ist nicht weiter erstaunlich wenn wir bedenken, daß sich die Personen dieser Haushalte ausnahmslos bereits in der Lebenszyklusphase V befinden und direkt produktive Tätigkeiten zum Teil nur noch eingeschränkt selbst ausführen können. Gleichzeitig haben die Kinder dieser Haushalte zumeist bereits alle aufgrund von Heirat und Arbeitsemigration ihr Dukuh verlassen, so daß zum einen nicht selten das Land verkauft oder verpachtet werden mußte, während zum anderen ein erheblicher Anteil des Einkommens durch Geldsendungen (*kiriman*) bestritten werden muß.

Die Korrelation der Haushaltsgröße mit der ökonomischen Situation ist jedoch keineswegs auf diese letzten beiden Kategorien beschränkt. Die durchschnittliche Haushaltsgröße aller Haushalte der Besitzklasse I ist mit 3,0 (SD = 1,3) deutlich kleiner als die der Klassen II (3,6 / SD = 1,8) und III (4,5 / SD = 1,4). Die entsprechenden Durchschnittswerte für die Landbesitz-Intervalle von 3,3 Personen (SD = 0,5) für die landarmen Haushalte (unter 0,25 ha), 3,6 Personen (SD = 1,2) für die mittleren (0,25 - 0,5 ha) und 3,8 Personen (SD = 1,4) für die größeren Landbesitzer (ab 0,5 ha) sind insgesamt weniger signifikant als die für den materiellen Besitz. Man erkennt aber, daß die größeren Landbesitzer tendenziell auch größeren Haushaltsgemeinschaften vorstehen (vgl. Hull 1986: 3, Hefner 1990: 117). Die entsprechenden Assoziationswerte zwischen Klassenzugehörigkeit und Haushaltsgröße von Eta = 0,39 und zwischen Landbesitz und Haushaltsgröße von Eta = 0,33 zeigen, daß die Kontinuität einer größeren Haushaltsgemeinschaft nur bei Vorhandensein der entsprechenden ökonomischen Ressourcen gewährleistet werden kann.

4.3. Residenzpattern und Heiratsmobilität

Es herrscht in der Ethnographie Javas eine gewisse Verwirrung bezüglich der Frage der Residenz. Die javanische Gesellschaft bevorzugt im allgemeinen die neolokale Wohnfolge. Allerdings existieren diesbezüglich keine präskriptiven Regelungen. Die Mehrzahl der Autoren (z. B. Jay 1969, Hart 1986, Schweizer 1989a) definiert die Residenzordnung durch den mit der Wohngruppe und einem Gebäude identischen Haushalt (*domestic residence*). Gewiß ist dabei aufgrund des bilateralen Verwandtschaftssystems die Neolokalität das bevorzugte Residenzmuster. In Karangduwet siedelt zwar immer noch die Mehrheit der Männer zunächst zum Haushalt der Schwiegereltern über (*uxorilokale Residenzfolge*), dies ist aber meist eine ein- bis dreijährige Zwischenphase, nach der das Paar dann einen eigenen Haushalt gründet.

Temporäre virilokale Residenz[6] herrscht vor allem bei Emigration des Ehemannes vor, nämlich dann, wenn die Frau mit den Kindern so lange im Haushalt des Schwiegervaters lebt, bis das vom Mann in der Arbeitsemigration akkumulierte Kapital zum Errichten eines eigenen Wohnhauses ausreicht. Permanente virilokale Residenz wird vor allem dann praktiziert, wenn sich der Ehemann in seiner Eigenschaft als jüngster Sohn in der Position befindet, das Elternhaus zu erben. Die häufigen Hinweise in der ethnographischen Literatur auf die matrilokalen Tendenzen der Javanen (z. B. Selosoemardjan 1962: 224, Mantra 1978: 208, Harjono 1990: 55) beziehen sich dagegen auf das Grundstück (*pekarangan*), d. h. den Standort des Hauses als Kriterium der Residenzzuordnung (*vicinical residence*). Ich orientiere mich bei der Beschreibung der Residenzsituation in Karangduwet ebenso an dieser Variante, da sie wichtige Rückschlüsse auf das Mobilitätsverhalten zuläßt. Wie Tabelle 4.4. ausweist, ist eine „strong matrilocal tendency in choice of residence" (Harjono 1990: 56) für Karangduwet nur beschränkt zutreffend.[7] So stellt die Summe der matrilokalen Standorte nur insgesamt 41,7% aller Residenzpattern. Zwar ist die Heiratsmobilität der Männer mit 44 zu 38 etwas höher als die der Frauen; sie ist aber in ihrem Gesamtausdruck nicht statistisch signifikant. Die ermittelten Verteilungsfrequenzen für die einzelnen Alternativen lassen sich deshalb

---

[6] Der Begriff virilokal bezieht sich in dieser Studie auf die Situation, in der die Frau nach der Heirat ihren Wohnsitz wechselt und sich im Elternhaushalt des Gatten niederläßt. Mit patrilokaler Residenz ist dagegen gemeint, daß das Ehepaar in räumlicher Nähe der Eltern des Mannes lebt. Die Bezeichnung matrilokal bezeichnet analog dazu die räumliche Nähe zu den Eltern der Gattin.

[7] Das Sample setzt sich aus den 103 Haushaltsvorständen und ihren Ehefrauen zusammen. Die Tabelle bezieht aber die verstorbenen Ehemänner/Ehefrauen der als Haushaltsvorstand fungierenden Witwen und Witwer mit ein. Tabellenschema nach Harjono 1990: 56.

kaum als Indiz für eine allgemeine matrilokale Standortpräferenz interpretieren.[8]
Das Residenzverhalten der Dukuhbewohner scheint weitaus weniger von normativen Prinzipien, als vielmehr von konkreten pragmatischen und ökonomischen Erwägungen beeinflußt zu sein. Insgesamt sind rund 2/3 der Haushalte in Karangduwet auf dem Anwesen eines Elternteils errichtet. Generell ist die Autonomie dieses Organisationstyps lineal verwandter, das selbe Grundstück bewohnender Haushalte insofern einzuschränken, als sie Teil eines zusammenwohnenden Familienverbandes darstellen.

Standort des Hauses	*Anzahl*	*Anteil in %*
Grundstück Eltern der Frau		
Mann und Frau aus Karangduwet	9	7,7
Mann von außerhalb Karangduwet	34	33,9
Summe matrilokaler Standorte	**43**	**41,6**
Grundstück Eltern des Mannes		
Mann und Frau aus Karangduwet	6	5,8
Frau von außerhalb Karangduwet	31	30,1
Summe patrilokaler Standorte	**37**	**35,9**
Eigenes Grundstück		
Mann und Frau aus Karangduwet	1	1,9
Mann und Frau nicht aus Karangduwet	5	4,8
Mann von außerhalb Karangduwet	8	8,7
Summe neolokaler Standorte	**23**	**22,5**
	103	**100**

Tabelle 4.4. Residenzverteilung nach Grundstücken

So fehlen in diesen *family clusters* auch die räumlichen Grenzmarkierungen wie z. B. Hecken oder Zäune (*pagar*), die gemeinhin die Selbständigkeit der Haushalte symbolisch zum Ausdruck bringen. In 11 Fällen benutzten die zu einem solchen Familienverband gehörigen Haushalte einen gemeinsamen Brunnen (*sumur*). Auch

---

[8] Es besteht hier das Problem, daß sich die Kategorien „eigenes Grundstück" und „Anwesen eines Elternteils" in nicht wenigen Fällen überschneiden, nämlich dann, wenn das Grundstück von den Eltern an die Kinder verkauft wurde. In diesen Fällen wurde die Zuordnung weiterhin bei der Kategorie des Anwesens des entsprechenden Elternteils belassen, um die Mobilitätsverteilungen nicht zu verzerren. Die Kategorie neolokaler Standort bezieht sich demnach nur auf die Situationen, in denen Ehepaare ihre Häuser auf Grundstücken erstellten, die zuvor keinem der beiden Elternteile gehörten.

wenn die individuellen Landbesitzrechte der Eltern gewahrt bleiben, wird das dem Elternhaushalt zugehörige Land in der Regel von den nebeneinander wohnenden Generationen gemeinsam bewirtschaftet. Die relativ heterogene Residenzsituation in Karangduwet ist dabei nur beschränkt auf eine Immigration von außerhalb der Region stammenden Heiratspartnern zurückführbar. Von den 66 Eheschließungen mit *einem* nicht aus Karangduwet kommenden Partner handelt es sich in 44 Fällen um Personen aus dem nicht zum Kecamatan Karangmojo gehörigen Nachbardorf Ponjong, welches an das Dusun Karangduwet angrenzt. Insgesamt 16 weitere ortsfremde Partner stammen aus dem Einzugsbereich des Kelurahan und Kecamatan.

Aufgrund der zunehmenden Landknappheit und der signifikanten Streuung im Landbesitz dürfte die Residenzwahl deshalb nicht unerheblich von den Zugangschancen auf agrarisches Nutzland, d. h. der Teilhabe an den ökonomischen Ressourcen der jeweiligen Elternhaushalte beeinflußt sein. Dementsprechend befinden sich unter den landlosen oder beinahe landlosen Elternhaushalten mit einem Landbesitz unter 0,25 ha (n = 39) nur 25,6% patrilokale Standorte. In der Gruppe der Elternhaushalte zwischen 0,25 und 0,5 ha (n = 44) ist diese Situation bereits in 46,6% der Fälle gegeben, während in der Kategorie über 0,5 ha (n = 20) gar 60% der Anwesen durch die Haushalte der Familien der Söhne erweitert sind.

Die Bereitschaft matrilokale Konventionen zu sprengen scheint demnach mit der ökonomischen Situation des betreffenden Elternhaushalts zu korrelieren. Es ist aufgrund der zunehmenden Verknappung der Wohnflächen anzunehmen, daß nicht alle Grundstücke (*pekarangan*) die Errichtung eines zusätzlichen Wohnhauses zulassen. Das heißt, das auch die Grundstücksgröße der Anwesen in zunehmendem Maße als Einflußfaktor der Residenzwahl in Erscheinung treten dürfte. Dementsprechend nimmt auch der Anteil der matrilokalen Standorte mit zunehmender Grundstücksfläche ab (Korrelationswert Eta = 0,56 mit der Residenz als abhängiger Variable).

Ein anderer Gesichtspunkt ist indes die Frage der Genese des beobachteten Residenzverhaltens. D. h. tendierten die Bewohner Karangduwets seit jeher zu einer gewissen Flexibilität in der Wahl ihrer Wohnstandorte oder ist die vorhandene Situation einer weitgehend ambilokalen Standortwahl ein eher rezentes Phänomen, bei dem aufgrund einer zunehmenden Polarisierung im Landbesitz und dem Einfluß moderner Werteinstellungen eine traditionell matrilokale Residenznorm zunehmend durchbrochen wird? Ich habe dazu die Haushaltsvorstände in drei Altersgruppen von -40, 40 - 60 und 60+ Jahren eingeteilt und für die Landbesitzkategorien von -0,25 ha und 0,25 ha+ zwei getrennte Subsamples erstellt.[9] Die Kategorie I

---

[9]   Das Sample schließt alle Haushalte aus, wo beide Ehepartner nicht aus Karangduwet stammen. Andernfalls wäre eine Verzerrung zugunsten der neolokalen Standorte zu befürchten gewesen.

der landarmen Haushalte (0 - 0,25 ha) weist in allen Altersgruppen eine prinzipiell heterogene Verteilung auf, bei der allerdings die matrilokale Alternative (mit abnehmender Tendenz) stets den größten Anteil repräsentiert (52,7%, 44,4% und 38,5% in absteigender Generationenfolge). Die patrilokalen Standorte sind mit abnehmendem Alter der Haushaltsvorstände gleichsam im Schwinden begriffen (rsp. 41,2%, 33,3% und 30,7%); während die Anzahl der neolokalen Residenzen zunimmt (11,7%, 22,3% und 30,8% für die entsprechenden Altersgruppen).

	(< 0,25 ha)			*(0,25 ha +)*		
Alter	*matrilokal*	*patrilokal*	*neolokal*	*matrilokal*	*patrilokal*	*neolokal*
unter 40	38,5	30,7	30,8	0,0	57,1	42,9
40-60	44,4	33,3	22,3	53,5	30,4	16,1
über 60	52,7	35,6	11,7	60,8	34,1	5,1

Tabelle 4.5. Residenz nach Alter und Landbesitz (Angaben in %)

Insgesamt aber sind diese Verschiebungen statistisch weitgehend irrelevant. In der Kategorie II der Landbesitzer ab 0,25 ha ist in der Gruppe der Vorstände über 60 die Matrilokalität mit 60,8% zu 34,1% patrilokalen Standorten das bevorzugte Residenzmuster, während nur 5,1% den neolokalen Standorten zuzuordnen sind. In der Gruppe der 40-60jährigen übertreffen die matrilokalen Standorte mit 53,5% zu 30,4% weiterhin die auf patrilokalen Anwesen erstellten Haushalte, während sich bereits 16,1% der Haushalte auf neolokalen Grundstücken befinden.

In der letzten Gruppe der Altersklassen unter 40 ist die Situation in Anbetracht der allgemein von den Ethnographen beobachteten Präferenz der Javanen für matrilokale Standorte nahezu grotesk: Die Haushalte verteilen sich nun auf 57,1% patrilokale und 42,9% neolokale Standorte; kein Haushaltsvorstand unter 40 in dieser Landbesitzklasse hat seinen Haushalt auf einem matrilokalen Grundstück errichtet. Vergleichen wir die beiden Subsamples, so sind zwei unterschiedliche Entwicklungen erkennbar, die in gewissem Sinne zwei Entwicklungsphasen repräsentieren. In Gruppe I scheint bereits seit längerer Zeit eine Tendenz zur Aufweichung der matrilokalen Standortfolge vorhanden zu sein, in deren Prozeß sich zunächst (Altersgruppen über 60 und 40 - 60) eine Verlagerung auf die patrilokale Variante vollzog, die aber durch ein Anwachsen der neolokalen Residenz kontinuierlich abnimmt. Es scheint, daß hier auf den fortschreitenden Landmangel zunächst mit einem Ausweichen auf patrilokale Wohnsitze reagiert wurde, sofern der Elternhaushalt des Gatten noch Land besaß.

Wie Tabelle 4.5. ausweist, scheint diese Strategie aber nur in begrenztem Umfang praktikabel gewesen zu sein, weswegen die neu etablierten Haushalte des öfteren das matrilokale Grundmuster beibehielten oder zunehmend auf neolokale Standorte auswichen. In Gruppe II vollzieht sich diese Auflösungstendenz zeitlich verzögert, tritt aber dafür in der Generation der jungen Haushaltsvorstände (unter 40) um so signifikanter in Erscheinung. Anders als in Gruppe I ist hier für die meisten der Haushalte nach wie vor eine Verlagerung auf patrilokale Anwesen möglich.

Dieser allgemeine Trend zur Neolokalität läßt sowohl auf eine zunehmende Mobilität des Produktionsfaktors Land durch Kauf und Verkauf als auch auf eine kontinuierliche Ausweitung der Wohnflächen schließen.[10] Insgesamt wird erkennbar, daß sich die traditionell matrilokale Standortnorm zunehmend auflöst. Dieser Prozeß scheint angesichts der demographischen und ökonomischen Bedingungen (Landverknappung, Polarisierung im Landbesitz) weitgehend irreversibel.

Es kann aufgrund der schlechten Zukunftschancen im traditionellen Wirtschaftsbereich und dem wachsenden Einfluß der formalen Bildung unterstellt werden, daß nicht alle Akteure ein gleichermaßen stark ausgeprägtes Interesse an der Fortführung des kleinbäuerlichen Familienbetriebs aufweisen. In immerhin 47 von 63 landwirtschaftlich aktiven Haushalten, deren Haushaltsvorstände bereits die Lebenszyklusphasen IV und V erreicht haben, findet sich kein männlicher Nachfolger aus den Reihen der nachfolgenden Generation, der bereit wäre, die bäuerliche Berufskomponente des Haushaltsvorstandes fortzusetzen. In ca. 35% der Haushalte, die zur Zeit des Zensus einen Nachfolger benennen konnten, übernimmt diese Position bereits oder voraussichtlich der Schwiegersohn.

Diese Bereitschaft zur Übernahme des kleinbäuerlichen Betriebes steigt wie zu erwarten mit der Landbesitzgröße an (Eta = 0,64 mit der Existenz eines Nachfolgers als abhängiger Variable), wird aber gleichzeitig mit besserer Schulbildung eher abgelehnt (Korellationskoeffizient zwischen der bäuerlichen Nachfolgeposition und den Jahren formaler Bildung von s = -0,36; statistisch signifikant mit 0,004). Es ist deshalb anzunehmen, daß die Residenzwahl auch von der Variable der *Bereitschaft* zur Mitarbeit im kleinbäuerlichen Familienbetrieb (implizit der Aspiration seiner späteren Übernahme) beeinflußt ist, welche die Wohnsitznahme stets impliziert. Demgemäß ist der Anteil der patrilokalen Residenzstandorte in der Gruppe der Personen mit aktuellen oder potentiellen Nachfolgepositionen mit 50% (gegenüber 45% matrilokalen und nur 5% neolokalen Standorten) recht hoch, während in der Kategorie der Akteure ohne bäuerliche Aspirationen nur 28% dem pa-

---

[10]   Ältere Dukuhbewohner verwiesen des öfteren darauf, daß in den Nachbarschaftseinheiten RT 1 und 2 vor zwei Jahrzehnten nur wenige Wohnhäuser anzutreffen waren und die Grundstücke (*pekarangan*) recht groß gewesen seien.

trilokalen, aber 49% dem matrilokalen und 23% dem neolokalen Typus angehören. Ich habe die Variable der generationellen bäuerlichen Kontinuität zum Zweck einer empirischen Prüfung dichotomisiert und mit dem Residenzstandort in Beziehung gesetzt. Der entsprechende Wert ist Eta = 0,32 mit der Residenzfolge als abhängiger Variable.

Insgesamt ist diese Relation als schwach - mittelstark zu bezeichnen; es zeigt sich aber, daß die Frage der Residenz nicht isoliert von beruflichen Aspirationen und der individuellen Einstellung zum bäuerlichen Beruf entschieden wird. Der Freiheit der Residenzwahl scheinen nur dort Grenzen gesetzt zu sein, wo der Alters- und Gesundheitszustand der nicht mehr erwerbsfähigen Eltern die Präsenz eines Kindes notwendig macht.

5. Strukturelle Differenzierungen

5.1. Wohnhäuser, materieller Besitz und Klassenstrukturen

Aufgrund der zunehmend komplexeren Diversifizierungsprozesse im ländlichen Java sind sozio-ökonomische Klassen nicht erschöpfend durch die Variable des Landbesitzes bzw. der Landkontrolle allein repräsentiert.[1] Es bedarf deshalb einer ergänzenden, vom Landbesitz unabhängigen Analyse des ökonomischen Standards der Bewohner Karangduwets. Die ökonomische Situation der Haushalte wurde aus den im Zensus erhobenen Skors der Wohnhäuser und des materiellen Besitzes ermittelt (Stand Januar 1995).

Generell existieren in Karangduwet vier differenzierbare Typen von Wohnhäusern. Das äußere Erscheinungsbild dieser Hausformen läßt sich zum besseren Verständnis am besten schematisch veranschaulichen:

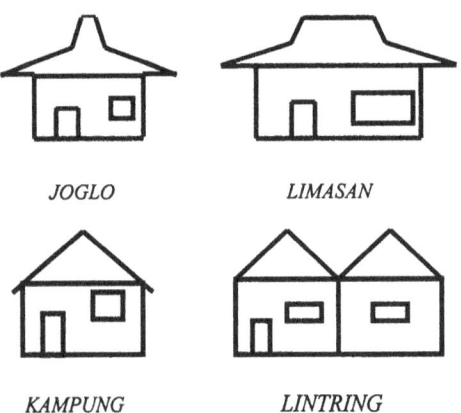

JOGLO   LIMASAN

KAMPUNG   LINTRING

Abb. 5.1. Hausformen in Karangduwet

Der aus Bambuswänden (*gedeg*) bestehende und durch seine auffällige Dachkonstruktion charakterisierte *Joglo*-Typ galt vor allem in den sechziger Jahren als Symbol von Wohlstand und Reichtum der Großbauern (Assoziationswert zwischen *Joglo*-Haus und Landbesitz von Eta = 0,62). Der klassische *Limasan*-Typ kommt in

---

[1] Zur Begriffsbestimmung des Landbesitzes und der Landkontrolle vgl. meine diesbezüglichen Ausführungen in Kap. 3.4.2.

allen sozio-ökonomischen Kategorien vor, das verwendete Baumaterial ist prinzipiell variabel. Der bambusgefertigte *Kampung*-Typ sowie die *Lintring*-Häuser, die im Prinzip ein verdoppeltes Kampung-Haus darstellen kommen vorwiegend unter den materiell armen Dukuhbewohnern vor.

Allerdings stellt der Haustyp für sich alleine genommen eine recht schwache Größe zur Kategorisierung der Haushalte dar, da er statistisch nur als Nominalvariable analysiert werden kann. Es mußte deshalb auf ein Erhebungsverfahren zurückgegriffen werden, daß eine exaktere Maßzahl zur Standardbestimmung der Häuser ermöglicht. Alle Wohnhäuser wurden deshalb mit fixen Skorwerten versehenen Kriterien klassifiziert. Die erhobenen Daten bezogen sich zum einen auf das verwendete Baumaterial, zum anderen aber auch auf den Modernisierungsstandard (sanitäre Anlage, Stromanschluß usw.) und den Allgemeinzustand der Häuser. Es wurden lediglich diejenigen Skors zur materiellen Beschaffenheit der Häuser in die Analyse aufgenommen, in denen die Haushalte signifikante Variationen aufwiesen. Elemente, die in allen Wohnhäusern gleichermaßen anzutreffen sind und keine weiteren internen Differenzierungen zuließen (z. B. Glasfenster) waren von der Datenerhebung ausgeschlossen, da man befürchten mußte, daß die Skorverteilungen in nicht zufälliger, d. h. symmetrischer Richtung verzerrt werden. Alle Häuser wurden vermittels der folgenden Systematik quantifiziert (Skors in Klammern):[2]

Außenwände: Bambus (1), Holzplatten (2), Bambus und Stein (3), Holz und Stein (4), unverputztes Steinhaus (5), verputztes Steinhaus (6)

Fußboden: Erdboden (1), Steinplatten (2), Zement (3), Kacheln (4), Fliesen (5)

Dach: Reisstroh (1), Lehmziegel (2), Asbest (4), Preßziegel (6)

Sanitärbereich: Baden im Flu0/Kanal (1), Benutzung Sanitär Anderer (2), einfache Toilette/Waschraum vorhanden (4)

Beleuchtung: Öllampen (1), Generator (2), Anschluß an Stromnetz (3)

Wasserquelle: Fluß/Kanal (1), Benutzung Brunnen der Nachbarn (2), eigener Ziehbrunnen (3), eigene Pumpinstallation (4)

Zustand Haus: verwahrlost, reparaturbedürftig (1), durchschnittlich, leichte Mängel (2), guter Allgemeinzustand (3)

Die Skorverortung läßt demnach eine Differenzierung von minimal sieben bis maximal 28 Skors zu. Beide Extremfälle kommen in Karangduwet je ein mal vor. Die durchschnittliche Skorzahl der Wohnhäuser beträgt 17,4 mit einer Standardabweichung von SD = 4,4. Die Wohnhäuser unterhalb der 15-Skor-Grenze stellen die

---

[2]   Da die Beschaffenheit der Fußböden zwischen den einzelnen Räumen eines Hauses durchaus variieren kann, wurden die Skors stets auf der Grundlage des Materials des Fußbodens des Empfangszimmers (*ruang tamu*) berechnet. Für den Bereich der Außenwände sind theoretisch weitere Kombinationen (z. B. Bambus und Holz) denkbar; kommen aber in Karangduwet nicht vor.

einfachen, in der Regel aus Bambusgeflechten (*gedeg*) hergestellten, ohne befestigte Böden bzw. mit Steinplatten versehenen Wohnhäuser der ärmeren Dukuhbewohner dar, die zumeist den *Kampung-* und *Lintring*-Typen angehören. In diesen Bereich fallen auch die vier *Joglo*-Häuser. Die Konzentration der Wohnhäuser zwischen 15 und 20 Skors sind in der Mehrzahl die aus Holz oder Holz und Stein gefertigten *Limasan*-Häuser, für die allgemein Lehmziegel (*genteng*) und Böden aus Zement und Kacheln typisch sind. Die Häuser von 25 Skor aufwärts dagegen sind die Neubauten (*rumah baru*), d. h. im *Limasan*-Stil errichtete Steinhäuser verschiedener Qualität, die teils mit modernen Preßziegeln (*genteng pres*) und Fließen (*traso*) versehen sind und in aller Regel gemauerte Toilettenanbauten aufweisen.

Der materielle Besitz der Dukuhbewohner wurde in vier Kategorien (Hausgeräte, produktive Gerätschaften, Luxusgüter und Möbel) ermittelt, indem zunächst eine fixe Liste von Items erfragt wurde. Danach wurden die Informanten gebeten weitere, nicht in der Liste aufgeführte Gegenstände ihres Besitzes zu Protokoll zu geben. Als solche Items, die nur vereinzelt auftraten wären z. B. Stereoanlagen, Staubsauger und Schraubstöcke (Fahrradreparaturwerkstatt) zu nennen. Als Berechnungsgrundlage der Items wurde für den Gegenwert von ca. 100.000 Rp. jeweils 1 Skor angesetzt. Daten bezüglich des Besitzes von Gold (*emas*), das eine wichtige Kapitalanlage der Dukuhbewohner darstellt, wurden aus Rücksicht auf die Angst der Informanten vor Diebstahl nicht erhoben. Traditionelle Handgeräte wie z. B. Sicheln (*sabit*), Reisschneidemesserchen (*ani-ani*), Hacken (*cangkul*), Mörser (*lesung*) usw., die in der Regel seit Generationen in den Haushalten vorhanden sind und bezüglich ihres materiellen Wertes kaum ins Gewicht fallen, blieben von der Zensuserhebung ausgeschlossen.

Hausgeräte: Gaskocher (1), Elektrokocher (2), Waage (1), Elektropumpe (2)
Luxusgüter: Radio (1), TV/schwarz-weiß (1), TV/Farbe (2), Fahrrad alt bzw. neu (1,2)
Gerätschaften: Sprühpumpe (1), Pflug (1), Egge (1), Nähmaschine (3), Wasserpumpe (3)
Möbel: Sitzgarnitur Bambus/Ratten (1), Sitzgarnitur mit Stoffbezug (2), Leder-Sitzgarnitur (4), Federmatratze (1), Moped (30)

Fassen wir die Skors der Wohnhäuser und der einzelnen Items zusammen, ergibt sich eine Varianzbreite von minimal 13 zu maximal 120 Skors (Haus des Lurah) mit einem Durchschnittswert von 34,7 (SD = 21,2). Basierend auf diesen Ergebnissen habe ich die Haushalte in drei sozio-ökonomische „chunks" eingeteilt: Die Haushalte von 13 bis einschließlich 24 Gesamtskors sind demnach die ökonomisch schwachen Residenzgemeinschaften (Klasse I), welche insgesamt 40,7% (n = 42) aller Haushalte stellen. Die Haushalte im Bereich von 25 bis einschließlich 39 Skors stellen die mittelmäßig erfolgreichen, im weitesten Sinne subsistenten Haushaltsgemeinschaften (Klasse II), deren Anteil mit 41,7% (n = 43) etwa gleich stark ist. Der Bereich ab 40 Skor kann für die lokalen Verhältnisse in ökonomischer Hinsicht als überdurchschnittlich gelten, d. h. er repräsentiert mit einem prozentualen Anteil von nur 17,6% (n = 18) die Gruppe der wohlhabenden Dukuhbewohner (Klasse III). Eine solche Einteilung zu ökonomischen Grundkategorien besitzt vor allem den Vorteil, daß die Analyse zumindest einigermaßen überschaubar bleibt und auch besser verständlich wird, als dies bei der ausschließlichen Bezugnahme auf reine Ratiowerte der Fall sein dürfte. Da die Klassenzuordnung strikt auf quantifizierten Ratiowerten beruht, kann die Klassenzugehörigkeit der Informanten stets als Ordinalvariable im Sinne einer *rank order* verrechnet und analysiert werden, so daß die Anwendung quantitativer Analyseverfahren weiterhin möglich ist.

5.2. Dörfliche Agrarverfassung: Landbesitz und -kontrolle in Karangduwet

5.2.1. Die Akquisition von Besitzrechten: Erbregeln und käufliche Transaktionen

Die Javanen kennen keine korporativen Verwandtschaftsgruppen. Das Verwandtschaftssystem ist kognatisch, d.h. die Deszendenz leitet sich gleichermaßen über die väterliche wie die mütterliche Linie ab. Es existieren keine korporierten Verwandtschaftsrechte außerhalb der Kernfamilie. Das heißt, daß auch der Produktionsfaktor Land nur über die Kernfamilie weitervererbt wird. Das bilaterale Verwandtschaftssystem schreibt prinzipiell die gleiche Teilung zwischen Männern und Frauen vor. Die von Jay (1969: 85) für Ostjava und von White (1976: 314) für Zentraljava dokumentierte islamische Regelung (*pikul ngendong*), nach der den Söhnen 2/3 und den Töchtern 1/3 des Erbes zusteht, wird in Karangduwet nicht praktiziert. Die gleichmäßige Erbteilung unter allen Geschwistern ist nur bei Vererbung von agrarischem Nutzland wirksam. Häuser und Wohngrundstücke gehen in der Regel an den jüngsten Sohn bzw. die jüngste Tochter über, die der traditionellen Norm gemäß den Haushalt der Eltern übernehmen. Die von Röll (1976: 69) und Schweizer (1989b: 115) aus dem Regierungsbezirk Klaten berichtete Praxis, nach der die Parzellen stets ungeteilt an den ältesten Sohn vererbt werden, ist in Karangduwet ebenfalls nicht üblich.

Grundlegend für das im Dukuh vorherrschende System der Vererbung von Land ist die Differenzierung zwischen den von Mann und Frau individuell geerbten Flächenanteilen (*lahan bektan*) und den während der gemeinsamen Ehe käuflich hinzu erworbenen Parzellen (*gana-gini*). Frauen behalten stets die Rechte über den ihnen vererbten Anteil. Die theoretische Option, über Einheirat Besitzrechte am Land der Ehefrau zu erwerben, ist in der javanischen Erbregelung nicht vorgesehen. Auch im

Todesfall der Ehefrau besteht kein Anspruch seitens des Gatten auf das ihr vererbte Land. Die Besitzrechte der von ihm gezeugten Kinder bleiben allerdings bestehen. Im umgekehrten Fall des Todes des Ehemannes gilt das selbe Prinzip. Dabei gehen die Besitzrechte an alle Kinder des Mannes über, also auch an die aus früheren Ehen.

Im Fall von älteren Witwen ist die Lage in Karangduwet unklar. Entsprechend dem Gesagten besteht kein Anrecht auf das von ihren Gatten geerbte Land. De facto aber scheinen die Rechte von den Kindern und der Mutter gemeinsam ausgeübt zu werden. Die Inputkosten werden normalerweise von den Kindern übernommen; die Witwen erhalten in Ausnahmefällen einen Anteil des Verkaufserlöses nach der Ernte in Cash ausbezahlt. Im Fall von „rüstigen" Witwen läßt man ihnen gelegentlich eine kleine Parzelle zur eigenverantwortlichen Bewirtschaftung. Die Position der älteren Witwen ist somit von einer gewissen Ambivalenz gekennzeichnet: Sie üben einerseits selten autonome Besitzrechte aus, andererseits bleibt ihnen aber ein unbestrittenes Subsistenzrecht eingeräumt. Bei einer erneuten Heirat von Witwen kann das Erbland des ersten Gatten theoretisch von seinem Nachfolger bewirtschaftet werden, d.h. es besteht hier die Möglichkeit der Wahrnehmung eines Nutzungsrechtes durch Heirat. Eine solche Situation entstand z. B. durch den Tod eines 40jährigen Mannes. Die Nutzungsrechte der Witwe auf das von ihrem verstorbenen Gatten in die Ehe eingebrachte Land blieb auch nach ihrer erneuten Heirat (zwei Jahre später) gewahrt, allerdings obliegt das Recht der Veräußerung weiterhin bei der Familie des verstorbenen Erstgatten. Kinder aus dieser neuen Ehe haben auf dieses Land keine Anrechte. Auch bei Scheidung behält jeder Partner seinen Anteil bei, während durch Kauf gemeinsam erworbenes Land gleichmäßig unter den Partnern aufgeteilt wird (vgl. H. Geertz 1963: 50ff). Im Todesfall von kinderlosen Personen gehen alle Besitzrechte an die Geschwister und deren Nachkommen über.

Die der Erbgregelung zugrundeliegenden sozialen Normen schließen eine Enterbung von erbberechtigten Personen aus. Dies ist zumindest die Theorie. Die soziale Realität scheint indes nicht immer von den hehren Prinzipien der Tradition beherrscht. Der Transfer der Vererbung von Land ist nach meinen Beobachtungen nämlich keineswegs ein fließender, kontinuierlicher Prozeß unter den Prämissen sozialer Harmonie, wie dies z.B. H. Geertz (1963: 52) und Robert Jay (1969: 78) annehmen. Eine Einigung über die Zuteilung der zu vererbenden Parzellen wird zu Lebzeiten der Eltern bewußt vermieden. Auf jeden Fall würden niemals die Kinder selbst als Initiatoren einer quasi testamentlichen Regelung auftreten. Dies verbietet nach Meinung meiner Informanten der Respekt (*sungkan*) vor den Eltern, da eine solche Vorabklärung als latenter Wunsch auf den baldigen Tod der Eltern interpretiert werden könnte und die Gefühle (*perasaan*) der Eltern nachhaltig verletzt würden. Da die Nachkommen aus den genannten Gründen ihr gemeinsames Erbe im Regelfall erst nach dem Ableben der Eltern verteilen, sind Erbstreitigkeiten nicht ausgeschlossen. Dieses Problem besitzt in Karangduwet eine spezifische Brisanz durch das Versäumnis der amtlichen Landzertifizierung. Das Kelurahan Karangmojo war nach Angaben meiner Informanten zur Zeit des Feldaufenthalts das einzige Dorf des Bezirks Gunung Kidul, in dem die Ausstellung der Landbesitzzertifikate noch nicht abgeschlossen war. Einzelne Haushalte hatten diese Situation offensichtlich dazu mißbraucht, übergroße Anteile zertifizieren zu lassen. Wie informelle Gespräche mit meinen Schlüsselinformanten ergaben, hat sich der Vorgang einer unrechtmäßigen Zertifizierung in den letzten fünf Jahren insgesamt drei mal ereignet.

Es wäre allerdings ein Trugschluß, deshalb eine generelle Auflösung der traditionellen Erbnormen oder eine pauschale Abnahme solidarischer Verhaltensweisen innerhalb von Verwandtschaftsbeziehungen zu unterstellen. Die große Mehrheit der Dukuhbewohner hält sich in der Nachlaßregelung nach wie vor an die herkömmlichen Gepflogenheiten. Selbstverständlich wird diese Form der Manipulation durch die zunehmende Parzellierung der Flächen begünstigt. Die dörfliche Verwaltung kennt dabei die realen Verhältnisse oft nicht; auch scheint man an einer Nachprüfung der zur Zertifikation angegebenen Flächen (etwa durch Konsultation anderer Erben) nicht interessiert.

Transaktionen von Land durch Kauf und Verkauf scheinen in Karangduwet auch in früherer Zeit üblich gewesen zu sein. Anders als z. B. in Ostjava (vgl. Jay 1969) durfte auch an Außenseiter veräußert werden. Die aktuelle Situation im Landbesitz ist ursächlich auch auf die Hungerkathastrophe (*paceklik*) Anfang der sechziger Jahre zurückzuführen, infolge derer die ökonomische Geschicklichkeit einzelner Familien einen beachtlichen sozialen Aufstieg ermöglichte (vgl. Kapitel zur Lokalgeschichte). In neuerer Zeit verkaufen vor allem ältere Paare, die keine in der Landwirtschaft tätigen Nachfolger haben oder deren Kinder das Dukuh als Arbeitsemigranten verlassen haben, Teile ihrer Felder zur Alterssicherung. Darüber, ob hier eine Präferenz der Veräußerung von käuflich erworbenen vor ererbten Plots vorherrscht, kann ich keine verläßlichen Angaben machen, da hierzu die nötigen Daten fehlen.

In drei nachweisbaren Fällen während des Feldaufenthaltes verkauften die Eltern Land an ihre Kinder. Diese Praxis erklärt, warum einzelne Erben offensichtlich mehr Land besitzen als ihre Geschwister. Es sei an dieser Stelle angemerkt, daß Eltern zwar zur Weitergabe von Erbe (*warisan*) an ihre Kinder verpflichtet sind, es existiert aber keine einklagbare Verpflichtung *allen* Besitz zu vererben. Kauf von Land innerhalb der Kernfamilie ist auch im Verhältnis zwischen Geschwistern nicht ausgeschlossen. Insbesondere in Situationen mit lediglich einem noch im Dukuh lebenden Kind wird häufig ein Teil des Gesamterbes (*usaha tani*) nach dem Tod der Eltern von den emigrierten Geschwistern an den im Dukuh verbleibenden Nachkommen verkauft bzw. eine anteilsgerechte Auszahlung vorgenommen. In allen Fällen bedarf die Transaktion einer offiziellen Bestätigung seitens des Lurah.

5.2.2. Staatlich-institutionelle Verpflichtungen der Dukuhbewohner und Bauern

Nach Artikel 10 der indonesischen Agrargesetzgebung von 1960 ist jede landbesitzende Person dazu verpflichtet, ihr Land aktiv zu bewirtschaften. Laut Artikel 21 können individuelle Besitzrechte jederzeit entzogen werden, falls der Eigentümer sein Land nicht selbst bewirtschaftet oder in irgendeiner Form (Teilbau, Pacht, Lohnarbeit) durch Andere bewirtschaften läßt. Seit 1981 gilt allgemein ein progressives Tarifsystem in der Erhebung der Landsteuer (*pajak bumi*), die 1986 durch eine Gebäudesteuer (*pajak bangunan*) ergänzt wurde (Harjono 1990: 67). Diese Steuern stellen insgesamt keine allzu große Belastung der Haushaltsbudgets dar: Laut meinen Zensusangaben zahlten die Bewohner Karangduwets im Jahr 1994 jeweils durchschnittlich 1650 Rp. Gebäudesteuern und ca. 1100 Rp. pro 1000 qm² Nutz- und Wohnfläche.

Die in den Agrargesetzen festgehaltenen Regelungen beinhalten indes keine verbindlichen Sicherheiten bezüglich der Nutzung von Wasser zu Irrigationszwecken. In der Vergangenheit orientierte sich die Bewässerung in Karangduwet am Suffizienzprinzip. Diese mit dem holländischen Term *blokler* bezeichnete Methode ähnelt dem von Robert Jay in Modjokuto beobachteten *marenan*-System, nach dem „each plot receives water until it is judged sufficiently irrigated. Shift to the next plot is then determined by joint consultation between the cultivator watering and the one next in line" (ebd: 334). Der Nachteil dieses Verfahrens ist vor allem darin zu sehen, daß Haushalte mit angrenzenden Parzellen eine gewisse Bevorzugung gegenüber den Bauern besaßen, die keine zusammenhängenden Flächen bewirtschafteten und deshalb in Zeiten des Wassermangels nicht alle Felder ausreichend bewässern konnten.

Leitung und Aufsicht der Irrigation lagen traditionell beim Lurah und den Dorfbeamten, die vor allem als Schlichter im Fall von mit der Bewässerung zusammenhängenden Konflikten in Erscheinung traten.[3] Prinzipiell aber konnte der individuelle Haushalt seine Parzellen zu jeder beliebigen Tageszeit bewässern. Wasserentnahmen zur Nachtzeit wurden nicht als unrechtmäßige Aneignung auf Kosten der

---

[3]   Diese Informationen zur Bewässerungspraxis in der Vergangenheit stammen vom Lurah, dem Wirtschaftsbeamten und dem Vorsteher der Nachbarschaftseinheit RT 3. Im allgemeinen wurden ihre Aussagen von den Bauern bestätigt.

Gemeinschaft geahndet; sie galten vielmehr als Ausweis individueller Tüchtigkeit (*kerajinan*). Diese individualistische Orientierung in der traditionellen Bewässerungspraxis zeigte sich auch bei anstehenden Reparaturarbeiten: Die Bauern reparierten im Regelfall nur die zur Bewässerung ihrer eigenen Felder relevanten Kanalsektionen. Es gab keine kommunale Koordination zur Instandhaltung des Irrigationssystems.

Seit 1994 sind in Karangduwet die auf den staatlichen Bewässerungsgesetzen von 1991 und den Provinzverordnungen von 1993 basierenden „Regelungen der bäuerlichen Wasserbenutzer" (P3A) allgemein verbindlich. Diese Verordnungen führten sowohl in der organisatorischen Struktur als auch in den Verteilungsprinzipien zu einem radikalen Bruch mit der bisherigen Praxis: Den früher locker assoziierten Irrigationsblocks steht nun ein von der Dorfverwaltung ernannter Blockleiter (*ulu-ulu*) vor. Diese Blocks sind ihrerseits zu Wasserbenutzergruppen (*kelompok pemakai air*) zusammengefaßt, welche von einem Gruppenleiter (*ketua kelompok*) angeführt werden. Die Benutzergruppen halten in Abständen von 35 Tagen (*selapanan*) eine Versammlung (*rapat*) ab. Der Gruppenleiter ist neben seiner Aufgabe als Koordinator auch für die Information der Bauern über die geltenden Gesetze verantwortlich. Die Teilnahme an diesen Treffen ist obligatorisch. Für die Wasserzuteilung an die einzelnen Benutzergruppen (*full drop*) ist dagegen ein der Kreisverwaltung angehöriger Bewässerungsbeamter (*Dinas Pengairan*) zuständig. Sawah werden in Abständen von drei Tagen; Tegalanfelder ein mal wöchentlich nach einem fixen Zeitplan bewässert.

Für die einmalige Bewässerung von 1000 qm² wurde zunächst eine Gebühr (*iuran*) von 500 Rp. erhoben. Die Festsetzung solcher Tarife scheint in der Gesetzgebung nicht verbindlich geregelt zu sein. Offensichtlich besteht hier ein gewisser Handlungsspielraum der Kreisämter, der es ermöglicht, die Gebührentarife flexibel zu gestalten. Anstatt der traditionell praktizierten Suffizienzmethode erfolgt die Irrigation der Blocks nun nach dem Zeitprinzip (*giliran*), indem dem einzelnen Bauern eine feste Bewässerungszeit (*jam pengairan*) zugewiesen wird. Zweifellos hat sich durch dieses System das Verteilungsproblem innerhalb der Blocks verringert.

Allerdings fanden die genannten organisatorischen Innovationen nicht immer die Zustimmung der Dukuhbewohner. Das neue System impliziert nämlich die präskriptive Bepflanzung der zu einem Block gehörigen Parzellen in Monokultur. Diese Vorschrift wird aber von den Bewohnern Karangduwets abgelehnt. Die Mehrheit der Dukuhbewohner sieht keinen plausiblen Grund, das bewährte Mischkultursystem (*tumpang sari*) aufzugeben. Des weiteren beklagten die Bauern eine einseitige Bevorzugung der Sawahwirtschaft, die bei Wasserknappheit stets Priorität vor dem Palawijaanbau genießt. Auch bestand die Befürchtung, daß vermittels der Institutionalisierung der Wasserverteilung die staatlich vorgeschriebene Fruchtfolge *padi-padi-palawija* erzwungen werden soll.[4] Während Land- und Gebäudesteuern von den Bewohnern Karangduwets als selbstverständlich akzeptiert werden, stieß die Einführung von Bewässerungsgebühren zunächst auf Unverständnis. Die Vorstellung einer Besteuerung des Produktionsfaktors Wasser schien dem sozialen Bewußtsein der Dukuhbewohner eher fremd. Im übrigen hielt man die Summe von 500 Rp. pro 1000 m² für viel zu hoch angesetzt, da in erster Linie der Kultivator (also auch Sharecropper und Pächter), nicht aber der Landeigentümer des bewässerten Areals zur Errichtung dieser Gebühr verpflichtet ist.

Die Kreisverwaltung hat deshalb im Juni 1997 eine Revision der bestehenden Gebührentarife durchgeführt, nach der eine allgemeine Irrigationssteuer von 2400 Rp. von jedem landwirtschaftlich aktiven Familienvorstand pro Trockenperiode erhoben wurde. Obwohl diese Regelung keine Differenzierung nach der bewässerten Flächengröße vornimmt (und damit die größeren Landbesitzer eindeutig bevorzugt) wurde der Lösungsvorschlag von allen Beteiligten begrüßt. Auch wenn das erreichte Ziel der kommunalen Harmonie (*kerukunan*) die Möglichkeit einer gerechteren Lastenverteilung außer Kraft setzte, zeigt sich an diesem Beispiel, daß die Bevorzugung Anderer durchaus von den ökonomisch schwächeren Gemeinschaftsmitgliedern akzeptiert wird, solange die eigenen Belastungen erträglich bleiben.

---

[4] Die Veränderungen in der Bewässerungspraxis führten in Karangduwet auch zur Einführung einer neuen kommunalen Institution, nämlich der Nachtwache (*ronda*). Diese für die meisten javanischen Siedlungen seit Generationen übliche Tradition wurde in Karangduwet bislang nur in Ausnahmesituationen (z.B. während der Wahlen des Bürgermeisters) praktiziert. Mit der strikten Organisation der Wasserverteilung ist nun die nächtliche Überwachung der Zuleitungen und Wehre für die Bauern obligatorisch, wobei in der Regel turnusmäßig zwei Mitglieder pro Block zuständig sind. Des weiteren sind nun alle Bauern zur Instandhaltung des gesamten semitechnischen Kanalnetzes verantwortlich, welche in Form von den Dorfbeamten angeordneten *kerja-bakti*-Aktivitäten ausgeführt wird. Die Aufrechterhaltung des volltechnischen Hauptkanals obliegt nach wie vor der Kreisverwaltung.

5.2.3. Der Produktionsfaktor Land: Distribution, Zugang und Kontrolle

Von den 103 Haushalten in Karangduwet besitzt die große Mehrheit von 91,2% (n = 94) zumindest eine Parzelle.[5] Allerdings verfügen 21.4% aller Haushalte (n = 22) nur über die zum Wohnhaus gehörige Hofgrundfläche (*pekarangan*). Neun weitere Haushalte haben keine Verfügungsrechte (*hak milik*) über die Parzellen, auf denen sie leben, d.h. sie sind in der Position des Beiwohners (*penumpang*). Allerdings befinden sich acht dieser Haushalte auf den Grundstücken der Eltern, die sie aller Wahrscheinlichkeit nach später erben werden. Die Gesamtfläche der als Wohnstandort genutzten Areale beträgt 11,1 ha bei einer Durchschnittsgröße von 0,11 ha (mit einer ähnlich großen Standardabweichung von 0,09). Da diese Hofparzellen neben ihrer Eigenschaft als Standort der Wohnhäuser auch zum Anbau von Palawija und Naßreis verwendet werden und für manche Haushalte die einzige physische Ressource darstellen, wurden die landwirtschaftlich genutzten Anteile der Hofareale in die Daten zum Landbesitz mit einbezogen. Nur so war es möglich, Verzerrungen in der Analyse der agrarischen Besitzstruktur zu vermeiden.[6] Bezüglich den Besitzrechten unterscheiden die Dukuhbewohner lediglich zwischen Privatbesitz (*hak milik*), kommunalem Land (*kas desa*) und Beamtenland (*bengkok*).

Die aus anderen javanischen Dorfgemeinschaften bekannte, an Verfügungsrechten über verschiedene Landarten orientierte Klasseneinteilung (vgl. Jay 1969, Röll 1976) kommt in Karangduwet nicht vor. Der durchschnittliche Landbesitz (einschließlich Sawah) beträgt 0,39 ha pro Haushalt mit einer extrem hohen Standardabweichung von SD = 0,76. Dieser Durchschnittswert bezieht sich auf alle Bewohner Karangduwets, d.h. er schließt das Beamtenland (*bengkok*) des Lurah (6 ha) und des Wirtschafts- und Entwicklungsbeamten (4 ha) mit ein. Schließen wir diese beiden Extremwerte aus, verringert sich der Durchschnitt auf 0,29 ha mit einer nach wie vor hohen Standardabweichung von SD = 0,35.[7] Pro Einwohner ste-

---

[5] Mit Parzelle ist hier ein Feld oder eine Gruppe zusammenhängender Felder, die dem selben Haushalt gehören gemeint. Mit Landbesitz ist hingegen die Summe aller einem Haushalt gehörigen Parzellen angesprochen.

[6] Bei der Datenerhebung zum Landbesitz und zur Landkontrolle wurden stets auch die außerhalb der Dorfgrenzen gelegenen Felder der Haushalte erfragt. Im Besitz von Außenseitern befindliches Land (*absentee landlordism*) wurde nicht berücksichtigt. Der Fokus der Analyse von Landbesitz/Landkontrolle bildete stets die Residenz des Besitzers in Karangduwet, nicht die Lokalität der Felder.

[7] Ich habe die Landverteilung deshalb einmal mit und einmal ohne Beamtenland analysiert, weil der Status dieser Flächen etwas unklar ist. Rechte an Beamtenland sind wesentlich begrenzter als die von Privatland, da Beamtenfelder nicht veräußert werden können. Andererseits bekleiden die Dorfbeamten ihre Positionen oft über längere Zeiträume von mehreren Jahren, so daß das

hen in Karangduwet im Durchschnitt 0,11 ha agrarisches Nutzland zur Verfügung (SD = 0,24). Aufschluß über die Verteilung des Landbesitzes nach Intervallen gibt Tabelle 5.1. Gewiß muß bezüglich der Anzahl der landlosen bzw. nahezu landlosen Haushalte mit einem Landbesitz unter 0,1 ha eine Einschränkung gemacht werden, da einige dieser Haushalte erst am Anfang ihres Lebenszyklus stehen und in der Zukunft Land erben werden.

Landbesitz (ha)	Anzahl	Anteil in %	Total (ha)	Anteil in %
0,0+ -0,1	39	37,9	0,6	1,5
0,1+ -0,25	15	14,6	3,0	7,5
0,25+ -0,5	29	28,2	11,2	27,8
0,5+ -1,0	11	10,7	8,1	20,1
1,0+	9	6,3	17,5	43,3
	103	**100**	**40,4**	**100**

Tabelle 5.1. Landbesitz in Karangduwet

Die obigen Intervalle beziehen sich auf den Landbesitz der Haushaltsgemeinschaften, nicht aber auf die individuellen Besitzer. Es ist deshalb schwer zu sagen, wieviel Prozent dieser Flächen den Frauen und wieviel den Männern gehören, da hierzu die exakten Daten fehlen. Da während einer Ehe käuflich erworbene Parzellen stets auf den Namen des Ehegatten registriert werden (und zwar auch dann, wenn die primäre Finanzquelle das Erbe der Frau ist), wäre in dieser Frage ohnehin ein erheblicher Anteil von fehlerhaften Angaben wahrscheinlich gewesen. Die Referenzen der Dukuhbewohner in informellen Interviews auf „das Land von Frau X" oder „die Felder von Herrn Y" zeigen aber, daß die Parzellen in kognitiver Sicht eher mit dem individuellen Besitzer als mit dem Haushalt identifiziert werden. Der Anteil der käuflich erworbenen Flächenanteile am Gesamtlandbesitz ist mit durchschnittlich 65% (SD = 46,2) signifikant hoch.[8] Transaktionen von Land durch Kauf und Verkauf scheinen demnach recht häufig aufzutreten. Der Korrelationswert zwischen dem geerbten Landbesitz und dem käuflich erworbenen Anteil von r = 0,53 (statistisch signifikant mit 0,002) zeigt, daß auch in Karangduwet die Tendenz vorherrscht, nach der größere Landbesitzer eher Land hinzu kaufen als kleine Landbe-

---

Beamtenland für diesen Zeitraum als nahezu äquivalent mit dem Privatbesitz gelten kann und darüber hinaus durch Verpachtung eine nicht gerade belanglose Einkommensquelle darstellt.

[8]   Diese Angaben beziehen sich auf alle Flächen, d.h. es wurde keine Differenzierung nach Sawah und Tegalan vorgenommen. Man kann nämlich nicht wissen, welche heute als Sawah genutzten Parzellen zum Zeitpunkt des Kaufes noch reine Teglanfelder waren. In diesem Bereich bestand wenig Aussicht auf verläßliche Daten, so daß auf eine separate Erhebung verzichtet wurde.

sitzer. Die Konsequenz dieses Prozesses ist eine zunehmende Polarisierung im Landbesitz, während die Besitzflächen eine stärkere Fragmentierung aufweisen. Erwartungsgemäß korreliert die Anzahl der Parzellen mit der Besitzfläche (r = 0,59; statistisch signifikant mit 0,003). Allerdings impliziert die Streuung der Felder keine nennenswerte Verlängerung der Arbeitswege. Nahezu alle Felder in Karangduwet liegen im Umkreis von maximal 1,5 km vom Wohnhaus entfernt.

Der Verkauf von Land hat m. E. einen wesentlich größeren Einfluß auf die Ausbildung der gegenwärtigen Besitzstruktur als das Erbsystem. Die sich bei oberflächlicher Betrachtung aufdrängende Schlußfolgerung, nach der eine gleichmäßige Teilung des Grundbesitzes unter den Erben quasi naturgemäß zu einer Verringerung der Durchschnittsgrößen der Landbesitze pro Haushalt führt, kann nämlich keineswegs als bewiesen gelten. Man kann nicht wissen, ob sich die Differenzen der von den Ehepartnern geerbten Flächen durch die gleichen Anteilsrechte von Männern und Frauen gegeneinander aufheben. Auch im Fall der in stärker vom Islam geprägten Regionen (so z.B. in Klaten) vorherrschenden Primogenitur, nach der stets der älteste Sohn das gesamte Land erbt (Schweizer 1989: 15), wäre eine konstante Flächengröße auch nur dann gewährleistet, wenn kein nennenswerter Transfer von Land vorkommt. Die Ungleichheit im Landbesitz wäre unter solchen Bedingungen allerdings wesentlich größer, als sie es heute ohnehin schon ist.[9]

Ein zentrales Problem in der Analyse der Besitzverhältnisse Karangduwets ist die Feststellung des Verhältnisses von Tegalan- und Sawahfeldern, da Teile der Parzellen im Laufe eines Jahres ein oder zweimal (bzw. ein mal in zwei Jahren) von der einen in die andere Form konvertiert werden. Ich habe deshalb die Einzelflächen entsprechend ihres Nutzungsanteils auf beide Kategorien verteilt. Das heißt, daß z.B. eine Parzelle, die für zwei Anbauperioden zur Palawijaerzeugung und für eine Periode zum Naßreisanbau verwendet wird, zu 2/3 als Tegalan und zu 1/3 als Sawah verrechnet wurde. Im Fall der Sawah ist die Polarisierung in der Besitzverteilung noch offensichtlicher. Der Durchschnittswert von 0,09 ha sagt hier bei einer Standardabweichung von 0,36 recht wenig aus. Obwohl das Beamtenland des Lurah und des Entwicklungsbeamten die Hälfte aller Sawah ausmachen, ist auch bei Nichtberücksichtigung dieser Extremwerte eine signifikante Disparität im Besitz von Sawah festzustellen (Durchschnittswert von 0,04 ha mit einer Standardabweichung von 0,09). Die Verteilung der Sawah ergibt sich aus Tabelle 5.2. Wie aus der Tabelle ersichtlich, verfügen rund 8% der Dukuhbewohner über 70% der Sawahflächen. Da mit Ausnahme der Dorfbeamten nahezu alle Haushalte, die temporäre

---

[9] Die seit 1960 gültige Agrarverordnung Nr. 56 untersagt den Verkauf von Parzellen unter 0,2 ha (vgl. Harjono 1990: 85). Sie hat sich allerdings in Karangduwet als ineffektiv erwiesen. Auch von offizieller Seite wurde bislang kein ernsthafter Versuch unternommen, diese Regelung in die Tat umzusetzen.

oder permanente Sawah besitzen, nur eine Parzelle mit Naßreis bestellen, gibt es in Karangduwet keine nennenswerte Parzellierung der Reisfelder. Vergleicht man die Größe der Sawah (entsprechend der oben angegebenen Berechnungsgrundlage) mit der Größe des Tegalanbesitzes, ergibt sich der Korrelationswert von r = 0,78 (statistisch signifikant mit 0,001). Dies bestätigt meine Beobachtung, nach der mit steigendem Landbesitz sowohl der prozentuale Anteil der Eigentümer von Sawah als auch die Größe der Sawah zunimmt.

Sawah (ha)	Anzahl	Anteil in %	Total (ha)	Anteil in %
0,0+ -0,1	78	75,9	0,4	4,0
0,1+ -0,25	19	16,3	2,6	26,0
0,25+ -0,5	6	4,9	2,0	20,0
0,5+ -1,0	0	0,0	0	0,0
20+	2	2,1	5,0	50,0
	103	**100**	**10,0**	**100**

Tabelle 5.2. Besitzverteilung Sawah in Karangduwet

Ein wesentlicher Grund für die schwach entwickelte Sawahwirtschaft sind nach Auskunft aller Informanten die im Vergleich zum Palawijaanbau wesentlich höheren Produktionskosten. Man muß bedenken, daß in Karangduwet für alle landwirtschaftlichen Arbeiten feste Stundensätze gelten. So kostet die Transplantation von Reissetzlingen 3000 Rp., Jäten, Düngen und Ernten 2000 Rp. und das Pflügen mit dem Büffel 6000 Rp. pro Arbeitsgang und Person. Da nur die wenigsten Haushalte während der Arbeitsspitzen ihren Arbeiterbedarf durch Familienmitglieder decken können (jüngere Haushhaltsmitglieder sind zumeist in außeragrarischen Berufen tätig und stehen tagsüber nicht zur Verfügung) können die Inputkosten von vielen Haushalten kaum aufgebracht werden. Daß heißt, daß auch unter dem Reisanbau günstigen ökologischen Bedingungen nicht selten auf das Anlegen von Sawah verzichtet wird. Statt dessen zieht man den käuflichen Erwerb von Reis in den Verkaufsstellen (*warung*) und auf den lokalen Märkten (*pasar*) vor. Setzt man die Größe der Sawahflächen mit dem Gesamteinkommen der Haushalte in Beziehung, so ergibt sich der Korrelationswert von r = 0,68 (statistisch signifikant mit 0,001). Ähnlich hoch ist der Zusammenhang mit dem materiellen Besitz (r = 0,64; statistisch signifikant mit 0,001).

Dies zeigt eindeutig, daß der Reisanbau gewisse ökonomische Ressourcen voraussetzt, über die offensichtlich nicht alle Dukuhbewohner verfügen. Es ist wichtig festzuhalten, daß in den Augen der Dukuhbewohner kein Statusunterschied zwischen dem Besitz von Tegalan- und Sawahfeldern besteht. Gewiß war der Landbesitz in früherer Zeit der wichtigste Wertmesser des Reichtums eines Haushalts. Allerdings spielte die Sawahwirtschaft in der Vergangenheit keine wesentliche Rolle im traditionellen Wirtschaftsbereich, so daß lediglich die Größe der zu einem Haushalt gehörigen Felder, nicht aber ihre Nutzungsform als Unterscheidungskriterium zwischen einem reichen und einem armen Haushalt galt. Die in anderen südostasiatischen Gesellschaften festzustellenden Tendenzen, nach welchen ein verstärkter Übergang zum Naßreisanbau zu einer am Besitz von Sawah orientierten sozialen Schichtung führt (vgl. Seitz 1990), ist in Karangduwet nicht wirksam. Selbstverständlich besteht ein Zusammenhang zwischen dem Besitz von Sawah und den sozialen Merkmalen, die gemeinhin einer dörflichen Elite eigen sind, doch scheint mir der Besitz von Naßreisfeldern hier eher *Konsequenz* als Ursache sozialer Statuspositionen zu sein (vgl. Kapitel 3.4.2.).

Eine realitätsgerechte Analyse der Agrarverfassung Karangduwets muß berücksichtigen, daß der Privatbesitz an Land nicht identisch ist mit der Fläche, von der die Haushalte Einkommen beziehen. Agrarische Differenzierungen sind nicht auf die Besitzverteilung von Ressourcen allein reduzierbar; sie implizieren vielmehr auch die institutionalisierten sozialen Beziehungen der Akteure. Das Problem besteht darin, eine Maßzahl zu finden, welche die gesamten physischen Ressourcen der Haushalte, d.h. sowohl die in Eigenbewirtschaftung als auch die in Fremdbewirtschaftung befindlichen Flächen adäquat repräsentiert.

Die vorherrschenden Formen der Fremdbewirtschaftung im Untersuchungsgebiet sind Sharecropping (Teilbau) und eine spezifische Variante der Geldpacht. Im Fall des Sharecropping (*bagi hasil*) existieren zwei Grundformen der Abmachung: Das sogenannte *maro*-System, bei dem die Ernteerträge zu gleichen Teilen (50:50) zwischen dem Landeigentümer und dem Sharecropper geteilt werden, wird beim Anbau von Palawija nur in der Regenperiode (*musim hujan*), in der Naßreiswirtschaft indes ganzjährig praktiziert. Das dem Palawijaanbau in der Trockenzeit (*musim kemarau*) vorbehaltene *mertelon*-System sieht dagegen das Teilverhältnis von 1/3 für den Landeigentümer zu 2/3 für den Sharecropper vor. Die Inputkosten werden im Regelfall vollständig vom Sharecropper getragen, der alle Anbauentscheidungen selbst trifft.[10]

Die Laufzeit des Arrangements ist prinzipiell offen. Allerdings besteht die gewohnheitsrechtliche Norm, daß ein Landeigentümer die Abmachung nur nach der Ernte, nicht aber inmitten einer Anbauperiode lösen kann. Etwas anders ist die Situation im Fall der Geldpacht. Wie der indigene Term *jual-beli tahunan* (Jahresverkauf und Jahreskauf) andeutet, gilt hier von vornherein eine zeitliche Befristung.

---

[10] Einzelne Sonderfälle werden weiter unten im Zusammenhang mit dem Wandel der Produktionsbeziehungen diskutiert.

Zur Zeit meines Zensus (Januar 1995) betrugen die verschiedenen Laufzeiten der Pachtabmachungen ein bis maximal vier Jahre.[11] Verpachtung von Land mit Nutzungsrechten über mehrere Generationen gibt es in Karangduwet nicht.

Penny und Singarimbun (1973: 78) haben zur Analyse der javanischen Agrarsituation die konzeptionelle Unterscheidung von Landbesitz (*land owned*), Landbewirtschaftung (*land operated*) und Landkontrolle (*land controlled*) vorgeschlagen. Der Begriff des *Landbesitzes* bedarf keiner näheren Erläuterung. Er bezieht sich, wie allgemeinen üblich, auf durch Vererbung oder Kauf erworbene Verfügungsrechte. Das *bewirtschaftete* Land hingegen berechnet sich im Fall der in Karangduwet praktizierten Arrangements aus dem Landbesitz plus dem gepachteten Land (*beli tahunan*) plus der in Sharecropping bewirtschafteten Flächen (*sharecropping in*) minus dem in Fremdbewirtschaftung befindlichen Anteil des Landbesitzes, d.h. verpachtetes und von Anderen in Sharecropping bearbeitetes Land (*sharecropping out*). Die Feststellung des *kontrollierten* Landes - verstanden als die Gesamtfläche, von der die Haushalte Einkommen beziehen - stellt sich komplizierter dar: Es setzt sich aus dem Landbesitz plus/minus 50% der gepachteten/verpachteten Anteile plus/minus ½, 1/3 oder 2/3 der in Sharecropping in/out befindlichen Flächen (entsprechend der Ernteanteile) zusammen.[12] Trotz seiner Schwäche, die von Sharecroppern kontrollierten Areale aufgrund der einseitigen Übernahme der Produktionskosten zu unterschätzen (vgl. Hart 1986: 96), scheint dieses Konzept am ehesten die tatsächlichen Verhältnisse zu repräsentieren. Da insgesamt 67,1% aller in der Landwirtschaft aktiven Haushalte in mindestens eines solcher Arrangements eingebunden sind, ist anzunehmen, daß unter Anwendung dieses Modells der Arm-Reich-Unterschied hinsichtlich des Zugangs zu agrarischem Nutzland weniger signifikant ausfällt, als dies bei einer lediglich auf dem Landbesitz begründeten Differenzierung der Fall sein dürfte.

Vergleichen wir die Daten zum Landbesitz mit der Streuung des kontrollierten Landes, so steigt unter Einschluß des Beamtenlandes der Durchschnittswert auf 0,34 ha an, während sich die Standardabweichung auf SD = 0,42 verringert. Unter

---

[11] Pacht und Sharecropping existieren nur im Fall von außerhalb des Wohnbereiches befindlichen Tegalan und Sawah. Es gibt keine Vermietung von Häusern und keine Verpachtung von Hofparzellen.

[12] Tegalanfelder, die bereits über ein Jahr oder länger in Sharecropping bewirtschaftet werden, wurden entsprechend den in beiden Jahreszeiten praktizierten Teilmechanismen in Sechstel umgerechnet. Bei erst für die laufende Periode zur Zeit des Zensus geschlossenen Abmachungen (Januar 1995) wurde das in der Regenzeit gültige Verhältnis von 50:50 verwendet, da man nicht wissen kann, wie lange die Abmachungen dauern werden. Trotz dieser Unwägbarkeiten ist eine Beeinflussung der Datenqualität m. E. nicht zu befürchten, da sich die Verzerrungen gegeneinander aufheben dürften. Im übrigen unterliegen andere Studien dem selben Unsicherheitsfaktoren, die vom Feldforscher niemals völlig zu kontrollieren sind.

Ausschluß des Beamtenlandes bleibt der Durchschnittswert mit 0,29 ha unverändert, während die Standardabweichung auf den nahezu identischen Wert von 0,28 absinkt. Die signifikanteste Verschiebung zwischen dem Landbesitz und der Landkontrolle zeigt sich in der Land/Personen-Ratio: Die pro Person zur Verfügung stehende Durchschnittsfläche aller Haushalte steigt nun auf 0,15 ha an, während sich die Standardabweichung auf 0,13 nahezu halbiert. Aus diesen Daten läßt sich eine zweifache Schlußfolgerung ziehen: Sharecropping- und Pachtarrangements führen zwar nicht zu einer Zunahme der Durchschnittsfläche, von der die Haushalte ihr agrarisches Einkommen beziehen. Die um etwa 1/3 verminderte Standardabweichung und die günstigere Land/Personen-Ratio zeigen aber an, daß die Unterschiede im Zugang zu agrarischem Nutzland durch diese Arrangements verringert werden. Ich stimme der Feststellung von Hart (1986: 102) ausdrücklich zu, daß

> „a unidimensional measure like landownership is narrow and may produce a distorting picture of pattern of control of ressources. Although this argument applies in a number of rural settings, it is not relevant in the case of Sukodono and probably in much of Java because control over land is closely correlated with access to other ressources."

Setzt man die Landkontrolle mit anderen sozio-ökonomischen Variablen der Haushalte in Beziehung, so zeigt sich mit folgenden Merkmalen ein statistisch signifikanter Zusammenhang: Die erste wichtige Korrelation besteht mit der Land/Personen-Ratio, d.h. der verfügbaren agrarischen Nutzfläche pro Haushaltsmitglied ($r = 0,59$; statistisch signifikant mit 0,002). Dieser Wert zeigt eindeutig, daß die allgemein größeren Haushaltsgemeinschaften der reichen Bauern keine Angleichung der Haushalte hinsichtlich der jedem Mitglied zustehenden Fläche implizieren: Während Haushalte mit geringer Landkontrolle bereits mit zwei oder drei Personen die Grenzen agrarischer Subsistenz erreichen dürften, verfügen die Kontrolleure größerer Flächen auch bei Haushaltsgemeinschaften von 5 oder mehr Personen nach wie vor über eine günstigere Land/Personen-Ratio.

Die mittelstarke Korrelation der Landkontrolle mit dem monatlichem Gesamteinkommen der Haushalte von $r = 0,51$ (statistisch signifikant mit 0,01) kann indes nicht durch das agrarische Einkommen allein erklärt werden. Auch ist das Ausmaß, wie stark sich ein Haushalt an außerlandwirtschaftlichen Erwerbsformen orientiert, nicht zwingend ein Hinweis auf Landmangel. Der nahezu identische Korrelationswert der Landkontrolle mit dem nicht-agrarischen Einkommen von $r = 0,49$ (statistisch signifikant mit 0,02) weist eher in die Richtung, daß Personen, die größere landwirtschaftliche Ressourcen kontrollieren, zugleich auch die besseren Positionen im Bereich von außeragrarischen Erwerbsmöglichkeiten haben. Allerdings kann ich mich der von Harjono (1990: 248) vorgetragenen These, nach der „opportunities to earn additional income are deliberately sought and can rise precisely because the household has land that can provide the initial capital for other undertakings" nicht anschließen. Die Richtung der Beeinflussung scheint mir hier angesichts der durch Handel akkumulierten Landbesitze in den sechziger Jahren und der konstitutiven Rolle der Arbeitsemigration im Landerwerb der Gegenwart in vielen Fällen entgegengesetzt. Auch die Korrelationswerte der Landkontrolle mit den Skors der Wohnhäuser ($r = 0,39$; statistisch signifikant mit $0,002$) und dem materiellen Besitz ($r = 0,61$; statistisch signifikant mit $0,00$) verringern sich unter Ausschluß der Variablen des nicht-agrarischen Einkommens auf $r\ 12.3 = 0,27$ respektive $r\ 12.3 = 0,39$. Diese Zahlen belegen unstrittig, daß der materielle Wohlstand einzelner Familien wohl kaum primär von der Landwirtschaft abhängen dürfte. Vielmehr scheint erst die Kontrolle verschiedener Ressourcen zu einer nachhaltigen Verbesserung des Lebensstandards der Haushalte zu führen.

5.3. Formen der Landnutzung und Technologie

5.3.1. Hausgärten

Ein wichtiger Aspekt in der Diskussion der Landnutzungsformen in Karangduwet ist die Differenzierung zwischen Hofparzellen (*pekarangan*) und Trockenfeldern (*tegalan*). In diesem Buch ist mit *tegalan* die zum Anbau von Palawijakulturen genutzte, aber nicht als Wohnstandort fungierende Parzelle gemeint. Davon zu unterscheiden ist die Hofparzelle (*pekarangan*), die in dieser Studie im Sinne der folgenden Definition Verwendung findet:

> „The pekarangan is a mixture of annual crops, perennial crops, and animals on the land surrounding a house. It is an integrated system with boundaries and serves a varity of economic, biophysical, and sociocultural functions for the owner" (Christianty, Abdoellah, Marten and Iskandar 1986: 132).

Der Begriff *darat* bezieht sich auf alle nicht irrigierbaren Flächen, unabhängig ob es sich dabei um *tegalan* oder *pekarangan* handelt. Der Term *sawah* bezeichnet indes nur die dem Naßreisanbau vorbehaltenen Flächen.

Verschiedene Studien zur Wirtschaft javanischer Dörfer haben immer wieder die Bedeutung der Hofparzellen für die Einkommen der Haushalte hervorgehoben. Sayogyo z. B. (1980: 20) sieht in der Intensivierung der „home-lots" eine der wesentlichsten Strategien zur Verbesserung der allgemeinen Ernährungssituation der indonesischen Landbevölkerung. Stoler (1981: 240) glaubt in den Hausgärten gar die primäre Subsistenzquelle von ökonomisch schwachen und landlosen Haushalten zu erkennen, weswegen ärmere Haushalte durch eine intensivere Gartenwirtschaft gekennzeichnet seien. Die in den einzelnen Fallstudien angegebenen Größen dieser Parzellen schwanken allerdings erheblich. Sayogyo (ebd: 19) geht in seiner Studie für Gesamtjava von einer durchschnittlichen Hofparzellengröße von 400 - 800 m² aus. In ihrer Fallstudie in Sukahaji/Westjava ermittelte Harjono (1990: 72) nur 210 m² Gartenfläche pro Haushalt; ein ähnlicher Durchschnittswert von 238 m² liegt von Karyono (1981: 47) für 16 westjavanische Dörfer vor. Die Wohngrundstücke in Karangduwet sind angesichts dieser Zahlen mit durchschnittlich 1117 m² (SD = 827) relativ groß. Immerhin 89,3% (n = 92) aller Haushalte befinden sich auf Grundstücken mit einer Größe über 400 m². Ein Zusammenhang der Hofparzellengröße mit dem Landbesitz oder der sozio-ökonomischen Situation, wie ihn Hart (1986: 107) für Sukodono feststellt, war in Karangduwet nicht erkennbar.

Um so erstaunlicher scheint angesichts der hohen Landlosigkeit und des geringen Landbesitzes vieler Familien der allgemein geringe Intenivierungsgrad dieser Parzellen. Lediglich 78 Haushalte nutzten zur Zeit meines Feldaufenthalts ihre Hofparzellen zum Anbau von Nahrungspflanzen: In sieben Fällen befanden sich temporäre oder permanente Sawah auf den Wohngrundstücken; zehn Haushalte nutzten Teile ihrer Hofparzelle als Fischteich (*tambak*) und nur fünf Parzellen waren mit Kokosbäumen (*kelapa*) bestanden. Eine eigentliche *Gartenwirtschaft* (Gemüseanbau) wurde nur in drei Haushalten praktiziert: Hier baute man an den Rändern der Sawahflächen Tomaten an. Die von der PKK-Bewegung allgemein avancierte Nutzung der Hausgärten zum Anbau von medizinischen Kräutern kam indes in keinem Haushalt vor. In allen anderen Haushalten wurden die Parzellen lediglich zum Anbau von Palawija (vornehmlich Cassava) und Futtergras (*rumput kolonggono*) genutzt. Diese schwache Entwicklung der Gartenwirtschaft reduziert nicht nur den produktiven Beitrag der Frauen in der Haushaltsökonomie erheblich, sie läßt auch keinerlei Schlußfolgerungen hinsichtlich einer Korrelation von sozio-ökonomischen Klassen und Gartenintensivierung zu, wie ihn Stoler (1981) für Kali Loro nachweist.

Die zentrale Frage ist vielmehr die der Ursachen dieser „hortikulturellen Rückständigkeit", die m. E. vor allem in ökologischen und kulturellen Faktoren begründet scheint. Die Diskussion zur Lokalgeschichte zeigte, daß die Bewohner Karangduwets gewissermaßen vier Entwicklungsphasen einer zwar mäßigen, aber dennoch kontinuierlichen agrarischen Intensivierung durchlaufen haben. Während in der Anfangsphase zunächst die Primärwaldbestände durch Schwendbau gerodet wurden, setzte sich im 19. Jh. die permanente Nutzung von Trockenfeldern (*tegalan*) zum Anbau von Palawija und Trockenreis (*padi gogo*) durch. Mit der Errichtung des Hauptkanalsystems wurde erstmals der Reisanbau in bewässerten Feldern (*sawah*) eingeführt. In den siebziger Jahren vollzogen sich vor allem zwei signifikante Veränderungen: Einmal brachte die staatlich forcierte Schaffung der semitechnischen Seitenkanäle eine temporäre Irrigation der Trockenfelder (*tegalan*) und eine Ausweitung der Sawahflächen mit sich. Zum anderen ermöglichte die Einführung der HYV-Züchtungen auf permanent bewässerbaren Sawah durch die Verkürzung der Reifezeit nun 3 anstatt 2 Ernten im Jahr. Von diesen Innovationen profitierten vor allem einzelne Haushalte, die direkt an die volltechnischen Kanäle angeschlossen sind. Die außerhalb der Wohnsiedlung lokalisierten Tegalanflächen wurden ebenfalls über ein verzweigtes Netz von Erdgräben mit dem Kanalsystem verbunden. Die Nutzflächen des Dukuh scheinen sich im Verlauf dieses Prozesses in zwei Richtungen diversifiziert zu haben: In intensiver bewirtschaftete Tegalan- und Sawahflächen zum einen und in primär für residentielle Zwecke vorbehaltene, größtenteils unbewässerte Flächen (*darat*) zum anderen.

Eine exakte Aufschlüsselung der prozentualen Flächenanteile der einzelnen Landkategorien ist aufgrund des saisonalen Charakters der Nutzungsformen außerordentlich schwierig. Von den insgesamt 30,5 ha permanenten Tegalanflächen, die sich im Privatbesitz der Dukuhbewohner befinden, sind lediglich 2,4 ha (7,8%) nicht irrigierbar, d.h. der Kategorie *darat* zuzurechnen. Von den nur 5,2 ha permanenten Sawah befinden sich 2,2 ha (42%) im Bereich der Hofparzellen. Insgesamt 1,5 ha Hofparzellen werden saisonal zum Naßreisanbau und 7,2 ha zum Anbau von Cassava und anderen Palawijakulturen genutzt. 4,8 ha der gesamten Wirtschaftsflächen werden saisonal zu Sawah bzw. Tegalan konvertiert. Von den als Hofparzellen verwendeten Flächen sind 76,5% (8,8 ha) nicht irrigierbar. Daß heißt, daß immerhin 78,6% aller als *darat* zu verzeichnenden Flächen auf die Kategorie *pekarangan* entfallen, was die obige Annahme eines Zusammenhangs zwischen der geringen hortikulturellen Intensivierung und dem historisch-ökologischen Prozeß durchaus wahrscheinlich macht.

Ein weiterer Erklärungsgrund für die produktive Vernachlässigung der Hausgärten wäre in der allgemein gering entwickelten Innovationsbereitschaft der Dukuhbewohner, d.h. im weitesten Sinne ihrem kulturellen Hintergrund zu suchen. Eine realistische Nutzungsalternative der Hofparzellen zur Cassava stellt zweifelsohne der Anbau von Fruchtbäumen (*tanaman keras*) dar, insbesondere des Manggobaumes (*mangga*). In einem mir durch eigene Anschauung bekannten, ökologisch mit Karangduwet vergleichbaren Dorf im Nachbarbezirk Playen erwirtschaftete die Bestellung von ca. 1000 m² Hofparzelle mit 20 Mangobäumen einen Nettogewinn von ca. 500.000 Rp pro Jahr. Zum Vergleich: Die Bepflanzung der Hofparzelle von 750 m² mit Cassava (*ketela*) erbrachte dem Haushalt meiner Bleibe in RT 1 nur 12000 Rp. pro Ernte. Die Bestellung der Hausgärten mit Mangobäumen impliziert darüber hinaus weitere Vorteile: Vom relativ geringen Pflegeaufwand abgesehen wäre nach Auskunft des Entwicklungs-und Wirtschaftsbeamten (*Ekobang*) vor allem ein positiver Einfluß auf den Grundwasserspiegel zu erwarten.

Eine saisonal begrenzte Alternative stellt auch die durch ihren sparsamen Wasserbedarf charakterisierte *Semangka* dar, die durch die kurze Reifezeit von nur drei Monaten besonders zum Anbau in der Trockenperiode (*musim kemarau*) geeignet wäre.

In Einklang mit den Beobachtungen anderer Autoren (z. B. Harjono 1990: 138) wurden auch in Karangduwet die entscheidenden innovativen Impulse durch Außeneinflüsse vermittelt. Zwei ehemals auf Plantagen in Süd-Sumatra beschäftigte Ex-Migranten versuchten nach Übernahme des elterlichen Kleinbetriebs den experimentellen Anbau einer gemeinsam bewirtschafteten Parzelle mit Mangobäumen, dem allerdings bei Beendigung des Feldaufenthalts noch keine Ernte folgte. Andere Dukuhbewohner wollten sich dem Experiment vorerst noch nicht anschließen, wofür sie (neben den Investitionskosten) im wesentlichen zwei Gründe anführten: Das Hauptargument, die Reifezeit von drei Jahren bis zur ersten Ernte sei viel zu lang und stelle deshalb ein hohes Risiko dar, zeugt nicht nur vom Fehlen des Einstellungsmerkmals der „verzögerten Belohnungserwartung" im vorherrschenden Weltbild, es verkennt vor allem die Tatsache, daß während der Anfangsphase des Experiments die parallele Bestellung der Versuchsparzelle mit Palawijapflanzen durchaus möglich ist, wodurch sich die Risiken erheblich reduzieren ließen.

Des weiteren besitzen die Bewohner Karangduwets eine allgemeine Abneigung gegen die mit der Anpflanzung von Fruchtbäumen verbundenen feuchten Luftverhältnisse (in Karangduwet als *singup* bezeichnet), die als unangenehm empfunden werden. Man befürchtete vor allem - für den außenstehenden Beobachter eine zugegeben recht exotische Einstellung - daß die feuchte Atmosphäre die freie Sicht auf die im Zentrum der Hofparzellen stehenden Wohnhäuser beeinträchtigt!

Gerade an diesem Beispiel zeigt sich die konstitutive Rolle des Modells für den bäuerlichen Modernisierungsprozeß. Innovationen werden in der Regel erst dann akzeptiert, wenn ihr Nutzen zuvor im Modell exemplarisch aufgezeigt, d.h. für die Dukuhbewohner direkt „sichtbar" gemacht wurde (*dicontohkan*). In diesem Zusammenhang kann man der lokalen Dorfelite durchaus eine Vernachlässigung ihrer Einflußmöglichkeiten vorwerfen: So wären die Ausgaben für die ein mal im Jahr stattfindenden Ausflüge der PKK-Frauen in den städtischen Zoo von Yogyakarta besser angelegt, würde man die Frauen in Dorfgemeinschaften führen, in denen eine intensivere Gartenwirtschaft zu einer Verbesserung der Einkommenverhältnisse von landarmen Haushalten geführt hat! In diesem Sinne wäre auch eine Informationsreise zu den erfolgreichen Manggabauern im nahegelegenen Playen wünschenswert. Statt dessen beschränken sich die von den Dorfkadern unternommenen Anstrengungen ausschließlich auf die Durchführung von nationalen Programmen. Eine Information der Bauern über zusätzliche ökonomische Handlungschancen findet wider besseren Wissens (siehe die obigen Angaben des Wirtschaftsbeamten) nicht statt. Ob dem oben beschriebenen Versuch - vorausgesetzt, das Experiment kann erfolgreich abgeschlossen werden - ein nachhaltiger Wandel der Hofparzellenbewirtschaftung folgt, wird wesentlich davon abhängen, in welchem Maße die Dukuhbewohner von den Dorfbeamten zur Nachahmung bestärkt werden. Eine wesentliche Voraussetzung, daß sich die Innovation überhaupt langfristig durchsetzten kann, ist eine ausreichende Produktion. Falls der Manngoanbau auf nur wenige Haushalte beschränkt bleibt, dürfte sich das Experiment aufgrund der Kosten der eigenverantwortlichen Transportorganisation kaum durchsetzen.

Im Gegensatz zur minimalen Ausprägung der Gartenwirtschaft beziehen die Bewohner Karangduwets ein Zusatzeinkommen von den Hofparzellen durch die Viehwirtschaft, insbesondere die Ziegenhaltung. Zur Zeit meines Zensus besaßen 60 Haushalte mindestens eine, maximal aber fünf Ziegen (*kambing*). Der Gesamtbestand im Dukuh (Januar 1995) betrug 145 Exemplare. Es ergaben sich keinerlei aussagekräftigen Korrelationen der Anzahl der Ziegen mit anderen sozioökonomischen Merkmalen wie z. B. der Landkontrolle, dem materiellen Besitz oder den Wohnverhältnissen. In vier Fällen existierte eine Art Sharecropping (*gaduhan*) in der Ziegenhaltung: Dabei wird der Nachwuchs zwischen dem das Tier versorgenden Pfleger, d.h. dem Sharecropper und dem Besitzer zu gleichen Anteilen aufgeteilt; bei Zurücknahme des Muttertieres durch den Besitzer erhält der Sharecropper die Hälfte der Wertzunahme in Cash ausbezahlt. Alle als Sharecropper in Erscheinung tretenden Personen sind Witwen der Besitzklasse I, d. h. materiell sehr arme Haushalte.

Anders als in der Ziegenhaltung besteht im Fall der Rinder ein schwache bis mittlere Korrelation zwischen dem Viehbestand und der sozio-ökonomischen Situation der Haushalte. Die Rinderhaltung dient in Karangduwet primär der Kapitalinvestition; parallel dazu werden die Rinder als Zugtiere und (wie gleichsam die Ziegen) zur Düngerproduktion verwendet. Eigene Fleischerzeugung und Milchproduktion kommen nicht vor. Neben den typischen Zebu-Rindern (*sapi Jawa*) gibt es in Karangduwet seit Anfang der neunziger Jahre die sogenannten *sapi Smetal*, eine Züchtung aus Zebu- und australischen Rindern, die erstmals über das staatliche Kreditprogramm der „Hilfe des Präsidenten" (*Bantuan President*) eingeführt wurden. Die geringe Anzahl von nur insgesamt sieben Smetal- zu 50 Zebu-Rindern im Dukuh zeigt aber, daß diese Kredite nur in beschränktem Umfang vergeben wurden. Der Assoziationswert von Gamma = 0,21 zwischen der Anzahl der Zebu-Rinder und der Klassenzugehörigkeit zeigt einen nur schwachen Zusammenhang zwischen sozio-ökonomischer Situation und dem Viehbestand; d.h. daß der Zucht von Zebu-Rindern ein recht hoher Stellenwert in der Einkommensbeschaffung aller Haushaltskategorien zukommt. Im Fall der Smetal-Rinder besteht indes trotz des kleinen Samples von n = 7 ein Zusammenhang mit der ökonomischen Situation:

Fünf der sieben Besitzer von Smetal-Rindern gehören der Besitzkasse III an und vier üben den Beruf des Staatsbeamten aus. Demgegenüber besteht keine signifikante Beziehung zwischen dem Besitz von Zebu- bzw. Smetal-Rindern mit der Landkontrolle. Lediglich ein Witwenhaushalt besaß während meines Aufenthaltes zwei Wasserbüffel (*kerbau*), die nach Stundensätzen an zwei als spezialisierte Lohnarbeiter tätige Bauern verliehen wurden, die zwar das entsprechende Ackergerät besaßen, ihre eigenen Zugtiere aber verkauft hatten. Insgesamt weisen diese Ergebnisse nicht nur auf eine relativ stark entwickelte Viehwirtschaft in der dörflichen Ökonomie hin, sie weisen die Viehzucht zudem als distinktiven, von der Landwirtschaft weitgehend unabhängigen Wirtschaftsbereich aus.

5.3.2. Trockenfelder

Die Bewirtschaftung der Tegalanfelder orientiert sich weitgehend an dem in Kap. 3.2. dargestellten Jahreslauf. Die Feststellung der Hektarerträge im Palawijaanbau stößt aufgrund des vorherrschenden Mischkultur-Systems auf Schwierigkeiten, da eine exakte Flächenzuordnung zu den Anbaupflanzen recht problematisch ist. Ein gewisser Anteil von fehlerhaften Angaben ist deshalb nicht gänzlich auszuschließen. Daten zur Produktivität und Anbautechnik wurden von insgesamt 34 Haushalten erhoben: Die Bauern wurden zur Pflanzzeit im November 1996 (*musim rendengan*) gebeten, die für die jeweiligen Palawijapflanzen verwendeten Flächenanteile (einschließlich der in Sharecropping bewirtschafteten) anzugeben. Während der Ernte im Januar 1997 wurden die produzierten Palawijamengen dann auf 1 ha umgerechnet. Die Datenerhebung blieb auf eine Anbauperiode in der Regenzeit beschränkt, da zu diesem Zeitpunkt keine Irrigation der Tegalanflächen stattfindet, so daß eine Beeinflussung durch die Variable der Lage der Felder (bewässerungstechnische Erschließung) ausgeschlossen werden konnte. Die Ertragsdaten bleiben auf diese Weise unter den Produktionseinheiten vergleichbar und können direkt mit anderen Merkmalsvariablen der Haushalte in Beziehung gesetzt werden. Die Produktionsdaten zur Cassava wurden aufgrund des neunmonatigen Wachstumsprozesses im Oktober (*musim kemarau*) erhoben. Als Maßeinheit wurde das indonesische Quintal (qt = 100 kg) gewählt.

Tabelle 5.3. zeigt die produzierten Mengen im Vergleich mit dem Durchschnitt der Gesamtprovinz (Sonderregion Yogyakarta) von 1985 (Booth and Damanik 1991: 293). Wie ersichtlich, liegen die Produktionserträge der Bauern Karangduwets deutlich unter den Werten der Provinz (DIY). Die stärkste Annäherung an regionale Standards erreicht die Sojabohne (*kedelai*), welche die am intensivsten kultivierte Palawijasorte darstellt, wie die Datenerhebung zur Anwendungsfrequenz von vier zentralen Anbaustrategien (vgl. Tabelle 5.4.) erkennen läßt. Die Bewohner Karangduwets produzieren durchschnittlich 89,4% (SD = 4,1) ihrer Sojaproduktion für den Markt. Wie aus Tabelle 5.3. hervorgeht, variieren die von den einzelnen Haushalten produzierten Hektarerträge allerdings erheblich. Ich habe mich bei der Analyse der Ursachen der Ertragsunterschiede im Palawijaanbau auf die Sojabohne beschränkt, da sie sowohl bezüglich des Flächenanteils als auch in der Marktorientierung eine exponierte Stellung unter den Palawijapflanzen einnimmt. Entgegen meinen Erwartungen existiert kein statistischer Zusammenhang zwischen der Landkontrolle und den Ertragsdaten.

Palawija	*qt (ha)*	*max*	*min*	*SD*	*qt (ha) DIY*
Cassava	92,1	104,2	62,3	14,1	113
Mais	11,1	14,6	8,1	2,7	15,4
Sojabohne	8,9	9,4	5,9	2,4	9,4
Erdnuß	7,2	9,9	5,8	1,9	9,7

Tabelle 5.3. Hektarerträge Palawija

Der Landbesitzstatus (Landbesitzer, Pächter) hat ebenso keinen Einfluß auf die agrarische Produktivität der Haushalte. Ein negatives Verhältnis (r = -0,43; statistisch signifikant mit 0,004) zeigt sich aber hinsichtlich dem prozentualen Anteil der Landwirtschaft am Gesamteinkommen der Haushalte: Je höher der Anteil der Tegalanwirtschaft in der Haushaltsökonomie, um so geringer ist ihre Produktivität! Der materielle Besitz an Konsumgütern und Gerätschaften steht in einer schwachen bis mittleren Korrelation zur Produktivität (r = 0,34; statistisch signifikant mit 0,005); ein nahezu identischer Zusammenhang besteht mit den Jahren der formalen Bildung des Haushaltsvorstands (r = 0,32; statistisch signifikant mit 0,004). Insgesamt sind diese Korrelationen als schwach bis mittelmäßig einzuordnen. Es zeigt sich aber, daß die wohlhabenden, gebildeten und einflußreichen Dukuhbewohner insgesamt höhere Erträge als ihre Dorfgenossen erzielen.

Es stellt sich angesichts der in Kap. 4 dargestellten demographischen Situation die Frage, ob unabhängig von den ökonomischen Einflußvariablen nicht auch spezifische demographische Merkmalsausprägungen für die Produktivitätsunterschiede in der Tegalanwirtschaft relevant sind. In diesem Bereich besteht zunächst eine schwache Assoziation mit dem Lebenszyklus in der Form, daß mit den späteren Phasen die Produktivität abzunehmen scheint (s = -0,25; statistisch signifikant mit 0,03). Ähnliches gilt für den Organisationstypus: Während die Kategorien der Nuklear- und regulär erweiterten Haushalte durchschnittlich 9,1 Quintal pro ha erwirtschaften, liegt die Produktivität der Witwen-, Zweipersonen- und irregulär erweiterten Haushalte mit 7,4 Quintal erheblich niedriger (Assoziationswert von Organisationstyp mit dem Ertrag als abhängiger Variable von Eta = 0,37). Der stärkste demographische Einflußfaktor scheint indes in der Existenz bzw. Nichtexistenz eines Nachfolgers für das bäuerliche Familienunternehmen begründet (Eta = 0,42 mit der Produktivität als abhängiger Variablen). Der durch die letztgenannten Beziehungswerte repräsentierte statistische Zusammenhang wird durch die in informellen Interviews erzielten qualitativen Daten nachdrücklich bestätigt: Allein lebende Witwen und ältere Paare verzichten auf eine Intensivierung der Anbaumethoden vor allem deshalb, da auch bei einer weniger intensiven Bewirtschaftung der (geringere) Ertrag zur Wahrung des status quo ausreicht.

Wie Penny und Singarimbun in ihrer vielzitierten Studie „Population and Poverty in Rural Java" (Penny and Singarimbun 1973) zeigen konnten, ist ein typisches kognitives Merkmal javanischer Bauern das Einstellungselement der Genügsamkeit (*sufficiency*), welches besagt, daß bei ausreichender Wahrung des Subsistenzniveaus keine zusätzlichen Anstrengungen zur Produktionssteigerung unternommen werden. Diese Konzeption ist dem javanischen Peasant allgemein unter der Bezeichnung *cukupan* geläufig. Dieses Merkmal stellt aber m. E. keine kollektiv geteilte Wertorientierung javanischer Dorfgemeinschaften dar. Eine ausgeprägte Subsistenzorientierung scheint (zumindest in Karangduwet) eher für spezifische Subpopulationen charakteristisch zu sein: Auf eine arbeits- und kostenintensivere Produktion wird vor allem dann verzichtet, wenn lediglich ein allein lebendes Paar (bzw. eine Witwe) zu ernähren ist, welches keine schulpflichtigen Nachkommen besitzt und angesichts der relativ sicheren Positionen seiner Kinder in der Emigration sein primäres Lebensziel erreicht hat.

Anbautechnik	Mais	Sojabohne	Cassava	Erdnuß
Schädlingsbekämpfung	6	32	4	16
Chemische Düngung	24	32	2	12
Pflanzen in Zeilen	9	33	33	31
Jätarbeit	19	34	14	15

Tabelle 5.4. Frequenzen spezifischer Anbaustrategien / Palawija

Ergänzend zur Ertragserhebung wurde für jede Palawijasorte die Anwendung bzw. Nichtanwendung von vier zentralen Intensivierungsmethoden erfragt (vgl. Tabelle 5.4.). Diese Daten sind nominaler Art, d.h. der dichotome Charakter der Variablen (Ja/Nein) läßt keine Rückschlüsse auf die Intensität bzw. Quantität der Items (z.B.

Menge des eingesetzten Düngers, Frequenz der Schädlingsbekämpfung, Zeitverbrauch für die Tätigkeiten usw.) zu. Einmal wäre eine quantitativen Kriterien genügende Erhebung zu arbeitsintensiv gewesen; zum andern stellte die Tegalanwirtschaft nur einen unter vielen Untersuchungsaspekten meiner Fallstudie dar.

Wie zu erkennen, werden die Intensivierungstechniken der Schädlingsbekämpfung, chemischen Düngung, Pflanzen in klaren Zeilen und Jätarbeit im Fall der Sojabohne von nahezu allen Informanten eingehalten. Im Gegensatz dazu wird vor allem der Cassava recht wenig Aufmerksamkeit entgegengebracht. Der nahezu identische Anteil von Informanten, welche auch im Fall der Cassava den Pflanzabstand einhalten, erklärt sich dadurch, daß diese vorwiegend in Mischkultur (*tumpang sari*) mit der Sojabohne zusammen angebaut wird. Schädlingsbekämpfung (vorwiegend mit den von der Dorfgenossenschaft vertriebenen Mitteln *Furadan* und *Torater*) geschieht allgemein vermittels der Sprühpumpe (*penyemprot anti hama*). Wesentlich gezielter vollzieht sich die chemische Düngung, bei welcher eine Mischung aus Urea und TSP (Trisuperphosphat) um die individuellen Pflanzen gestreut wird.

Die Frequenzverteilung der künstlichen Düngung von 2/3 Anwendern zu 1/3 Nichtanwendern ist im Fall des Maises vor allem vom primären Verwendungszweck beeinflußt: Während der zum Eigenverbrauch und für den Markt kultivierte hybride Mais (*Metro*) fast stets künstlich gedüngt wird, begnügt man sich im Fall des lokalen Futtermaises (*Mentel*) mit tierischem Dung (*pupuk kandang*). Die wichtigsten von den Informanten zu Protokoll gegebenen Gründe für die Nichtanwendung der erfragten Anbautechniken sind in Tabelle 5.5. systematisch zusammengefaßt.

Die folgende Auflistung läßt im wesentlichen folgende Schlußfolgerung zu: Mit Ausnahme der Sojabohne scheinen die Entscheidungen im Anbau anderer Palawijapflanzen mehr oder weniger von der Grundposition beherrscht, zeit- und arbeitsintensive Maßnahmen möglichst zu minimieren. Das meist genannte Argument war hierbei, daß die entsprechenden Tätigkeiten „nicht nötig" (*tidak perlu*) seien. Diese Begründung ist vor allem für den Anbau der Cassava entscheidungsrelevant. Bemerkenswert ist die häufige Nennung des Argumentes, daß man für die Durchführung der einzelnen Maßnahmen „keine Zeit habe" (*tak ada waktu*). Diese subjektive Einschätzung steht offensichtlich in Widerspruch zu der in zahlreichen Fallstudien vertretenen Auffassung, nach der „shared poverty .... implies not only shared work but also shared idleness" (White 1973: 131).

Eine eher untergeordnete Rolle für den Verzicht auf intensivierende Techniken spielt mit insgesamt (in der Tabelle nicht berücksichtigten) 16 Optionen der Geldmangel (*tak punya uang*). Die Variable des fehlenden methodischen Wissens (*tidak tahu caranya*) übt insgesamt kaum einen Einfluß auf das Wirtschaftsverhalten der

Dukuhbewohner aus. Lediglich zwei Informanten gaben an, daß sie aufgrund mangelnder Erfahrung im Umgang mit der Sprühpumpe auf Schädlingsbekämpfung verzichten. Immerhin 79,4% des Samples (n = 27) bauten zur Zeit der Datenerhebung ausschließlich die lokalen Sojasorten *Lokon, Pandesi und Gatut Kaca* an. Sieben Haushalte verwendeten parallel dazu die einige Monate zuvor eingeführte hybride *Kedelai Sumibas*. Eine einheitliche Bestellung der Felder mit der Neuzüchtung kam nicht vor. Wie zu erwarten, korreliert die Bereitschaft zum Versuchsanbau mit der Größe der kontrollierten Tegalanfelder (r = 0,71; statistisch signifikant mit 0,002). In den meisten Fällen werden die Sojabohnen *sofort* nach der Ernte auf dem lokalen Markt in Karangmojo oder an ins Dukuh reisende Zwischenhändler verkauft.

	Mais		*Sojabohne*		*Cassava*		*Erdnuß*	
Begründung für *Verzicht auf*	Vieh-futter	keine Zeit	keine zeit	kein Geld	keine Zeit	nicht nötig	keine Zeit	nicht nötig
Schädlings-bekämpfung	19	9	-	1	18	14	8	7
Chem. Düngung	6	2	-	2	7	20	10	9
Pflanzabstand	19	6	1	-	1	-	3	-
Jäten	11	4	-	-	25	4	11	3

Tabelle 5.5. Gründe für Verzicht auf intensivierende Anbaumethoden

Die Gründe sind neben akutem Bargeldmangel primär in der schlechten Haltbarkeit der Kedelai zu suchen, die bei Feuchtigkeit in wenigen Tagen ihren Marktwert verliert. Die Mehrheit der Haushalte hat aufgrund des Fehlens von Speicher- und Konservierungsmöglichkeiten nicht die Entscheidungsfreiheit, den Zeitpunkt des Verkaufs vom Marktpreis abhängig zu machen.[13] Es liegt auf der Hand, daß zum Zeitpunkt der Einführung neuer Hybriden zunächst nicht feststeht, ob die Züchtung aus Sicht der lokalen Bedingungen (Bodenbeschaffenheit, Schädlinge) und der Marktnachfrage (Akzeptanz der Händler) einen Vor- oder Nachteil gegenüber bewährten Sorten darstellt. Haushalte, die auf ausreichende Flächen zurückgreifen

---

[13] Die Speichereinrichtung besteht aus Holz- oder Metallschränken, die besser als die sonst üblichen Säcke gegen Ratten und Insekten schützen. Zum Schutz vor Feuchtigkeit und zur Haltbarmachung wird die Kedelai in Asche eingelegt. Es scheint aber, daß dieses Verfahren nicht allen Dukuhbewohnern bekannt war. Des weiteren war diese Praxis noch recht neu und wurde zuerst von meinem Hausvater in RT 4 eingeführt, der davon in einer Zeitschrift gelesen hatte. Der staatliche Agrarbeauftragte (*penyuluh pertanian*) hatte an der Diffusion der Neuerung bezeichnenderweise keinen Anteil.

können, sind eher bereit, Teile ihrer Felder probeweise mit neuen Züchtungen zu bestellen, im Wissen, daß auch bei einem Mißerfolg des Experiments eine ausreichende Menge der bewährten Sorte eingefahren werden kann, die unter der Voraussetzung einer adäquaten Lagerhaltung *später* zu einem höheren Marktpreis verkauft werden kann. Das heißt, die eventuell negativen Folgen des Experiments bleiben kontrollierbar. Dies ist im Fall einer begrenzten Landkontrolle und dem Fehlen von angemessenen Speichermöglichkeiten nicht gegeben. Das Risiko ist schlichtweg zu groß, da im Fall eines Scheiterns des Experiments eine verminderte Menge der konventionellen Kedelai sofort verkauft werden muß.

Der oben bereits erkennbare Zusammenhang von Landkontrolle, Innovationsverhalten (Anbau der neuen Sojasorte) und dem Vorhandensein einer Speichermöglichkeit soll hier vermittels einer Partial Correlation empirisch überprüft werden. Die Partial Correlation ist im Kern eine Assoziationsmaßzahl zweier Variablen unter dem Ausschluß einer dritten Einflußvariablen, d.h. sie eignet sich bevorzugt zur Bestimmung intervenierender Variablen. Diese Methode stellt ohne Zweifel ein arbeitsökonomisches Verfahren der direkten Kontrolle von Ursachen- und Wirkungszusammenhängen dar, das auch bei einer relativ kleinen Fallzahl problemlos angewandt werden kann. Der Korrelationswert von $r = 0,71$ zwischen Landkontrolle (Variable 1) und dem Anbau der Neuzüchtung (Variable 2) besagt, daß die abhängige Variable 2 zu ca. 50% (0.71^2) durch die unabhängige Variable 1 beeinflußt wird. Die Frage ist nun, wie sich diese Korrelation verhält, wenn wir sie an der Variablen der Speichermöglichkeit (Variable 3) überprüfen. Der Korrelationswert zwischen dem prozentualen Anteil der Hybriden und der Speicherpraxis beträgt $r = 0,69$ (statistisch signifikant mit 0,0001). Die Beziehung zwischen Landkontrolle und Speicherpraxis ist mit $r = 0,43$ (statistisch signifikant mit 0,002) etwas schwächer. Nach der anzuwendenden Formel (vgl. Bernard 1988: 435) mißt der partielle Korrelationswert nun r.12.3 = 0,52. Das heißt, nur 27% $(0,52^2)$ der Entscheidung für den Versuchsanbau ist durch die Landkontrolle beeinflußt, wenn wir den Faktor der Lagerhaltung ausschließen.

Wir können demnach die Schlußfolgerung ziehen, daß die Bereitschaft mit der neuen Varietät zu experimentieren mit der Landkontrolle korreliert, wenn als *vorausgehende* Variable eine adäquate Lagerhaltung zur zusätzlichen Minimierung der Risiken gegeben ist. Dies impliziert gewisse Konsequenzen für das Verständnis der Innovativität: Die abwartende Haltung vieler Kleinbauern ist vor diesem Hintergrund durchaus rational und sollte nicht voreilig als fehlende Innovationsbereitschaft mißverstanden werden.[14] Soll die neue Züchtung nachhaltig akzeptiert wer-

---

[14] Auch das von Rogers und Svenning (1967: 35) in die Diskussion gebrachte Modernisierungsmerkmal der verzögerten Belohnungserwartung, d.h. „the postponement of immediate satisfaction in anticipation of future rewards" muß, wie unser Beispiel zeigt, mit äußerster Vorsicht an-

den, müssen vor allem vier Bedingungen erfüllt sein: Kurze Reifezeit, Schädlings-resistenz, Bodeneignung und geschmackliche Akzeptanz, d.h. Marktfähigkeit. Erfüllt die Hybride diese Kriterien, wird ihre Akzeptanz nach Meinung der interviewten Dorfbeamten auch unter den bislang abwartenden Dukuhbewohnern steigen. Ein zusätzliches, von den Bauern selbst angeführtes Kriterium ist, daß die neue Variante (*jenis baru*) nicht mehr Arbeit als die bisherigen Sorten absorbieren sollte.

5.3.3. Bewässerungsfelder

Von den insgesamt 40,4 ha Land, die sich im Privatbesitz der Dukuhbewohner befinden, sind 32,5 ha (80,4%) irrigierbar, d.h. an das voll-technische oder semitechnische Kanalnetz angeschlossen.[15] Nur 10,4 ha aller Flächen (25,4%) werden indes temporär oder permanent als Sawah genutzt. Nach Auskunft des Wirtschafts- und Entwicklungsbeamten (*Ekobang*) wären aus Sicht der Bodenbeschaffenheit und Wasserversorgung 3-4 weitere Hektar zur irrigierten Sawahnutzung geeignet. Aufgrund der gültigen Bewässerungsverordnung müßten sich die Parzellenbewirtschafter der betreffenden Blocks aber einmütig dazu entschließen. Einem solchen Konsens wirkt neben der traditionellen Vorliebe der Bauern für Palawijakulturen (*tumpang sari*) vor allem der ausgeprägte ökonomische Individualismus der Dukuhbewohner entgegen. In der Regenzeit wäre zudem eine saisonale Konversion von ca. 5-6 ha Tegalanfelder zu regenabhängigen Sawah (*tadah hujan*) realisierbar. Doch wird auch diese Option von den Dukuhbewohnern nicht ausgeschöpft.

Die allgemeine Ansicht, nach der javanische Bauern, sofern es die ökologischen Voraussetzungen zulassen, stets Reis anstatt anderer Nahrungspflanzen anbauen (z.B. Schweizer 1989a: 79), ist nicht pauschal auf alle Dorfgemeinschaften übertragbar. Auch scheinen die in Kapitel 3.2. beschriebenen ökologischen Rahmenbedingungen nicht der einzige Faktor für die schwach ausgeprägte Sawahwirtschaft in Karangduwet zu sein. Ein wesentlicher Grund für die allgemeine Präferenz des Reises ist nach Schweizer (ebd: 79), daß dieser als Exportware im Vergleich zu anderen Nahrungspflanzen höhere Preise erzielt. Der Export von Reis wäre in Karangduwet indessen auch unter besseren ökologischen Rahmenbedingungen

---

gegangen werden. Angesichts der Interdependenz verschiedener Einflußvariablen laufen die von den Autoren zur Messung dieses Merkmals entwickelten hypothetischen Fragestellungen m. E. Gefahr, die äußerst komplexen und nur schwer zu operationalisierenden Zusammenhänge im Entscheidungsverhalten der Bauern auf allzu einfache Schemata zu reduzieren.

[15] Diese Daten beziehen sich nur auf Flächen, die nicht als Hofparzellen (*pekarangan*) genutzt werden; schließen aber das Beamtenland (*bengkok*) mit ein.

schon aufgrund der weiten Verkehrswege zu den ökonomischen und demographischen Zentren der Provinz recht schwierig. Der stete Mangel an Lohnarbeitern hat in Karangduwet zur Folge, daß auf permanenten Sawahflächen der zeitlich versetzte Anbau (*staged planting*) einem synchronen Anbau (*simultaneuos planting*) vorgezogen wird. Man kann auf den Sawahfeldern entlang des Hauptkanals praktisch zu jeder Jahreszeit alle Anbauphasen beobachten. Vorherrschend ist auf diesen Flächen die HYV-Varietät IR 64. Etwa ein Drittel der reisproduzierenden Haushalte bevorzugten die traditionellen Sorten *Cempo* und *Bengawan Solo*. Ihre Verwendung kommt wegen der längeren Reifezeit von 125 Tagen aber nur auf Flächen mit ein bis maximal zwei Reisernten im Jahr vor. Die Gründe für die Beharrung lokaler Varietäten sind hinlänglich bekannt: Durch die vorherrschende Praxis, das Saatgut selbst zu selektieren, verlieren lokale Sorten anders als die HYV-Varietäten im Laufe der Zeit nicht an Qualität.

Die Degeneration der Hybriden setzt hingegen im Regelfall innerhalb eines Zeitraums von drei Jahren ein (vgl. Mears 1981: 123). Theoretisch sind die Bauern zwar dazu angehalten, vor jeder Anbauperiode ihr Saatgut in den staatlichen Kiosken (*kiosk pertanian*) und Dorfkooperationern (*KUD*) käuflich zu erwerben, allerdings zeigt der Umstand, daß auch reiche Haushalte eigenes Saatgut vorziehen, daß der finanzielle Aspekt nicht der ausschlaggebende Entscheidungsgrund sein kann. Nach Auskunft meiner Informanten spricht vielmehr auch in Karangduwet vieles dafür, daß die Qualität des von den staatlich kontrollierten Stellen herausgegebenen Saatguts von eher schlechter Qualität ist.

Der erste Schritt im Anbauzyklus besteht in der Präparation des Saatbeets. Im Fall lokaler Varietäten benötigt das im Breitwurf verstreute Saatgut ca. 40 Tage bis zum Keimen. Etwas anders ist die Situation in der permanenten Sawahwirtschaft mit drei Ernten im Jahr. Hier wird das Saatgut durch den Zeitdruck bereits einige Tage vor der eigentlichen Ernte entnommen. Die traditionelle Praxis, bei der kleinere Produktionseinheiten ihr Saatgut von anderen Haushalten erwerben, ist im saisonalen Naßreisanbau nach wie vor anzutreffen. In der permanenten Sawahwirtschaft ist man (sofern keine Koordinierung mit anderen Haushalten besteht) aufgrund der zeitlich versetzten Anbauzyklen auf die Verwendung eigenen Saatguts angewiesen.

Die sich anschließende Phase ist von der Präparation der Anbaufläche beherrscht. Sofern es sich bei der vorangegangenen Nutzpflanze um Palawija oder lokalen Reis handelt, werden wie allgemein auf Java üblich die mit der Handsichel (*sabit*) entfernten Reststengel auf dem Feld verbrannt. Die Stoppel des HYV-Reises werden indes lediglich mit der Hacke (*cangkul*) in den Grund geschlagen. Für die von Harjono (1990: 148) vorgetragene These, nach der wegen der weniger arbeitsintensiven Präparation der Felder (bei zwei nacheinander folgenden Reisernten) vor allem kleine Produktionseinheiten für HYV-Varietäten optieren, fanden sich in Karangduwet keine Hinweise. Der primäre Faktor der Präferenz für die HYV-Varietäten ist vielmehr die verkürzte Reifezeit von nur 100 Tagen. Pflügen und Eggen wird in bei ausreichender Parzellengröße mit dem Büffel (*kerbau*), teilweise mit Handtraktoren durchgeführt, nachdem die Sawahflächen einige Tage zuvor überflutet wurden. Wegen der häufig recht kleinen Parzellen werden gelegentlich auch mehrere nebeneinander liegende, von verschiedenen Haushalten bewirtschaftete Felder in einem Arbeitsgang abgewickelt. Für das Pflügen mit dem Büffel gilt ein fixer Standard von 6000 Rp. für einen 2-4stündigen Arbeitsgang am Morgen oder Nachmittag. Im Fall des Handtraktors wird nach dem sogenannten *borongan*-System bezahlt, d.h. es wird für das komplette Feld ein fester Lohn im Voraus ausgehandelt.

Die Levelierung der Sawah geschieht vermittels einer Bambusrolle nach der Drainage, der sich unmittelbar danach die Transplantation anschließt. Die erste Düngung ca. 10 Tage später vollzieht sich ähnlich wie im Palawijaanbau durch Einzelbehandlung mit TSP und Urea. Da die Düngung zur Sicherstellung eines gleichmäßigen Wachstums der Pflanzen an einem Tag durchgeführt werden muß, ist die Mehrzahl der Haushalte auch in dieser Phase auf die Anstellung von zusätzlichen Arbeitskräften angewiesen. Einige Tage danach erfolgt die erste Bewässerung vermittels Flächenüberstau. Die effizientere Methode der Stauberieselung (*sorotan*) wird in Karangduwet nicht praktiziert (vgl. Röll 1976: 22). Bei den 10 Tage danach anfallenden Jätarbeiten wird ausschließlich die Hacke (*cangkul*) verwendet, der in den Tiefebenen übliche „rotary weeder" (*landak*) ist in Karangduwet unbekannt. Nach vier bis sechs Wochen erfolgt dann die zweite Düngung und eine zweite Jätphase schließt sich an. Die verbleibende Zeit bis zur Ernte ist vor allem von der Überwachung der Bewässerungskanäle bestimmt. Die eher müßige Angelegenheit des Vertreibens der Vögel obliegt nach meinen Beobachtungen vorwiegend den älteren Witwen, sofern sie im Haushalt eines verheirateten Kindes leben. Kinder (unter 15) sind auf den Feldern kaum anzutreffen.

Die durchschnittlichen Erträge der traditionellen Reissorten liegen nach Auskunft der Dorfbeamten mit 3,8 Tonnen/ha nur unwesentlich niedriger als die der HYV-Varietäten mit 4,1. Es wurden im Rahmen dieser Untersuchung keine quantitativen Daten zur Produktivität des Reisanbaus erhoben. Die von meinen Informanten gemachten Äußerungen, wonach HYV-Sorten etwa die doppelte Menge an TSP wie traditionelle Sorten erhalten, läßt aber vermuten, daß die höheren Erträge der Hybriden primär auf den verstärkten Düngemitteleinsatz zurückzuführen sind.

5.3.4. Allgemeine Beobachtungen

Im Vergleich zur Sawahwirtschaft liegen die Produktionskosten im Palawijaanbau erheblich niedriger. Im Unterschied zum Reisanbau reicht hier ein einmaliges Bearbeiten der Felder mit der Hacke aus. Hinzu kommt, daß diese Tätigkeit simultan mit der Ernte der vorangegangenen Frucht ausgeführt werden kann. So ist es in Karangduwet nichts Ungewöhnliches, daß die Ernte von Erdnüssen, das Umgraben des Feldes und die Bepflanzung mit Sojabohnen an einem Tag durchgeführt werden. Das Pflanzen von Palawija ist mit relativ geringem Arbeitsaufwand zu bewerkstelligen: Während eine Person (männlich) die Saatlöcher mit dem Grabstock vorbereitet, lassen die Mitarbeiter die Saatkörner (Erdnuß, Soja) in die Löcher fallen, die dann mit dem Fuß geschlossen werden.

Im Fall der Cassava verfährt man ähnlich; hier werden Stengel und Blätter in die Pflanzlöcher eingesetzt. Einer der Hauptgründe für den Verzicht auf das Anlegen von Sawah ist, daß nach der Reisernte eine aufwendige Drainage der Parzellen erforderlich wäre, bevor zum Anbau von Palawija übergegangen werden kann. Von der arbeitsintensiveren Feldpräparation im Naßreisanbau abgesehen wird auch die chemische Düngung im Palawijaanbau nur einmal pro Anbauperiode ausgeführt, während sie im Reisanbau mindestens zweimal erforderlich ist (im Fall der Cassava unterbleibt sie sogar vollständig). Der wichtigste Unterschied der Palawijakulturen im Verhältnis zur Sawahwirtschaft ist aber, daß die Grundregel im Naßreisanbau, nach der Kleinbauern einen höheren Arbeitsinput pro Flächeneinheit als Großbauern aufwenden müssen, im Palawijaanbau nicht gilt.

Die Erntephase gestaltet sich indes auch im Palawijaanbau relativ arbeitsintensiv: Während die Sojabohne mit der Sichel geschnitten wird, wird im Fall der Erdnuß die ganze Pflanze aus dem Boden gerissen. Die Sojaernte impliziert des weiteren eine gründliche Drescharbeit, die zwei bis drei Tage nach der Ernte einsetzt, nachdem die Bohnen auf der Veranda getrocknet wurden. Die Ausgrabung der Cassava muß zur Vermeidung von Schädigungen der Knolle mit äußerster Vorsicht betrieben werden. Vor allem zur Reinigung der Knollen werden von den meisten Haushalten Frauen aus der Nachbarschaft beschäftigt. Die Koordination von Ernte und Landpräparation ermöglicht dennoch eine erhebliche Reduzierung der Produktionskosten.

Ein zentrales Problem ist, daß es inzwischen recht schwierig ist, überhaupt Arbeitskräfte zu bekommen. Das in Karangduwet praktizierte System sieht vor, daß der Arbeiter kurzfristig 1-2 Tage vor dem Ernte- bzw. Pflanztermin zur Arbeit „gebeten" wird (*diminta*). Es kommt in Zeiten der Arbeitsspitze immer wieder zu Engpässen in der Form, daß keine ausreichende Anzahl von freien Arbeitskräften zur Verfügung steht. Es ist deshalb verständlich, daß der einzelne Kultivator ein Interesse daran hat, die Anwesenheit seiner Arbeitskräfte maximal auszuschöpfen. Das heißt, er versucht Pflanzen und Ernten mit den selben Personen in ein oder zwei Arbeitsgängen (Morgen, Nachmittag) zu organisieren. Es ist anzunehmen, daß auch die schwach ausgeprägte Gartenwirtschaft mit dem Problem des Arbeitermangels in Zusammenhang steht: Anders als Palawijapflanzen besitzen Gemüsekulturen (*sayuran*) einen fixen, optimalen Erntezeitpunkt, der den Akteuren kaum Spielraum läßt, den Erntezeitpunkt hinauszuschieben, während der Palawijaanbau einen Ernteaufschub von bis zu 10 Tagen zuläßt.

Die Gründe für das Anliegen der Bauern, die Arbeitskosten so weit wie möglich zu minimieren liegen auf der Hand. Arbeitskräfte können nicht stundenweise, sondern müssen der Norm gemäß für einen Arbeitsgang am Morgen oder Abend (je nach Tätigkeit 2000 – 3000 Rp.) entlohnt werden, unabhängig ob diese nur eine oder vier Stunden beschäftigt sind. Dieses Problem stellt sich vor allem für Sharecropper, welche stets die vollen Inputkosten zu tragen haben. Es ist deshalb nicht verwunderlich, daß einzelne Sharecropper-Haushalte inzwischen wieder zum traditionellen System des reziprozitären Arbeitstausches (*sambatan*) zurückgekehrt sind. Auch die weiter unten zu analysierende Innovation der „work-sharing groups" (*pokja*) muß unter diesem Gesichtspunkt gesehen werden.

Ein weiterer Grund für die mangelnde Bereitschaft zu einer stärkeren agrarischen Intensivierung ist auch im Fall der Sawahwirtschaft der Umstand, daß in unserer Zeit nur noch wenige Vertreter der jungen Generation bereit sind, die bäuerliche Berufstradition fortzuführen. Ich habe die Anzahl der jährlichen Reisernten (0-3) mit der Existenz eines Nachfolgers korreliert. Der entsprechende Etawert von 0,39 weist (wie auch in der Sojaintensivierung) einen Zusammenhang zwischen beiden Variablen nach. Gewiß ist es schwierig nachzuweisen, was im Einzelfall Ursache und Wirkung war, d.h. führt die Bereitschaft eines Kindes zur Übernahme zu vermehrten Anstrengungen seitens der Eltern oder treten vielmehr die Nachfolgeaspiranten selbst als Entscheidungsträger einer stärkeren agrarischen Intensivierung in Erscheinung? Verursacht eine geringe agrarische Intensivierung einen „bäuerlichen Exodus" oder führt vielmehr ein durch moderne Aspirationen stimulierter Exodus zu einer verminderten agrarischen Intensivierung? Während die Ursprünge der Arbeitsemigration in einer unterentwickelten Landwirtschaft begründet waren (vgl. Kap. 3.4.2), scheint die Richtung der Beeinflussung in unserer Zeit tendenziell eher umgekehrt (vgl. Kap. 9.2.). Sicher ist, daß bislang nichts darauf hinweist, daß sich an der Tendenz kontinuierlicher Arbeitsemigration und der Situation der Landwirtschaft in absehbarer Zeit Grundlegendes ändern wird.

5.4. Formale Bildung, Berufe und Einkommensstrukturen

5.4.1. Bildungsstand der Dukuhbewohner

In Übereinstimmung mit den „educational models" der sechziger Jahre (z.B. Rogers und Svenning 1967) wurde auch in der Entwicklungspolitik der „Neuen Ordnung" (seit 1965) der Lese- und Schreibfähigkeit eine konstitutive Rolle im bäuerlichen Modernisierungsprozeß beigemessen. Gemäß den Vorgaben des ersten Fünfjahresplans (Replita I) wurden seit Anfang der siebziger Jahre staatliche Grundschulen in den Dörfern errichtet. Diese Schulen sind allgemein unter der Bezeichnung *SD Inpres* (Grundschulen der Instruktion des Präsidenten) bekannt. Von diesen formalen Institutionen zu unterscheiden sind die informalen Bildungsprogramme, vermittels derer die Beherrschung des Lesens und Schreibens auch den Erwachsenen zugänglich gemacht werden sollte.

Die Adressaten dieser Programme waren neben der Gruppe derer, die niemals eine Schule besucht hatten auch Schulabbrecher (*drop outs*), d.h. Personen, die zwar eine eingeschränkte Lese- und Schreibfähigkeit besaßen, aber keine abgeschlossene Grundschulausbildung aufwiesen. Die Feststellung der Schreibfähigkeit orientierte sich damit indirekt an den Schulabschlüssen. Ähnlich dem späteren System der Dorfkader sah der vom Ministerium für Bildung und Kultur (*Departemen Pendidikan dan Kebudayaan*) durchgeführte Programmansatz (*Kejar*) den Einsatz von lokalen Graduierten (respektive Lehrern) vor, welche die Dorfbewohner in Abendkursen unterrichten sollten. Die Lehrpläne waren in Form von „booklet packages" vorgegeben.

Eine abschließende, makroanalytische Bestandsaufnahme dieser informellen Bildungsoffensive ist m. W. bisher ausgeblieben. Die von Soemardjan und Breazale (1993: 44) in vier Dörfern der Provinzen Aceh und Süd-Sulawesi beobachteten „good results" können kaum als Indiz für einen Gesamterfolg des Experiments interpretiert werden. Neben dem Problem der Repräsentativität ist eine Evaluierung vor allem deshalb schwierig, weil keine Vergleichsdaten einzelner Dörfer oder Regionen vor der Implementierung des Programms vorliegen, die einen direkten Vergleich (etwa in Form einer Stimulans- und Kontrollgruppe) mit der Situation nach Durchführen des Programms zuließen. Des weiteren liegen keine Daten für das ländliche Java vor, wo die Mehrheit der Programmadressaten lebt. Für Karangduwet war es recht schwierig, genauere Daten zu diesem Themenkomplex zu erhalten. Der Name des Programms war den meisten Dukuhbewohnern bekannt. Man wußte auch, daß es sich um ein Bildungsprogramm gehandelt hat, gab aber einmütig zu Protokoll, daß es zwar „Bücher von der Regierung" (*buku dari pemerintah*) gegeben habe, aber keine Kurse stattgefunden hätten. Über die Gründe des Scheiterns des Lernprogramms läßt sich im nachhinein nur spekulieren. Soemardjan und Breazale berichten trotz ihrer recht positiven Bewertung von Anfangsschwierigkeiten im Dorf Rawa (Sulawesi):

> „the illiteracy rate was high and the informal community leaders were reluctant to lend support, for fear of losing the high status and respect due to them as religious teachers" (ebd: 47).

Die Autoren räumen hier ein, daß lokale Statusunterschiede durchaus mit den Zielen einer Massenalphabetisierung in Konflikt geraten können. Nämlich dann, wenn diese Statuspositionen durch die Fähigkeit, mit schriftlichen Symbolen zu kommunizieren verfestigt werden. Es sollten m. E. im Zusammenhang mit der Lese- und Schreibfähigkeit in Peasant-Gesellschaften zwei Aspekte unterschieden werden:

1. Der funktionale Aspekt (*functional literacy*), d.h. die individuelle Fähigkeit, sich mit schriftlichen Symbolen verständlich zu machen bzw. diese zu entziffern, ist in der von Lerner konzipierten (1957) und von Rogers und Svenning (1967) weiterentwickelten, kognitiven Modernisierungstheorie bäuerlicher Gesellschaften ausführlich analysiert worden.

2. Davon zu unterscheiden ist die kulturelle Dimension, d.h. die mit der Schreibfähigkeit in Zusammenhang stehenden Statusdifferentiale und sozialen Beziehungen, die für den Verlauf von sozialen und kulturellen Wandlungsprozessen gleichermaßen relevant sind.

Benedict Anderson hat in seiner dichten Beschreibung „The Idea of Power in Javanese Culture" (Anderson 1972) die Zusammenhänge von Wissen, politischer Macht und Schreibfähigkeit in der Wirklichkeitsvorstellung der Javanen ausführlich analysiert. Demnach galt die Lese- und Schreibfähigkeit als „Schlüssel" (*kunji*) eines quasi esoterischen Wissens, daß seinem Träger Macht und Autorität verlieh. Seine im Zusammenhang mit der Situation der sechziger Jahre gemachte Feststellung läßt sich auch auf die Verhältnisse in den frühen Siebzigern übertragen:

> „Education provides a key (*kuntji*) to the door separating ignorance from knowledge, and that knowledge is access to an ontological reality. ... The traditional image of the aquisition of power and knowledge is that of a search for a key which opens the door between ignorance and knowledge, making possible the qualitative leap from one to the other. ... (ebd: 44, 45, 47).

Eine qualitative Dichotomie zwischen „Literaten" und „Analphabeten" begründete demnach nicht nur die traditionelle Klasseneinteilung zwischen dem Beamten/Angestellten (*priyayi*) und den „kleinen Leuten" (*wong cilik*); sie implizierte in der Vergangenheit zugleich auch eine soziale Distanz und das Fehlen jeglichen offenen Gedankenaustauschs zwischen den Akteuren. Dieses primär in den zentraljavanischen Städten Yogyakarta und Solo vorherrschende kognitive Grundmuster (vgl. Anderson 1966; de Jong 1976) umschreibt in abgeschwächtem Maße auch die Statuspositionen der *Little Tradition* und prägte bis in das letzte Jahrzehnt hinein das Verhalten der javanischen Dorfbewohner. Es ist anzunehmen, daß zum Zeitpunkt der Implementierung des *Kejar*-Programms die Analphabetenquote in Karangduwet wesentlich höher war als in der Gegenwart und die Existenz von *literates* und *illiterates* in der Vorstellungswelt der Dorfelite nach wie vor ein konstitutives Element der gesellschaftlichen Ordnung war. Eine umfassende Bildung der Dukuhbewohner hätte die Plausibilität tradierter Statuspositionen durchaus beeinflussen können.

Es ist in diesem Zusammenhang wichtig zu erkennen, daß die Lesefähigkeit auf individueller Ebene nicht nur die Absorption von komplexeren Informationen ermöglicht, sie setzt das Individuum vor allem in die Lage, Informationen zu kontrollieren. Das heißt, das primär der Empfänger selbst, nicht aber der Sender über den Informationsfluß entscheidet (vgl. Rogers und Svenning 1967: 69). Eine hohe Verbreitung des Analphabetentums erleichtert naturgemäß die Möglichkeit der Manipulation von Informationen, da sie dem Kader ein mehr oder weniger exklusives Informationsmonopol sicherstellt.[16] Es liegt vor diesen machtpolitischen und kulturellen Hintergründen nahe, einen wesentlichen Grund für das Scheitern des *Kejar*-Programms in der kognitiven Orientierung der Dorfkader zu vermuten. Gewiß ist es immer schwierig, verläßliche Aussagen über soziale Prozesse der Vergangenheit zu machen, da die relevanten Daten zumeist fehlen. Allerdings wird die vorgetragene Argumentation von der in Kap. 5.2.2. präsentierten Ereignisanalyse des Scheiterns eines Entwicklungsprogramms der Gegenwart nachdrücklich gestützt.

Aufgrund der genannten Schwierigkeiten muß ich mich in diesem Kapitel auf die Analyse der Bildungssituation der Gegenwart beschränken. Die Verbreitung des Analphabetentums in den Altersgruppen ab 25 Jahre beträgt 51,1% (n = 108). Kreuztabelle 5.6. zeigt die Verteilung der Schreib- und Lesefähigkeit nach Alter und Geschlecht.[17] Selbstverständlich ist nicht auszuschließen, daß in der Gruppe der als Analphabeten kategorisierten Personen eine *eingeschränkte* Lese- bzw. Schreibfähigkeit vorkommt. Eine exakte Messung der individuellen Schreibfähig-

---

[16] Ein weiterer Grund für die Nicht-Durchführung des Programms dürfte daran liegen, daß hier anders als bei den Kreditprogrammen keine Möglichkeit der Wahrnehmung eines finanziellen Vorteils für die Kader möglich war.

[17] Die erfragten Informationen beziehen sich nicht auf die Lesefähigkeit des Arabischen. Da aber die Santri-Gemeinde in Karangduwet nur eine kleine Minderheit darstellt, die vollständige Schreibfähigkeit in Bahasa Indonesia besitzt, nehme ich an, daß unter den Protestanten und der religiös eher indifferenten Masse keine Kenntnis des Arabischen vorkommt.

keit hätte nur ein Schreibtest ergeben; von einem solchen wurde mir aus verständlichen Gründen aber von mehreren Informanten abgeraten. Aus Rücksicht auf die teils vorhandene Scham über fehlende Schreib- und Lesefertigkeiten wurden die Daten deshalb von den RT-Vorständen eingeholt. Da die *Ketua RT* auch Schreibarbeiten für ihre Nachbarn ausführen und beim Verfassen von Schriftsätzen an Ämter behilflich sind, dürften ihre Angaben relativ zuverlässig sein.

		Altersgruppen			
		25-39	40-59	60+	
Non-Analpahbeten	M	22	26	9	57
	F	24	20	2	46
Analphabeten	M	1	12	25	38
	F	2	26	42	70
		49	84	78	213

Tabelle 5.6. Verbreitung des Analphabetentums nach Alter und Geschlecht

Für das Dukuh als Ganzes liegt ein klarer Zusammenhang zwischen dem Geschlecht und der Lese- und Schreibfähigkeit vor (Lambda = 0,53). Allerdings bestehen in diesem Bereich signifikante Differenzen zwischen den einzelnen Altersgruppen: Innerhalb der Gruppe der 25-40jährigen gibt es keinen signifikanten Unterschied zwischen den Geschlechtern; lediglich ein Mann und zwei Frauen dieser Altersklasse wurden als Analphabet kategorisiert. Das heißt, die Lese- und Schreibfähigkeit weist in dieser Generation nicht nur eine sehr hohe, sondern auch eine weitgehend vom Geschlecht unabhängige Verbreitung auf. In der Gruppe der 40-60jährigen sind 32% (n = 12) der Männer und 57% der Frauen (n = 26) nicht des Lesens und Schreibens mächtig, während in der Kategorie der „Alten" über 65 Jahre 75% der Männer (n = 25) und 94% der Frauen (n = 42) nicht lesen und schreiben können.

Das indonesische Schulsystem sieht eine sechsjährige Grundschulausbildung (SD) vor, der sich ein dreijähriger Mittelschulbesuch (SMP) anschließt. Für Grund- und Mittelschule gilt die allgemeine Schulpflicht. Danach schließt sich ein dreijähriger Oberschulbesuch (SMA) in Form einer allgemeinen oder berufspezifischen Ausbildung (*kejuruan*) an. Neben den staatlichen Schulen SD (*Sekolah Dasar*), SLTP (*Sekolah Lanjutan Tingkat Pertama*) und SLTA (*Sekolah Lanjutan Tingkat Atas*) gibt es im Landkreis Karangmojo eine Reihe von Schulen in privater Trägerschaft der protestantischen und katholischen Kirchen sowie der orthodoxen (Nahdatul Ulama) und reformistischen (Muhammadiyah) Organisationen des Islam. Im Rahmen der Datenerhebung zur formalen Bildung wurden keine Differenzierungen nach dem Träger der besuchten Schulen vorgenommen. Es sind darum keine exakten Aussagen zur Frequentierung der entsprechenden Institutionen möglich. Aus informellen Interviews ließen sich aber einige generelle Trends ablesen: Die erwachsenen Dukuhbewohner mit formaler Schulbildung haben zumeist die kirchlichen Grund-, Mittel- und Oberschulen Bopkri und Kanisius besucht.

Da sowohl die staatlichen als auch die islamischen Schulen im Landkreis wesentlich neueren Datums sind, dürfte dies weniger ideologische, als vielmehr praktische Gründe haben, denn der Besuch einer staatlichen oder islamischen Institution implizierte in der Vergangenheit recht weite Schulwege. In neuerer Zeit herrscht eine allgemeine Präferenz der staatlichen Schulen vor. Die Option für eine kirchliche Schule ist vor allem bei den Protestanten (Bopkri) zu finden, während die islamischen Grund- und Mittelschulen aufgrund der niedrigeren Schulgebühren vorwiegend von den Kindern der ärmeren, sich formell zum Islam bekennenden Bewohner Karangduwets besucht werden. Es scheint keine Präferenz für islamische Schulen seitens der Santrigemeinde zu geben.

Alle schulpflichtigen Kinder in Karangduwet besuchen die Schulen regelmäßig. Es gibt keinen „seasonal drop out" in Zeiten landwirtschaftlicher Arbeitsspitzen. Auch der in anderen Lokalstudien (z.B. Hart 1986: 113) festgestellte häufige Schulabbruch während und nach der Grundschule kam während meines Feldaufenthaltes nicht vor, was auf ein recht stark ausgeprägtes Bildungsbewußtsein der Dukuhbewohner schließen läßt.

In den meisten Fallstudien wird für das Erreichen einer vollständigen funktionalen Lese- und Schreibfähigkeit ein Zeitraum von vier Jahren formaler Bildung angesetzt (vgl. Rogers und Svenning 1967: 78). Die adäquate Maßzahl zur Messung der formalen Bildung ist deshalb weniger der Schulabschluß an sich, als vielmehr die Schulzeit in Jahren, da sie als Ratiovariable die exakteren Daten liefert. Ein Cluster-Sample auf der Basis der Haushalte mit 103 Personen (55 Männer und 48 Frauen) der Altersgruppen von 25-64 ergab eine durchschnittliche Schulzeit von 4,3 Jahren mit einer Standardabweichung von SD = 4,1. Die Schulzeit der Männer ist mit 4,4 (SD = 2,9) erwartungsgemäß höher als die der Frauen mit 3,9 (SD = 4,5). Die hohen Standardabweichungen kommen vor allem durch die Extremwerte der Personen mit unzureichender Schulbildung und denen mit akademischen Ausbildungen (vorwiegend Pädagogik) zustande: So haben 47% der Männer (n = 26) und 52% (n = 26) der Frauen weniger als vier Jahre formaler Bildung genossen, während 17% der Männer (n = 9) und 8% der Frauen (n = 4) mehr als 12 Jahre formaler Bildung aufweisen. Vor allem die vier Frauen (Altersklasse zwischen 45 und 55) weisen durch ihre über die Oberschulausbildung hinausgehenden Abschlüsse eine exponierte Stellung auf und konnten sich in der Vergangenheit mit Recht dem progressiveren Teil der Frauen des Dorfes zurechnen. Es ist daran zu erinnern, daß diese Frauen in den siebziger Jahren als erste Generation *öffentliche* Aufgaben (PKK-Leitung, Organisation der Familienplanung usw.) wahrgenommen haben, d.h. Positionen, die sie im wesentlichen ihrer akademischen Ausbildung verdanken. Die Berufsgruppe der Lehrerinnen und die führenden PKK-Kader der Gegenwart rekrutieren sich mehrheitlich aus dieser Gruppe. Dieser Sachverhalt könnte die außergewöhnlich „statusorientierte" Grundeinstellung der älteren PKK-Kader im Verhältnis zu den Dukuhbewohnern (vgl. Kap. 8.2.) zumindest teilweise erklären, da sich diese Frauen durch ihre privilegierte Bildung formale Positionen erwarben, die sie deutlich von ihren Altersgenossinnen absetzten.

Vergleicht man die Jahre formaler Bildung mit anderen individuellen Merkmalen der Dukuhbewohner, so zeigen sich signifikante Zusammenhänge mit folgenden Variablen: Wie zu erwarten besteht eine Korrelation mit dem nicht-agrarischen Einkommen ($r = 0,46$; statistisch signifikant mit $0,001$) und dem Hauptberuf (Eta = $0,62$ mit dem Beruf als abhängiger Variablen). Ebenfalls in Zusammenhang mit der formalen Bildung steht die formale Partizipation[18] ($r = 0,42$; statistisch signifikant mit $0,002$) und die Religionszugehörigkeit: Protestanten und *Santri* besitzen allgemein eine höhere Bildung als die religiös indifferenten *Abangan*. Allerdings stellt sich hier die Frage der Ursachen- und Wirkungsfaktoren: Nimmt man die formale Bildung als abhängige Variable, so ergibt sich ein Assoziationswert von Eta = $0,31$. Ein stärkerer Zusammenhang von Eta = $0,45$ besteht indes in umgekehrter Richtung mit der Religionszugehörigkeit als dependentem Merkmal. Dieser Sachverhalt ist im indonesischen Kontext durchaus plausibel, da das von staatlicher Seite propagierte Bekenntnis zu einer Weltreligion (*agama*) zugleich als Loyalitätsnachweis zur Nation und den von ihr angestrebten Entwicklungszielen verstanden wird (vgl. Kipp and Rodgers 1987). Es ist darum nicht überraschend, wenn sich die besser gebildeten Dukuhbewohner zugleich auch als die religiös orthodoxeren hervortun.

Es gibt keinen signifikanten Zusammenhang der formalen Bildung mit dem Landbesitz und der Landkontrolle. Dies ist ein klarer Hinweis darauf, daß dem Faktor Land als wirtschaftlicher Ressource heutzutage keine konstitutive Rolle für den Bildungszugang der Haushaltsmitglieder mehr zukommt.

Eine hohe Anzahl von Personen mit einer eingeschränkten „functional literacy" heißt nicht, daß einer gesamten Subpopulation der Zugang zu Printmedien prinzipiell verschlossen ist. Es besteht zumindest theoretisch die Möglichkeit des Vorlesens durch Familienmitglieder, die eine ausreichende Schulbildung besitzen. Rogers und Svenning (1967: 84) haben deshalb als Ergänzung zur individuellen Schreib- und

---

[18] Zur Rolle der formalen Partizipation und der Massenmedienzuwendung vgl. Kap. 7.4.

Lesefähigkeit die Einführung einer *family literacy* als separater Variable vorgeschlagen. Immerhin 78 Haushalte (75,7%) in Karangduwet haben mindestens ein Mitglied, das lesen und schreiben kann.[19] Inwiefern allerdings das Vorlesen von z.B. Tageszeitungen wirklich vorkommt, vermag ich nicht abzuschätzen. Die Dukuhbewohner kaufen nach meinen Beobachtungen nur selten Zeitungen und eine hohe Zuwendung zu Printmedien kommt fast ausschließlich unter den Lehrern und Staatsbeamten vor, welche die Zeitungen aber vorwiegend in ihren Ämtern lesen.

Man muß davon ausgehen, daß ein erheblicher Teil der älteren Landbewohner die Nationalsprache Bahasa Indonesia nicht ausreichend beherrscht und deshalb auch andere Medien wie z.B. Radio oder Fernsehen nicht selbständig als Informationsquelle benutzen kann. Die Kommunikationsfähigkeiten in Bahasa Indonesia sind in Karangduwet sehr unterschiedlich ausgeprägt. Eine exakte Feststellung der Verständigungsfähigkeit wäre allerdings nur mit kulturell problematischen Methoden (z.B. Test-Interviews) realisierbar gewesen. Ich mußte mich darum mit einer Selbsteinschätzung der Dukuhbewohner begnügen. Das Verfahren spielte sich folgendermaßen ab: Die Informanten (n = 64) wurden gefragt, inwieweit sie in der Lage sind, Sendungen im Radio oder Fernsehen in indonesischer Sprache zu verfolgen und aufgefordert, sich anhand einer 5-Punkte-Skala einzuordnen. Die in Form eines Multiple-Choice-Tests konzipierten Optionen lauteten: 1. „kann ich nicht verstehen", 2. „kann ich nur ein bißchen verstehen", 3. „kann ich teilweise verstehen", 4. „kann das Wichtigste verstehen, aber kenne einzelne Worte nicht" und 5. „kann ich vollkommen verstehen". Immerhin 62,5% (n = 40) der Informanten geben an, die Sendungen vollständig zu verstehen, 15,6% (n = 10) verstehen zumindest die grundsätzlichen Inhalte. Jeweils 9,4% (n = 6) können nur zum Teil folgen oder verstehen nur ein bißchen, während bei 1,4% (n = 2) kein Verständnis des Indonesischen vorhanden zu sein scheint. Insgesamt schneiden die Männer deutlich besser ab als die Frauen: Ein vollständiges Erfassen des Bahasa Indonesia liegt bei 71% (n = 24) der Männer, aber nur 53% (n = 15) der Frauen vor, während ein sehr eingeschränktes („kann nur ein bißchen verstehen") oder gar kein Verständnis („kann ich nicht verstehen") bei insgesamt 8% der Männer (n = 2) und 20% der Frauen (n = 6) vorkommt.

Betrachten wir die Verteilung unter dem Gesichtspunkt der obigen Altersintervalle, so ist das Verständnisniveau bei den Frauen (Gamma = -0,52) etwas stärker vom Alter beeinflußt als bei den Männern (Gamma = -0,47). Ähnliches gilt für die Variable der sozio-ökonomischen Klassenzugehörigkeit. Auch hier stehen die bilingualen Fähigkeiten der Frauen (Eta = 0,45) in stärkerem Zusammenhang mit der

---

[19] Es wurden nur Personen mit einer ausreichenden funktionalen Lesefähigkeit, definiert über die Schulzeit ab vier Jahren berücksichtigt. Das heißt, daß auch noch zur Schule gehende Kinder gezählt wurden, wenn sie das vierte Schuljahr bereits vollendet haben.

wirtschaftlichen Situation als die der Männer (Eta = 0,31 mit der Klassenzugehörigkeit als abhängiger Variablen). Allgemein ist anzumerken, daß bilinguale Personen auch unter der Prämisse einer eingeschränkten oder fehlenden Lese- und Schreibfähigkeit weitaus bessere Handlungschancen als monolinguale besitzen, da ihnen stets die Option der Arbeitsemigration offensteht. Für monolinguale Personen, welche nur Javanisch können, existiert indes eine nicht zu unterschätzende Migrationsbarriere, da heutzutage in den ethnisch heterogenen Zielorten (vor allem Jakarta) eine ausreichende Kenntnis des Indonesischen unerläßlich ist.

Bereits während der Zensuserhebung zeigte sich, daß alle Informanten der Besitzklasse I, die keine Migrationserfahrung haben, die Staatssprache Bahasa Indonesia nur mangelhaft oder gar nicht beherrschen. Allerdings impliziert die monolinguale Sprachbarriere nicht zwingend ein Fehlen der Arbeitsemigration in der Haushaltsökonomie, da die emigrierten Kinder dieser Haushalte zum Teil regelmäßig Geld (*kiriman*) nach Hause schicken.

5.4.2. Berufliche Differenzierungen

Wie Soentoro (1984) gezeigt hat, besteht auch im ländlichen Java ein positives Verhältnis zwischen Schulbildung und Einkommen, da eine bessere formale Bildung die Handlungschancen im außeragrarischen Bereich erheblich erweitert.

Allerdings ist in diesem Zusammenhang anzumerken, daß in ländlichen Regionen nur wenige bildungsadäquate und zugleich gut bezahlte Tätigkeiten zur Verfügung stehen. Die obige Korrelation zwischen formaler Bildung und nicht-agrarischem Einkommen sagt nämlich nichts darüber aus, wie viele Menschen trotz einer guten formalen Bildung weiterhin im traditionellen Sektor tätig sind, während einzelne Berufe im modernen Sektor (z.B. im Transportwesen) zwar keine besondere Bildung erfordern, aber für lokale Verhältnisse recht gut bezahlt werden.

Wie bereits erwähnt, ist die große Mehrheit der Haushalte schon aus Gründen der Subsistenzsicherung auf außeragrarische Erwerbsmöglichkeiten angewiesen. Auch die großen Landbesitzer gehen in der Regel zusätzlich anderen beruflichen Aktivitäten nach. Nur vier Haushalte in Karangduwet leben allein von der Landwirtschaft. Entscheidender als die Höhe des außerlandwirtschaftlichen Einkommens ist deshalb m. E. die Variable des prozentualen Anteils der „off-farm-activity" im Verhältnis zum Gesamteinkommen, da sie indirekt auch den Grad des „agricultural Involvement" mißt.[20] Der Korrelationswert zwischen dem Anteil der

---

[20] Ich habe in diesem Fall die agrarische Lohnarbeit nicht als „off-farm-activity" berechnet, um die Landwirtschaft als distinktiven Wirtschaftsbereich von den anderen Erwerbsformen getrennt zu halten.

außerlandwirtschaftlichen Einkommen mit den Jahren der formalen Bildung von r = 0,47 (statistisch signifikant mit 0,001) zeigt, daß die Rolle der Landwirtschaft als Einkommensquelle mit steigender Bildung abnimmt.

| | Männer | | Frauen | |
Berufe	Hauptberuf	Nebenberuf	Hauptberuf	Nebenberuf
Landwirtschaft				
Bauer mit Land	53	3	37	4
Pächter landlos	17	4	4	2
Landarbeiter	1	34	1	51
	(71)	(28)	(42)	(40)
Handwerk				
Schreiner	1	15	0	0
Maurer	0	8	0	0
Schneider	0	4	2	1
Bambusflechter	0	1	0	0
Brunnenbauer	0	3	0	0
Reparaturbetrieb	0	3	0	0
	(1)	(30)	(2)	(1)
Handel				
Großhändler	1	0	1	0
Kleinhändler	0	4	0	31
Verkaufsstelle	0	2	1	5
Essensverkauf	0	2	0	0
	(1)	(8)	(2)	(36)
Lohnarabeit				
Lehrer	5	0	3	0
Transportwesen	10	0	0	0
Gesundheit	3	0	2	0
Fabrikarbeiter	5	2	0	0
Andere	12	1	3	0
	(32)	(3)	(8)	(0)
Andere				
Beamter	8	0	3	0
Pensionär	3	2	1	0
Ohne Arbeit	2	0	9	0
Student	4	0	2	0
	(17)	(2)	(15)	(0)

Tabelle 5.7. Haupt- und Nebenberufe in Karangduwet

Allerdings ist hier eine generationenbezogene Einschränkung zu machen: Laut meinem Sample von 145 Personen beträgt der durchschnittliche Anteil der Lohnarbeit am Gesamteinkommen 48,7% (SD = 28,2). In der Altersgruppe über 60 sinkt dieser Wert auf 29,4% (SD = 9,5), während er in der Gruppe von 40-59 bereits 43,9% (SD = 30,2) und in der Kategorie der jüngeren Dukuhbewohner unter 40 Jahren gar 64,7% (SD = 23,4) ausmacht. Das heißt, je jünger jemand ist, desto weniger ist sein Einkommen von der Landwirtschaft abhängig. Dieses Phänomen kann aber m. E. nicht monokausal als Konsequenz demographischen Drucks auf begrenzte natürliche Ressourcen interpretiert werden, wie dies z.B. White (1977) und Jones (1981) tun. Vielmehr scheint mir hier ein zusätzlicher Faktor wirksam zu sein, nämlich die zunehmende Aversion der jüngeren Generation, einen bäuerlichen Beruf auszuüben. Es gibt in Karangduwet insgesamt nur wenige junge Leute (unter 30), die tatsächlich noch als Bauern zu bezeichnen wären. Auch unter den Kindern der größeren Landbesitzer werden zunehmend Berufe im Dienstleistungswesen oder andere Lohnarbeiten der Landwirtschaft vorgezogen.

Im Gegensatz zu der Feststellung Harjonos (1990: 246) sind die Bewohner Karangduwets nicht der ungeteilten Meinung „that agriculture is the most desirable source of livelihood if one has sufficient land to support ones family". Vielmehr ist hier ist in vielen Fällen bereits ein Bruch mit der bäuerlichen Tradition erkennbar. Während die überwältigende Mehrheit der Haushaltsvorstände, sofern die Landwirtschaft eine ihrer Erwerbsquellen darstellte, auch dann den Hauptberuf „Bauer" (*tani*) nannten, wenn das außeragrarische Einkommen das landwirtschaftliche im Verlauf eines Jahres übertraf, war dies bei den jüngeren Dukuhbewohnern kaum der Fall. Man begriff sich trotz seiner Mitgliedschaft in einem bäuerlichen Haushalt eher als Kollektor, Angestellter oder Arbeiter denn als Bauer. Die klassischen Nebenberufe des Kleinhändlers, Schreiners, Schneiders usw. kommen bei den unter 30jährigen in keinem einzigen Haushalt vor. Diese traditionellen, aufgrund von Erfahrung und Erbe von den Eltern erworbenen Fähigkeiten werden im Karangduwet der Zukunft kaum noch anzutreffen sein.

Tabelle 5.7. zeigt die Berufsverteilung von 180 Dukuhbewohnern. Gewiß ist die Unterscheidung zwischen Haupt- und Nebenberuf relativ. Da sich die Zuordnung an den von den Informanten im Zensus gemachten Angaben orientiert, dürfte die obige Auflistung eher die Proportion der für die Einzeltätigkeiten aufgewendeten Zeit, als ihr Anteil am Einkommen reflektieren. Alle von den Bewohnern Karangduwets ausgeübten Berufe lassen sich auf fünf übergeordnete Dimensionen reduzieren. Der Agrarsektor setzt sich aus drei Kernelementen zusammen: 1. der Arbeit auf den eigenen plus den gepachteten Feldern, 2. der ausschließlich auf Arrangements mit landbesitzenden Haushalten basierenden Landwirtschaft und 3. der agrarischen Lohnarbeit (Landarbeiter). Letztere kommt als Hauptberuf nur noch in zwei Fällen vor. Es handelt sich dabei um den Vorstand eines Zwei-Personen-Haushalts (61), der nebenberuflich als Bambusflechter (*tukang anyam*) tätig ist und um eine 40jährige Witwe, welche als einzige Person im Dukuh ausschließlich als Landarbeiterin (*buruh tani*) arbeitet. Wie zu erkennen, ist die nebenberufliche Landarbeit indes nach wie vor ein wichtiges Element in der Haushaltsökonomie Karangduwets. Es zeigt sich aber, daß die Frauen stärker in diesem Bereich vertreten sind als die Männer. Die agrarische Lohnarbeit stellt ein festes Element der Einkommen aller in der Landwirtschaft involvierten Haushalte der Besitzklasse I sowie für Teile der Besitzklasse II dar. Bezüglich des Landbesitzes ist festzuhalten, daß Landeigentümer mit mehr als 0,5 ha keine Lohnarbeit auf den Feldern Anderer verrichten.

Der Handel wird dem traditionellen Geschlechterverständnis gemäß fast ausnahmslos von den Frauen dominiert. Es handelt sich hier primär um die auf einen Wochentag beschränkten Aktivitäten auf dem lokalen Markt. Der Verkauf von selbsterzeugten Produkten ist äußerst selten; nur zwei Frauen aus Karangduwet betreiben die eigene Herstellung und den Verkauf von Sojaprodukten (Tofu und Tempeh). Typischer als der Verkauf von Eigenprodukten ist vielmehr eine spezifische Form des Zwischenhandels, der sich folgendermaßen abspielt: Die Kleinhändlerinnen kaufen von den Großhändlern und Großbauern die Produkte ab und verkaufen sie am selben Morgen im gleichen Marktgebäude an die Kunden weiter. Anders als die professionellen Händler besitzen diese Frauen keine permanenten Stände. Alle Kleinhändlerinnen gehören den Besitzklassen I und II an. Es gibt keine Beziehung der Handelsaktivität mit dem Landbesitz bzw. der Landkontrolle. Mit Ausnahme der Lehrerin und Angestellten (z.B. Gesundheitszentrum) kommt der Kleinhandel in Kombination mit allen anderen Berufen vor. Auch besteht kein Zusammenhang des „petty trade" mit dem Alter der Frauen.

Allerdings wird der Kleinhandel nach meinen Beobachtungen ausschließlich von Frauen ohne formale Schulbildung und solchen mit Grund- und Mittelschulabschlüssen, nicht aber von Frauen mit Oberschulabschlüssen praktiziert. Anderson (1978: 39) hat die Rolle des Kleinhandels für die ländliche Haushaltsökonomie treffend zusammengefaßt:

> „trading ... is not a discrete economic activity but is part of the polycultural pattern of economic activities that is necessary to maintain subsistence standards for a large number of households"[21]

Die für das ländliche Java allgemein typischen „wandernden Händlerinnen" (*itinerant traders*) kommen unter den Bewohnern Karangduwets selbst nicht vor. Solche Händlerinnen kamen aber regelmäßig von außerhalb ins Dukuh, um verschiedene Gemüsesorten und Sojaprodukte zu verkaufen. Ich habe solche Personen aber nur in den Nachbarschaftseinheiten RT 3 und 4 beobachten können. In den Einhei-

---

[21] Zitiert in Harjono 1990: 251.

ten RT 1 und 2, die von den lokalen Händlerinnen dominiert werden, war dieser Typus nicht anzutreffen. Ich nehme an, daß man aufgrund der Konkurrenzsituation diesen Frauen gegenüber eher ablehnend eingestellt war.

Handel im größeren Stil, d.h. täglich und mit einem über die Bezirks- und Provinzgrenzen hinausreichenden Aktionsradius kam in Karangduwet nur in zwei Fällen vor. Eine 39jährige Witwe, die bereits in Jakarta mehrere Jahre erfolgreich Handel betrieben hatte und zu den materiell reichsten Dukuhbewohnern gehörte, pendelte täglich zwischen den Märkten in Yogya und Wonosari und beschäftigte eine in Karangduwet lebende Frau als Mitarbeiterin. Ein kinderloser Haushalt der Besitzklasse II hatte sich auf den hauptberuflichen Handel mit Bauholz spezialisiert. Eine eigenständige Kategorie bilden die Besitzer der innerhalb der Wohnbereiche befindlichen Verkaufsstellen (*warung*), in welchen neben Reis, Gemüse und Sojaprodukten auch diverse Gegenstände des täglichen Bedarfs (Zigaretten, Batterien, Kugelschreiber usw.) verkauft werden.

Diese *warung* spielen eine wichtige Rolle als Kreditinstitutionen in der Nachbarschaft. In Karangduwet gab es insgesamt sechs solcher Läden. Einer wurde von einer Witwe, ein weiterer von einer geschiedenen Frau und ein dritter von einer Frau, deren Ehemann in Jakarta lebt, geführt. Im Fall eines Ehepaares war der Mann in keiner Weise in die Geschäftsaktivitäten seiner Gattin eingebunden. Nur in zwei Haushalten schien das Ehepaar den Warung gemeinsam zu führen. Die von Harjono (1990: 251) für das Dorf Sukahaji/Westjava gemachte Feststellung, nach der „there are no cases of a female household head undertaking this work [d.h. einen Warung betreiben], largely because assistence from a husband is necessary in dealing with both debtors and creditors" trifft in Karangduwet offensichtlich nicht zu.

Aus Tabelle 5.7. läßt sich als wichtigste Erkenntnis ablesen, daß die Berufe der Männer eine größere Variation aufweisen als die der Frauen, da außerhalb der Landwirtschaft (*pertanian*) und des Handels (*perdagangan*) kaum berufliche Handlungschancen für Frauen gegeben sind. So wird der Bereich des Handwerks mit Ausnahme der Schneiderei vollkommen von den Männern beherrscht. Wie zu erkennen, konzentrieren sich die Handwerksberufe vornehmlich auf die Arbeit als Schreiner und Maurer. Lediglich ein Akteur identifiziert sich primär, d.h. hauptberuflich als Handwerker. Es handelt sich um einen Schreiner, der mehrere Jahre als Holzfäller in Kalimantan gearbeitet hat und eine Sägerei mit drei Beschäftigten besitzt und dementsprechend eher als *Unternehmer* denn als *Handwerker* zu bezeichnen wäre. Für Reparaturwerkstätten besteht in Karangduwet nur ein beschränkter Bedarf. Zwei Haushalte hatten sich auf die Reparatur von Fahrrädern und Mopeds, einer auf die Instandsetzung von Elektrogeräten spezialisiert. Traditionell den Frauen vorbehaltene Handwerkstraditionen wie die Weberei, Stickerei oder die Batikherstellung spielen in der Untersuchungsregion offensichtlich keine Rolle. Traditionelle javanische Künstlerberufe wie Maler, Wayang-Puppenspieler (*dalang*), Tänzerin usw. (vgl. Jay 1969: 247) kommen in Karangduwet ebenfalls nicht vor.

Im Bereich der außeragrarischen Lohnarbeit gibt es abgesehen von den begrenzten Stellen für Lehrer-/innen und im Gesundheitssektor (z.B. Puskesmas, Gesundheitsbeauftragter, Arzthelferin) keine einer höheren formalen Bildung adäquaten Handlungsfelder. Während der Transportsektor für Frauen kategorisch verschlossen ist, kommt die Fabrikarbeit wegen der langen Verkehrswege für verheiratete Frauen nicht in Frage. Aufgrund der kommunalen Normen würden die Dukuhbewohner die ganztägige oder gar mehrtägige Abwesenheit der Mütter mit Kindern unter 15 mißbilligen. Dieser Fall war bei einer 35jährigen Frau gegeben, die sich mehrmals wöchentlich früh morgens zum Markt nach Yogyakarta begab und erst am späten Abend von dort zurückkehrte. Obwohl der Ehemann, ein mittelgroßer Landbesitzer, stets zu Hause bzw. in der Nähe seiner Kinder war, vermieden die Frauen des Dorfes den Kontakt mit ihr, da sie nach einmütiger Ansicht ihre familiären Verpflichtungen verletzte. Erstaunlicherweise traf dieser Vorwurf die emigrierten Frauen, welche ihre Kinder den Eltern im Dukuh anvertrauen (*dimomong*) nicht.[22]

Die Kategorie „Andere" im Bereich der Lohnarbeit bezieht sich im wesentlichen auf Anstellungen in kleinen Familienbetrieben wie Reparaturwerkstätten und Schreinereien, Mithilfe bei den Großhändlern und die Tätigkeit als Hausmädchen (*pembantu*). Letztere gab es in den Haushalten des Lurah, Wirtschaftsbeamten und eines Großbauern. Die neun Frauen ohne Arbeit sind reine Hausfrauen (*Ibu rumah tangga*) mit Kleinkindern unter fünf Jahren (*anak balita*), die zumeist dem Nukleartyp der ersten Lebenszyklusphase angehören und die vollständige Kinderbetreuung selbst leisten müssen.

Collier et al. gehen davon aus, daß seit 1978 „opportunities for employment in urban areas have improved considerably to the advantage of rural people" (1982: 84). Die obigen Angaben (Tabelle 5.7.) beziehen sich nur auf die lokalen Beschäf-

---

[22] Ein weiterer Aspekt, der das Pendeln zu weiter entfernten Arbeitsorten (*nglaju*) für Frauen erschwert ist sicherlich, daß man sich durch den temporären Entzug von der kommunalen Kontrolle (zumindest bei Teilen der Dukuhbewohner) durchaus dem Verdacht der Prostitution aussetzen kann (so geschehen in obigem Beispiel). Nach Auskunft meiner jüngeren Schlüsselinformanten scheinen insgesamt drei in Karangduwet lebende Frauen (zwischen 20 und 30, alle unverheiratet) sporadisch diesem Gewerbe nachzugehen, wozu in der Regel Zimmer einer bestimmten Pension in Wonosari angemietet werden. Ob die älteren Dukuhbewohner davon nichts wußten, diese Tatsache aus Scham verbergen wollten oder ob man hier aufgrund des ledigen Heiratsstatus eine größere Toleranz besaß, kann ich nicht mit Sicherheit sagen.

tigungen (Dorf, Landkreis) und die im Pendelverkehr erreichbaren regionalen Arbeitsorte (Regierungsbezirk, Provinz sowie die angrenzenden Kreise Mitteljavas), nicht aber auf die saisonale Arbeitsemigration mit mehrwöchiger Abwesenheit. Diese wird in 28 Haushalten von 35 Personen praktiziert. Nach Angaben des Zensus verlassen 14 Frauen und 21 Männer regelmäßig während der weniger arbeitsintensiven Monate des agrarischen Zyklus (Juli bis Oktober) das Dukuh zur zeitlich befristeten Arbeitsemigration. Die Zielorte sind in absteigender Frequenz Jakarta (n = 23), Bali (n = 4), Surabaya (n = 3) und verschiedene Migrationsziele in Sumatra (n = 3), Sulawesi sowie Irian Jaya (jeweils n = 1). Die Tätigkeiten der Männer konzentrieren sich vorwiegend auf das Baugewerbe (n = 10) und die Fabrikarbeit (n = 7), jeweils ein Mann arbeitet regelmäßig im Hotelbereich, in einem Kurierbetrieb, einer Reparaturwekstatt und auf einer Plantage (Sumatra). Bei den Frauen halten sich die Fabrikarbeit (n =8) und das Hotelgewerbe (n = 6) in etwa die Waage. Charakteristisch für alle „seasonal migrants" ist die Kontinuität ihrer Anstellungen über mehrere Jahre. Diese Situation dürfte weniger auf die in Karangduwet vorherrschende Begründung, nach der sich die „Leute aus Gunung Kidul" (*wong Gunung Kidul*) durch ihre ausgeprägte Tüchtigkeit (*kerajinan*) und Ausdauer (*ketekunan*) von der Tieflandbevölkerung absetzen, als vielmehr auf persönliche und familiäre Kontakte zurückzuführen sein.

5.4.3. *Einkommensquellen und Kreditinstitutionen*

Das Gesamteinkommen von 62 repräsentativen Haushalten lag im Durchschnitt bei 266.000 Rp. pro Monat mit einer sehr hohen Standardabweichung von SD = 222. 000.[23] Immerhin 27,8% der Mehrpersonen-Haushalte hatten ein Einkommen unter 100.000 Rp. Sie bleiben somit hinter dem offiziellen, für die Sonderregion Yogyakarta festgelegten Mindeststandard (Existenzminimum) zurück (vgl. Ritohardoyo 1990: 27). Bei der Datenerhebung wurden die vier Einkommensquellen Landwirtschaft (Einkünfte aus eigenen und gepachteten Parzellen), Lohnarbeit (einschließlich Landarbeit), Handel (Marktaktivitäten usw.) und Geldsendungen unterschieden.[24] Der prozentuale Anteil am Gesamteinkommen der Haushalte betrug für die Landwirtschaft 28,9% (SD = 20,2), die Lohnarbeit 48,7% (SD = 28,8), den Handel 11,8% (SD = 18,8) und die Geldsendungen 11,2% (SD = 20,4). Der Anteil der

---

[23] Als Untersuchungseinheit wurde stets das verheiratete Ehepaar gewählt. Als Bemessungsgrundlage diente der Durchschnittswert der Einkommen der letzten drei Monate.

[24] Der Erlös der Veräußerung von Vieh wurde nicht berücksichtigt, da dieser Nebenzweig zum Zeitpunkt der Erhebung saisonal bedingt kaum eine Rolle spielt. Dieser erhält erst in den Folgemonaten während der „off season" ökonomische Bedeutung.

Geldsendungen emigrierter Familienmitglieder scheint mit 11,8% auf den ersten Blick eher gering. Es sei aber daran erinnert, daß dieser Wert im Vergleich mit anderen Fallstudien (vgl. Connel et. all. 1976: Kap. 8) nach wie vor relativ hoch ist.[25]

Im übrigen kommt dieser Durchschnittswert (implizit seiner sehr hohen Standardabweichung) primär dadurch zustande, daß rund 55% (n = 44) aller Haushalte im Sample im Erhebungszeitraum *keine* Geldsendungen erhielten. Konzentrieren wir uns indessen auf die Haushalte, die Geldsendungen bekamen (n = 37), so steigt der Durchschnittswert innerhalb der Empfängerhaushalte auf 33,7% (SD = 14,5) an während immerhin 27,5% dieser Haushalte mehr als 50% ihres Einkommens durch Geldsendungen bestritten.

Den Bewohnern Karangduwets stehen generell fünf Anlaufstellen offen, an die sie sich wenden können, wenn sie einen Kredit in Anspruch nehmen wollen. Diese Kreditinstitutionen sind die lokale Volksbank (*Bank Rakyat Indonesia*), die staatliche Dorfkooperative (*KUD*), die Kreditkassen der Nachbarschaftskreise (*Kas RT*), die verschiedenen von der PKK-Bewegung organisierten Sparvereinigungen für Frauen (*Tabungan Ibu-Ibu PKK*) und die Kredite von Nachbarn, Verwandten, Besitzern von Verkaufsstellen, lokalen Geldverleihern usw., die man auch unter dem Begriff der „informellen Kredite" zusammenfassen kann. Von allen diesen Institutionen ist die Dorfkooperative die unwichtigste. So hatten nur 5% des Samples (n = 3) im Zeitraum von drei Monaten einen Kredit bei der örtlichen *KUD* aufgenommen. Ebenfalls eher selten greifen die Dukuhbewohner auf Privatkredite zurück, so hatten dies insgesamt 17,5% (n = 8) der Informanten getan. Immerhin 24% (n = 17) hatten im selben Zeitraum einen Bankkredit aufgenommen (im Durchschnitt 232.000 Rp.; SD = 46.000). Fast identisch ist mit 29% (n = 18) die Anzahl der Haushalte, die während dieser Zeit einen „PKK-loan" nahmen. Diese geringe Fallzahl verwundert um so mehr, als das finanzielle Management eine traditionelle Domäne der Frauen darstellt (vgl. Jay 1969: Kap. 7) und die Benutzung von PKK-Krediten vom Staat mit Nachdruck propagiert wird.

Die einzige Kreditinstitution, von der die Mehrheit der Bevölkerung regelmäßig Gebrauch zu machen scheint, ist die Nachbarschaftskasse (*Kas RT*), aus der immerhin 56% (n = 34) der Befragten binnen der letzten drei Monate Kredite erhielten. Im Schnitt hatten die Informanten 12900 Rp. im Monat aus der RT-Kasse geliehen (SD = 6500). Die Differenz der Inanspruchnahmen weist darauf hin, daß die PKK-Kredite einer wesentlich beschränkteren Anzahl von Dukuhbewohnern offen zu stehen scheinen als die der RT.

---

[25] So geht z.B. Keyes (1979) für ein Dorf in Thailand von einem durchschnittlichen Anteil der Geldsendungen am Gesamteinkommen von nur 4% aus.

6. Agrarische Produktionsbeziehungen

Zu den wichtigsten sozio-ökonomischen Institutionen in Karangduwet gehören die Regelmechanismen des agrarischen Arbeitsmarkts und seiner Produktionsbeziehungen. Im folgenden sollen die zentralen Merkmale von Kontinuität und Wandel der Arrangements in Karangduwet analysiert und mit den generellen demographischen, sozio-ökonomischen und kulturellen Wandlungsprozessen im Dukuh in Beziehung gesetzt werden. Die Ergebnisse lassen sich auf insgesamt sechs Tendenzen reduzieren:

1. Der Fortbestand einer zwar ökonomisch schwachen, aber sozio-kulturell und institutionell weitgehend unabhängigen Peasantry,
2. Ein durch die nachhaltige Veränderung der demographischen Struktur und der Landbesitzverhältnisse begründeter qualitativer und quantitativer Wandel von Sharecropping-Arrangements,
3. Das relativ rezente Erscheinen der Geldpacht,
4. Die Ablösung des Naturallohns (*bawon*) durch ein Geldlohnsystem (*pengupahan harian*), das partiell mit einem Bonussystems der Bevorzugung privilegierter Arbeiter einher geht, aber in Abgrenzung zum Tiefland keine Ausschlußtendenzen für die Gruppe der nicht-privilegierten Landarbeiter impliziert,
5. Eine Renaissance des reziproken Arbeitstausches (*sambatan*) unter den Pächtern und
6. Die institutionelle Innovation von formalen, korporierten „work-sharing-groups" (*pokja*) auf der Basis der Nachbarschaftseinheiten, die zugleich die wachsende Rolle von Frauen als agrarische und kommunale Entscheidungsträger reflektieren.

6.1. Lokalhistorischer Hintergrund

Trotz einer auf dem Landbesitz basierenden sozialen Stratifikation bildeten in der Vergangenheit die symmetrischen Arbeitsbeziehungen zwischen den mittleren und kleineren Landbesitzern die Grundlage der dörflichen Landbewirtschaftung. Laut einmütigen Aussagen der älteren Dukuhbewohner bewirtschafteten die Bauern ihr Land fast ausschließlich nach dem *sambatan*-Prinzip, d.h. dem unbezahlten Arbeitstausch. Dieses Prinzip wurde in allen Anbauschritten mit Ausnahme der Ernte (*panen*) praktiziert. Hier galt indes das *bawon*-Prinzip, bei welchem dem Erntehelfer je 1/5 der von ihm eingebrachten Palawija- bzw. Reismenge zustand. Das Vorherrschen dieser generalisierten Reziprozität bis in die sechziger Jahre hinein ist ein Indiz dafür, daß bis zum Zeitpunkt der historischen Zäsur von 1962-1965 eine recht starke Fraktion von unabhängigen Peasants in Karangduwet existiert haben muß.

Diese Schlußfolgerung wird durch eine Reihe von Indikatoren gestützt, welche die Untersuchungsregion deutlich von den Dorfgemeinschaften der Ebenen abheben. Zum ersten ist festzuhalten, daß Sharecropping-Arrangements erst gegen Ende der fünfziger Jahre auftauchen und zunächst nur zwischen eng verwandten Familien (*kaum kerabat*) vorkamen. Der Ansicht der Dukuhbewohner zufolge trat dieses System nur zur Subsistenzsicherung von sehr armen Haushalten in Erscheinung, welchen man durch Sharecropping-Abmachungen half, ihren Lebensunterhalt zu sichern. Zwischen nicht-verwandten Haushalten kamen solche Arrangements indes erst in den siebziger Jahren auf. Das Sharecropping scheint demnach in Karangduwet eine relativ rezente Praxis zu sein, die sich (nachdem keine neuen Agrarflächen durch Primärwaldrodung mehr erschlossen werden konnten) als Reaktion auf eine zunehmende Polarisierung im Landbesitz herausgebildet hat, wobei die Arrangements zunächst in verwandtschaftlichen Solidarverpflichtungen begründet waren.

Bemerkenswert ist weiterhin, daß die im benachbarten Klaten seit jeher übliche Klasseneinteilung von *petani kenceng*, d.h. Besitzer von Hofparzellen *plus* Ackerland und *petani setengah kenceng*, d.h. Eigentümer von Wohnparzellen *ohne* Akkerland in Karangduwet unbekannt ist. Es gibt in Karangduwet keine terminologischen Indices irgendeiner Existenz von formalisierten, mit Namen benannten Statusgruppen auf der Basis von Landbesitz. Ähnlich wie im Fall der ostjavanischen Tengger (vgl. Hefner 1990: Kap. 3) werden die Haushaltsvorstände in der Alltagskonversation stets mit ihrem persönlichen Namen identifiziert und in keinem Fall kollektiv als kategorische Gruppe apostrophiert. Gewiß war auch das Karangduwet der Vergangenheit keine sozial homogene Gesellschaft. So zeigen bereits die Aussagen der Dukuhbewohner, nach denen die mittleren und armen Bauern den reziproken Arbeitstausch bevorzugten, daß es in Abgrenzung dazu auch das komplementäre Element von reichen Bauern gegeben haben muß. Diese These wird vor allem dadurch erhärtet, daß man im Karangduwet der Vergangenheit auch gewisse Formen der Patron-Klient-Beziehung gekannt hat, die aber nur sporadisch vorkamen. So soll es in der Untersuchungsregion hin und wieder Einzelfälle gegeben haben, in welchen ein landloser Familienvorstand mit seiner Frau und seinen Kindern im Haus eines reichen Bauern lebte, dessen Felder er gegen Kost und Logis bearbeitete. Die Subsistenzgarantien des Patrons waren vielfältig: Neben der Bereitstellung von Wohnraum und Nahrung organisierte der Patron auch die Hochzeiten der Kinder seines Klienten, stellte einen Teil der erforderlichen Speisen für rituelle Anlässe (*slametane*) und übernahm die in Naturallohn oder Geld zu entrichtenden Kosten für die rituellen Dienste des Krankenheilers (*dukun*). Für die in anderen Regionen typischen Verhältnisse, nach denen die Klienten bereits als Kinder Aufnahme in den Haushalt des Patrons fanden (z.B. Hart 1986: 119) gibt es in Karangduwet keine Hinweise.[1] Auch war der Klient nicht fest an seinen Patron gebunden, d.h. er konnte sich jederzeit aus dem Patronageverhältnis lösen und auch während seines Bestehens stets Arbeitsmöglichkeiten auf den Feldern anderer Dukuhbewohner wahrnehmen. Sharecropping stellte in Abgrenzung zu anderen Regionen kein konstitutives Element einer solchen Patron-Klientbeziehung dar, wie sie z.B. Robert Jay im ländlichen Modjokuto der sechziger Jahre vorfand:

> „a sharecropper enters into a dependent relationship with a landholder, who assumes toward him the role of patron. The most striking mark of inferiority in the relationship for the Javanese is that the dependent is on call for causual services to his superior without specific recompense. This is why a person often refers to his dependent as his *wong kongkonan,* literally „errand boy"...... This relationship again reveals as its model the relationship of a child to his parent. The dependent takes on in some ways the role of a child to his patron. It is not a demeaning role, but, lacking the full social identification of child with his parent, it is a role of clear inferiority" (Jay 1969: 264).

Im Gegensatz dazu gibt es in Karangduwet weder ein terminologisches Äquivalent des *wong kongkonan,* noch irgendwelche Indizien einer kognitiven Assoziation der Sharecropping-Beziehung mit dem Verhältnis zwischen Eltern und Kindern. Eine solche Vorstellung dürfte den Dukuhbewohnern recht exotisch vorkommen. Die generelle Unterscheidung von „reichen Leuten" (*wong sugih*) und „armen Leuten" (*wong tompes*) läßt zwar erkennen, daß auch in der Vergangenheit eine sozioökonomisch heterogene Gemeinschaftsstruktur vorhanden war, doch scheint die traditionelle Gesellschaftsordnung eher durch eine *diffuse Subordination* der ökonomisch Schwachen, denn durch die Existenz von klar identifizierbaren sozialen Statusgruppen charakterisiert gewesen zu sein.

6.2. Agrarische Arrangements in Karangduwet

Selbstverständlich können die Angaben über die Agrarsituation der Vergangenheit nur qualitativ interpretiert werden, da keine statistisch verwertbaren Daten zur Landkontrolle in den sechziger Jahren und davor vorliegen. Dennoch läßt das Gesamtbild der von den Informanten gemachten Äußerungen m. E. durchaus die obige Schlußfolgerung zu, die durch zwei weitere Besonderheiten nachdrücklich unterstrichen wird. Erstens kannte man in Karangduwet nicht die in den Tiefebenen

---

[1] Dies wird auch dadurch bestätigt, daß der ansonsten für solche Klienten typische Term *bujang* (Junggeselle) in den Ausführungen der Bewohner Karangduwets nicht vorkam.

praktizierte Wohlfahrtsinstitution der offenen Ernte, die dort jedem landlosen Haushalt den freien Zugang zur Erntepartizipation auf den Feldern der Landeigentümer sicherstellen sollte (vgl. Collier 1978, Hart 1986).

Managementform	*Anzahl*	*Anteil in %*
Sharecropping out	13	12,6
Renting out	7	6,8
Hired labour	27	28,2
Renting in	18	15,5
Sharecropping in	15	14,6
Sharecropping plus renting in	6	5,8
Wage worker	2	1,9
Non-agrarian household	15	14,6
	103	**100**

Tabelle 6.1. Landmanagement in Karangduwet

Des weiteren gab es vor Anfang der siebziger Jahre im Untersuchungsgebiet auch keine Form der Geldpacht. Die in Karangduwet mit dem Term „Jahresverkauf- und Jahreskauf" (*jual-beli-tahunan*) bezeichnete Praxis hat offensichtlich nicht nur sehr spät, sondern auch simultan mit der Ausweitung der Sharecropping-Arrangements auf nicht-verwandte Teilpächter Eingang in die dörflichen Agrarbeziehungen gefunden. Das Gesamtmosaik der traditionellen Agrarverfassung weist insgesamt auf die Kontinuität einer relativ unabhängigen Bauernschaft hin, die sich erst anfangs der sechziger Jahre zwar nicht ganz aufzulösen, aber doch merklich zu reduzieren und neu zu ordnen scheint. Diese „traditional peasantry" scheint mir insgesamt durch ein recht hohes Maß an ökonomischer und sozialer Eigenverantwortlichkeit charakterisiert, die recht wenig Gemeinsamkeiten mit dem von Clifford Geertz geprägten Image des javanischen Landlebens als ein „dense web of finely spun work rights and work responsibilities" (1963: 99) aufzuweisen scheint.

Immerhin 28% aller Haushalte, d.h. 1/3 aller in der Landwirtschaft aktiven Residenzeinheiten bewirtschaften ihr Land ausschließlich mit Lohnarbeitern und Haushaltsmitgliedern. In allen Fällen partizipiert der Haushaltsvorstand aktiv in der Kultivierung seiner Parzellen. Kinder unter 15 sind auf den Feldern nicht anzutreffen.[2] Hierfür dürfte einmal die Ausweitung der Grundschulbildung und der damit einher gehende Wertewandel verantwortlich sein, der den eigenen Kindern die

---

[2] Lediglich die 13jährige Tochter einer Witwe sammelte regelmäßig Brennholz und Futtergras, das ein festes Nebeneinkommen des völlig verarmten Haushalts darstellte.

Ausübung der „harten" Landarbeit nicht mehr zumuten will. Ein zweiter Erklä-rungsfaktor wäre in der allgemeinen Situation der Untersuchungsregion zu suchen: Die geringen außeragrarischen Erwerbschancen von Frauen im Landkreis führen in Karangduwet nämlich dazu, daß die in industriell besser erschlossenen Regionen vorherrschende Korrelation, nach der die Fabrikarbeit von Frauen zwangsläufig eine stärkere Einbeziehung der Kinder in die Landwirtschaft nach sich zieht in der vorliegenden Siedlungsgemeinschaft nicht wirksam ist.

Die Präferenz für die ausschließliche Anstellung von Lohnarbeitern wird vor allem damit begründet, daß man diese Form der Landbewirtschaftung als profitab-ler (*lebih untung*) erachtet. Fassen wir die Gruppe der eigenständigen, d.h. der nicht in Sharecropping- oder Pachtabmachungen eingebundenen Haushalte und die Gruppe derer, die Teile ihres Landbesitzes von Anderen durch Sharecropping und Pacht bewirtschaften lassen zu einer Kategorie von agrarisch-institutionell unab-hängigen Haushalten zusammen, so sind dies immerhin 46% (n = 47) aller Haus-halte. Diese Zahlen sagen selbstverständlich noch nichts über den Lebensstandard der Haushalte aus. Es ist aber nicht von der Hand zu weisen, daß die in verschiede-nen Fallstudien für das javanische Tiefland nachgewiesene Situation von 1/3 unab-hängigen Haushalten zu 2/3 agrarisch abhängigen Haushalten (Jay 1969: 266, Hüs-ken 1979: 144, Hart 1986: III) in Karangduwet weit weniger dramatisch ausfällt. Sicher scheint weiterhin, daß in Karangduwet die Kontinuität einer gewissen „peasant independence" festzustellen ist, die sich - wie im folgenden zu zeigen - auch innerhalb von Sharecropping- und Pachtabmachungen fortsetzt.

6.2.1. Sharecropping-Agreements (Teilbauverhältnisse)

In Karangduwet gibt es zwei Grundformen des Teilbaus:

1. Das unter der Bezeichnung *maro* bekannte System sieht die paritätische Tei-lung des Ertrages von 50:50 vor und wäre demnach als *Halbpacht* zu bezeich-nen. Es wird in der Sawahwirtschaft stets, im Palawijaanbau indes nur in der Regenperiode praktiziert. Ich habe während des Feldaufenthalts zwei Formen des Maro-Systems feststellen können. In ca. 90% der Fälle (n = 19) erbrachten die Bewirtschafter die kompletten Produktionskosten, d.h. Saatgut, Düngemit-tel, Bewässerungsgebühren, Bezahlung der Lohnarbeiter und die Bereitstellung der Gerätschaften. Lediglich die Landsteuer (*pajak bumi*) wurde von den Land-eigentümern übernommen. Der aufzuteilende Naturalertrag ist hier stets abhän-gig von der im Verlauf einer Anbauperiode erzielten Produktion, d.h. er wird nach der Ernte in Anwesenheit des Grundeigentümers gewogen und verteilt. In einzelnen Fällen partizipierten die Landbesitzer aktiv bei der Pflanz- und Ernte-

arbeit.[3] Diese Variante ist der Regelfall, bei dem der Sharecropper (*penggarap*) nur eine oder mehrere Parzellen des Eigentümers (*pemilik*) bewirtschaftet und die deshalb als *Parzellenteilbau* zu charakterisieren wäre. In zwei Fällen wichen die Abmachungen in zentralen Punkten vom generellen Schema ab. In beiden Fällen handelte es sich um Sawahflächen des nach Jakarta emigrierten Bruders bzw. Schwagers des Sharecroppers. Erstens fand hier nicht nur eine gleichmäßige Aufteilung der Ernte statt, vielmehr wurden auch die Inputkosten zu gleichen Anteilen vom Landbesitzer und Sharecropper übernommen. Zweitens wurde bereits vor der Ernte eine fixe, dem Eigentümer zustehende Naturalmenge festgesetzt. Da die Landbesitzer aufgrund der weiten Entfernungen nicht zur Ernte erscheinen, wurde hier die im Voraus ausgehandelte Erntemenge verkauft und der dem Landbesitzer zustehende Ertrag in Cash ausbezahlt. Dies sind die einzigen Fälle des aus zahlreichen Fallstudien (Jay 1969, Röll 1976, Hart 1986, Harjono 1990) bekannten Phänomens des *absentee landlordism* in Karangduwet. Beide Fälle wiesen eine zusätzliche Besonderheit auf in der Form, daß die Bewirtschafter nicht nur eine Parzelle des Besitzers, sondern dessen gesamten Landbesitz (*usaha tani*) bestellten. Ich möchte diese Ausnahmeregelung in Abgrenzung zum Parzellenteilbau deshalb als *Anwesenteilbau* bezeichnen.

2. Das von den Dukuhbewohnern als *mertelon* bezeichnete Parzellenteilbau-System mit dem Teilverhältnis von 1/3 zu 2/3 ist nur im Palawijaanbau in der Trockenzeit üblich. Ähnlich wie beim Maro-System trägt der Sharecropper die vollen Produktionskosten, während die Landeigentümer die Landsteuern entrichtet. Im Gegensatz zum gleichnamigen, in der dörflichen Sawahwirtschaft Klatens (Röll 1976: 94) üblichen System ist der „Drittelbau" im Landkreis Karangmojo nicht durch das Teilverhältnis von 1/3 für den Sharecropper zu 2/3 für den Grundeigentümer, sondern durch das umgekehrte Verhältnis definiert, d.h. der Sharecropper erhält hier 2/3 des Naturalertrags.

In allen Teilpachtabmachungen bestimmt allein der Grundeigentümer die Form des Arrangements, d.h. Sharecropping oder Geldpacht. Er hat indes keinen Einfluß auf die angebauten Nahrungspflanzen und ihre jeweilige Anbaumenge. Die Entscheidung für z.B. lokalen Reis oder HYV-Varietäten bzw. die Kombination der jeweiligen Palawija-Mischkulturen obliegt allein dem Sharecropper. Sowohl die Tatsache, daß der Sharecropper im Regelfall die kompletten Inputkosten übernimmt, als

---

[3] Hier zeigt sich deutlich, daß die Sharecropping-Arrangements in Karangduwet weit weniger die Anerkennung von Statusgruppen implizieren, als dies im Tiefland der Fall ist. Eine Partizipation des Landeigentümers auf dem von seinem Sharecropper bewirtschafteten Feld, in dem der Eigentümer quasi zur Arbeitskraft des Sharecroppers degradiert wird, dürfte mit der oben von Robert Jay beschriebenen Konzeption kaum zu vereinbaren sein!

auch der Umstand, daß man ihm freie Hand in der Realisierung des Arrangements läßt, weisen bereits darauf hin, daß die Sharecropper in Karangduwet eher die Position eines Juniorpartners mit selbständigen unternehmerischen Funktionen als die eines von seinem Patron abhängigen und dessen Anweisungen ausführenden Anteilsarbeiters innehaben.[4] Die in Sharecropping (wie gleichsam in Geldpacht) bewirtschafteten Parzellen unterscheiden sich nicht von den in Eigenbewirtschaftung kontrollierten Flächen. Bei allen Abmachungen handelte es sich um semi-technisch erschlossene Parzellen mit ganzjähriger Verfügbarkeit von Wasser. Auch die Entfernung der Parzellen vom Wohnhaus des Sharecroppers bzw. Pächters unterscheidet sich mit maximal 2 km nicht von den üblichen Entfernungen, die auch Landeigentümer zu ihren Parzellen zurücklegen müssen.

Sharecropping-Agreements kommen im Kelurahan Karangmojo nur zwischen Privathaushalten vor, sowohl die kommunalen Dorfländereien (*kas desa*) als auch das Beamtenland (*bengkok*) werden nur durch Geldpacht, niemals über Sharecropping-Konzessionen der Fremdbewirtschaftung überlassen. In nur knapp 28% (n = 6) aller während des Feldaufenthalts durch sharecropping in bzw. sharecropping out in Teilbauverhältnisse involvierten Haushalte existierte ein nachweisbares verwandtschaftliches Verhältnis zwischen Landeigentümer und Sharecropper. Dies spiegelt deutlich den qualitativen Wandel der ehemals auf der Basis von Verwandtschaftsbeziehungen entstandenen Arrangements.

Im Gegensatz zu seiner Genese stellt der kontemporäre Teilbau in Karangduwet weder eine dörfliche Wohlfahrtsinstitution im Sinne von J. Scott (1976), noch einen „mechanism through which people help their less affluent relatives" (Hefner 1990: 131) dar. Beide Aspekte spielen in der *Begründung* der gegenwärtigen Abmachungen keine entscheidungsrelevante Rolle, auch wenn die *Konsequenzen* solcher Arrangements durchaus eine redistributive Funktion in der Landkontrolle implizieren können.[5] In allen Fällen handelte es sich bei den sharecropping-out praktizierenden Landbesitzern um Haushaltsvorstände, die ihr Land aufgrund von Alter (n = 9), aufgrund des Fehlens haushaltsinterner Mitarbeiter (n = 5) oder der Aus-

---

[4] Der Landbesitzer ist bei der Wahl seiner Sharecropper primär an gut geleisteter Arbeit interessiert. So begründete mein Haushaltsvorstand in RT 4 seine Wahl für einen landlosen, aus Wonogiri stammenden jungen Mann, der nach der Heirat mit einer aus Karangduwet stammenden Frau ins Dukuh zog damit, daß dieser außerordentlich fleißig sei. Die in den Tieflandzonen sporadisch oder permanent praktizierte Supervison von Sharecroppern und Landarbeitern (vgl. Jay 1969, Hart 1986) vermittels Dritter (*mandor*) kommt in Karangduwet ebenfalls nicht vor.

[5] Anhand dieser Sachverhalte läßt sich die Erkenntnis ableiten, daß spezifische dörfliche Institutionen (z.B. Sharecropping) formal durchaus wie Solidar- bzw. Wohlfahrtsinstitutionen organisiert sein können, ohne in irgendeiner Form das Ergebnis einer bewußt „wohlfahrtsorientierten" Entscheidung oder Strategie darzustellen!

übung eines nicht-agrarischen Hauptberufs (n = 6; vorwiegend Staatsbeamte) nicht vollständig selbst bewirtschaften konnten, d.h. es wurden ausschließlich pragmatische Gründe angeführt. Diese pragmatischen Begründungen stimmen mit der objektiven Situation insofern überein, als es in Karangduwet keinen einzigen Fall gibt, in dem ein Haushalt zugleich sharecropping-/renting in und sharecropping-/renting out praktiziert. Laut Geertz (1969) stellt aber exakt diese Praxis ein konstitutives Element der dörflichen Produktions-Arrangements und des ihnen zugrunde liegenden Solidaritätsbewußtseins dar:

> „A man will let out part of his one hectar to a tenant .... while at the same time seeking tenancies on the lands of other men, thus balancing his obligations to give work (to his relatives, to his dependents, or even to his close friends and neighbours) against his own subsistence requirements" (ebd: 99).

Diese Auffassung ist auf die Sharecropping-Arrangements in Karangduwet nicht übertragbar. Die Bewohner Karangduwets sind mehrheitlich der Auffassung, daß die Praxis des Teilbaus (wie gleichsam die Geldpacht) im Verlauf der letzten zwanzig Jahre kontinuierlich zugenommen hat. Nur wenige Personen glaubten indes, daß sie konstant blieb, während niemand im Dukuh der Ansicht war, daß die Frequenz von Sharecropping- und Pacht-Arrangements innerhalb dieses Zeitraums zurückgegangen ist. Während sich einerseits eine Polarisierung im Landbesitz vollzogen hat, scheint gleichzeitig - als direkte Folge der Emigration - die durch eine signifikante Überalterung und das häufige Fehlen eines landwirtschaftlichen Nachfolgers charakterisierte demographische Struktur die Zugangschancen auf Sharecropping-Agreements und Pachtabmachungen erweitert zu haben, da ein größerer Prozentsatz von Haushalten seine Parzellen nicht mehr allein bewirtschaften kann.

6.2.2. Eine spezifische Form der Geldpacht

Die Geldpacht stellt im Untersuchungsgebiet eine relativ rezente Erscheinung dar, die erst in den frühen siebziger Jahren aufgekommen zu sein scheint. Das offensichtliche Mißverhältnis in Tabelle 6.1. von 24 (18 plus 6) in Karangduwet lebenden Pächtern zu 7 Haushalten, die Land verpachten kommt neben der Pacht von Grundstücken außerhalb Karangduwets ansässiger Landeigentümer (n = 2) vor allem durch die 12 Haushalte zustande, die Teile des Beamtenlandes (*bengkok*) des Lurah und des Wirtschaftsbeamten gepachtet haben. Insgesamt acht dieser 12 Haushalte können als Landlose eingestuft werden, d.h. sie verfügen im Sinne der Konzeption des *land owned* über weniger als 0,1 ha. Es scheint, daß die Präsenz der zwei wichtigsten Dorfbeamten in RT 1 den Dukuhbewohnern zu einer gewissen Vorzugsposition gegenüber den Bewohnern anderer Weiler verholfen hat. Der

von den Bewohnern Karangduwets verwendete Begriff *jual-beli-tahunan* (Jahres-
verkauf und Jahreskauf) deutet bereits darauf hin, daß hier anders als im Fall der
Teilpacht (*bagi hasil*) eine zeitliche Befristung gilt. Während das sharecropping out
offensichtlich unter solchen Landeigentümern vorherrscht, die aufgrund von Alter,
Beruf oder Emigration ihrer Kinder eine *langfristige* Fremdbewirtschaftung ihrer
Parzellen vorsehen, steht beim Jahresverkauf (*jual tahunan*) primär die *kurzfristige*
Verfügbarkeit von Bargeld im Vordergrund. Dementsprechend waren auch die
Motivationen für den Jahresverkauf wesentlich vielfältiger als beim Sharecropping.
So wurden als Gründe z.B. Schulgeld, Hausreparatur, Kauf eines Zebu-Rindes,
Krankenhausaufenthalt, rituelle Anlässe, Kauf eines Mopeds, Begleichung von
Schulden und das Anlegen eines Ziehbrunnens angeführt.

Laut Scott (1976: 113) impliziert die unter den Peasants vorherrschende kognitive Orientierung die Tendenz, daß Haushalte mit geringem Landbesitz zur Dek-
kung ihres Subsistenzbedarfs eher bereit sind, höhere Pachtgelder als größere
Landeigentümer zu bezahlen. Die Laufzeiten der Pachtarrangements in Karangduwet galten ein bis maximal vier Jahre. Ich habe zum Zweck der Überprüfung der
obigen Annahme die ausgehandelten Pachtgelder auf 1000 m² Tegalan/Jahr umgerechnet. Alle verrechneten Parzellen sind an das semi-technische Kanalnetz angeschlossen und ganzjährig irrigierbar, d.h. es gibt keine signifikanten Qualitätsunter-
schiede der Felder, so daß die Daten problemlos untereinander verglichen werden
können. Die Pachtsummen schwankten mit minimal 50000 Rp. bis maximal
250000 Rp. erheblich. Im Durchschnitt wurden 110600 Rp. (SD = 46800) Pachtgeld pro 1000 m² Tegalan bezahlt. Setzt man nun die Ausgaben der Pächter mit
deren Landbesitz in Beziehung, ergibt sich eine mittlere Korrelation von $r = -0,49$
(statistisch signifikant mit 0,008), d.h. der von Scott angenommene Zusammenhang
kann für die aktuelle Situation in Karangduwet bestätigt werden.

Es bestehen indes keine weiteren Korrelationen der bezahlten Pachtgelder mit
anderen sozio-ökonomischen Merkmalen der Pächter mit Ausnahme des Alters ($r =
-0,36$; statistisch signifikant mit 0,01) und der formalen Bildung ($r = -0,29$; stati-
stisch signifikant mit 0,02). Für dieses Phänomen habe ich keine stichhaltige Erklärung. Wenn wir unterstellen, daß es sich nicht um ein statistisches Zufallsergebnis
(*spurious correlation*) handelt, bleibt nur die Schlußfolgerung übrig, daß man älteren Pächtern aufgrund der mit dem Alter verbundenen Einstellungsregel der unterordnenden Höflichkeit (*sungkan*) hin und wieder eine gewisse Großzügigkeit entgegenbringt, während vom Bildungsstand her eher benachteiligte Pächter leichter
zur Zahlung überhöhter Preise zu überreden sind bzw. weniger Einflußmöglichkeiten haben, ihre Interessen durchzusetzen. Es fiel bereits bei der Zensuserhebung
auf, daß das sharecropping-in offensichtlich bei den ärmeren Dukuhbewohnern
vorherrscht, während die Praxis des renting-in eine stärker heterogene Verteilung

aufweist. Ein Erklärungsgrund für diese Situation könnte sein, daß arme Haushaltsgemeinschaften nicht immer über das notwendige Kapital zur Geldpacht verfügen und deshalb eher in Sharecropping-Arrangements einwilligen. Es scheint weiterhin, daß trotz des Fehlens von formalen agrarischen Statusgruppen eine moderne Elite der materiell Bessergestellten vorhanden ist, deren berufliche und soziale Stellung mit der Position eines Sharecroppers unvereinbar ist, aber nicht in Konflikt mit der eines Geldpächters steht. Da beim renting-in der Pächter die vollen Risiken trägt (d.h. er erhält auch bei einer mißlungenen Ernte nichts vom entrichteten Pachtgeld zurück) während beim Teilbau durch das Fehlen der Pachtzahlung doch eine gewisse *bilaterale Risikoverteilung* zwischen Landeigentümer und Sharecropper gegeben ist, kann durchaus unterstellt werden, daß materiell arme Haushalte, die zugleich nur sehr begrenzte natürliche Ressourcen besitzen, im Sinne der Risikominimierung eher Sharecropping-Arrangements als Geldpacht-Abmachungen eingehen.

6.2.3. Vom Bawon-System zur modernen Lohnarbeit

Die nachhaltigste Veränderung der agrarischen Wandlungsprozesse stellt die Ablösung des Ernte-Naturallohnprinzips (*bawon*) durch die Institution der Geldlohnbeziehung dar. Ich möchte zuvor jedoch auf die konventionelle Auffassung des *bawon*, wie sie in der ethnographischen Literatur vorherrscht näher eingehen, da m. E. fundamentale Unterschiede zwischen den Ergebnissen anderer Fallstudien und der Situation in Karangduwet vorliegen. Das bisherige Paradigma hat die Institution des *bawon* fast ausschließlich im Zusammenhang mit der Praxis der *offenen Ernte* analysiert, wie die folgenden Zitate aus zwei Fallstudien zeigen:

> „people have developed ways of sharing with one another what little they do have. There is, in both Kadirojo and Piring, a very strong patron-client relationship which welds bonds of mutual responsibility between rich and poor. One example of this is harvesting .... Each harvester receives a share, but close relatives usually are given more than others" (Mantra 1978: 208).

> „In past times .... harvesting was open to all who wished to participate. Payment was in kind, with harvesters receiving at least one fifth of what they cut as their bawon (harvesting) wage" (Harjono 1990: 211).

Das vorherrschende Paradigma hat vor allem den Wohlfahrtsaspekt des *bawon*-Systems in den Mittelpunkt des Interesses gerückt. Die Schlagwörter *bawon* und *open harvest* haben gewissermaßen als Synonym der traditionellen Wohlfahrtsinstitution par excellance Eingang in die Ethnographie Javas gefunden. Dieses Konzept schien mit den Ansichten meiner Informanten kaum vereinbar, da vor allem die reicheren Landbesitzer die Tradition des *bawon* hochhielten und ihre Auflösung beklagten. Teile der Landarbeiter indes betrachteten das *bawon* als eine unfaire Praxis aus der alten Zeit, gegenüber der das Geldlohnsystems in jedem Fall vorzuziehen sei, da es stärker die „Interessen der Armen" berücksichtigt.

Auch wenn die normativen Äußerungen der reicheren Landbesitzer zumeist die soziale Funktion des *bawon*-Systems hervorhoben, scheint mir die einst von meinem Hausvater in RT 4 gemachte Äußerung eine tiefere Wahrheit zu offenbaren: Er beklagte nämlich das neue System, bei dem die Lohnarbeiter zwar 3000 Rp. pro Arbeitsgang fordern und dazu noch Snacks, Getränke und Zigaretten erhalten, aber dafür weniger motiviert seien als früher. Demgegenüber hätte das *bawon*-System besser funktioniert, da der von der Erntemenge abhängige Naturallohn die Leute zum fleißigen Arbeiten angehalten hätte.

Das zügige Erledigen der Erntearbeit besitzt angesichts des steten Arbeitermangels und der fatalen Folgen im Falle des Einsetzens des Regens für den Landbesitzer höchste Priorität. Daß das *bawon*-System aller Wahrscheinlichkeit nach auch im Karangduwet der Vergangenheit keine Wohlfahrtsinstitution war, läßt sich schon daraus ableiten, daß sein wichtigstes Korrelat als Wohlfahrtseinrichtung, nämlich die offene Ernte, die per Definition jedem Siedlungsbewohner die freie Partizipation an der Ernte sichern soll, in Karangduwet gänzlich unbekannt ist. Ich möchte an dieser Stelle ausdrücklich darauf hinweisen, daß in der ethnographischen Literatur seit jeher eine divergente Interpretation des *bawon* vorhanden war, die aber durch die seit den siebziger Jahren vorherrschende neopulistische Richtung offenbar verdrängt worden ist. So hat K. J. Pelzer in seiner klassischen Studie „Pioneer Settlement in the Asiatic Tropics" (Pelzer 1945) das *bawon*-System als wesentliche Strategie der Kolonisationsbeamten in Südsumatra isoliert, durch das der Erschließungsprozeß agrarischer Nutzflächen durch die Immigranten erheblich beschleunigt werden konnte.

In diesem Sinne gibt es auch in Karangduwet Indizien für die Annahme, daß es sich beim *bawon* weniger um eine Wohlfahrtseinrichtung, als vielmehr um eine Produktionstechnik der Beschleunigung des Ernteprozesses gehandelt hat. Selbstverständlich kann ich nur für die Situation in Karangduwet sprechen. Allerdings scheinen die neopulistischen Ethnographen dazu zu tendieren, die standardisierte Bekräftigung sozial-normativer Positionen allzu sehr für bare Münze zu nehmen und den Aspekt der gesellschaftlichen Alltagspraxis zu übersehen.

Das Beispiel *bawon* besitzt exemplarischen Charakter für das Verständnis von sozio-kulturellen Wandlungsprozessen. In Zeiten minimaler Monetarisierung dürfte das *bawon* im Sinne der *Doxa* kein Diskussionsthema dargestellt haben. Erst im Kontext des Erscheinens des Geldlohns konnte sich eine antagonistische Interpretation herausbilden. Während man den größeren Landbesitzern unterstellen kann, die „reine Lehre" des *bawon*-Systems als orthodoxes Element dörflichen Zusammenlebens zu rekonstruieren, ist bei den Lohnarbeitern die heterodoxe Interpretation des *bawon* als einer mit den sozialen Normen in Konflikt stehenden Institution festzustellen. Im Unterschied zu Bourdieus Schlußfolgerung, nach der die herrschenden Klassen die Doxa durch eine Orthodoxie wiederherzustellen trachten, wird dieser Versuch in Karangduwet nicht unternommen. Vielmehr haben sich hier die großen Landbesitzer bereits den veränderten Strukturen unterworfen (Realitätssinn!). Im Gegensatz zur Lage in den javanischen Ebenen hat in Karangduwet der in der Emigration begründete Engpaß an Landarbeitern die „bargaining power" der Lohnarbeiter nachhaltig aufgewertet.

Ein konstitutives, dem Sharecropping und *bawon* verwandtes Element der Produktionsbeziehungen des javanischen Tieflands ist das unter dem indigenen Term *kedokan* bekannte System der Verrichtung unbezahlter Arbeit gegen die Garantie einer späteren Partizipation an der Ernte (Jay 1969, Hart 1986). Der Begriff *kedokan* und seine in verschiedenen Regionen üblichen Synonyme (*ceblokan, ngepakngedok*) waren den Dukuhbewohnern unbekannt. Eine äußerlich ähnliche, in ihren Konditionen abweichende Praxis konnte ich indessen zum ersten Mal im Haushalt meiner Bleibe in RT 4 beobachten. Während alle anderen von der Familie angestellten Lohnarbeiter in ihrer personellen Zusammensetzung von Arbeitseinsatz zu Arbeitseinsatz wechselten, waren ein landloser Nachbar und dessen Ehefrau stets anwesend. Der Nachbar verrichtete neben der Arbeit auf den Feldern auch des öfteren diverse Reparaturarbeiten an Haus und Stall auf Lohnbasis für meine Unterkunftsfamilie. Außerdem bekam seine Frau öfters Kredite von meiner Hausmutter. Sowohl nach der Soja- als auch nach der Reisernte erhielt die Nachbarin neben dem üblichen Geldlohn und der dazugehörigen Verpflegung (Snacks, Getränke) zusätzlich einige Kilogramm Sojabohnen bzw. Reis von der Ehefrau meines Hausherrn. Eine identische Praxis konnte ich später in meiner neuen Unterkunft in RT 1 feststellen. Herr Parsianto, der Haushaltsvorstand, bearbeitete 0,3 ha Sawah des Imam in Sharecropping und führte auch regelmäßig Jätarbeiten gegen Geldlohn auf den eigenbewirtschafteten Tegalan-Parzellen des Imam aus. Nach Beendigung der Drescharbeiten kehrte Frau Parsianto mit zusätzlichen 15 kg Sojabohnen nach Hause, die sie von der Gattin des Imam bekommen hatte.

Diese Privilegien unterscheiden sich vom Typ der selektiven Patronage (*kedokan*) vor allem dadurch, daß alle von den Arbeitern ausgeführten Tätigkeiten nach geregelten Tagessätzen entlohnt werden. Sie implizieren des weiteren keine Ausschlußmechanismen für andere Lohnarbeiter, die keine bevorzugte Position besitzen. Auch ist weder der Umfang dieser Sonderzahlungen in irgendeiner Form gewohnheitsrechtlich geregelt, noch existiert ein indigener Term für diese Praxis. Meine qualitativen Daten sprechen ausnahmslos dafür, daß es für Lohnarbeiter in

Zeiten der zyklischen Arbeitsspitzen keine Schwierigkeiten gibt, eine Anstellung auf Tageslohnbasis im Dukuh zu bekommen. Vielmehr klagten die Landbesitzer über die stets knappe Anzahl von verfügbaren Arbeitern, weswegen einzelne Haushalte in den letzten Jahren vermehrt Lohnarbeiter von außen anstellen. Die Lage in Karangduwet unterscheidet sich vom Tiefland primär dadurch, daß hier die Frage der institutionellen Abhängigkeit durch eine situationsabhängige Reversion charakterisiert ist, da nicht (wie im Fall des *kedokan*) die Gruppe der Lohnarbeiter aus Gründen der Abhängigkeit von Arbeit Minimalkonditionen akzeptieren muß, sondern vielmehr die größeren Landbesitzer aufgrund der Abhängigkeit von Arbeitskräften offensichtlich ihrerseits versuchen, diese vermittels eines Bonussystems an sich zu binden.

Wie in Kap. 5.4.2. bereits ausgeführt, gibt es in Karangduwet nur zwei hauptberufliche Landarbeiter. Alle anderen als *buruh tani* in Erscheinung tretenden Akteure gehören landbesitzenden Haushalten an oder bestellen mindestens eine Parzelle als Fremdbewirtschafter. Das heißt, die agrarische Lohnarbeit stellt keine eigenständige berufliche und ökonomische Aktivität dar, sondern ist vielmehr ähnlich dem Kleinhandel Teil einer multiplexen Einkommensstrategie. Es gibt in Karangduwet somit keine distinktive Klasse von Landarbeitern, wie sie die in den tiefer gelegenen Regionen vorzufindenden *kuli* darstellen (vgl. Hart et all. 1989). Landeigentümer mit einem Besitz über 0,5 ha treten allerdings nicht als Landarbeiter in Erscheinung, wie auch Lehrer, Beamte und Mitglieder von reichen Haushalten (Besitzklasse III) keine agrarische Lohnarbeit ausführen. Fast alle Landarbeiter Karangduwets sind verheiratet, haben Kinder und führen als Vorstand oder Ehefrau einen eigenen Haushalt. Sie nehmen nach meinen Beobachtungen geschlossen an den Versammlungen der Bauernkontaktgruppe, Wasserbenutzergruppe und RT-Treffen teil und sind vollständig in die rituellen Nachbarschaftsnetzwerke (Slametanzirkel) integriert, d.h. sie stellen aus kultureller Sicht vollwertige Mitglieder ihrer Gemeinschaft dar und befinden sich keinesfalls in einer sozial marginalisierten Position, wie dies z.B. Jay (1969. Kap. 9) und Hefner (1990: 113-158) für die Landarbeiter in Ostjava feststellen.

6.3. Soziale Stratifikationen und Produktionsbeziehungen

Gewiß gibt es Statusdifferentiale zwischen den Landarbeitern und kleineren Landbesitzern im Verhältnis zu den größeren Landeigentümern, wie gleichsam zwischen materiell armen und reichen Haushalten asymmetrische relationale Prinzipien vorhanden sind. So würde ein Landarbeiter oder Teilpächter keinen Lehrer, Großbauern oder ökonomisch bessergestellten Nachbarn um Hilfe bei der Feldarbeit, der

Ausrichtung ritueller Anlässe oder beim Hausbau bitten, sondern stets auf Hilfskräfte mit einer ihm ähnlichen strukturellen Position zurückgreifen. Die Hilfskraft kann aber bis zu einem gewissen Punkt (der empirisch bei ca. 0,4 ha lag) durchaus mehr Land besitzen als der sie beschäftigende Haushalt. Die Landarbeiter und Pächter akzeptieren auf einer gewissen Ebene der Abstraktion die unterordnende Höflichkeit (*sungkan*), die sich z.B. im Sprachlevel aktualisiert. Während in der Konversation zwischen Gleichen das einfache *ngoko* vorherrscht, reden Lohnarbeiter ihre Arbeitgeber von höherem Status (z.B. Lehrer, Beamte) mit dem höflicheren *ngoko madya* an. Das wesentlich stärker hierarchisch orientierte *krama madya*, das laut Geertz (1966) im Umgang des einfachen Peasants mit Personen von Status vorherrschen soll, wird in der Alltagskonversation Karangduwets nur in Ausnahmefällen angewandt.

Das einfache *ngoko* bleibt indes nicht nur dann gewahrt, wenn ein Pächter auf der Parzelle eines anderen Pächters arbeitet, sondern auch dann, wenn er dies auf den Feldern eines nicht-beamteten Großbauern tut. Zusammengefaßt formuliert bedeutet diese Beobachtung, daß mit Ausnahme der Tatsache, daß größere Landbesitzer keine agrarische Lohnarbeit ausführen, dem Landbesitz keine direkt erkennbare Differenzierungsrolle im individuellen Status zukommt, so daß der Landbesitz auch nicht in der für Java so typischen sprachlichen Hierarchie zum Ausdruck kommt. Diese artikuliert sich vielmehr nur im Umgang mit Respektspersonen (Lehrer, Beamte) und der ökonomischen Elite, deren positionelle Verortung aber mehr auf beruflichen und materiellen Parametern, denn auf ihrem Landbesitz basiert. Aber auch hier ist der Umgangston weniger stark hierarchisch strukturiert als aufgrund der Ergebnisse konventioneller Studien zur javanischen Kultur (z.B. Geertz 1966, de Jong 1976) anzunehmen war. Das subordiniertere *krama madya* tritt allerdings bei zwei spezifischen Konstellationen in Erscheinung; und zwar in der Form der Anrede des Lurah und der PKK-Kader durch die Frauen des Dorfes.[6]

Die Organisation der Landarbeit und die in Karangduwet vorherrschende abgeschwächte Sprachnuancierung bestätigen indirekt das Fehlen von formalisierten, auf dem Landbesitz basierenden Statusgruppen. Da die Umgangsweisen der Akteure auch im Sprachbereich stärker als in anderen Regionen von der kollateralen Beziehung zwischen Gleichen und weniger von der linearen Beziehung zwischen Ungleichen geprägt sind, scheint unsere oben abgeleitete Schlußfolgerung der Existenz einer recht starken Fraktion von unabhängigen Peasants in der Vergangenheit recht plausibel. Das kulturelle Ziel der agrarisch-institutionellen Unabhängigkeit setzte sich offensichtlich auch nach den massiven Änderungen der Besitzstrukturen

---

[6] Auf dieses Phänomen wird in Kap. 8.2. und 8.3. noch ausführlicher eingegangen. Es sei aber bereits vorweggenommen, daß Statusdifferentiale unter den Frauen in der Tat wesentlich stärker in Erscheinung treten als unter Männern.

und dem Entstehen von Sharecropping-Arrangements, Geldpacht und Lohnarbeit fort, da keine exklusiven Patronageverhältnisse vorliegen. So kann ein Lohnarbeiter die Anfrage eines Staatsbeamten auf Mithilfe bei dessen Ernte jederzeit ablehnen, wenn er bereits für die kommenden Tage „ausgebucht" ist, wie ich des öfteren feststellen konnte. Auch die beiden ökonomisch erfolgreichsten und machtpolitisch einflußreichsten Dukuhbewohner, d.h. der Lurah und der Wirtschafts- und Entwicklungsbeamte unterhalten keine persönlichen Abhängigkeitsbeziehungen mit denen, die ihre Beamtenfelder pachten.

Selbstverständlich sind land- und mittellose Haushalte in verschiedenem Umfang auf private Kredite und im Notfall auf die Unterstützung der reicheren Dukuhbewohner angewiesen. Dennoch richtet sich die relationale Orientierung auf eine möglichst hohe ökonomische Unabhängigkeit, so daß man insgesamt von einer partiellen bzw. diffusen Subordination der Landarbeiter, Pächter und Kleinbauern sprechen kann, die allerdings in keinem Fall eine soziale oder rituelle Marginalisierung impliziert. Der reziproke Arbeitstausch[7] bei der Feldarbeit (*sambatan*) gilt als die archetypische Arbeitsinstitution des ländlichen Java. Vor allem indonesische Autoren haben immer wieder den qualitativen Wandel des traditionellen Arbeitstausches durch die Vermischung von Nachbarschaftshilfe und Geldlohn und seine Tendenzen zur Auflösung festgestellt (Koentjaraningrat 1974, Rahardjo 1979, Nurhadi 1987). Entgegen den allgemeinen Trends fielen die Ansichten der Dukuhbewohner in diesem Bereich weniger einmütig aus als dies z.B. in der Umfrage zur Entwicklung der Teilpacht und des Geldlohns der Fall war.

Ich habe in informellen Interviews mit 60 Personen die Frequenz der Teilnahme an symmetrischen Arbeitseinsätzen für eine Anbauperiode (November bis Januar) erfragt und die Teilnahmezahl mit den sozio-ökonomischen Merkmalen der Informanten korreliert. Die stärksten Korrelationen gibt es mit der Landkontrolle ($r = -0,54$; statistisch signifikant mit 0,001), dem monatlichen Gesamteinkommen ($r = -0,41$; statistisch signifikant mit 0,002) und dem materiellen Besitz ($r = -0,64$; statistisch signifikant mit 0,001). Es wird erkennbar, daß die Präferenz für das traditionelle Arrangement vor allem unter den Pächtern, Kleinbauern und materiell armen Haushalten vorherrscht. In meinen Gesprächen mit den Bewohnern des RT 2 kristallisierte sich recht bald heraus, daß die Renaissance des symmetrischen Arbeitstauschs nicht nur relativ rezent ist, sondern nach dem mißlungenen Versuch der Einrichtung formalisierter *work-sharing-groups (pokja)* auf RT-Basis von einzelnen Akteuren in Eigenverantwortung wiederaufgenommen wurde. Diese *work-*

---

[7] Mit Arbeitstausch ist hier die unbezahlte Hilfe auf den Feldern eines Anderen gemeint, die nach dem Prinzip der symmetrischen Reziprozität in absehbarer Zeit erwidert wird. Diese unbezahlte Hilfe auf Gegenseitigkeit, allgemein als *sambatan, grojogan* oder *gotong royong* bezeichnet, schließt im Regelfall die Verpflegung mit Mahlzeiten und Getränken mit ein.

sharing-groups wurden nur in RT 1 und 2, d.h. in sozio-ökonomisch relativ homogenen und mehrheitlich von Kleinbauern (< 0,25 ha) und Pächtern bewohnten Nachbarschaftseinheiten von den dortigen RT-Vorständen eingeführt. Anders als in RT 2 ist dieses System in RT 1 nach wie vor in Kraft. Ich möchte zunächst eine kurze Deskription der Organisation und Problematik dieser formalen Arbeitsgruppen liefern, danach folgt eine Analyse der Gründe für ihr Scheitern in RT 2, ihren Fortbestand in RT 1 und die Gründe ihres Fehlens in RT 3 und 4.

6.4. Formale Arbeitsgruppen

Die erste formale Arbeitsgruppe (*kelompok kerja*, kurz: *pokja*) wurde 1978 vom Vorstand der Nachbarschaftseinheit RT 2 eingeführt mit dem Ziel, die Feldarbeit der RT-Bewohner besser zu koordinieren und jedem Haushalt die notwendigen Arbeitskräfte bei der Feldarbeit sicher zu stellen. Die Prozedur sieht die Anmeldung des anstehenden Arbeitseinsatzes 1-2 Tage zuvor beim RT-Vorsteher vor, der sodann die Nachbarschaft vermittels eines Lautsprechers informiert. Nach Bekanntmachung muß jeder Haushaltsvorstand zur Gemeinschaftsarbeit auf den Feldern erscheinen, oder sich durch ein anderes Mitglied seines Haushalts vertreten lassen.

Die Mitgliedschaft in der Arbeitsgruppe ist für alle RT-Haushalte, einschließlich nicht-agrarische, obligatorisch. Für jeden anwesenden Arbeiter hat der die *pokja* anrufende Haushalt 50% des üblichen Lohnstandards in die Gemeinschaftskasse des RT zu bezahlen. Haushalte außerhalb des RT müssen bei Anrufung der *pokja* indes die vollen Lohnstandards für jeden Arbeiter entrichten. Kann ein Haushalt dem öffentlichen Appell nicht nachkommen, ist eine Sanktion von 2000 Rp. fällig, die ebenfalls in die RT-Kasse fließt. Der Vorteil für den individuellen Bauern ist, daß vor allem die Erntearbeit äußerst schnell abgeschlossen werden kann, ohne extra nach freien Lohnarbeitern suchen zu müssen. Die Schwäche des Systems besteht darin, daß der die Arbeitsgruppe anstellende Haushalt keinen Einfluß auf die Anzahl der zur Arbeit erscheinenden Personen hat. So waren bei den Arbeitseinsätzen der Vergangenheit im Extremfall an die 20 Personen anwesend, unabhängig von der Größe der zu bearbeitenden Parzellen. In Zeiten der Arbeitsspitzen zog die Gruppe geschlossen von Feld zu Feld, bis alle für einen Tag angemeldeten Arbeiten verrichtet waren. Allerdings wird ein Arbeitseinsatz pro Anrufung berechnet, d.h. ein Haushalt kann mehrere Parzellen am Tag mit Hilfe der *pokja* bearbeiten lassen. Das System bevorzugt damit indirekt die größeren Landeigentümer, da im Durchschnitt für die Bearbeitung aller von einem Haushalt kontrollierten Flächen die gleichen Lohnkosten anfallen. Daß die Dukuhbewohner das Pokjasystem in normativer Sicht dennoch als einen Ausdruck kommunaler Harmonie beschrieben, muß für javanische Verhältnisse nicht in Widerspruch zur obigen These der faktischen Benachteiligung der Pächter und Kleinbauern stehen. Die Praxis offenbarte nämlich, daß die Arbeitsgruppe zur Zeit des Feldaufenthaltes längst nicht mehr funktionierte. So wurde sie in den 16 Monaten meiner Feldforschung nur insgesamt sechs mal von den zwei größten Landbesitzern im RT (beide > 0,9 ha) angerufen.

Statt dessen praktizierte ein in seiner Mitgliedschaft konstanter Kreis von Kleinbauern und Pächtern regelmäßig den reziproken, unbezahlten Arbeitstausch (*sambatan*), der aber nach Auskunft der Informanten erst seit einigen Jahren wieder in Karangduwet vorkommt, nachdem er mit Einführung des Geldlohns zunächst so gut wie verschwunden war. Er scheint sich vielmehr erst als Reaktion auf das Pokjasystem von Neuem herausgebildet zu haben, nachdem sich dieses als wenig vorteilhaft für die schwächeren Produktionseinheiten erwiesen hat.

Im Unterschied zu RT 2 schien das Pokjasystem in RT 1 recht gut zu funktionieren; so war die Arbeitsgruppe im Zeitraum meiner Anwesenheit insgesamt 32 mal auf den Feldern von 17 Haushalten im Einsatz. Für das bessere Funktionieren der *pokja* in RT 1 dürften vor allem zwei Faktoren relevant sein: Einmal ist die Landkontrolle mit einem Durchschnitt von 0,24 ha (sd = 0,12) wesentlich homogener als in RT 2 (0,28 ha; sd = 0,22). Zum zweiten hat man in RT 1 das Pokjasystem vor einigen Jahren den Bedingungen der Nachbarschaftseinheit angepaßt. Da sich in RT 1 anders als in RT 2 mehrere Haushaltsvorstände für mehrere Wochen oder Monate im Jahr in temporärer und saisonaler Arbeitsemigration befinden und insgesamt vier Ehemänner permanent ohne ihre Familien in Jakarta leben, ist hier auf Initiative der Ehefrau des Lurah die Organisation der korporierten Arbeitsgruppe an die Frauen übergegangen, die ihr Management offensichtlich besser beherrschen als die Männer. Während das vom RT-Vorstand in den achtziger Jahren eingeführte System lediglich eine Kopie der *pokja* in RT 2 darstellte, haben die Frauen des RT 1 mittlerweile grundlegende organisatorische Veränderungen vorgenommen. So wurde der pro Arbeiter/in zu entrichtende Tarif auf 400 Rp. reduziert, der dafür aber für jeweils 0,1 ha Land erhoben wird, so daß die in RT 2 vorherrschende Bevorzugung größerer Landeigentümer in RT 1 nicht gegeben ist. Die Strafe bei Nichterscheinen beträgt nur 600 Rp. und nicht den vollen Standard eines Lohnarbeiters wie in RT 2.

Geschlechtsspezifische Arbeiten wie z.B. Hacken werden nach wie vor von den Männern ausgeführt, aber über die Frauen-Pokja vermittelt. Das heißt, wenn der Haushalt eines Pokja-Mitglieds Männerarbeiten zu verrichten hat und dazu die *pokja* anruft, sind automatisch die Ehemänner der der *pokja* seiner Gattin zugehörigen Frauen zur Ausführung verpflichtet. Als weiterer Unterschied zum System in RT 2 gilt keine Mitgliedspflicht für nicht-agrarische Haushalte. Außerdem besteht die „Frauen-Pokja" aus drei Subgruppen, die jeweils nur zur Mitarbeit auf den von ihren Mitgliedern bewirtschafteten Parzellen verpflichtet sind. Dies hat zur Folge, daß maximal nur 7 Personen pro Arbeitseinsatz anwesend sind. Das heißt, ein Haushalt zahlt hier für sieben Pokja-Arbeiter insgesamt 2800 Rp, während er im Normalfall 2000 – 3000 Rp. pro Arbeiter aufbringen muß. Im Unterschied zu RT 2 fließen die Gelder nicht in die RT-Kasse, die traditionell von den Männern verwaltet wird, sondern in eine separate *kas pokja*, die zugleich als „Frauenbank" fungiert, aus der alle Pokja-Mitglieder bis zu 10.000 Rp. mit 5% Zins pro Monat leihen können.[8] Die Existenz der Frauen-Pokja zeigt nicht nur, daß die Bewohnerinnen von RT 1 die Schwächen der ursprünglichen *pokja* erkannt haben und sie zu einem den Verhältnissen ihrer Nachbarschaft angepaßten und effektiven System transformieren konnten, sie spiegelt vor allem einen durch die vorherrschend männliche Arbeitsemigration bedingten Prozeß wider, in dem sich die Frauen Karangduwets (im Gegensatz zu traditionellen Geschlechterrollen) zunehmend zu agrarischen und kommunalen Entscheidungsträgern wandeln.

Im Unterschied zu RT 3 und 4 hat die konsequente Umsetzung der *pokja* in RT 1 und die Einrichtung eines relativ konstanten Reziprozitätsnetzwerks in RT 2 zur Entstehung von klar identifizierbaren Arbeitsgruppen auf den von den RT-Bewohnern kontrollierten Feldern geführt. In RT 3 und 4 gibt es indes nach wie vor ausschließlich die Lohnarbeit. Durch das Fehlen korporierter Arbeitsgruppen scheinen die dortigen Landeigentümer zu versuchen, sich die notwendigen Arbeitskräfte durch das bereits beschriebene Bonussystem zu sichern. Diese mehr oder weniger privilegierten Arbeiter erhalten neben dem Naturalbonus auch des öfteren private Kredite von den Landeigentümern und genießen, sofern der Landbesitzer zugleich die Position eines Dorfkaders innehat, auch einen privilegierten Zugang zu den Krediten staatlicher Entwicklungsprogramme (vgl. Kap. 8.3.3.).

Es erhebt sich an dieser Stelle die Frage, warum in diesen Nachbarschaftseinheiten der Versuch der Einführung formaler „work-sharing-groups" von vornherein nicht unternommen wurde. Hierfür scheinen vor allem zwei Elemente entscheidend, in welchen sich die Einheiten RT 3 und 4 von den Nachbarschaftskreisen des RT 1 und 2 unterscheiden. Einmal ist die Streuung der Landkontrolle wesentlich asymmetrischer; dies insbesondere in RT 3, wo die Standardabweichung mit SD = 0, 42 höher als der Durchschnittswert von 0, 33 ha ausfällt (in RT 4 mißt der Durchschnittswert 0,41 ha; SD = 0,38). Die Situation der Landkontrolle kann das Fehlen von Arbeitsgruppen aber nur teilweise erklären, da auch in RT 2 recht große Unterschiede vorhanden sind. Es ist aber immerhin denkbar, daß man nach Einfüh-

---

[8] Aus der Pokja-Kasse werden am Jahresende 2 Gramm Gold erworben, die nach dem *Arisan*-Prinzip, d.h. nach Los vergeben werden. Wer bereits Gold gewonnen hat, kann an der Verlosung nicht mehr teilnehmen.

rung der *pokja* in RT 2 zunächst abwarten wollte, wie das System in der Praxis funktioniert, bevor man seine Übernahme ins Auge fassen wollte.

Entscheidender scheinen mir aber die sozio-kulturellen Verhältnisse der Nachbarschaftskreise 3 und 4, die weitaus stärker hierarchisch strukturiert sind. So leben mit Ausnahme des Lurah und des Wirtschaftsbeamten alle Dorfkader und Personen von Status in RT 3 und 4; so der Imam (zugleich Rektor der Nahdatul-Ulama-Mittelschule), der Schulleiter der reformistischen Muhammadiyah-Grundschule, der Vorsitzende des Dorfparlaments (*Ketua LKMD*), der staatliche Agrarbeauftragte (*penyuluh pertanian*), die beiden führenden PKK-Leiterinnen, der Bewässerungsbeauftragte (*dinas pengairan*) und vier Mitglieder des Dorfkonzils (*LKMD*).

Des weiteren leben in RT 3 und 4 vier Lehrer/innen, sechs Kader der Posyandu-Station (teils mit den Genannten identisch) und die Leiter der islamischen Gebetskreise und des protestantischen Bibelkreises (ebenfalls in Personalunion mit den obigen Funktionen). Alle diese Respektspersonen sind Landbesitzer und weiterhin als Bauern aktiv. Die Einrichtung einer formalen Arbeitsgruppe auf RT-Basis dürfte unter diesen Bedingungen aufgrund der Statusordnung außerordentlich schwierig sein. So wäre es kaum denkbar einen Imam, Lehrer, Schulrektor oder sonstigen Träger formaler Position zum Arbeitseinsatz auf dem Feld eines gewöhnlichen Kleinbauern zu verpflichten.

6.5. Empirische Situation und theoretische Konzeptionen

Fassen wir die Ergebnisse unserer Diskussion zusammen, so sind die Konsequenzen agrarischen Wandels in Karangduwet keineswegs uniform. Entgegen den Beobachtungen Robert Jay's ist die Gemeinschaft Karangduwets nicht „divided into two socially unequal parts" (Jay 1969: 265). Auch sind Patron-Klient-Beziehungen, sofern sie überhaupt vorkommen, weitaus schwächer ausgeprägt als aufgrund der Ergebnisse anderer Fallstudien zu erwarten war. Statt dessen gibt es in Karangduwet nach wie vor einen recht starken Anteil agrarisch-institutionell unabhängiger Peasants. Das auffälligste Element der Agrarbeziehungen des javanischen Tieflands, die selektive Patronage implizit ihrer Ausschlußkonsequenzen für die Mehrheit der Landarbeiter (vgl. Hart et all. 1989) kommt ebenfalls nicht vor.

Nach neomarxistischer Auffassung führt die Kapitalisierung von Peasant-Gesellschaften automatisch zu einer stärkeren Polarisierung im Landbesitz und zur Entstehung unpersönlicher Geldlohnbeziehungen. Entgegen dieser Annahme sind die Lohnbeziehungen in Karangduwet keinesfalls unpersönlich. Die signifikanteste Schwäche der Neomarxisten liegt offensichtlich darin, daß sie die Kommerzialisierung als einen linearen Prozeß mit uniformen Auswirkungen ansehen. So sind die

Produktionsbeziehungen Karangduwets trotz Zunahme der Lohnarbeit nach wie vor durch einen heterogenen Mix verschiedener Arrangements auf der Basis von persönlichen Abmachungen (Sharecropping, Geldpacht), Lohnarbeit, reziproker Nachbarschaftskooperation und RT-interner Regelungen gekennzeichnet. Die diffusen Beziehungen zwischen „Arbeitern" und „Arbeitgebern" scheinen hier einer kapitalisitischen, d.h. ausschließlich am Geldlohn orientierten Entwicklung strukturelle Grenzen zu setzen.

In Abgrenzung zum Neomarxismus interpretiert die Neoklassik das Phänomen der Kapitalisierung primär in Form der Substitution von „traditional village institutions and practices" (Hart 1986: 5) durch einen freien und wettbewerbsorientierten, d.h. weitgehend perfekten Arbeitsmarkt (z.B. Barnum and Squire 1979). Diese Annahme übersieht, daß institutionelle Arrangements nicht selten Elemente wie z.b. Kredittransaktionen und nachhaltige Bindungen (z.B. Nachbarschaft) implizieren, die ja gerade ein konstitutives Merkmal der typischen Imperfektion kleinbäuerlicher Arbeitsmarktsysteme ausmachen (vgl. Ellis 1988: 10). Der in Kap. 2.2. diskutierte Paradigmenstreit innerhalb der neomarxistischen Theoretiker bezüglich Kontinuität und Verfall der Peasant-Gesellschaften kann zumindest für das kontemporäre Karangduwet eher im Sinne des Fortbestandes beantwortet werden. Allerdings ist hier insofern eine Einschränkung zu machen, als diese Kontinuität nur institutionell, nicht aber aus Sicht der Einkommen gegeben ist, da 95% (n = 84) aller bäuerlichen Haushalte mindestens eine nicht-agrarische Erwerbsquellen haben. Der Fortbestand einer aus agrarisch-institutioneller Sicht unabhängigen *peasantry* dürfte m.E. vor allem in folgenden Faktoren begründet sein:

1. Die Hypothese, nach der Unterschiede in der Anwendung moderner Produktionspraktiken durch individuelle Bauern weniger innovative Peasants zur Aufgabe der Landwirtschaft zwingen, da diese dem Konkurrenzdruck nicht standhalten (vgl. Ellis 1988: 51) ist auf Karangduwet nicht übertragbar. Gewiß sind Unterschiede in der Anwendung von Maßnahmen der Produktionssteigerung erkennbar (vgl. Kap. 5.3.), wie teils auch erhebliche Produktivitätsunterschiede vorkommen, doch fallen diese Faktoren aufgrund des Fehlens von bäuerlichen Großbetrieben nicht allzu sehr ins Gewicht.

2. Die Renaissance des Reziprozitätsprinzips, die Expansion von Sharecropping und Geldpacht sowie die Einrichtung formaler Arbeitsgruppen verhindern bislang das Entstehen einer „wage worker class". Daß in Karangduwet weder eine gleichförmige Kapitalisierung von Produktionsbeziehungen, noch ein Prozeß in Richtung einer Zwei-Klassen-Gesellschaft von kommerzialisierten Farmern und landlosen Tagelöhnern wirksam ist, läßt sich schon daraus ablesen, daß im Verlauf der letzten beiden Jahrzehnte sowohl die bäuerliche Lohnarbeit als auch Sharecropping-Arrangements zugenommen haben. Die Expansion des

Teilbaus dürfte hier vor allem durch die größere Nachfrage nach Arbeitskräften (vgl. Hefner 1990: 144) beeinflußt sein. Dies sagt freilich noch nichts darüber aus, in welchem Umfang größere Landbesitzer ihre Einkommen verbessern konnten; doch zeigen die Daten zur Einkommensstruktur, daß ihre ökonomische Position primär in nicht-agrarischen Aktivitäten begründet ist. Der Bedarf an Arbeitskräften führte in Karangduwet nicht nur zur Substitution des *bawon*-Prinzips durch Geldlohn, sondern auch zur Einführung fixer Minimalstandards für die Lohnarbeiter. In Umkehrung des neomarxistischen Paradigmas kommen Geldlohnbeziehungen in Karangduwet auch unter ökonomisch Gleichgestellten vor. So kann ein Pächter aus RT 1, der seine Felder mit Hilfe der *pokja* bewirtschaftet oder ein Sharecropper in RT 2, der Mitglied des Arbeitstausch-Netzwerks (*sambatan*) ist, durchaus agrarische Lohnarbeit auf den Feldern eines Pächters (wie jedes anderen Haushalts) in RT 3 ausführen; wie gleichsam ein Mitglied des symmetrischen Austauschzirkels in RT 2 zusätzlich einen Lohnarbeiter aus RT 1, 3 oder 4 anstellen kann.

3. Die demographische Situation wirkt einer Konzentration des Landes in der Hand weniger insofern entgegen, als zahlreiche Landbesitzer aufgrund von Alter oder des Fehlens eines Nachfolgers ihr Land nicht selbständig bewirtschaften können. Typischerweise bevorzugen gerade die größeren Landbesitzer eher die Fremdbewirtschaftung als die ausschließliche Anstellung von Lohnarbeitern. Hierfür gibt es zwei denkbare Erklärungen: Einmal besteht bei den in Karangduwet vorherrschenden Lohnstandards die Möglichkeit, daß ab einer bestimmten Landbesitzgröße der ausschließliche Rückgriff auf Lohnarbeiter die Produktionskosten unverhältnismäßig in die Höhe treibt. Der zweite Erklärungsgrund wäre in der oft schlechten ökonomischen Lage der Älteren unter den größeren Landbesitzern zu suchen, die ein nur geringes außer-agrarisches Einkommen beziehen. Die marxistische Analyse unterliegt hier dem Trugschluß, den Landbesitz als einzige Variable sozio-ökonomischer Differenzierung anzuerkennen, ohne den Faktor der faktischen Landkontrolle zu berücksichtigen.

4. Des weiteren unterschätzt die Hypothese einer Auflösung der *peasantry* die Flexibilität der Haushalte, auf sich verändernde Verhältnisse zu reagieren. Hier wird vor allem der Bereich der institutionellen Innovationen (z.B. *pokja*) und der Faktor der multiplexen Einkommensstrategien von Peasants übersehen.

Insgesamt zeigt sich, daß die ökonomische Grundorientierung der Bewohner Karangduwets durch eine möglichst hohe agrarisch-institutionelle Unabhängigkeit bei gleichzeitiger Sicherstellung der notwendigen Kooperation charakterisiert ist. Die Bauern Karangduwets entziehen sich somit den gängigen Stereotypen der ethnologischen Theoretiker: So sind sie weder eine Zwei-Klassen-Gesellschaft oder rein profitmaximierende individuelle Akteure, noch rein von der kollektivistischen Solidarität geprägt, die uns die Konzeption des javanischen Normensystems vormachen will.

Neben den klassischen Erklärungsmodellen der Neoklassik und des Marxismus sind zwei weitere Ansätze zu nennen, die den sozio-ökonomischen und kulturellen Wandel des ländlichen Java zu interpretieren suchen. Die bereits erwähnte neopoulistische Richtung geht von der Prämisse aus, daß die Ausbreitung moderner Technologie im Zuge der Grünen Revolution im Verein mit wachsendem demographischen Druck zu einer Verschlechterung der Situation der Landlosen führte, da sich die großen Landeigentümer ihrer normativen Verpflichtung der Bereitstellung von Einkommenschancen (z.B. durch die offene Ernte) in zunehmendem Maße entziehen (Strout 1975, Collier et all. 1973). Auf die Problematik traditioneller Wohlfahrtsmechanismen wurde bereits in Zusammenhang mit dem *bawon*-System hingewiesen. Das neopulistische Modell impliziert darüber hinaus einen weiteren Aspekt, nämlich die Situation der Frauen und ihre Rolle im agrarischen Produktionsprozeß. Der durch die Einführung der HYV-Varietäten bedingte Ersatz des traditionell von den Frauen benutzten Erntemessers (*ani-ani*) durch die Handsichel (*sabit*) hat demnach zu einer Verdrängung der Frauen aus dem Ernteprozeß geführt, da die Ernte mit der Sichel primär von den Männern ausgeführt wird (Collier et al. 1973: 43). Dieser Trend wird laut Collier et al. (ebd: 39) durch das Erscheinen des *Tebasan*-Systems, d.h. den „sale of a rice crop to a buyer who handles harvesting and marketing" (Harjono 1990: 293) nachdrücklich intensiviert, da der Händler (*penebas*) im Normalfall auf eigene, von ihm auf Kontraktbasis angestellte Erntearbeiter zurückgreift.

Eine weitere Innovation, die z.B. nach Ansicht von Mantra (1978) die agrarischen Erwerbschancen für Frauen eingeschränkt hat, ist die Einführung mechanisierter Schälmaschinen (*rice huller*):

> „The mechanized rice huller is a second example of an innovation that has displaced female labour and the reduction of such income, in money or kind, is most felt by the poorer households of Kadirojo and Piring. .... Nowadys, most dukuh people use rice hullers for milling and only the very poor still pound their rice by hand. ... Before the adaption of the rice huller, hand pounding was done by family members if the amount of rice to be hulled was small, and by female laborers if the amount was large" (ebd: 214).

Die Angaben der als Landarbeiterin tätigen Frauen in Karangduwet unterschieden sich indes nicht von denen der Männer, nach denen es im Dukuh und im Kelurahan Karangmojo weder zur Erntezeit, noch in anderen Phasen des agrarischen Zyklus Schwierigkeiten gibt, agrarische Lohnarbeit auszuführen. Dies dürfte neben der demographischen Situation vor allem darin begründet sein, daß die oben beschriebenen, den ökonomischen Handlungsspielraum der Frauen reduzierenden Faktoren in Karangduwet ohnehin nur sehr schwach in Erscheinung treten.

Die Dukuhbewohner produzieren durchschnittlich 89,4% (sd = 4,1) ihrer Sojaproduktion, aber nur 25,5% (sd = 10,4) ihrer Reisproduktion für den Markt. Dem Bauer in Karangduwet stehen drei Möglichkeiten offen, sein Produkt abzusetzen: Er kann seine Erzeugnisse entweder direkt nach der Ernte von einen aus dem Landkreis stammenden Zwischenhändler auf dem Feld abholen lassen oder durch das Mieten eines Kleinlastwagens zum täglich stattfindenden Markt nach Wonosari oder Ponjong bringen. Im Kelurahan Karangmojo selbst gibt es keinen lokalen Markt, lediglich in der gleichnamigen Kreisstadt findet die Marktaktivität dem javanischen Kalendersystem gemäß alle fünf Tage statt. Allerdings werden dort primär bereits verarbeitete Sojaspeisen, Gemüse und Gegenstände des täglichen Bedarfs; indes kaum agrarische Primärprodukte verkauft.

Aufgrund der geographischen Lage zwischen den demographischen Zentren Wonosari und Ponjong wird der Markt von Karangmojo hier weitgehend übergangen und stellt in wirtschaftsgeographischer Sicht höchstens ein *Zentrum 2. Ordnung*, in keinem Fall aber einen *zentralen Ort* dar (vgl. Dewey 1962: 78). Es ist aber aufgrund der großen Anzahl von Haushalten, die (aus welchen Gründen auch immer) keine Sawah kontrollieren anzunehmen, daß Transaktionen von Reis zwischen Privathaushalten innerhalb des Dukuh recht häufig stattfinden. Insgesamt ist festzuhalten, daß das Tebasan-System in Karangduwet keinen nennenswerten Einfluß auf die Arbeitschancen von Frauen hat.

Die Folgen der mit der Ablösung des Erntemessers durch die Handsichel verbundenen technologischen Änderungen im Reisanbau sind in Karangduwet ebenfalls weniger dramatisch. Bedingt durch die traditionell starke Dominanz des Palawijaanbaus ist die geschlechtsspezifische Arbeitsteilung in der Landwirtschaft Karangduwets allgemein recht schwach ausgeprägt. Des weiteren unterscheidet sich das Dusun Karangduwet von anderen Untersuchungsregionen schon dadurch, daß die Arbeitsmarktsituation durch den relativ geringen Anteil der Sawahwirtschaft ohnehin nicht als duale Ökonomie im Sinne des folgenden Zitats charakterisiert werden kann:

> „Javanese rural labor markets are divided into „formal" (rice) and „informal" (non-rice) sectors, with lower return to labor in the informal sector (Hart 1986: 3).

Der letzte Ansatz zum Verständnis der Wandlungsprozesse des ländlichen Java wurde als Gegenbewegung zur neopopulistischen Richtung von den japanischen Autoren Hayami und Kikuchi (1982) formuliert. Nach diesem Modell ist der ländliche Differenzierungsprozeß eine Konsequenz des demographischen Drucks, auf den lokale Populationen mit einer zunehmenden Expansion des Naßreisanbaus in ökologisch ungeeignete Regionen reagieren. In Übereinstimmung mit Boserup's Theorie agrarischer Intensivierung (Boserup 1965) sehen die Autoren die wesentliche Folge dieses Prozesses darin, daß die Produktivität pro Arbeitsstunde sinkt:

> „as the growth of population presses hard on limited land resources under constant technology, cultivation frontiers are expanded to more marginal land and greater amounts of labor are applied per unit of cultivated land; the cost of food production increases and food prices rise; in the long run, laborer's income will decrease to a subsistence minimum barely sufficient to maintain stationary population and all the surplus will be captured by landlords as increased land rent" (ebd: 192).[9]

An diesem Modell ist vor allem sein demographischer Determinismus zu kritisieren, da lokale Populationen dem Faktor demographischen Drucks keineswegs machtlos ausgeliefert sind. Des weiteren dürfte die Ausweitung agrarischer Nutzflächen in Java bereits seit langem an ihre Grenzen gestoßen sein, ohne daß es zu einer Situation kam, bei der „all the surplus is captured by landlords as increased land rent". Entgegen dieser These zeigt z.B. Hüsken, daß vor allem große Landeigentümer mit einer starken kommerziellen Orientierung traditionelle, d.h. nichtkapitalistische Produktions-beziehungen vorziehen (1979: 143).

Das grundlegende Problem all dieser Theorien ist, daß sie die Situation der kontemporären Peasants ausschließlich im Kontext von Technologie, den Kräften des Marktes und demographischem Druck analysieren unter der Annahme, daß diese Faktoren in allen Mikroregionen konstant und in ihrer Wirkung uniform seien. Die empirische Situation unserer Untersuchungsregion entzieht sich diesen Stereotypen.

---

[9] Zitiert in Hart 1986: 6.

156

7. Kognitive Orientierungen: Traditionelles Sinnsystem und moderne Einstellungen

7.1. Das javanische Werte- und Normensystem

Das Normensystem Javas hat seinen Ursprung in den Staatenbildungen Zentral- und Ostjavas, die bereits in vorkolonialer Zeit auf der Basis des Naßreisanbaus existierten. Die stärkste Ausprägung erfuhr dieses Normensystem im kulturellen Kernland Mitteljavas (*kejawen*), d.h. dem Herrschaftsbereich der Fürstentümer Yogyakarta und Solo (Laksono 1990: Kap. 2). Der auf sozialer Hierarchie, Respekt vor Höhergestellten und den Prinzipien sozialer Harmonie basierende Verhaltenskodex der städtischen *Priyayi*-Elite liefert auch das kulturelle Orientierungsmuster für die Landbevölkerung. Grundlegend für das javanische Überzeugungssystem ist die Annahme, daß individuelles und soziales Handeln, die Natur und das Übernatürliche in engem Zusammenhang zueinander stehen. Diese harmonische Balance nicht zu stören ist Leitmotiv jeglichen „kulturell richtigen" Verhaltens. Aus dieser Wirklichkeitsvorstellung erwächst die typische javanische Aktivitäts- und Beziehungsorientierung.

7.1.1. Aktivitätsorientierung: Ideale Persönlichkeit und kulturelle Ziele

Dem kulturellen Ziel kosmischer Balance dienen zunächst eine Reihe von individuell praktizierten Normen, die sich auf die Beschaffenheit der Person und die Ausbildung von „kulturell richtigen" Persönlichkeitseigenschaften beziehen. Um die Harmonie zwischen Mensch und Kosmos nicht zu stören ist es wichtig, seinen Platz in der menschlichen Gemeinschaft zu kennen, diesen zu akzeptieren und sich dementsprechend zu verhalten. Das heißt, daß das Individuum seine kontemporäre Situation und sein Schicksal anzunehmen hat und sich nicht gegen die Widrigkeiten des Lebens auflehnen solle. Diese, im indonesischen Kulturkreis als *nrima* bezeichnete Einstellung impliziert nicht, daß keine Veränderungen möglich sind, noch daß der Mensch den Launen der Natur oder dem Schicksal machtlos ausgeliefert ist (vgl. Mulder 1989: 12). Die Praxis des *nrima* besteht vielmehr in der Akzeptanz äußerer Bedingungen und in der Einsicht, daß der Erfüllung von Wünschen Grenzen gesetzt sind. Sie stellt somit eine durchaus realistische Lebenseinstellung dar, die eine aktive Auseinandersetzung mit der Wirklichkeit keinesfalls ausschließt. Die rein fatalistische Unterwerfung des Menschen, der sich willenlos dem

157

Schicksal hingibt (*pasrah*) gilt indessen als negative Eigenschaft. Das Gegenteil von *nrimo* ist *ngoyo*, eine Charaktereigenschaft, die einer meiner Informanten so beschrieb:

> „Eine Marktfrau hat an einem Tag 1500 Rp. verdient. Sie gibt sich damit aber nicht zufrieden, sondern will 3000 Rp. verdienen. Obwohl dies nicht möglich ist, will sie immer mehr haben, ohne ihre wahren Fähigkeiten (*kemampuan yang ada*) zu sehen. Das ist *Ngoyo*. Eine Marktfrau kann halt nur 1500 Rp. verdienen. Etwas anderes in *Serakah*: Hier hat jemand sehr viel Geld und trotzdem will er immer mehr haben, ohne dabei Rücksicht auf andere Leute zu nehmen (*tanpa memikirkan kepentingan orang lain*).

Während die Eigenschaft des *ngoyo* dazu tendiert, die eigenen Möglichkeiten zu überschätzen und die kosmische Harmonie durch überzogene Forderungen an das Schicksal zu strapazieren, impliziert der Begriff des *serakah* egoistische Motive (z.B. Habgier), die ohne Rücksicht auf die Belange anderer Menschen verfolgt werden.

Die Annahme des Unabänderlichen (*nrima*) soll des weiteren in einer inneren Haltung der Gelassenheit, Distanz (*ikhlas*) und in Geduld und Ausdauer (*sabar*) geschehen. In enger Beziehung mit diesen Eigenschaften steht die Praxis des *prihatin*, eines „heigtened awareness of disturbing events" (Koentjaraningrat 1960: 95), das man am ehesten mit unserem Begriff der Umsicht oder Aufmerksamkeit übersetzen könnte, die sich in konkreten Handlungen wie das Einhalten bestimmter Fastentage, sexueller Enthaltsamkeit und die Beachtung der javanischen Horoskope (*petungan*) bei der Planung von Reisen und anderen Unternehmungen ausdrückt (vgl. Schweizer 1989 a: Kap. 5). Diese Normen stehen in engem Zusammenhang mit der Zeit- und Mensch-Natur-Orientierung der Javanen (vgl. Becker 1979).

Die traditionelle Zeitvorstellung der Javanen ist im Gegensatz zu der unserer Kultur nicht linear, sondern pulsativ. Die Zeit wird darin als eine zyklische Wiederholung von Perioden wahrgenommen, die das Ergebnis der Koinzidenz von 35-Tage-Rhythmen[1] darstellen (vgl. Geertz 1963). Jeder dieser 35 Tage hat seine eigene Zeitqualität, die ihn für bestimmte Unternehmungen als geeignet oder ungeeignet ausweist. Das heißt, jegliche Unternehmung außerhalb der Alltagsroutine (z.B. weite Reisen, Umzüge, Inangriffnahme von Bauarbeiten usw.) muß - soll sie die harmonische Ordnung der Dinge nicht durcheinander werfen - mit dem kosmischen Zeitplan übereinstimmen (*cocok*). Zur Bestimmung der „rechten Zeit" einer Unternehmung dienen dem Javanen die auf der Basis der javanischen Horoskope (*petungan*) erstellten Jahreskalender (*primbon*).

---

[1] Die 35-Tage-Rhythmen ergeben sich in Form einer Kombination der fünftägigen javanischen Marktwoche mit der islamischen Sieben-Tage-Woche.

7.1.2.   Die Slametan-Zyklen

Die grundlegende rituelle Handlung zur Harmonisierung der sozio-spirituellen Sphäre und das zentrale Ritual im Leben der Javanen schlechthin ist der *Slametan;* ein sozio-religiöses Mahl im engeren Nachbarschafts- und Verwandtschaftskreis, das vor allem in Übergangssituationen (Geburt, Beschneidung, Tod) und im Fall von individuellen Lebenskrisen zur Überwindung von emotionalen Unsicherheiten beitragen soll (vgl. Bremm 1988: 48). Befinden sich Lebenszyklus und kosmischer Zyklus in Einklang, so ergibt sich der Zustand des *slamet,* bei dem die Dinge in Ruhe ihren Lauf nehmen und sich der Mensch im Innern ruhig (*tentrem*) und sicher (*aman*) fühlt. Die Dukuhbewohner halten vor allem zu folgenden rituellen Anlässen Slametane ab:

1. *Neonatale Slametane:* Dies sind die prä- und postnatalen Slametane um die Zeit der Geburt, in der das Kind aufgrund seiner noch unterentwickelten „Ich-Stärke" außerordentlich verletzbar, leicht zu verwirren und von Geistwesen (*lelembut*) bedroht ist, die jederzeit von seiner Seele Besitz ergreifen können (*kesurupan*). Sicherheit (*keamanan*) und Wohlergehen (*keslametan*) des Kindes bzw. des Ungeborenen werden in der javanischen Vorstellungswelt am besten durch die Harmonisierung des natürlichen Lebenszyklus mit dem kosmischen Zyklus erreicht. Entsprechende Slametane werden von den Dukuhbewohnern im siebten Monat der Schwangerschaft (*pitonan*), fünf Tage nach (*pasaran*), 35 Tage nach (*selapanan*) und ein Jahr nach der Geburt (*taunan*) abgehalten. Zum Zeitpunkt der Geburt selbst findet kein Slametan statt, lediglich die Männer versammeln sich zur Nachtwache vor dem Haus des Neugeborenen (*jagongan*), um schädliche Einflüsse von ihm fernzuhalten. Nach Auskunft der Dukuhbewohner leitet sich diese Tradition daraus ab, daß der Geruch der Nachgeburt Giftschlangen anzieht.

2. *Postmortale Slametane:* Slametane für die Toten werden sieben Tage (*mitung dina*), vierzig Tage (*matang puluh*), hundert Tage (*nyatus*) und ein Jahr nach dem Tod (*mendak*) abgehalten. Einmal im Jahr werden im Totenmonat *Ruwah* die Gräber der Verstorbenen hergerichtet und die Grabsteine neu aufgerichtet, wozu einzelne Familien ebenfalls einen Slametan (*batu nisan*) zelebrieren.

3. *Kommunale Slametane:* Gemeinschaftliche Slametane werden traditionell zu folgenden Zeiten gefeiert: Im Monat *Rejeb* wurde in früherer Zeit ein Slametan für den Dorfschutzgeist (*cikal bakal*) dargebracht. Diese Tradition ist aber mittlerweile verschwunden. Kommunale Slametane finden bis in unsere Zeit am 21. Tag des Ramadan (*selikuran*) und am 21. August (Nationalfeiertag) im Zusammenhang mit der rituellen Dorfreinigung (*bersih desa*) statt, durch die

negative Störungen jeglicher Art von der Siedlungsgemeinschaft fern gehalten werden sollen.

4. *Kalendarische Slametane:* Die sich zum Islam bekennenden Dukuhbewohner feiern sowohl den Geburts- und Todestag Mohammads (*muludan*) als auch das Ende der Fastenzeit (*maleman*) mit einem Slametan. Bei den eher synkretistisch orientierten Bewohnern Karangduwets steht indes stärker der Slametan am Neujahrsanfang des javanischen Kalenders (*satu suro*) im Vordergrund. Diese Slametane werden nicht auf kommunaler Ebene, sondern im engeren Nachbarschaftszirkel vollzogen.

7.1.3. Das relationale Wertesystem

Das javanische Werte- und Normensystem fordert die in sich ruhende Persönlichkeit, die zufrieden in Ruhe und Umsicht die Alltagsroutine ausführt und den Frieden in der Gemeinschaft nicht stört. Oberste Norm ist der Zustand des *kerukunan* (soziale Harmonie), der sowohl zwischen Höher- und Niedergestellten (*gustakawuli*) als auch horizontal zwischen Individuen und Haushalten bestehen soll. Kontinuität und Reproduktion von *kerukunan* werden im wesentlichen durch das Gebot der Konfliktvermeidung, das Respektsprinzip und das Prinzip der Reziprozität (*gotong royong*) erreicht. Das Reziprozitätsprinzip gilt vor allem im Bereich der Ausrichtung von Passageriten, bei kooperativen Handlungen zur Alltagsbewältigung und dem reziproken Arbeitstausch in der Landwirtschaft. Diese Prinzipien unterstellen ein hohes Maß an Interessenidentität innerhalb der Gemeinschaft.

Das Prinzip der Konfliktvermeidung

Das Prinzip sozialer Harmonie erfordert zumindest in der Theorie, daß sich der individuelle Akteur stets so verhält, daß aus seinen Äußerungen und Handlungen möglichst kein Konflikt resultiert, niemand sein Gesicht verliert oder in seinen Gefühlen verletzt werde. Eigene Interessen sind auch dann hinter den Interessen der Gemeinschaft oder den Interessen anderer Personen zurückzustellen, wenn der Verzicht auf ihre Durchsetzung Normen wie Gerechtigkeit oder die Suche nach Wahrheit außer Kraft setzen sollte (vgl. Schweizer 1989a: 245). Die Wahrung der „guten Form" ist hier ein Wert für sich selbst. Es ist auch dann angebracht, allzu enge Kontakte und Konfrontationen zu vermeiden, wenn man auf die Hilfe eines Anderen in besonderem Maße angewiesen ist. Diese Schwierigkeit, sich mit einer Bitte an jemanden zu wenden, wird als *pekewuh* (Scham, Unwohlsein) bezeichnet. Dieses unangenehme Gefühl entsteht offensichtlich aus dem Dilemma, zurückhaltend sein zu müssen, um den Adressaten nicht zu verwirren, während man sich gleichzeitig aus äußeren Zwängen dazu gezwungen fühlt. Die Lösung des Dilemmas besteht darin, sich dem Gegenüber in Sprache und Gestik in unterwürfighöflicher und möglichst indirekter Art und Weise zu nähern (Mulder 1989: 52).

In diesem Kontext sind einige spezifische Strategien der javanischen Kultur zu sehen, die im Kern darin bestehen, offenen Konfrontationen aus dem Wege zu gehen. Im folgenden werden nur die zentralen, kulturell dominanten Strategien sowie einige untergeordnete Konzeptionen vorgestellt, die für das kommunale Zusammenleben im Dukuh und für das Verständnis der in den folgenden Kapiteln zu analysierenden Problembereiche in besonderem Maße relevant sind.

Die obigen Verhaltensleitfäden unterstellen nicht, daß zwischen den Menschen keine Konflikte entstehen, noch daß die kommunalen Ordnungsprinzipien immer ein störungsfreies Zusammenleben garantieren können. Ist man beleidigt, betrogen oder in seiner Ehre (*harga diri*) verletzt worden ist es ratsam, ruhig zu bleiben und der für das Problem verantwortlichen Person auszuweichen. Diese Form von Vermeidungsstrategie (*jothakan*), die unter Kindern meist nur wenige Tage anhält, kann unter Erwachsenen indes zu einer lebenslangen Vermeidungsbeziehung führen, d.h. der Kontakt bricht vollständig ab. Die betroffenen Parteien unternehmen nach meinen Beobachtungen dabei nur selten den Versuch, aus eigener Initiative aufeinander zuzugehen und ihr Problem aus der Welt zu schaffen. Einem Anderen zu verzeihen, sich zu entschuldigen oder gar begangene Fehler zuzugeben wird nicht selten mit Gesichtsverlust gleichgesetzt.

Eine weitere zentrale Strategie der Konfliktvermeidung ist die Etikette (*etok-etok*). Ihr Ziel besteht in der Herstellung einer positiven Grundstimmung im persönlichen Umgang, hinter der die wahren Gefühle verschlossen bleiben. Zwischenmenschliche Kontakte sind durch eine gewisse menschliche Wärme bestimmt, die aber niemals die eigenen Emotionen offenbart oder zum inneren Wesen eines anderen Menschen vorstößt. Gerade die Preisgabe innerster Ansichten und persönlichster Gefühle gilt als obszön (vgl. Schweizer 1985: 266). Dies führt nicht selten dazu, daß man äußerlich (im Sinne einer „angemessenen Lüge") der Ansicht des Gegenüber zu dessen Zufriedenheit zustimmt, obwohl man selbst eine gegenteilige Auffassung vertritt.

Eine stärker auf die „Wir-Gruppe" der engeren Nachbarschaft bezogene Norm ist *tepo-seliro*. Sie beschreibt eine spezifische Form nachbarlicher Empathie, die zu einer gewissen Toleranz gegenüber den anderen Gemeinschaftsmitglieder mahnt, während man im Umgang mit denselben solidarisch, mitfühlend und ohne eigenes Kalkül handeln soll. Eine aktive Manifestation des *tepo seliro*-Prinzips stellen z.B. die Partizipation an den kollektiven Krankenbesuchen (*meneggok orang sakit*) oder die Teilnahme an der kollektiven Kondulenz (*tulung layat*) dar (vgl. Sullivan 1982:

154ff). Der Aufrechterhaltung von *kerukunan* dient des weiteren die javanische Form der Entscheidungsfindung *musyawasrah* und *mufakat* (Diskussion und Konsens). Der Begriff *musyawarah* beschreibt im wesentlichen einen Prozeß der Konsultation und Beratung mit dem Ziel der Herstellung von Einmütigkeit (*mufakat*) unter den Diskussionsteilnehmern und gilt gemeinhin als typisches Wesensmerkmal kommunaler Solidarität.

Es wäre allerdings ein Trugschluß, darin egalitäre Strukturen oder gar protodemokratische Prinzipien erkennen zu wollen. Das Herbeiführen von *mufakat* bedeutet nämlich gerade *nicht*, daß bei Interessenunterschieden über verschiedene Auffassungen „abgestimmt" wird, vielmehr sollen die Träger abweichender Ansichten zur Zustimmung zu einem Plan überredet werden. Der stets vorhandene Konformitätsdruck läßt dem individuellen Akteur von vornherein keinen Raum frei zu entscheiden, da das *musyawarah*-Prinzip per Definition dazu tendiert, eigene Ansichten, Identifikationen und Interessen den Prinzipien der kommunalen Hierarchie zu opfern (vgl. Peacock 1978. 110ff).[2] Die gegenteilige Option, kommunale Beziehungen und ihre Verpflichtungen (kollektive Entscheidungen) den abstrakten Prinzipien des Einzelnen unterzuordnen - z.B. aus Überzeugung auf einer abweichenden Meinung zu beharren - käme einem Bruch mit der dörflichen Solidarität gleich und kaum ohne negative Konsequenzen für die soziale Identität zu haben.

Die javanischen relationalen Grundprinzipien implizieren eine gewisse emotionale Distanz und ein weitgehendes Fehlen von engeren, persönlichen Kontakten. Guiness sprach in diesem Zusammenhang sehr trefflich von der „impersonality of interpersonal relations" (Guiness 1986: 186). Wie bereits von Robert Jay in seiner Dorfstudie beobachtet, sind persönliche Freundschaften im Sinne unserer Konzeption eher selten und meist von kurzer Dauer (Jay 1969: 201ff). Dieses Phänomen konnte ich recht häufig beobachten. Kontakte brechen nicht nur dann ab, wenn Konflikte entstehen, sondern häufig auch dann, wenn andere Personen etwas vermeintlich negatives über einem selbst wissen, was einem unangenehm ist. Umgekehrt bricht man nicht selten auch dann ab, wenn man etwas „Schlechtes" über den Anderen weiß.

So führte ein etwas unkontrollierter Wutanfall des Feldforschers zum Verlust eines Mitarbeiters, der den Kontakt mit der Begründung abbrach, daß er jemanden, der sich nicht unter Kontrolle habe nicht akzeptieren könne und daß er sich in mir getäuscht hätte, da er mich für einen zivilisierten Menschen, nicht aber für einen „Irren" (*orang gila*) gehalten hätte. Die stete Angst, sein Gesicht zu verlieren im Verein mit Scham über die eigenen Unzulänglichkeiten führen dazu, daß Kontakte

---

[2] So wurden z.B. in den RT-Treffen alle Vorschläge des Ketua RT mit einem lautstarken „Ja" (*inggih*) angenommen, obwohl einzelne Akteure dem Feldforscher gegenüber Bedenken gegen verschiedene Pläne zum Ausdruck brachten.

unter Freunden (zumindest nach meinen Observationen) nur in wenigen Fällen wirklich offen und selten durch die gegenseitige Akzeptanz von menschlichen Schwächen gekennzeichnet sind. Zentral für die Kontinuität der Beziehungen sind vielmehr die Wahrung der äußeren Form, die Erfüllung sozialer Pflichten und das Ausblenden von negativen Eigenschaften, die man als Teil der inneren Persönlichkeit nicht unbedingt wissen zu wollen scheint, da sie - wenn bekannt - die harmonische Beziehung nachhaltig beeinträchtigen würden.

Dies bedeutet nicht, daß die Existenz schlechter Eigenschaften prinzipiell geleugnet wird, noch daß man davon ausgeht, daß diese nicht ausgelebt werden; sie sind aber im Kreis der eigenen Primärgruppe (Nachbarschaft, Bekanntenkreis, unter Arbeitskollegen usw.) zu unterdrücken und äußerst diskret zu behandeln. So wandte sich das Entsetzen meines Mitarbeiters weniger dagegen, daß ich meinem Zorn freien Lauf gelassen hatte, als vielmehr dagegen, daß dieses „am falschen Ort" (*salah alamat*), d.h. im Kreis meiner Nachbarschaft und in Präsenz von Freunden geschah und somit zu emotionaler Verwirrung in meinem sozialen Umfeld führte. Das javanische Werte- und Normensystem beschreibt keineswegs eine kollektivistische Kultur, in der das Individuum keinen Platz zur Entfaltung seiner Neigungen hat. Es wird aber erwartet, daß man sich an die Regeln hält, die einem ein *kontextuelles* soziales Verhalten nahelegen. Außerhalb dieses kontextuellen Umfelds besteht indes durchaus die Freiheit auch Eigenschaften, die für das Zusammenleben in der eigenen Gruppe als schädlich angesehen werden, auszuleben:

> „To hold a different opinion or to act in a different manner when out of eyesight or earshot are accepted and often even expected. To cheat, to be corrupt, to go to prostitutes, etc. when far away are personal matters that do not concern one's fellows as long as it is done discretely; such actions merely concern relationships with irrelevant outsiders. Life in the outside world is disconnected from one's communal existence and I often have been amazed by the licentiousness of acquaintances and friends when outside their environment and when relieved from the pressure of conformity that is imposed upon them by their group life" (Mulder 1989: 57).

Es ist m. E. nicht übertrieben, dieses Verhaltensmuster als Überlebensstrategie zu deuten. Der permanente Druck, sich korrekt zu verhalten, die angemessene Form zu wahren, Emotionen zu unterdrücken und eigene Ansprüche hinter den Belangen der Gemeinschaft zurückzustellen braucht einen unkontrollierten Raum, in dem sich der individuelle Akteur ohne die Gefahr kollektiv abgestimmter Sanktionen entfalten kann. Der Freiheit des eigenen Handelns scheinen nur dort Grenzen gesetzt zu sein, wo das dominante kulturelle Thema der sozialen Harmonie innerhalb der Primärgruppen berührt wird.

Das Respektprinzip, vertikale und horizontale Orientierungen

In der javanischen Wirklichkeitsvorstellung gilt die soziale Struktur als Abbild der kosmischen Ordnung. Neben den horizontalen Prinzipien der Konfliktvermeidung und der sozialen Harmonie bildet der Respekt vor Höhergestellten den zweiten wichtigen Grundpfeiler der relationalen Orientierung. In vertikaler Perspektive hat sich das Kind zunächst in Scham (*isin*), später in Furcht gegenüber Erwachsenen (*wedi*) und als Erwachsener in Respekt (*sungkan*) und unterordnender Höflichkeit (*andap asor*) dem Höhergestellten zu nähern (vgl. Peacock 1978: 53-100). Unterordnende Höflichkeit und Respekt artikulieren sich primär im Sprachniveau und in der Gestik.

Sie sind das Ergebnis eines langen Erziehungs- und Sozialisierungsprozesses. Dem Kleinkind gebührt zunächst äußerste Aufmerksamkeit und Zuwendung. Die Sorge für das Kind beginnt bereits vor der Geburt in Form der Beachtung diverser Tabus und Fastenzyklen (*prihatin*). Vor allem in den ersten Lebensjahren ist das Kind spirituell äußerst verwundbar und bedarf des besonderen Schutzes durch diverse protektive Techniken. In der Vorstellungswelt der Javanen ist das Kleinkind noch Teil der Natur, d.h. „noch nicht javanisiert" (*durung Jawa*); erst im Prozeß der Erziehung wird es sich der Regeln des menschlichen Zusammenlebens bewußt.

Neben der rituellen Integration in die Welt (*slametane*) besteht die primäre Erziehungsaufgabe der Eltern darin, dafür zu sorgen, daß ihr Kind zu einem kulturell funktionierenden Mitglied der menschlichen Gemeinschaft heranreift. Diesem Ziel dient zunächst das Anerziehen von Scham (*malu*) und das Vermitteln von Furcht (*wedi*) vor befremdlichen Dingen und Personen außerhalb der Kernfamilie. Diese Gefühle sollen helfen zu lernen, sein Verhalten zu kontrollieren, andere Menschen zu respektieren und Konfrontationen zu vermeiden. Die Internalisierung dieser Gefühle führt zu einer Haltung der respektvollen Höflichkeit gegenüber Höhergestellten (*sungkan*), die sich im Alter von etwa 10 Jahren zunächst gegenüber dem eigenen Vater artikuliert, der nun in formalem Hochjavanisch (*krama*) adressiert wird.

Die Respektshaltung der Kinder gegenüber ihren Eltern bleibt auch im Erwachsenenalter gewahrt und artikuliert sich insbesondere im symbolischen Niederknien vor den Eltern (*sungkeman*) am Lebaranfest (Ende der Fastenzeit), wenn die Eltern für begangene Fehler um Verzeihung erbeten werden (vgl. Mulder 1989: 24-30). Die grundlegenden Respektsformen in der javanischen Kultur lauten:

1. *Urmat.* Diese Norm bezeichnet eine Form des Respekts, der lediglich von der höheren sozialen Statusposition des Gegenüber, nicht aber von dessen Persönlichkeit ausgeht. Formale Respektsbezeigung bedeutet hier weder Einverständnis mit den Plänen des Höhergestellten, noch daß dieser wirkliche Autorität und

Macht über einem hat (H. Geertz 1963). D.h. *urmat* wird im strengen Sinne nicht gefühlt, sondern stellt lediglich eine Etikette der äußeren Form dar.

2. *Andap asor.* Man soll sich anderen Menschen in unterordnender Höflichkeit nähern, sich zurückhaltend präsentieren und nicht aufdringlich sein. Diese Haltung impliziert das für den westlichen Betrachter recht umständlich anmutende indirekte Andeuten von Wünschen, die Tendenz, wahre Motive zu verschleiern und die Präferenz, seine eigenen Ansichten zurückzuhalten.

3. *Sungkan.* Dies ist der Respekt vor Höhergestellten, der anders als *urmat* durchaus eine Gefühlsdimension impliziert. Die Wahrnehmung von *sungkan* muß nach meinen Beobachtungen aber nicht immer durch Statusunterschiede akzentuiert sein, sondern kann auch dann eintreten, wenn man sich der Gegenseite moralisch unterlegen fühlt oder aufgrund einer gewissen Ehre, die einem zuteil wurde, Verlegenheit empfindet.

Die Verortung eines Individuums im sozialen Kontext, an der sich Intensität der unterordnenden Höflichkeit und des Respekts orientieren (z.B. in Form des Sprachlevels) ist im wesentlichen vom Alter, der verwandtschaftlichen Stellung, dem Beruf und der sozio-ökonomischen Situation beeinflußt (vgl. Sairin 1982: 24-32). Es wird offensichtlich kein System-Widerspruch darin gesehen, daß in den alltäglichen sozialen Interaktionen hierarchische Statusdifferentiale vorherrschen, während das rituelle System und die kommunale Form der Entscheidungsfindung (*musyawarah* und *mufakat*) egalitäre Prinzipien unterstellen.

> „The Javanese acknowledged the stratification and hierarchy of authority present in society but, at the same time, they stated through their traditions that they were egalitarian. Witin such a structure the network of social relations was full of processes to locate the individuals involved according to the context unfolding within the social relation. Hence, an individual's position was not fixed in the temporal continuum just as it was not fixed within the continuum of the social relation. .... Javanese society can never be explained simply by means of a dualistic classification involving closed pairs of binary opposites, such as refined:coarse, elite: Masses, rich:poor, because through their .... social practices and activities, the Javanese showed that they did not accept such a classification as being the truest for their society" (Laksono 1990. 85f).

Der egalitäre Aspekt innerkommunaler Beziehungen wird mit der Norm des *podo-podo* umschrieben. Dieser Term impliziert, daß alle Menschen gleichwertig sind und sich niemand wichtiger als die anderen nehmen solle. Der Gegenbegriff zu *podo-podo* ist *sombong* (arrogant). Ein arroganter Mensch tut sich gern hervor und deutet durch seine Handlungen und sein Verhalten an, daß er sich den anderen Mitgliedern seiner Gemeinschaft überlegen fühlt und bringt die soziale Harmonie vor allem dadurch in Unordnung, daß er seinen wirklichen Platz in der Gesellschaft nicht kennt. Ein solches Gebaren widerspricht der zivilisierten Person, die sich durch die Beherrschung subtiler Ausdrucksformen in einer ihrer Position angemessen Weise zu verhalten weiß (vgl. Sullivan 1982: 145ff, Mulder 1989: 99).

So soll der Mensch unabhängig seiner sozialen Position zu allen Nachbarn großzügig und hilfsbereit (*lomo*) sein. Das *lomo*-Prinzip bezeichnet ein Ideal, nach dem die nachbarliche Kooperation nicht berechnend und frei von egoistischen Hintergedanken sein soll. Gewiß dürfte dieses Ideal in der Wirklichkeit kaum erfüllt sein. Gerade die stets affirmative Betonung von *kerukunan* und die permanenten Anstrengungen, den äußeren Schein sozialer Harmonie durch ein striktes System von Sanktionen aufrecht zu erhalten sind vielmehr ein Indiz dafür, daß in Wahrheit kaum jemand reine Altruismen erwarten dürfte. Die komplementäre Eigenschaft zu *lomo* ist *pelit*. Eine Person, die sich *pelit* verhält ist engherzig, uneinsichtig, geizig, handelt ohne Rücksicht auf die Bedürfnisse Anderer und läßt sich von der Verfolgung kurzfristiger Ziele leiten, ohne die Konsequenzen ihres Handelns abzuschätzen (vgl. Sullivan 1982: 149ff).

Fassen wir das Gesagte zusammen, so ist das kommunale Leben der javanischen Dorfbewohner im wesentlichen durch pragmatische normative Regelungen und Arrangements charakterisiert, indessen persönliche Kontakte eher schwach ausgeprägt sind. Der Sinn der Solidarität besteht ausschließlich in der Aufrechterhaltung einer sozial-harmonischen Umwelt selbst, die sich jedoch im Unterschied zu unserer Kultur nicht an gesellschaftliche Veränderungen oder Ideale knüpft:

> „The purpose of solidarity is solidarity in itself, that is, the social relationship itself takes primacy over some higher or further purpose that it might serve, such as developing the economy or upholding the law" (Peacock 1978: 111).

In diesem spezifischen Kontext sind auch die traditionellen Subsistenzgarantien und Reziprozitätsnetzwerke zu sehen, auf die im folgenden kurz eingegangen werden soll.

7.1.4. *Reziproke und kooperative Handlungen*

Das javanische Konzept der gegenseitigen Hilfeleistung (*gotong royong*) ist eines der am häufigsten zitierten Beispiele strukturierter Reziprozität (Nurhadi 1987: 56). Der Term *gotong-royong* repräsentiert keine konkrete kooperative Handlung, sondern subsumiert vielmehr eine Reihe von Gemeinschaftsaktivitäten, die - sollen sie die *gotong-royong*-Prämisse erfüllen - folgende Merkmale aufweisen müssen: Es müssen die Mitglieder mehrerer Haushalte bzw. Kernfamilien involviert sein und die kooperative Handlung muß ohne äußeren Zwang, ohne eigenes Kalkül und frei von Eigeninteressen durchgeführt werden. Das heißt, die Partizipation sollte im Idealfall *spontan* sein (vgl. Sullivan 1982: 141ff). Dies ist jedenfalls die Theorie. In der Praxis indes scheint die Tradition des *gotong-royong* indes kontinuierlich im Schwinden begriffen:

> „*gotong royong* is a system of voluntary mutual help without payment between neighbours, friends and close relatives in the community. .... In its simplest form the cooperation or mutual assistence means that several or many people get together tp perform some work that a single household cannot perform alone – a condition that applies also to work performed for the common good. Once the village reaches a certain stage of development, however, this type of collective work tends to become uneconomical (hired labor is cheaper), onerous (tedious obligations are created for the future), and even undesirable (some vilagers abuse the system)" (Soemardjan und Breazale 1993: 119).

Diese eher negative Einschätzung der Zukunft des *gotong-royong* wird von den meisten indonesischen Autoren geteilt. Bereits in den sechziger Jahren konnte Koentjaraningrat (1961) in seiner Dorfstudie in der Sonderregion Yogyakarta eine spontane Teilnahme an kollektiven Einsätzen nur noch in zwei Bereichen feststellen (Pflege der Ahnengräber und materielle Hilfe im Todesfall von Nachbarn). Zu ähnlichen Ergebnissen kamen später auch die Soziologen Rahardjo (1979) und Nurhadi (1987), deren Fallstudien ebenfalls in zentraljavanischen Dörfern durchgeführt wurden.

Um eine einigermaßen realitätsgerechte Situationsanalyse der soziokommunalen Verfassung Karangduwets zu erreichen, ist es notwendig, sich die wichtigsten Prinzipien zu vergegenwärtigen, die gemeinhin mit der *gotong-royong*-Prämisse identifiziert werden. Von den reziproken Hilfestellungen zwischen individuellen Akteuren und Haushalten sind zunächst einmal all die Tätigkeiten zu unterscheiden, die kooperative Handlungen im Sinne der Dorfgemeinschaft (*kerja bakti*) erforderlich machen, d.h. Bau und Reparatur der Wege und Brücken, Reinigung der Wege und Plätze bei der Vorbereitung zum Dorfreinigungsfest (*bersih desa*), Instandhaltung der primären Kanalsysteme usw. Diesen Tätigkeiten wird seitens der Regierung höchste Priorität in der dörflichen Modernisierung (*pembangunan desa*) beigemessen. Die Organisation dieser Arbeiten obliegt heutzutage den RT-Nachbarschaftseinheiten, die für die in ihrem Bereich befindlichen Weg- und Kanalabschnitte selbst verantwortlich sind. Der Ketua RT dient hier gewissermaßen als Broker zwischen den übergeordneten staatlichen Institutionen und der Bevölkerung, so daß es sich bei den *kerja-bakti*-Aktivitäten der Gegenwart im wesentlichen um das Ausführen von Instruktionen, keinesfalls aber um spontane Aktionen mehr handelt (sofern diese in der Vergangenheit überhaupt wirklich spontan waren). Eine dem *kerja-bakti* ähnliche, aber in emischer Sichtweise separate Form kommunaler Gemeinschaftsaktivität bildet die Teilnahme an den regelmäßigen Nachtwachen-Einsätzen (*siskampling*).

Der reziproke Arbeitstausch zwischen Familien in der Landwirtschaft, beim Hausbau und diversen anderen Unternehmungen wird als *sambatan* bezeichnet. Ein zentrales Merkmal dieser Tätigkeiten ist, daß die Arbeiter weder entlohnt noch expressis verbis zu dem anstehenden Arbeitseinsatz eingeladen werden. Dieser wird im Idealfall lediglich bekannt gegeben: Die Mithilfe sollte dann gemäß den javanischen Sozialnormen aber auf dem „eigenen Bewußtsein" (*kesadaran sendiri*) der Gemeinschaftsmitglieder basieren. Eine spezifische Form von *sambatan* besteht in der Teilnahme an der Festvorbereitung zu einem Slametan (*rewang*), die im wesentlichen den Frauen obliegt.

Eine andere Form nachbarlicher Solidarität auf dem Gegenseitigkeitsprinzip stellt die materielle Hilfe (Geld, Reis usw.) in Ausnahmesituationen dar (*sumbangan*). Dies bezieht sich zum einen auf Notfälle (Krankheit, Tod), zum anderen aber auch auf rituelle Anlässe (Beschneidung, Heirat usw.) im Nachbarschaftskreis, die für den das Fest ausrichtenden Haushalt eine starke materielle Belastung darstellen können, die durch finanzielle und materielle Gaben von Gästen, Nachbarn und Verwandten (*jagongan*) vermindert werden sollen. Der kommunalen Solidarität dienen weiterhin eine Reihe von Verpflichtungen, die man unter dem Stichwort der *kollektiven Präsenz* zusammenfassen könnte. Die Javanen glauben, daß emotionale Störungen (Krankheit, Trauer) nur durch die physische Präsenz einer möglichst großen Anzahl von Personen überwunden werden können. Unaufgefordertes Erscheinen im Haus eines Kranken oder Verstorbenen gilt deshalb als oberste Priorität gutnachbarlichen Verhaltens.

Es sind vor allem diese konkreten kooperativ-solidarischen Handlungen, durch welche die Kontinuität der sozialen Harmonie in der javanischen Wirklichkeitskonzeption aufrecht erhalten wird. Es ist nicht weiter erstaunlich, daß die indonesische Regierung die Praxis dieser relationalen Prinzipien unterstützt und versucht, sie ihren Entwicklungsplänen dienstbar zu machen, umschreiben sie doch eine im Kern konservative Verfassung, in der die Menschen und Dinge an ihrem rechten Ort sind und so funktionieren wie sie sollten.

In den folgenden Kapiteln soll es deshalb zunächst um die Einstellungen der Dukuhbewohner zu den javanischen Werten und Normen und im Anschluß daran um das spezifische Verhältnis zwischen den staatlichen Institutionen und den innerkommunalen Ordnungsprinzipien gehen, das sich dem gegenwärtigen Betrachter in Karangduwet nicht immer frei von Konflikten darstellt.

7.2. Einstellungen zu kulturspezifischen Werten und Normen

Das direkte Erfragen zur Praxis der zentralen javanischen Werte und Normen ergab erwartungsgemäß eine sehr hohe Zustimmung. Über 90% der Informanten gaben an, die Grundwerte der Gelassenheit (*ikhlas*), der Annahme des Unvermeidlichen (*nrima*), der Geduld (*sabar*), der unterordnenden Höflichkeit (*andhap asor*) und des formalen Respekts (*urmat*) einzuhalten. Indessen wurden die Etikette (*etok-etok*) und die Praxis des Ausweichens bei Streitigkeiten (*jothakan*) nahezu einmütig zurückgewiesen. Diese Ablehnung dürfte aber eher die Einstellung der Informanten als ihr tatsächliches Verhalten reflektieren, da die Dukuhbewohner sehr wohl dazu neigen, sich bei Streitigkeiten auszuweichen. Es ist aber bemerkenswert, daß man sich bewußt von diesen Normen distanziert.

Die einzige Norm, die konträr bewertet wird ist der Respekt vor Höhergestellten (*sungkan*). Immerhin 41,6% des Samples (n = 25) gaben an, diese Norm nicht zu praktizieren. Über die Gründe dieser Polarisierung in der Einstellung lohnt es sich durchaus zu spekulieren. Im Gegensatz zur Praxis des *urmat*, die den rein formalen Respekt umschreibt, impliziert *sungkan* durchaus eine reale Empfindung, in welcher der Respekt nicht nur im Status, sondern auch in der Persönlichkeit des Gegenüber begründet ist. Ein mögliches Erklärungspotential für den Einstellungsunterschied in dieser Frage liefert die Korrelationsanalyse: Die Ablehnung des *sungkan* herrscht vor allem unter den jüngeren Dukuhbewohnern vor (Eta = 0,71) und korreliert positiv mit der formalen Bildung (Eta = 0,49) und den Emigrationsjahren (Eta = 0,46). Bezogen auf das soziale Umfeld der Dukuhbewohner bedeutet dies, daß die lokalen Respektspersonen im Dukuh (Kader, Dorfbeamte) bei den eher „kosmopolitischen" Bewohnern Karangduwets offensichtlich an moralischer Autorität eingebüßt haben. Äußerlich bringt man ihnen zwar nach wie vor formalen Respekt (*urmat*) entgegen, indes man sich innerlich zumindest von Teilen dieser Honorablen zu distanzieren scheint und sie hinsichtlich ihres Charakters und ihrer Fähigkeiten keinesfalls vorbehaltlos zu respektieren scheint. Daß diese Schlußfolgerung nicht aus der Luft gegriffen ist, wurde in informellen Gesprächen von meinen Schlüsselinformanten mit Nachdruck unterstrichen (dazu weiter unten).

Im Bereich der kooperativen Handlungen werden die Kondulenz (*tulung layat*), der Krankenbesuch (*menenggok orang sakit*), die Teilnahme an der Nachtwache (*siskampling*) und an kollektiven Einsätzen der Dorfgemeinschaft (*kerja bakti*) sowie die Hilfe bei der Festvorbereitung (*rewang*) von über 90% der Informanten als verpflichtend angesehen. Im Fall der Teilnahme an den Slametanen und den finanziellen Beigaben zur Festausrichtung (*jagongan*) ist zu unterscheiden, ob man zu dem betreffenden Anlaß eine Einladung erhielt (*diundang*) oder ob man mehr oder weniger spontan erscheint. Im Fall einer Einladung könne man sich nach Ansicht der Dukuhbewohner keinesfalls entziehen. Insgesamt zeigt sich auch in Karangduwet, daß die Partizipation an diesen Gemeinschaftsaktivitäten nicht immer spontan sein dürfte, wie es das javanische Normensystem unterstellt. Gerade die Praxis des *jagongan* hatte zum Zeitpunkt des Feldaufenthalts an Plausibilität eingebüßt. Einzelne Repräsentanten der ökonomischen und politischen Elite (Staats- und Dorfbeamte, Kader) hatten untereinander *Nicht-Jagongan-Agreements* geschlossen, d.h. daß beide Seiten nicht zu den rituellen Anlässen der Gegenseite erscheinen und auch keine finanzielle Unterstützung zur Festausrichtung leisten. Allerdings konnte sich die Mehrheit der Dukuhbewohner dieser Praxis nicht anschließen, da sie dies als Bruch mit der kommunalen Solidarität (*kerukunan*) betrachtete und die Ansicht vertrat, daß man die Tradition nicht einfach aus ökonomischem Kalkül abschaffen könne.[3]

Die bloße Option der Zustimmung oder Ablehnung zu einzelnen Normen kann die teils recht komplexen kognitiven Orientierungen der Dukuhbewohner naturgemäß nur oberflächlich erfassen. Es mußte deshalb auf subtilere Methoden zurückgegriffen werden, die eine differenziertere Analyse der Einstellungsunterschiede im Dukuh zulassen. Für den traditionellen Einstellungsbereich boten sich im wesentlichen einige der von James Peacock für seine Studie über kulturelle Orientierungen in Yogyakarta (Peacock 1978) konzipierten Wertorientierungs-Items und die von dem indonesischen Soziologen Nurhadi (Nurhadi 1987) konstruierten Multiple-Choice-Fragen zum relationalen Normenapparat an. Im Bereich der modernen Einstellungen wurden einige zentrale Fragestellungen aus der Rogers- und Svenning-Studie über den Modernisierungsprozeß in bäuerlichen Gesellschaften (Rogers und Svenning 1967) übernommen, die durch eigene Fragestellungen zum Komplex der allgemeinen *peasant attitudes* ergänzt wurden. Da die Rogers/Svenning-Umfrage bereits von Thomas Schweizer in seinem Buch über den Reisanbau in einem javanischen Dorf (Schweizer 1989a: Kap. 5) auf javanische Verhältnisse übertragen wurde, konnte auf eine vollständige Durchführung der von Rogers und Svenning vorgeschlagenen Test-Instrumente verzichtet werden. Statt dessen wurden nur die für unsere Fragestellung signifikanten kognitiven Modernisierungsvariablen (Massenmedienzuwendung, modernes Wissen, Berufsaspiration) erfragt, die ich durch die eigens operationalisierte Variable der formalen Partizipation ergänzte.

---

[3] Es ist indes nicht von der Hand zu weisen, daß die Praxis des *jagongan* eine enorme Belastung für die Familien darstellt. So gaben die Haushalte Karangduwets im Ritualmonat *Besar* (Juli 1996) im Durchschnitt 56000 Rp. (mit extrem hoher Standardabweichung von 77000 Rp.) für rituelle Anlässe von Verwandten, Bekannten und Nachbarn aus (rund 15% hatten Ausgaben über 100000 Rp.; der höchste Wert lag bei 445000 Rp.) Im Durchschnitt beliefen sich die rituellen Ausgaben auf ca. 1/3 des monatlichen Einkommens.

7.2.1. Kulturelle Orientierungen

Die von Peacock zur Bestimmung der Wertorientierungen konservativer und modernistischer Muslime in Yogyakarta konzipierten Items sind der spezifischen javanischen Vorstellungswelt angepaßt und repräsentieren kulturell dominante Einstellungen, die in Form von allgemeinen Statements „über das Leben" thematisiert werden. Die Themen sind neutral formuliert, so daß die Items den Informanten die Einnahme einer stärker distanzierten Position erlauben (vgl. Peacock 1978: Appendix A). Auf einen Prä-Test wurde verzichtet, da die Items durch ihre Anwendung durch Peacock bereits als vorgetestet gelten konnten. Statt dessen wurden die Formulierungen lediglich sprachlich vereinfacht und auf die dörflichen Verhältnisse übertragen.

Bei den folgenden *bipolaren Items* hat sich der Informant für jeweils eine von zwei kontradiktiven Ansichten zu einem Thema zu entscheiden, das am ehesten seine persönliche Einstellung zu dem Problem wiedergibt.

1. Ich verwende meine Zeit lieber zum Arbeiten als zur sozialen Geselligkeit.
2. Ich verwende meine Zeit lieber zur sozialen Geselligkeit als zum Arbeiten.

In diesem Item wird die soziale Norm „kommunalen Beisammenseins" einer stärker leistungsorientierten, individualistischen Grundeinstellung gegenübergestellt, die bereit ist, die Intensität gutnachbarlichen Kontakts notfalls hinter den eigenen Zielen zurückzustellen. In dieser Frage optierte die Mehrheit von 63% (n = 39) für Option 2.

Die Einstellung in diesem Bereich ist vor allem von der formalen Bildung (Eta = 0,59) und dem materiellen Besitz (Eta = 0,61) beeinflußt. Vor allem die ökonomisch bessergestellten Dukuhbewohner tendierten dazu, der Erledigung der eigenen Arbeit die höhere Priorität einzuräumen. Daß dies keine willkürliche Option ist, sondern durchaus den realen Verhältnissen entspricht, zeigte sich z.B. daran, daß die reichen Dukuhbewohner gelegentlich um ein Verschieben des Interviews auf den Abend baten, da sie zum Zeitpunkt meines Erscheinens am Nachmittag gerade „zu tun" hatten (*sedangkan sibuk*) und um Verständnis dafür baten, daß sie momentan für das Interview keine Zeit hätten. Daß dies bei den ärmeren Dukuhbewohnern nicht vorkam, bedeutet nicht, daß diese nichts zu tun hätten, sondern zeigt vielmehr, daß man auch in meinem Fall der Geselligkeit (in Form des Interviews) den Vorzug vor der Fortsetzung der eigenen Arbeit gab.

1. Ich habe oft Schwierigkeiten, die Zeit zur Arbeit und die Zeit zum Beisammensein mit Freunden und Nachbarn zu trennen.
2. Ich tendiere eher dazu, viel Zeit mit Freunden und Nachbarn zu verbringen, ohne an die Zeit zu denken.

Dieses Item mißt gewissermaßen die Zeitdisposition der Informanten. Das Ergebnis zeigt eine recht deutliche Polarisierung: 56% (n = 34) optierten für Alternative 1 und 44% (n = 26) für Alternative 2. Die eher zum „Müßiggang" neigende Einstellung (Alternative 2) kommt eher bei den Älteren vor (Eta = 0,65), während das Vorhandensein der Schwierigkeit, seine Zeit einzuteilen insbesondere unter den Lohnarbeitern dominierte (Lambda = 0,35 mit dem Hauptberuf als Ursachenmerkmal). Man kann dieses Ergebnis durchaus so interpretieren, daß in dem Maße, wie die Haushaltsökonomie vom Geldlohn abhängt, im Bewußtsein der Akteure die „Zeit für den Arbeitgeber" und die „arbeitsfreie Zeit" als distinkte Bereiche unterschieden werden, so daß Arbeitszeit und die Zeit zur Geselligkeit weniger vermischt sind als dies z.B. bei Subsistenzbauern oder den Besitzern kleiner Einkaufsstellen (*warung*) der Fall sein dürfte.

1. Das Jagongan ist eine Tradition, die oft zur Last für die Familien des Dorfes wird. Deshalb ist es besser, diese Tradition zu vereinfachen und auf das öffentliche Bekanntmachen einer Zeremonie (*ulem-ulem*) zu verzichten.
2. Das Jagongan ist eine alte Tradition und sollte deshalb nicht verändert werden.

Dieses Item ist nicht in der Peacock-Umfrage enthalten, sondern wurde aufgrund der aktuellen Diskussion in Karangduwet eigens konstruiert. Nur eine Minderheit von 26% (n = 16) ist demnach bereit, die Tradition des *jagongan* zu rationalisieren. Nur die Repräsentanten der exponierten Elite hielten eine stärkere Privatisierung familiärer Anlässe für notwendig. Systematische Zusammenhänge der Einstellung zu diesem Problem ergaben sich mit dem materiellen Besitz (r = 0, 41; statistisch signifikant mit 0,03) und der formalen Bildung (r = 0,54; statistisch signifikant mit 0,01). Offenbar ist das Gefühl gegenseitiger Abhängigkeit und die Internalisierung der traditionellen Konzeption von *kerukunan* beim durchschnittlichen Dukuhbewohner noch sehr stark ausgeprägt.

Die *Rank-Order-Items* bestehen aus verschiedenen Optionen zu einem Thema, die in Form einer Präferenzhierarchie (1-3) anzuordnen sind. Aus der Peacock-Umfrage wurde lediglich ein Rank-Order-Item übernommen, das Lebens- und Erziehungsziele zum Inhalt hat, die in der javanischen Kultur einen hohen Stellenwert einnehmen. Die einzelnen Optionen wurden als separate Variablen verrechnet und gemäß ihrer Präferenzanordnung mit 0 (nicht unter den ersten drei) bis maximal 3 Punkten (Position 1) versehen. [4]

---

[4] Die mit * gekennzeichneten Optionen sind nicht Bestandteil der Peacock-Umfrage und wurden selbst hinzugefügt. Die Peacock-Items wurden nicht immer vollständig übernommen, da einzelne Fragestellungen für den Lebensbereich der Dorfbewohner zu „akademisch" sein dürften.

Welche der folgenden Eigenschaften sind die Wichtigsten, die man den Kindern beibringen sollte?

1. Religiös-moralische Lebensführung (*iman dan taqwa*)*
2. Gelassenheit / Geduld (*penyebar dan ikhlas*)
3. Gehorsam (*taat*)
4. Selbständigkeit (*mandiri*)
5. Anpassungsfähigkeit (*bisa menyesuaikan diri*)
6. Hart arbeiten (*bekerja keras*)
7. Hilfsbereitschaft (*suka menolong*)

Die wichtigste all dieser Erziehungsziele ist nach Ansicht der Dukuhbewohner die Eigenschaft der religiös-moralischen Lebensführung. Dies ist insofern etwas überraschend, als dieses Ziel in den Peacock-Items selbst nicht vorkommt (vgl. Peacock 1978: Appendix A). Alle anderen Eigenschaften kommen in gemischter Form auf allen Plazierungen vor. Signifikante Zusammenhänge ergaben sich nur in zwei Bereichen: So korreliert die Präferenz des Gehorsams (*taat*) positiv mit dem materiellen Besitz (r = 0,31; signifikant mit 0,02) und dem Geschlecht (Eta = 0,34). Letzteres ist nicht weiter überraschend, da das javanische Erziehungsmodell a priori eine strengere Kontrolle durch den Vater vorsieht. Die individuelle Einstufung des Gehorsams steht weiterhin mit den Jahren der formalen Bildung in Zusammenhang (r = 0,34; statistisch signifikant mit 0,01).

Indessen korrelieren formale Bildung und materieller Besitz negativ mit dem Stellenwert der Erziehung zur Hilfsbereitschaft (r = -0, 33; statistisch signifikant mit 0,02 und r = -0, 32; statistisch signifikant mit 0,04). Dieses Ergebnis kann durchaus als Indiz dafür interpretiert werden, daß bei den mächtigen und reichen Dukuhbewohnern stärker die hierarchische Orientierung des javanischen Werte und Normensystems (Gehorsam) überwiegt, während bei den ärmeren und aus der Sicht ihrer Bildungssituation eher benachteiligten Dukuhbewohnern indes stärker die horizontale Grundorientierung (Hilfsbereitschaft) vorherrscht.

Der hierarchische Aspekt von sozialen Beziehungen äußert sich nach javanischer Auffassung exemplarisch in der idealen Beziehung, die zwischen Eltern und Kindern herrschen soll. Die zentrale Kindespflicht artikuliert sich in der Einstellungsregel *mikul dhuwur mendhem joro*. Dieser Imperativ setzt sich aus zwei Grundprinzipien zusammen: *mikul dhuwur* besitzt im Javanischen die Bedeutung von etwas „hochhalten", *mendhem joro* lautet wörtlich übersetzt „tief begraben". Hoch halten soll man vor allem den Namen der Eltern, d.h. daß man in der Öffentlichkeit niemals schlecht über seine Eltern sprechen, sondern vielmehr ihre positiven Eigenschaften (z.B. ihre moralische Integrität) herausstellen solle. Während sich *mikul dhuwur* auf die harmonische Präsentation der Familie nach außen bezieht, umschreibt *mendhem joro* stärker die internen Familienbeziehungen, die dadurch gekennzeichnet sein sollen, daß alle Äußerungen und Handlungen zu unterlassen sind, die der familiären Harmonie abträglich sind. Kurz: Konflikte sollen nicht direkt artikuliert, sondern still erduldet und „unter den Teppich gekehrt" (tief begraben!) und in jedem Fall der Öffentlichkeit vorenthalten werden. Vielmehr ist im Umgang mit Außenseitern stets der äußere Schein einer harmonisch intakten Familie aufrecht zu erhalten.

Die Pflicht, seine Eltern zu ehren wird im traditionellen Überzeugungssystem durch die Vorstellung sanktioniert, daß die Eltern „Strafe schicken" (*walat*). Diese Strafe ist unpersönlich und unabhängig vom Willen der Eltern. Sie wird vielmehr im Sinne einer kosmischen Gesetzmäßigkeit die Nichtbeachtung der Norm vergelten. Eine solche Regelverletzung besteht z.B. bei Ungehorsam, unangemessener Kritik an den Eltern und allen denkbaren Handlungen, welche die Eltern beschämen könnten. Dies ist zumindest die Theorie. Es sind vor allem diese Konzeptionen, aufgrund derer Niels Mulder die folgende Schlußfolgerung ableitete:

> „In the parent-child relationship, parents give and children take. If that relationship fails, it is the children who are at fault, the thought of „bad parents" or „faulty education" being modern inventions that have not yet penetrated into the Javanese mind" (Mulder 1989: 35).

Nach meinen Beobachtungen scheint Mulder hier die Lernfähigkeit der Javanen zu unterschätzen. Die Sicht der Dinge schien bei den Dukuhbewohnern nämlich keineswegs so eindimensional, wie es das obige Zitat unterstellt. So hatte mein Nachbar in RT 4, der bereits zum siebten Mal verheiratet war ein sehr schlechtes Image, da man der Ansicht war, daß dieser zwar wohl ein Faible für Frauen habe, sich aber nicht für seine Kinder interessiere. Diese hätten deshalb völlig zu recht den Kontakt mit ihrem Vater abgebrochen. In einem anderen Fall hatte ein 19jähriger Oberschüler mehrere Diebstähle begangen, die man aber keineswegs dem jungen Mann selbst, sondern vor allem den angeblich chaotischen Familienverhältnissen anlastete. Die vorherrschende Interpretation im Dukuh ging nämlich dahin, daß der Vater seiner Erziehungspflicht nicht ausreichend nachgekommen sei, während man die allein erziehende Mutter für überfordert hielt.

Daß die Position der Eltern heutzutage nicht uneingeschränkt durch eine *spiritual power* über ihre Kinder charakterisiert ist, läßt sich in Karangduwet auch daran ablesen, daß der traditionelle Kniefall vor den Eltern am Lebarantag (*sungkeman*) in zahlreichen Familien inzwischen durch den säkularen Händedruck (*jabat tanggan*) ersetzt wurde. Ich habe deshalb die Informanten gefragt, welche Form des Rituals man gegenwärtig in ihrer Familie praktiziere. Insgesamt kommt der traditionelle Kniefall nur noch bei 65% (n = 38) der Befragten vor. Seine Kontinuität scheint dabei in erster Linie mit dem sozio-ökonomischen Status in Zusammenhang zu stehen (Eta = 0,43 mit dem materiellen Besitz sowie Lambda = 0,23 mit dem Hauptberuf als Wirkungsvariablen).

7.2.2. Einstellungen zu Geschlechterrollen

Ein wesentliches Element der javanischen Familienstruktur ist die Unterscheidung zwischen männlichen und weiblichen Handlungssphären. Die Position der Frau ist dabei keineswegs der des Mannes untergeordnet. So besteht nicht nur eine paritätische Erbteilung zwischen den Geschlechtern, vielmehr werden auch die Bereiche Haushalt, Finanzen und Markt von den Frauen dominiert. Entscheidungen in der Landwirtschaft und die öffentliche Repräsentation des Haushalts nach außen fallen indes in den Zuständigkeitsbereich der Männer (vgl. H. Geertz 1961, Jay 1969: Kap. 5). Im Bereich der Erziehung obliegt der größere Teil zweifellos den Müttern, die von vornherein eine engere Gefühlsbindung zu ihren Kindern entwickeln als die Väter. Die protektiven Handlungen in der Frühphase (Tragen im *slendang*, regelmäßiges Hin- und Herbewegen des Kindes usw.) fallen den traditionellen Sozialnormen zufolge ausschließlich den Müttern zu. Die Rolle des Vaters im Erziehungsprozeß ist weitgehend auf die verbale Instruktion (*tuturi*) und das Geben von Ratschlägen (*nasehat*) beschränkt. Bereits mit 12 - 15 Jahren wird der Vater in formalem *krama* adressiert.

Die Adoleszenz wird bei den Jungen durch das Ritual der Beschneidung (*sunatan*) markiert (in Karangduwet normalerweise im Alter von 15 Jahren). Bei den Mädchen orientiert sich der Eintritt in die Adoleszenz am natürlichen Zyklus, d.h. sie setzt mit der ersten Menstruation ein. Einschlägige Autoren betonen immer wieder die sehr kurze Phase der weiblichen Adoleszenz. Die Javanen glauben, daß jeder Mensch außerhalb der sozialen Kontrolle durch die Gemeinschaft seine natürlichen Impulse nur unzureichend selbst kontrollieren kann. Die latente Gefahr, daß das Mädchen nach Eintritt in die Geschlechtsreife von starken sexuellen Impulsen beherrscht wird, führt zu der Norm, daß die Mädchen sehr rasch verheiratet werden sollten (vgl. H. Geertz 1961).

In Karangduwet schienen diese Prinzipien nicht mehr sehr stark ausgeprägt. Einmal zeigte sich, daß das Heiratsalter bei den jüngeren Dukuhbewohnern signifikant verzögert war. Zahlreiche Frauen über 25 waren nach wie vor unverheiratet. Auf die Gründe dieses Phänomen wurde bereits im Kontext der Analyse der demographischen Strukturen im Dukuh hingewiesen. Zum anderen fiel auf, daß auch Männer hin und wieder ihre Kinder und Enkel im *slendang* trugen und die protektiven Erziehungsmethoden des Kuddelns (*kuloni*) und rhythmischen Bewegens (*gendong*) ausführten. Ebenso konnten in Einzelfällen Männer beim Waschen beobachtet werden. Dies sei nach Ansicht meiner Informanten vor zehn Jahren noch undenkbar gewesen. Ich habe deshalb in meine Wertorientierungs-Umfrage einige Indikatorfragen zur Perzeption der Familiennormen und Geschlechterollen integriert. Immerhin 72% (n = 43) stimmen der Ansicht zu, daß die Mutter in Erziehung und Familie eine wichtigere Rolle spielt als der Vater. 81% (n = 49) sind nach wie vor der Auffassung, daß Männer eine wichtigere Funktion in der kommunalen öffentlichen Sphäre als Frauen einnehmen sollten. Immerhin 80% (n = 48) sind hingegen der durchaus modernen Meinung, daß auch die Männer Aufgaben im Haushalt (Spülen, Waschen) übernehmen sollten. Im Fall der letzten Frage wurden die Informanten auch gebeten, die Gründe für ihre Zustimmung anzugeben. Die zentralen Begründungen waren hierbei, daß man die Frau bei ihrer Arbeit unterstützen müsse, daß die Frau nicht immer Zeit habe und daß die Männer nicht von den Frauen abhängig sein sollten.

7.2.3. Einstellungen zum relationalen Normenapparat

Diese Umfrage bestand aus einer verkürzten Fassung der von dem indonesischen Soziologen Nurhadi (1987) konstruierten Test-Items zum *gotong-royong*-Komplex. Die Umfrage wurde für Männer und Frauen getrennt durchgeführt. In beiden Umfragen wurden die Einstellungen zur kommunalen Gemeinschaftsarbeit (*kerja bakti*) und zur materiellen Solidarhilfe (*sumbangan*) erfragt. Ergänzend wurde bei den Männern der Bereich des reziproken Arbeitstausches (*sambatan*) und bei den Frauen die Tradition der Festvorbereitung (*rewang*) hinzugefügt. Die Erhebung war, wie in Kap. 1.2. bereits dargelegt, mit methodischen Schwierigkeiten verbunden, die aber zumindest einigermaßen behoben werden konnten.

Kerja Bakti

Wie aus den Notizbüchern der Nachbarschaftsvorstände hervorgeht, haben die Männer im Zeitraum eines Jahres durchschnittlich 15 mal an Gemeinschaftseinsätzen teilgenommen. Die Frage, ob hierbei ein Zusammenhang zwischen den Teilnahmefrequenzen und der sozialen und ökonomischen Situation der Informanten besteht, ist nur schwer statistisch nachzuweisen. Dies vor allem deshalb, weil die Einsätze von den RT's organisiert werden und die Anzahl der Teilnahmen deshalb primär davon abhängt, in welchem RT ein Informant lebt. So gab es in RT 1 innerhalb von 12 Monaten insgesamt 18 Einsätze, in RT 3 indes nur 11. Es ist aber kein Geheimnis, daß die reicheren Dukuhbewohner sich häufiger durch andere Personen vertreten lassen oder eine Freistellung durch Geldzahlungen in die Gemeinschaftskasse erwirken als dies der durchschnittliche Dukuhbewohner tut.

Bei den Frauen gab es insgesamt nur neun Einsätze, die vor allem im Zusammenhang mit der Säuberung der Posyandu-Station, den Vorbereitungen zu den Festlichkeiten des nationalen Unabhängigkeitstages (1. August) und der rituellen Reinigung des Weilerfriedhofs (*kuburan*) anfielen. Die Gemeinschaftsarbeiten der

Frauen werden anders als im Fall der Männer nicht von den Nachbarschaftskreisen, sondern von den PKK-Kadern auf der Ebene des Dusun organisiert. Anders als den meisten vergleichbaren Dorfstudien (Koentjaraningrat 1960, Raharjo 1979, Soemardjan und Breazale 1993) zu entnehmen, herrscht in Karangduwet die kollektive Ansicht vor, daß die *kerja-bakti*-Einsätze in den letzten Jahren zugenommen haben.

Es gibt m. E. keinen Zweifel an der Glaubhaftigkeit der einmütigen Zustimmung der Informanten, daß die Tradition des *kera bakti* aufrechterhalten werden muß und für die Dukuhbewohner Nutzen bringt. Interessant ist aber, daß man diesen Nutzen primär in einer saubereren Umwelt, im kommunalen Beisammensein und in der Kontinuität sozialer Harmonie sah. Obwohl diesen Einsätzen von staatlicher Seite eine konstitutive Rolle in der dörflichen Modernisierung und der ökonomischen Entwicklung beigemessen wird, konnten die Informanten im *kerja bakti* ausschließlich einen sozialen, in keinem Fall aber einen ökonomischen Nutzen benennen.

Auf die Frage, was man in einer Situation tun würde, in der der Zeitpunkt eines *kerja-bakti*-Einsatzes mit der Erledigung einer wichtigen privaten Arbeit (z.B. Ernte) zusammenfällt, gaben 33% (n = 20) an, daß sie zuerst ihre Arbeit fortsetzen und zu Ende führen und dann ihrer sozialen Verpflichtung nachkommen würden, während 8% (n = 5) nicht wußten, wie sie sich in einer solchen Situation verhalten würden. Immerhin 59% (n = 32) würden eher ihre Arbeit verschieben und zuerst ihren sozialen Pflichten nachgehen.

Gewiß sind diese Fragestellungen recht hypothetisch, da die Informanten situationsabhängig mal so und mal so entscheiden dürften. Die Nurhadi-Items messen insofern weniger das reale Verhalten der Akteure, als vielmehr ihre Bereitschaft, auch einmal eine unabhängige Position zum relationalen Normensystem einzunehmen und diese auch öffentlich zu bekennen. Die Schußfrage, was von einem Dorfbewohner zu halten ist, der sich nie oder nur selten am *kerja bakti* beteiligt, wurde von 69% (n = 40) als unsozial zurückgewiesen, während aber immerhin 31% (n = 15) meinten, daß dies nicht weiter schlimm sei. Letzteres ist im Kontext eines auf kompromißlose Harmonie und ein hohes Maß an Konformität und Konsens abzielendes kulturelles System, wie es das javanische Normensystem darstellt, zweifelsohne ein sehr hoher Wert (zumal unsere Umfrage in einem nach nationalen Standards ökonomisch eher rückständigen ländlichen Milieu durchgeführt wurde).

Sumbangan

Die Informanten leisteten im Zeitraum von drei Monaten durchschnittlich 4,6 mal (SD = 3,7) materielle Hilfestellungen in Form von Geld oder (selten) Nahrungsmitteln für Notfälle (Armut, Krankheit, Tod) oder sonstige Ausnahmesituationen im Dukuh. Die Frequenzen dieser Solidarleistungen sind im wesentlichen vom materiellen Besitz (r = 0,29; statistisch signifikant mit 0,02), dem Landbesitz (r = 0,54; statistisch signifikant mit 0,001) und dem Hauptberuf (Eta = 0,36) beeinflußt. Dies bestätigt das Funktionieren der *peasant economics*, die sich vor allem dadurch auszeichnet, daß die materiell Bessergestellten eine besondere Verpflichtung zur Wahrung von traditionellen Subsistenzgarantien haben (vgl. Scott 1976). Die Informanten stimmen darin überein, daß diese Tradition auch in der Zukunft aufrecht erhalten werden muß. Es ist aber doch überraschend, daß in dieser Frage eine größere Toleranz als beim *kerja bakti* festzustellen ist. So meinten immerhin 36% (n = 22) der Befragten, daß es ihrer Meinung nach nicht so schlimm ist, wenn sich ein Dukuhbewohner dieser Verpflichtung nicht nachkommt.

Sambatan und Rewang

Diese Befragung wurde nach Geschlecht unterschieden: Bei den Männern wurde die Frequenz der Teilnahme am reziproken Arbeitstausch (*sambatan*) im Zeitraum von drei Monaten, bei den Frauen indes die Anzahl der Teilnahmen an Festvorbereitungen (*rewang*) im Ritualmonat *Besar* (Juli 1996) erfragt. Demnach nahmen die Männer in der erfragten Periode durchschnittlich fünf mal (SD = 3,2) an nachbarlichen Arbeitseinsätzen teil, während die Frauen im Monat *Besar* im Durchschnitt sechs mal (SD = 3,1) an Festvorbereitungen partizipierten. Zusammenhänge von Partizipationsfrequenzen mit sozio-ökonomischen Merkmalen, die den Kriterien der statistischen Signifikanz genügen, konnten in diesem Bereich nur für die Variable des materiellen Besitzes nachgewiesen werden (r = -0,34; statistisch signifikant mit 0,03). Dies war nach Lage der Dinge auch nicht anders zu erwarten, da sich der durchschnittliche Dukuhbewohner kaum erlauben würde, einen exponierten Vertreter der dörflichen Elite (Lehrer, Beamte) um die Mithilfe bei der Feldarbeit oder bei der Errichtung eines neuen Wohnhauses zu bitten. Nach meinen Beobachtungen nehmen aber die bessergestellten Frauen durchaus auch bei der Präparation von rituellen Anlässen in ärmeren Nachbarschaftshaushalten teil. Sie haben dort aber eine eher „supervisorische" denn eine aktive Funktion. Tendenziell scheint die Frequenz von Festvorbereitungen stabil geblieben zu sein, während der reziproke Arbeitstausch nach Meinung der Informanten zurückgegangen ist. Dies war bei den Männern ebenfalls zu erwarten, da in der Landwirtschaft heutzutage die Lohnarbeit vorherrscht und beim Hausbau mehr und mehr Backsteinhäuser errichtet werden, so daß hier zunehmend professionelle Handwerker herangezogen werden.

Entsprechend der Umfrage zu den *kerja-bakti*-Aktivitäten wurden die Informanten auch mit dem hypothetischen Problem konfrontiert, wie sie sich verhalten würden, wenn eine wichtige Arbeit mit einer Festvorbereitung (Frauen) bzw. dem Termin einer Hausreparatur in ihrer Nachbarschaft koinzidiert. 65% (n = 32) meinten, daß sie ihre Arbeit eher aufschieben würden und ihrer sozialen Verpflichtung nachkämen; 12% (n = 6) ließen die Frage offen und 33% (n = 11) äußerten, daß sie eher ihre eigene Arbeit vorziehen und erst nach deren Abschluß ihre nachbarliche Solidarverpflichtung wahrnehmen würden.

Es sei an dieser Stelle erwähnt, daß die Nurhadi-Items trotz ihrer manchmal hypothetischen Natur ein realitätsgerechtes Problem enthalten. Dies zeigt sich z.B. darin, daß man in Karangduwet mittlerweile dazu übergegangen ist, die Festvorbereitungen auf die Zeit nach 18 Uhr zu verlegen, d.h. nach Abschluß der normalen Routinearbeiten (z.B. Feldarbeit), so daß sich das Problem der in den Items thematisierten Entscheidung in der Wirklichkeit eher selten stellt. Das Verschieben der Festvorbereitungen auf die Abendstunden kann aber als Reaktion auf exakt dieses Zeiteinteilungsproblem interpretiert werden, das mit den Items erfaßt werden soll. Die Dukuhbewohner sind demnach durchaus in der Lage, die Interessengegensätze zwischen den Prämissen der sozialen Harmonie und ökonomischen Notwendigkeiten zu sehen und situationsadäquate Kompromißlösungen herbeizuführen.

Generelle Beobachtungen

Die Auswertungen der Einstellungen zum relationalen Normensystem sind zweifelsohne mit Schwierigkeiten verbunden, da die Items recht viele Einstellungsaspekte umfassen. Die von Nurhadi (1987: Anhang A) vorgeschlagenen Verfahren sind äußerst zeitaufwendig, da die entsprechenden Formeln nicht im SPSS-Programm enthalten sind. Das Problem mußte darum methodisch umgangen werden. Ich habe dazu die Optionen von fünf zentralen Fragen mit Punkten versehen. Im Fall der Items, in denen es darum geht, ob man zuerst seine Arbeit zu Ende führen oder diese zugunsten von *kerja bakti* oder *sambatan* zurückstellen würde, wurden die Punkte so verteilt: Im Fall der Präferenz der jeweiligen *gotong-royong*-Aktivität wurde 1 Punkt vergeben. Ließ jemand die Frage offen (z.B. mit der Begründung, daß dies auf die Umstände ankäme) erhielt der betreffende Informant den Wert 2; optierte man indes für die Präferenz der eigenen Arbeit wurden 3 Punkte verzeichnet. Bei den Fragen, die die Einstellung zum Verhalten anderer Personen zum Inhalt haben, wurde für die Ansicht, daß man nicht zustimmt, wenn jemand nicht an *rewang, sambatan* usw. teilnimmt ebenfalls 1 Punkt vergeben, indessen die Option „weiß ich nicht" den Wert 2 und die Option, daß dies „nicht weiter schlimm" sei den Wert 3 erhielt.

Es ist erkennbar, daß die Punktzahl in jeder Frage mit einer unabhängigeren Position zum normativen System korreliert. Danach wurden alle Punkte summiert und als separate Variable in die Datensätze eingegeben. Diese Variable mißt somit den Grad der Unabhängigkeit der Gesamteinstellung zum relational-normativen System. Unsere Skorverteilung läßt minimal 5 bis maximal 15 Gesamtskor zu. Im

ersten Fall spiegeln sich die traditionellen Konzeptionen sehr stark in der individuellen Disposition der Informanten wider, während im anderen Extrem (15 Punkte)
das Vorhandensein einer durchaus kritischen Distanz zum *gotong-royong*-Komplex
unterstellt werden kann. Nimmt man diese Werte als abhängige Variable und korreliert sie mit den anderen Variablen im Datensatz, so scheint der Grad der Unabhängigkeit der Einstellung primär von der formalen Bildung (Eta = 0,61), dem
materiellen Besitz (Eta = 0,58), dem Landbesitz (Eta = 0,54) und (mit negativen
Vorzeichen) vom Alter (Eta = 0,66) beeinflußt.

7.3. Grundeinstellungen bäuerlicher Kulturen

Nach Ansicht zahlreicher Autoren, die sich intensiv mit dem Problem der Peasants
beschäftigt haben, weisen diese Gesellschaften unabhängig ihres kulturellen Hin-
tergrundes spezifische, mehr oder minder universelle Grunddispositionen auf. Es
schien mir darum sinnvoll, die Einstellungen der Dukuhbewohner zu einigen dieser
notorischen *peasant attitudes* zu untersuchen. Die bäuerlichen Orientierungen betreffen das Merkmal des Fatalismus, den Locus of Control, den Familismus und die
durch ein starkes Abhängigkeitsgefühl geprägte Einstellung zu staatlichen Institutionen (Subordination).

Locus of Control

Eine geeignetere Maßzahl für die Perzeption von Kontrollmöglichkeiten als das
Konzept des Fatalismus, das doch recht pauschal operiert, ist der *Locus of Control*,
d.h. der Ort, dem die stärksten Kontrollmöglichkeiten über die eigene Zukunft zugeschrieben werden. Ist das Vertrauen in die eigenen Kontrollmöglichkeiten sehr
schwach ausgeprägt, werden die Kontrollinstanzen „irgendwo draußen" in einem
anonymen Raum vermutet, während man selbst nur die Konsequenzen, nicht aber
die Wirkungsmechanismen begreift (Bernard 1988: 435).

Ist das Vertrauen in das eigene Kontrollpotential indes recht stark, kontrolliert
vor allem das Individuum selbst seine Situation und sein Schicksal. Im allgemeinen
unterstellt man der bäuerlichen Subkultur einen schwachen individuellen Kontrol-
lokus. Im „Center for Population Studies" der Gadjah Mada Universität in Yogyakarta hat man ein Item konstruiert, daß in seiner Fragestellung dem Problem des
„Locus of Control" recht nahe kommt.[5]

---

[5] Freundlicherweise hat mir der langjährige Leiter des Instituts, Prof. Dr. Masri Singarimbun
    gestattet, dieses Item für meine Untersuchung zu verwenden.

Das Item geht vom Problem der Armut aus:

> Es gibt fünf Meinungen zum Problem der Armut. Welche stimmt am meisten?
> 1. Die Armut ist Teil der menschlichen Natur. Deshalb kann sie nicht verhindert werden.
> 2. Die Menschen sind ein Opfer von sozio-ökonomischen Kräften, die sie nicht verstehen und auch nicht beeinflussen können.
> 3. Das Problem der Armut ist sehr komplex. Gibt es ein gutes Programm der Regierung, kann die Armut bekämpft werden.
> 4. Die Armut kann eingedämmt werden, wenn die Armen zusammenhalten.
> 5. Mit eigener Anstrengung kann der Mensch seine Armut überwinden.

Gewiß schließen sich diese Ansichten nicht gegenseitig aus. So kann man durchaus der Meinung sein, daß jeder etwas für sein Schicksal tun kann während staatliche Programme die eigenen Bemühungen unterstützen können. Das Item fordert die Informanten aber bewußt dazu auf, nur *eine* Option zu benennen. Insgesamt wurden 65 Informanten befragt. Option 1, nach der die Armut als Teil der menschlichen Natur nicht verhindert werden kann, wurde nur von einem Informanten als die zutreffendste identifiziert. Ähnlich unbedeutend ist die Einschätzung, daß die Menschen Opfer von Makro-Kräften seien, die sie nicht begreifen können (n = 2). Gleich stark sind indes mit 27,7% (n = 18) die Option, daß die wirtschaftliche Situation der Menschen durch Regierungsprogramme verbessert und mit 26,2% (n = 17) die Option, daß die Armut durch den Zusammenhalt der ökonomisch Schwachen vermindert werden kann. Die stärkste Zustimmung gibt es mit 41,5% (n = 27) zu der Anschauung, daß man seine Situation durch eigene Anstrengungen (*ikhtiar yang sungguh*) überwinden kann. Es fällt auf, daß sich immerhin insgesamt 67,7% für die Optionen 4 und 5 entschieden haben, d.h. für Optionen, die den Akteuren (sei es durch kollektiven Zusammenhalt, sei es durch eigene Bemühungen) eine aktive Einflußmöglichkeit einräumen.

So wird die Einschätzung des *Locus of Control* vor allem vom Alter beeinflußt (Eta = 0,66). Des weiteren besteht eine Beziehung zum materiellen Besitz (Eta = 0,62). Insgesamt hebt sich hier die Gruppe der reichen Dukuhbewohner deutlich vom Rest der Siedlungsgemeinschaft ab.

Familismus

Ein immer wiederkehrendes Element in der Literatur zu den bäuerlichen Gesellschaften ist das Phänomen des Familismus, definiert als die Subordination individueller Ziele unter die Interessen der Familie (Rogers and Svenning 1967: 30). Anders als die obigen Einstellungen ist dieses Merkmal nur schwer zu operationalisieren. Ich habe deshalb mangels besserer Alternativen die Zustimmung zu drei javanischen Einstellungsregeln erfragt, die im weitesten Sinne als Familismus interpretiert werden können. Die erste Einstellungsregel, die den meisten Bewohnern Karangduwets bekannt ist, lautet *ada hari ada nasi* („Gibt's Tage, gibt's Reis"). Dieser Satz bedeutet, daß die Familienmitglieder stets füreinander sorgen sollten und sich jeder auf die verwandtschaftliche Solidarität verlassen kann. Diese Einstellung wurde von der großen Mehrheit (> 60%) der Befragten abgelehnt und als Passivität der Ahnen interpretiert, das man für ein erfolgreiches Leben in der Gegenwart als unangemessen betrachtet.

Insgesamt wenig Zustimmung gab es auch zu der Norm *mangan ora mangan waton kumpul* („egal, ob wir zu essen haben oder nicht, wir müssen zusammenbleiben"), die nur 29% der Befragten für richtig erachten. Dies war in den meisten Fällen bei den älteren Informanten über 60 der Fall. Die meisten Dukuhbewohner halten aber auch dieses Prinzip für antiquiert, da man dies im Zeitalter der Migration nicht mehr aufrecht erhalten könne.

Eine nahezu ungeteilte Zustimmung erhielt indes das dritte Familienprinzip *rukun agawe santoso, cerah agawe bubrah* („Harmonie führt zum Erfolg, Streit gebiert Mißerfolg"). Interessanterweise brachten einige Informanten auch diese Norm mit der Migration in Zusammenhang. Während man die vorigen Prinzipien als schädlich ansah, da sie in ihrer letzten Konsequenz die materielle Situation der Dukuhbewohner verschlechtern würden („stell Dir vor, alle würden zusammen bleiben und keiner in die Städte gehen, dann hätten wir wirklich nichts mehr zu essen"), interpretierte man das letzte Prinzip als Idealzustand, der zwischen den Migranten und der Dorfgemeinschaft herrschen soll. Die Unterordnung unter die Interessen der Familie bedeutet in der Vorstellung der Dukuhbewohner offensichtlich primär, daß man für seine Angehörigen sorgen muß. Diese Norm impliziert heutzutage aber, daß man notfalls auch bereit sein muß, auf die räumliche Nähe mit denselben zu verzichten. In diesem Sinne merkten einige Migranten an, daß ihre Entscheidung zu emigrieren eine moderne Form von *prihatin* darstelle, da man nicht zuletzt im Interesse der Familienmitglieder daheim abgewandert sei, die von den Geldsendungen profitieren. Es läßt sich insgesamt nur die banale Schlußfolgerung ableiten, daß die Bewohner Karangduwets prinzipiell an den familiären Solidarnormen festhalten, aber im Gegensatz zu den Prinzipien der Vergangenheit impliziert deren Erfüllung in der Gegenwart nicht mehr die räumliche Nähe mit Familie und Ahnen.

Einstellung zu staatlichen Institutionen

Ein weiters Merkmal, das nach gängigen Konventionen die bäuerliche Grundeinstellung charakterisieren soll, ist das Abhängigkeitsgefühl der Peasants von der staatlichen Autorität. Auf die Frage, wer ihrer Ansicht nach am meisten für den modernen Fortschritt im Dukuh (*keajuan desa*) zuständig ist, standen den Informanten vier Alternativen zur Wahl, die in Form einer Präferenzhierarchie zu benennen waren. Die Dukuhbewohner differierten in ihren Ansichten nur unwesentlich, so daß wir es auch in dieser Frage mit einer kollektiv verbreiteten Einstellung zu tun haben. Demnach glauben über 90%, daß dies zu allererst die Aufgabe der Dukuhbewohner selbst (*warga desa sendiri*) ist, während an zweiter Stelle mehrheitlich die Dorfbeamten (*pamong desa*) und erst an dritter Stelle das Dorfparlament (*LKMD*) und die Kreisverwaltung (*petugas kecamatan*) als Verantwortliche wahrgenommen werden. Daß die Dukuhbewohner im Gegensatz zu den Tendenzen in vielen anderen Peasant-Gemeinschaften die dörfliche Modernisierung primär als ihre eigene Aufgabe ansehen, ist m. E. vor allem als Konsequenz der RT-Struktur zu begreifen.

Sie dürfte außerdem in den spezifischen hierarchischen Strukturen javanischer Dörfer begründet sein. So werden die Dorfbewohner nur selten von den Beamten selbst zu *kerja-bakti*-Einsätzen für das Kelurahan rekrutiert, sondern im Normalfall über die Instruktionen der Nachbarschaftsvorstände nur zu Einsätzen im näheren Umfeld ihrer RT's herangezogen. Die Identifikation mit der Nachbarschaft läßt die Gemeinschaftsarbeiten (z.B. Bau und Instandhaltung der betreffenden Wegabschnitte) eher in der Form erscheinen, daß man damit etwas „für sich selbst" tut, so daß sich die Dukuhbewohner in ihrer subjektiven Wahrnehmung am ersten selbst für den dörflichen Fortschritt zuständig fühlen.

7.4. Individuelle Modernisierungsvariablen

Die systematischen Zusammenhänge zwischen verschiedenen kognitiven Modernisierungsvariablen wurden bereits von Rogers und Svenning in ihrer Studie zum bäuerlichen Modernisierungsprozeß in Kolumbien (Rogers und Svenning 1967) analysiert und von Thomas Schweizer in seiner Untersuchung über den Reisanbau in einem javanischen Dorf (Schweizer 1989a: Kap. 5) auf die javanische Situation übertragen. Insgesamt wurden sechs der von Rogers vorgeschlagenen Test-Items in der Datenerhebung berücksichtigt. Einige dieser Items schienen allerdings kaum geeignet, die erfragten Einstellungen wirklich zu messen und erscheinen deshalb auch nicht in der anschließenden Datenauswertung.[6] Ich greife im folgenden nur

---

[6] Davon betroffen war zunächst die Variable der Innovationsbereitschaft, definiert als der Zeitpunkt der Übernahme von Neuerungen. Auf der Ebene des Haushalts (z.B. Jahr des Besitzes des ersten Fernsehers, Stromgenerators und anderer Innovationen) konnte diese Variable deshalb nicht gemessen werden, da die meisten Neuerungen durch die Migranten ins Dukuh kamen. Die Jahreszahl der Übernahme hätte deshalb eher den Erfolg der emigrierten Familienmitglieder als die Innovationsbereitschaft der Haushalte gemessen. Die nächste Variable ist die agrarische Innovationsbereitschaft, zu deren Messung ein Satzergänzungstest („In den nächsten Jahren

diejenigen Einstellungsmerkmale heraus, die den Dukuhbewohnern plausibel erschienen. Die Einstellungsmerkmale sind a) die Massenmedienzuwendung, b) das moderne Wissen, und c) die modernen Aspirationen. Als ergänzende Variablen, die gewissermaßen das strukturelle Korrelat der untersuchten Einstellungen bilden, wurden die a) formale Bildung (Schulzeit in Jahren), b) die Beherrschung der Staatssprache Bahasa Indonesia und c) die formale Partizipation hinzugefügt.

Massenmedien: Verbreitung, Funktion und individuelle Zuwendung

Die Verbreitung von Massenmedien im Dukuh variiert je nach Medium sehr stark. Zwar besitzen immerhin 85% (n = 87) aller Haushalte ein eigenes Fernsehgerät und 88% (n = 91) ein Radio, aber nur 15% (n = 10) lesen täglich Zeitungen. Die früher übliche Praxis, nach der Dukuhbewohner, die keinen eigenen Fernseher besaßen, die Geräte ihrer wohlhabenderen Nachbarn mitbenutzten ist heutzutage nur noch selten anzutreffen. Die Dukuhbewohner scheinen den Zugang zu Radio und Fernsehen vor allem als Unterhaltungsangebot zu schätzen. Besonders beliebt sind traditionelle Geschichten aus dem alten Java, die im Radio primär in Form von Live-Übertragungen von Schattenspielen (*wayang*) übertragen werden.

Die Intensität des individuellen Medieninteresses kann allerdings nicht Gegenstand der vorliegenden Untersuchung sein. Um diesem Anspruch zu genügen, wären sehr zeitaufwendige Beobachtungs- und Erhebungsmethoden (z.B. Erfragen der Nachrichteninhalte über einen längeren Zeitraum) erforderlich, die im Rahmen meines Feldaufenthaltes natürlich nicht zu leisten waren. Unsere Datenerhebung mißt deshalb nur die Massenmedienzuwendung (Frequenz der Benutzung von Medien), nicht aber den Grad der individuellen Beeinflussung durch Medieninhalte oder den Grad der Internalisierung von über die Medien vermittelten Einstellungen. Die Frequenzen der Medienbenutzung (täglich – mehrmals die Woche – mehrmals im Monat – bereits einmal/mehrmals – noch nie) wurden für Radio hören, Fernsehen und Zeitung lesen separat erhoben, so daß das Merkmal der Massenmedienzuwendung in drei distinkte Variablen zerfällt. Das Hören von Radiosendungen vollzieht sich (mit Ausnahme der *wayang*-Spiele) im Alltagsleben der Dukuhbewohner

---

braucht mein Hof....., Ein guter Bauer muß.... usw.) verwendet wurde. Mit diesen Fragen konnten die Dukuhbewohner nicht allzu viel anfangen, so war die Standardreaktion auf den Satz „Ein guter Bauer muß...." die Antwort „einen Nebenjob" oder „Zusatzeinkommen" haben. Insofern verwies das Ergebnis nur auf die Probleme der Landwirtschaft, nicht aber auf die Innovationsbereitschaft der Informanten. Ähnlich künstlich schien die Frage der Rollenempathie, mit der die Fähigkeit, sich in einen anderen Akteur und ein anderes Milieu hineinzuversetzen, gemessen werden sollte. Die Identifikation mit der Rolle des Lurah, Camat usw. („Wenn ich Camat wäre, würde ich...") zeigte ebenfalls nur die Probleme der Landwirtschaft auf. So war die häufigste Antwort, daß man als Bürgermeister oder Landrat „Brunnen zur Bewässerung" installieren wollte.

zumeist nebenbei, wenn man sich anderen Tätigkeiten im Haushalt widmet. Das Radio hören kommt unter allen Informanten des Samples mehr oder minder regelmäßig vor. Beim Fernsehen bestehen indes (nicht zufällige) Korrelationen mit dem Alter (s = -0,26; statistisch signifikant mit 0,03), dem materiellen Besitz (s = 0,47; statistisch signifikant mit 0,001) und dem Beruf (Lambda = 0,27 mit dem Beruf als Ursachenmerkmal). Das bedeutet, daß ältere Personen eher seltener als jüngere und ökonomisch bessergestellte im Normalfall häufiger als materiell arme Akteure ihre Freizeit mit Fernsehen verbringen.

Im Fall des Lesens von Zeitungen gibt es exakt die selben Zusammenhänge. Jedoch fallen die Korrelationen erwartungsgemäß höher aus, wofür primär das Bildungsgefälle zwischen den Generationen und der strukturelle Zugang zu Printmedien relevant sind. So steht das Lesen von Zeitungen ebenfalls mit dem Alter (r = -0,38; statistisch signifikant mit 0,02), dem materiellen Besitz (r = 0,71; statistisch signifikant mit 0,001) und dem Hauptberuf (Lambda = 0,34 mit dem Beruf als Wirkungsvariablen) in Zusammenhang. Letzteres hat seine Begründung darin, daß es sich bei allen Akteuren, die täglich Zeitung lesen um Beamte und nicht-beamtete Lehrer handelt, welche die Zeitungen primär über ihren Arbeitsplatz beziehen und sie zumeist auch dort lesen.

Modernes Wissen

Beim modernen Wissen wurden zum einen die Kenntnis moderner Begriffe sowie das Wissen über geschichtliche und historische Gegebenheiten der indonesischen Republik erfragt. Die Befragung zu den *Begriffen der Moderne* vollzog sich dergestalt, daß den Informanten 12 Namen von Persönlichkeiten, Unternehmen und Gegenständen präsentiert wurden, die zu erklären waren. Dazu gehörten z.B. die Namen *Femina* (eine bekannte Zeitschrift), *Lipovitan* (ein Energiedrink, der in den dörflichen Kiosken erhältlich ist), *Ambarukmo* (ein renommiertes Hotel in Yogyakarta), *Garuda Indonesia* (die staatliche indonesische Fluglinie) und dergleichen. Für die richtige Beschreibung jedes Items (z.B. Ambarukmo ist ein Hotel) wurde ein Punkt vergeben. Jeweils zwei Punkte gab es für die Kenntnis des Namens *Adam Malik* (ehemaliger Minister) und die Kenntnis des Namens des amtierenden Technologieministers (*Habibie*). Die maximale Punktzahl von 16 wurde von keinem Informanten erreicht, der höchste Wert waren 15 Punkte (n = 1). Im Durchschnitt brachten es die Informanten auf 8,7 Punkte (SD = 4,3), so daß man den Dukuhbewohnern insgesamt eine mittelmäßig ausgeprägte Allgemeinbildung unterstellen kann. Auch der Grad des modernen Wissens korreliert mit dem Alter (r = -0,27; statistisch signifikant mit 0,03), dem materiellen Besitz (r = 0,37; statistisch signifikant mit 0,02) und (wenn auch schwach) dem Hauptberuf (Lambda = 0,26) der Informanten.

Aspirationen

Unter Aspirationen ist das Vorhandensein von unerfüllten Wünschen zu verstehen. Rogers und Svenning (ebd: 55) schlagen als Maßzahl der individuellen Aspiration die Bildungs- und Berufswünsche der Eltern für ihre Kinder vor. Das Problem besteht darin, daß, wie Schweizer (1989a: Kap. 5) zurecht feststellt, die Informanten die Befragung oft hypothetisch auffassen, indessen die realen Zugangschancen zu den erstrebten Berufen u. U. nicht erfaßt werden (dazu weiter unten).

Die Bildungsaspirationen sind sehr hoch. So wollen über 90% der Befragten, daß ihre Kinder mindestens die Oberschule abschließen. Auf die hypothetische Frage, welches Kind man für den Fall, daß der finanzielle Spielraum eine höhere Schulbildung nur für *ein* Kind zuließe, bevorzugen würde, optierten über 80% dafür, daß dieses Vorrecht den Jungen eingeräumt werden müsse, da diese später als Haushaltsvorstände die größere Verantwortung tragen. Das Bildungsbewußtsein ist unter allen Dukuhbewohnern in etwa gleich stark ausgeprägt, so daß uns die Frage der Bildungsaspiration an dieser Stelle nicht weiter zu interessieren braucht.

Etwas anders stellt sich die Situation im Fall der Berufsaspiration dar. Um die Wertigkeitsbeeinflussung durch hypothetische Interpretationen auszuschließen, wurde den Informanten eine Liste mit 12 üblichen Berufen präsentiert. Die Eltern sollten nun angeben, welchen dieser Berufe ihre Kinder später am wahrscheinlichsten von allen ausüben werden. Da in Java die Ausübung zahlreicher Berufe vom Geschlecht abhängt, mußten die Daten für Mädchen und Jungen getrennt erhoben werden. Im Unterschied zu Rogers und Svenning (1967) und anderen Ethnologen (z.B. Peacock 1978, Schweizer 1989a) habe ich die Aspirationen für die Mädchen und die Jungen als zwei separate Variablen eingeführt, um den Faktor der Geschlechtsstrukturen stärker zu berücksichtigen.

In der Zuordnung von Aspirationswerten für die Einzelberufe habe ich mich vom Bürgermeister, meinem Hausvater in RT 4 und meinem aus dem Dukuh stammenden Mitarbeiter beraten lassen, da ihre kulturelle Kompetenz eine realitätsgerechtere Statusverortung der Berufe implizieren dürfte, als die abstrakten, primär aus der Erfahrung in westlichen Gesellschaften abgeleiteten Aspirationsdifferenzen der Rogers/Svenning-Theorie. Die Berufshierarchien meiner Probanden differierten kaum, so daß ihre Rangordnungen eine durchaus zuverlässige Maßzahl zur Messung der Aspirationen bilden dürften. So repräsentieren z.B. Berufsbilder wie Bauer/Bäuerin, Hausmädchen oder Buskollektor sehr schwach ausgeprägte Aspirationen, Fabrikarbeiter und Verkäuferin schwache, Selbständiger und Krankenschwester mittlere, Lehrer und Beamte hohe und Wissenschaftler/Dozentin sehr hohe Aspirationen, die nach einem festgelegten Schlüssel mit Werten von 1-12 versehen wurden. Insgesamt sind die Aspirationen für die Jungen nicht nur höher als für die Mädchen, sondern auch tendenziell homogener. So werden die Berufswünsche für die Jungen nur schwach vom materiellen Besitz (s = 0, 22; statistisch signifikant mit 0,04), dem Hauptberuf (Lambda = 0,15) oder der formalen Bildung der Eltern (s = 0,28; statistisch signifikant mit 0,02) beeinflußt. Für die Wahrnehmung der Handlungschancen der Mädchen sind diese Variablen höher einzuschätzen. So liegen die Korrelationen mit den ökonomischen Besitzverhältnissen (s = 0,39; statistisch signifikant mit 0,002), dem Hauptberuf (Lambda = 0,3) und der formalen Bildung des befragten Elternteils (s = 0,35; statistisch signifikant mit 0,004) in allen Fällen höher, d.h. die ökonomisch Bessergestellten sehen die Handlungschancen für die Mädchen deutlich positiver als die durchschnittlichen Dukuhbewohner. Offenbar glaubt man in den bessergestellten Kreisen (hier mögen die besseren Beziehungen zu übergeordneten Instanzen eine Rolle spielen) auch die Mädchen eher in sicheren und anspruchsvolleren Positionen unterbringen zu können.

Formale Partizipation

Die Variablen der formalen Bildung und das Beherrschen des Indonesischen wurden bereits in Kap. 5.4. definiert und operationalisiert, so bleibt die letzte zu beschreibende Variable die formale Partizipation. Sie mißt in unserer Fallstudie den Grad, in dem ein Individuum in öffentliche und staatliche Institutionen eingebunden ist und der ihn in eine strukturelle Führungsposition gegenüber anderen Mitgliedern seiner Gemeinschaft versetzt. Sämtliche formalen kommunalen und dukuh-internen Positionen der Akteure im Sample wurden deshalb nach einem fixen Schema quantifiziert. Demnach entsprechen mindere Funktionen innerhalb des RT (Materialbeschaffung, Kassenwart usw.) 1 Punkt, die Stellvertreterposition des Ketua RT 2 Punkten, die Position des RT-Vorstands 4 Punkten, die Funktion des PKK-Kaders auf RT-Ebene 2, die des Kaders auf Dusun-Ebene 4 Punkten, die des Vorsitzenden der Bauernkontaktgruppe, des Bewässerungs-Blockleiters und des Mitglieds des Dorfparlaments ebenfalls 4 und die des Dorfbeamten 5 Punkten. Zusätzlich wurden alle Positionen in den beiden Religionsgemeinschaften (Funktionen in der Moscheeverwaltung, Leiter des Bibelkreises usw.) mit 3 Punkten verrechnet.

Immerhin 49,3% der Respondenten des Samples besitzen keine formale Position (= 0 Punkte). Die maximale Partizipationsquote lag bei 23 Punkten (n = 1). In Übereinstimmung mit den javanischen Sozialnormen, nach denen der öffentliche Außenbereich in die Handlungssphäre des Mannes fällt, ist der Durchschnittswert der formalen Partizipation bei den Männern mit 5,1 (SD = 6,0) wesentlich höher als bei den Frauen (1,6; SD = 1,7). Bei beiden Geschlechtern weist aber die hohe Standardabweichung auf äußerst ungleiche Einflußmöglichkeiten im Dukuh hin. Parallel zur formalen Partizipation der Informanten habe ich auch den Partizipationsgrad ihrer Ehepartner in die Datenerhebung aufgenommen. Ein systematischer Zusammenhang kann als nachgewiesen gelten (r = 0,55; statistisch signifikant mit 0,001). Demnach mißt der Grad der Kontrolle formaler Positionen nicht ausschließlich individuelle Einflußmöglichkeiten, sondern durchaus auch die strukturelle Positionierung von Haushalten bzw. Familien.

Als Teil des Zensus und ergänzend zur formalen Partizipation habe ich die Teilnahme der Akteure an den 1-2 mal im Jahr in der Hauptstadt des Landkreises stattfindenden staatlichen Fortbildungskursen für Bauern (*penyuluhan pertanian*) erfragt. Immerhin 69,9% (n = 64) der Befragten hatten noch nie solche Veranstaltungen besucht. Unter den Frauen sind dies gar 81%. Obwohl die Frauen zunehmend Entscheidungs-Verantwortung in der Landwirtschaft ausüben (Emigration der Männer!), werden sie seitens der staatlichen Instanzen offenbar nicht als gleichberechtigte Adressaten von Informationsveranstaltungen wahrgenommen. Offenbar scheinen primär die privilegierten Dukuhbewohner an diesen Treffen teilzunehmen. So hatte z.B. noch keiner der 28 Pächter, aber immerhin bereits 84,5% der Beamten und Lehrer im Sample bereits an den Kursen teilgenommen.

Schweizer weist auf der Basis seiner Befragung zu einigen javanischen Normen und seinem Datenmaterial zum Bereich der kognitiven Modernität in Sawahan nach, daß moderne und traditionelle Einstellungen nur schwach in „gemischten" Variationen auftreten, sondern auch in emischer Sichtweise separate Kognitionsbereiche darstellen (Schweizer 1989a: 266). Die Klärung der Frage, ob diese Situation auch in Karangduwet zutrifft oder ob dort aus ökologischen oder historischen Gründen vielleicht ganz andere Einstellungsdimensionen vorherrschen, bildet den Abschluß unserer Diskussion zu den kognitiven Strukturen.

7.5. Zusammenfassende Analyse der Einstellungsmerkmale

Um die Vielzahl der Daten zum Einstellungsbereich überschaubar zu halten, habe ich die verschiedenen Merkmale vermittels einer Faktorenanalyse zu Variablenbündeln zusammengefaßt, mit dem Ziel, die latenten Dimensionen der kognitiven Orientierungen in Karangduwet aufzuzeigen. Die Faktorenanalyse wurde in Übereinstimmung mit den in der Sozialwissenschaft gängigen Prozeduren (vgl. Bernard 1988: 443ff) mit der Varimax-Methode als Rotationsverfahren nach dem Hauptkomponentenverfahren durchgeführt (Eigenwerte > 1). Insgesamt reduzierte SPSS-Syntax die Einstellungen auf zehn Faktoren, von denen immerhin acht plausibel erscheinen.

1. Der erste Faktor enthält mit sehr hohen Ladungswerten die Merkmale formale Partizipation, modernes Wissen, Schulzeit in Jahren, Verständnisfähigkeit des Indonesischen, Zeitung lesen und die Frequenz der Teilnahme an staatlichen Fortbildungskursen. Es kann damit als bewiesen gelten, daß sich die formale Schulbildung, das moderne Wissen und die Zuwendung zu Printmedien in gegenseitiger Durchdringung und steter Gleichförmigkeit entfalten. Alle Merkmale dieses Faktors implizieren ein hohes Maß an Teilhabe an der modernen indonesischen Gesellschaft, weshalb ich Faktor I als *Akkulturation* charakterisieren möchte.

2. Auf dem zweiten Faktor laden sehr hoch der Grad der Unabhängigkeit in der Einstellung zu Dritten, die sich nicht an der materiellen Hilfeleistung (*sumbangan*) beteiligen und das Erziehungsziel des Gehorsams (*taat*). Mittlere Korrelationswerte mit Faktor II besitzen die Bereitschaft, die Fortsetzung der eigenen Arbeit im Ausnahmefall der Teilnahme an einer rituellen Festvorbereitung (*rewang*) vorzuziehen und die Identifikation mit der Eigenschaft, seine Zeit eher zum Arbeiten als zur sozialen Geselligkeit zu nutzen. Dieser Faktor umschreibt eine Einstellung, die der Arbeit einen hohen Stellenwert einräumt sowie die Bereitschaft, dafür auch einmal soziale Verpflichtungen zurückzustellen und kann demnach als *ökonomischer Individualismus* bezeichnet werden.[7]

3. Der nächste Faktor ist höchst interessant, da moderne und traditionelle Merkmale nicht nur relativ stark, sondern auch mit nahezu identischen Werten auf ihm laden. Er setzt sich nämlich aus der Zustimmung zur Beibehaltung des *Jagongan* in seiner bestehenden Form und den individuellen Teilnahmefrequenzen an den Festvorbereitungen im Ritualmonat *Besar* (bzw. den reziproken Arbeitseinsätzen der Männer) einerseits sowie den Frequenzen des Radiohörens und Fernsehens andererseits zusammen. Anders als im Fall des Zeitunglesens, das eindeutig dem modernen Kognitionsbereich zuzuordnen ist, gibt es hier keine Trennung von traditionellen und modernen Verhaltensmerkmalen. Da das Fernsehen und Radiohören primär der Unterhaltung im Kreis der Familie dienen und das *Jagongan* (kollektives Erscheinen bei rituellen Anlässen) und die Festvorbereitung nicht zuletzt wegen der sozialen Geselligkeit sehr geschätzt werden, möchte ich diesen Faktor als *peasant amusement* bezeichnen.

4. Auf Faktor IV laden die Bereitschaft, der Erledigung der eigenen Angelegenheiten notfalls Vorrang vor der Teilnahme am *kerja bakti* einzuräumen und die

---

[7] Der Gehorsam paßt insofern in dieses Muster, als damit nicht nur der *individuelle* Einfluß der Eltern in der Erziehung betont wird, sondern auch eine hierarchisch-lineale Orientierung zum Ausdruck kommt, indessen sich beim *rewang* oder *sumbangan* kollaterale Prinzipien manifestieren.

Identifikation mit der Feststellung, daß man oft Mühe habe, die Zeit zum Arbeiten und die Zeit zur sozialen Geselligkeit zu trennen. Dieser Faktor umschreibt gewissermaßen den Interessengegensatz zwischen den javanischen Sozialnormen und ökonomischen Notwendigkeiten. Ich würde diesen Faktor als *partielle Zurückstellung von kommunalen Verpflichtungen* kennzeichnen.

5. Faktor V korreliert am stärksten mit der Frequenz materieller Hilfeleistungen (*sumbangan*) für Nachbarn in Not und dem Erziehungsziel der Hilfsbereitschaft. Faktor V entspricht in hohem Maße dem Prinzip der Reziprozität und kann demgemäß mit dem Klischee der *shared poverty* identifiziert werden.

6. Auf Faktor VI lädt primär (allerdings unter anderem) die Zustimmung zur Beibehaltung des *sungkeman* am Lebaran-Fest. Faktor VI kann demnach als *traditionelles Rollenverständnis* gekennzeichnet werden.

7. Auf Faktor VII lädt in halbwegs nennenswerter Höhe nur der Grad der Zustimmung zu der Verhaltensregel *mangan ora mangan waton kumpul*, d.h. dieser Faktor kennzeichnet das bäuerliche Kulturmerkmal des *Familismus*.

8. Auf Faktor VIII laden am höchsten (wenn auch relativ schwach) die Berufsaspirationen für die Jungen und Mädchen sowie der Locus of Control. Faktor VII umschreibt m. E. die *Perzeption von Handlungschancen*.

9. Faktor IX ist bereits sehr schwach. Es laden lediglich der *Locus of Control*, das moderne Wissen und die Teilnahmen an staatlichen Fortbildungskursen. Allerdings sind die Korrelationen so schwach, daß es sich um eine äußerst untergeordnete Einstellungsdimenion handeln muß, die man vielleicht am ehesten mit dem Schlagwort *Kontrolle durch Wissen* umschreiben könnte.

10. Der letzte Faktor enthält mit sehr schwachen Ladungen die Berufsaspiration für die Jungen, die formale Bildung, das Radiohören und die Unabhängigkeit der Einstellung zu Dritten, die nicht oder selten am *kerja bakti* teilnehmen. In diesem Faktor scheint ein nicht näher definierbarer Teilaspekt individueller Modernität angesprochen zu sein, den ich aber nicht schlüssig interpretieren kann.

Es liegt auf der Hand, daß die inhaltliche Zusammensetzung der Faktoren sehr stark von den Fragestellungen beeinflußt ist. Um so mehr überrascht es, daß einige der obigen Faktoren ähnliche Einstellungsdimensionen umschreiben, die auch von Schweizer in seinem Buch zum Reisanbau extrahiert wurden (vgl. Schweizer 1989a: 263-67). Dies, obwohl seiner Untersuchung gänzlich andere Befragungsmethoden und Dateninhalte zugrunde liegen.

Der zweite Faktor seiner Analyse, den Schweizer als „traditionelle Werte" bezeichnet, verbindet ähnlich wie unser Faktor III einige (wenn auch andere) traditionelle Normen mit dem Fernsehen. Faktor VI wird in Schweizers Untersuchung von der Zustimmung zur Verwendung der Sichel anstatt des traditionellen Erntemesserchens beherrscht (eine in Karangduwet unerhebliche Frage) und impliziert in seiner

Zurückweisung der Wohlfahrtsinstitution der traditionellen Ernte (die es in Karangduwet niemals gegeben hat) ähnlich dem Faktor II unserer Analyse den ökonomischen Individualismus. Es scheint demnach in den javanischen Dörfern der Gegenwart durchaus vergleichbare Einstellungsdimensionen zu geben, die ähnliche Grundthemen zum Inhalt haben.

Bemerkenswert ist weiterhin, daß der Faktor erster Ordnung ausschließlich von modernen Merkmalen beherrscht wird; und zwar unabhängig davon, welche Merkmale man im Einzelfall operationalisiert. In jedem Fall setzen sich die modernen Kognitionsvariablen deutlich von den anderen, stärker kulturspezifischen Faktoren ab. Traditionelle und moderne Bereiche werden indes nicht im Fall der Medien Radio und Fernsehen unterschieden, vielmehr scheinen letztere in der einen oder anderen Form in die traditionellen Wertorientierungen integriert zu werden. In diesem Sinne äußerte einst mein aus dem Dukuh stammender Mitarbeiter die Ansicht, daß das Fernsehen die Tradition festigt, da man nun wesentlich öfters die exemplarischen Charaktere aus dem alten Java (Schauspiel, Schattenspiel) bewundern könne (in früheren Zeiten nur selten, wenn sie im Rahmen von außerordentlichen rituellen Anlässen im Dukuh dargeboten wurden). Dieses Ergebnis dürfte vor allem diejenigen Vertreter von Kulturwandeltheorien überraschen, die den modernen Massenmedien pauschal einen negativen Einfluß auf das Beharrungsvermögen traditioneller Kulturelemente unterstellen.

Festzuhalten ist weiterhin, daß 1) einige zentrale Konzepte, die vor allem in der älteren ethnographischen Literatur mit den Peasant-Kulturen in Zusammenhang gebracht werden (Reziprozität, zentrale Bedeutung von sozialen Rollen, Familismus) auch in der Faktorenanalyse als eigenständige Wirklichkeitsbereiche dargestellt werden und daß 2) die orthodoxen Idealnormen (Faktor V, VI) von den eher heterodoxen, d.h. unabhängigen Einstellungen (Faktor II, IV) unterschieden werden. Im intrakulturellen Vergleich springt vor allem ins Auge, daß diejenigen Faktoren, die im weitesten Sinne das Merkmal eines ökonomischen Individualismus induzieren (Faktor II, IV) in Karangduwet anders als z.B. in Sawahan (vgl. Schweizer 1989a: 267) keine mittleren oder untergeordneten, sondern vielmehr zentrale Einstellungsdimensionen repräsentieren.

Insgesamt gehen diese Einstellungen mit einer hohen Wertschätzung der Arbeit einher. Unsere Feststellung, daß es in Karangduwet einige Einstellungsbereiche gibt, die mit den Ergebnissen anderer Fallstudien Ähnlichkeiten aufweisen, bedeutet nämlich nicht, daß diese Orientierungen in allen Gemeinschaften die selbe Rangordnung besitzen müssen. Ich glaube vielmehr, daß für die Ausprägung von intrakulturellen Variationen die äußeren Rahmenbedingungen und die historische Erfahrung der Dorfgemeinschaften eine zentrale Rolle spielen. Bedingt durch das ökologische Umfeld war die traditionelle Landwirtschaft im Landkreis Karangmojo nicht wie im Fall der Siedlungsgemeinschaften des mitteljavanischen Tieflands von der Sawahwirtschaft, sondern fast ausschließlich vom Palawijaanbau beherrscht. Wie in Kap. 6.1. beschrieben, war diese Wirtschaftsform mit einer institutionell unabhängigen *peasantry* verbunden, die bis in die Gegenwart ihre Unabhängigkeit bewahren konnte. Ein Wesenselement dieser bäuerlichen Independenz (Fehlen von ausgeprägten Patron-Klient-Strukturen) bestand in der eigenverantwortlichen Bewirtschaftung der Felder (was die Kooperation zwischen Nachbarn nicht ausschließt).

Diese *peasant independence*, die sich in den Produktionsbeziehungen der Gegenwart fortsetzt, dürfte im Zusammenspiel mit den ökonomischen Erfolgen der Migranten das Vertrauen in die eigenen Kontrollmöglichkeiten erheblich unterstützt haben. Die zügige Erledigung der Erntearbeit, die im Palawijaanbau höchste Priorität besitzt, spielt nach meinen Beobachtungen eine konstitutive Rolle in der Genese einer prä-kapitalistischen Leistungsorientierung im Arbeitsprozeß. Die in unserer Faktorenanalyse ausgewiesenen Merkmale des ökonomischen Individualismus und des hohen Stellenwerts der Arbeit stellen gewissermaßen den statistischen Ausdruck der Selbstwahrnehmung des fleißigen und beharrlichen Hügelbewohners dar, die in emischer Sicht als Abgrenzungsmerkmal zur Tieflandbevölkerung ein wesentliches Element der regionalen Identität Gunung Kiduls bildet.

Hiermit ist unsere Analyse der kognitiven Strukturen abgeschlossen. Im Kontext der normativen Regelungen und kommunalen Ordnungsprinzipien, die den Inhalt dieses Kapitels ausmachten, ist die spezifische Ausprägung dörflicher Modernisierungskampagnen zu sehen, die vermittels der Institutionalisierung von traditionellen Gemeinschaftsnormen ihre Entwicklungsziele zu realisieren suchen. Nach meinen Beobachtungen scheinen aber exakt diese, an traditionellen Modellen orientierten Prämissen der staatlichen Entwicklungspolitik den dörflichen Fortschritt in Karangduwet eher zu hemmen als voranzutreiben. Dies in einer „dichten Beschreibung" nachzuweisen ist Inhalt des nun folgenden Kapitels.

8. Kommunale Ordnungsprinzipien und staatliche Entwicklungspolitik

Eine der wichtigsten Ursachen des Beharrungsvermögens der *Neuen Ordnung* (seit 1965) ist in der Herstellung von politisch stabilen Verhältnissen auf dem Land zu sehen. Durch eine Reihe von administrativen Regelungen wie das Schließen von Parteibüros unterhalb der Ebene des Kabupaten und die Zusammenlegung von unabhängigen bäuerlichen Kooperativen zu staatlich kontrollierten Dorfgenossenschaften (*KUD* = *Koperasi Unit Desa*) ist es den neuen Machthabern gelungen, das indonesische Dorfleben weitgehend zu depolitisieren. Gerade das Verbot, Parteibüros auf den Dörfern zu unterhalten, reduzierte die „bargaining power" der javanischen Bauern erheblich, hatte man ihnen doch damit ihre machtvollsten Interessenvertretungen entzogen.

Statt dessen waren die bäuerlichen Gemeinschaften angehalten, nach dem Grundsatz der „guided extension" (*penyuluhan terpimpin*) den staatlichen Entwicklungsdirektiven Folge zu leisten. Bäuerliche Widerstände gegen die nationalen Modernisierungskampagnen wurden im besseren Fall als Unverständnis (*salah paham*) unwissender Analphabeten abgetan, im schlechteren Fall mit militärisch-polizeilicher Repression geahndet (Hansen 1981: 113).

Der Prozeß der Festigung der staatlichen Einflußnahme auf dem Land fand seinen institutionellen Höhepunkt in der Auflösung der herkömmlichen Dorfversammlungen (*LSD*)[1], deren Führungspositionen noch weitgehend staatlich unabhängig waren. An ihre Stelle trat nun ein dem Lurah unterstelltes Dorfparlament (*LKMD*)[2], dessen personelle Zusammensetzungen von Kreisverwaltung und Militär reguliert werden (Hart 1986: 44, Sjahrir 1995: 79f.). Im Unterschied zu den *LSD*, die durchaus auch als Forum zur Austragung von politischen Konflikten dienen konnten, beschränkt sich die Aufgabe der *LKMD* weitgehend darauf, die Durchführung von Entwicklungsprogrammen zu koordinieren und die notwendige „Kooperation der Massen" zu gewährleisten.

Grundlegend für die Entwicklungspolitik der *Neuen Ordnung* ist die Unterscheidung zwischen den *government programs*, d.h. öffentlichen, ohne Beteiligung der breiten Bevölkerung durchgeführten Projekten (z.B. Brücken- und Straßenbau) und den sogenannten *people's programs*, deren Realisierung die aktive Partizipation der indonesischen Massen voraussetzt (Soemardjan und Breazale 1993: 3). Eine

---

[1] *Lembaga Sosial Desa* (= dörfliche Sozialversammlung).
[2] *Lembaga Ketahanan Masyarakat Desa* (= Versammlung zur Stabilisierung der dörflichen Gesellschaft).

zentrale Rolle in der Implementierung dieser Programme spielen neben dem Lurah vor allem die *Dorfkader*, d.h. lokale Statusträger, die für das getreue Durchführen der Regierungsprogramme verantwortlich sind.[3]

Das vorliegende Kapitel setzt sich aus drei Schwerpunktthemen zusammen: In Abschnitt 1 analysiere ich die interne Struktur und Funktion der RT-Nachbarschaftseinheiten, welche die zentrale Schnittstelle zwischen Staat und Landbevölkerung bilden. Gegenstand von Abschnitt 2 ist die PKK-Bewegung in Karangduwet. Es geht darum zu zeigen, daß die Annahme des Staates, durch die Verwendung von lokalen Statuspersonen eine möglichst hohe Teilnahme an den staatlichen Programmen sicherzustellen auf einem Trugschluß basiert, da die kulturellen Standards des Respekts vor Höhergestellten und die indirekten Kommunikationsformen der Javanen ein offenes Programm-Management kaum zulassen. Es bleiben hier grundlegende Prinzipien einer funktionierenden Kommunikation wie Homophilie (Übereinstimmung der Handlungssubjekte in wichtigen sozialen Merkmalen), persönliche Glaubhaftigkeit und Kompetenznachweis unberücksichtigt, so daß lediglich die traditionellen Statusunterschiede unter neuen Bedingungen aktualisiert werden. In Abschnitt 3 präsentiere ich eine Ereignisanalyse über das Scheitern eines Kreditprogramms zur Förderung des Kleingewerbes, mit dem Ziel, die strukturellen Schwächen der indonesischen Entwicklungsplanung am konkreten Beispiel aufzuzeigen.

8.1. Die RT: Struktur und die Institutionalisierung von Nachbarschaftsbeziehungen

Die Zusammenlegung von zuvor informell verbundenen Haushalten zu korporativen Nachbarschaftseinheiten geht bis in die japanische Besatzungszeit zurück. Die Integration der auf räumlicher Nähe basierenden, traditionellen Reziprozitätsnetzwerke in das System der offiziellen RT-Kreise impliziert ein hohes Maß an Übereinstimmung zwischen sozio-kulturellen und formal-administrativen Einheiten. Die Identifikation der indonesischen Bevölkerung mit ihrem RT ist im allgemeinen sehr hoch. Diese Identifikation wird von der Staatsmacht nicht nur propagiert und

---

[3] Als die wichtigsten Programmansätze dieser Art, die auch den meisten Bewohnern Karangduwets geläufig sind, wären zu nennen 1). das *Kejar*-Programm zur Förderung der allgemeinen Lese- und Schreibfähigkeit, 2). das agrarische Intensivierungs-Programm *Bimas*, 3). das Familienplanungsprogramm (*keluarga berencana*), 4). die Errichtung von lokalen Gesundheitszentren (*puskesmas*) und Wohlfahrtsstationen (*posyandu*) und 5). die *PKK*-Bewegung zur Förderung der allgemeinen Haushaltshygiene und Familienwohlfahrt (*Pendidikan Kesejahteraan Keluarga*). Mit Ausnahme von *Kejar*- und *Bimas* sind alle anderen Programmansätze nach wie vor in Kraft.

unterstützt, sondern auch in ihrem Sinne manipuliert. So finden regelmäßig staatlich organisierte Wettbewerbe (*lomba*) auf der Ebene des RT und des Dusun statt, in welchen sowohl die Umsetzung von „modernen", d.h. staatlich definierten Zielen wie z.B. Familienplanung, Gesundheitsvorsorge, Haushaltshygiene usw. als auch die Zuwendung zu traditionellen Aktivitäten (z. B. Musik- und Theatergruppen) mit offiziellen Preisen bedacht werden.

Gewiß unterstützt die RT-Organisation durch ihre am traditionellen Normenapparat orientierten Prämissen die Kohäsion der städtischen und bäuerlichen Siedlungsgemeinschaften. Man sollte sich aber bewußt sein, daß es sich bei den RT um einen konstitutiven Bestandteil des indonesischen Staatsapparats handelt, dessen vorrangiges Interesse darin besteht, seine programmatischen und administrativen Zielsetzungen an der gesellschaftlichen Basis durchzusetzen. D.h. daß sich die von den RT ausgeführten Routineaktivitäten nicht nur im Einklang mit den staatlichen Interessen vollziehen, sondern vor allem, daß diese Tätigkeiten von übergeordneten Instanzen reguliert und kontrolliert werden.

Die Organisationsstruktur der vier Nachbarschaftskreise in Karangduwet ist nahezu identisch. So gibt es in allen RT neben dem Vorsteher (*Ketua RT*) und seinem Stellvertreter (*Wakil Ketua*) einen Sekretär (*Sekretaris*), einen Kassenwart (*Bendahara*) und einen Sektionsleiter für Organisationsfragen (*Seksi Usaha*). In den RT 1 und 2 gibt es außerdem einen Sektionsleiter für Entwicklungsaufgaben (*Seksi Pembangunan*) und einen Leiter der Sektion zur Rekrutierung von Arbeitskräften (*Seksi Penarikan Tenaga Kerja*). Die Funktionen der letzten drei Positionen sind nicht klar umrissen; es handelt sich vielmehr um ein Gremium zur Koordination von kollektiven Arbeitseinsätzen (*kerja-bakti*). Für die Finanzierung ihrer Aufgaben ist jede Nachbarschaftseinheit selbst verantwortlich.

Die RT-Kassen stellen nach meinen Beobachtungen die wichtigsten Kreditinstitutionen in Karangduwet dar. Dafür gibt es m. E. durchaus plausible Gründe. Zum einen handelt es sich bei den Krediten zumeist um kleine Summen zur Bestreitung von Alltagsausgaben, die man problemlos und ohne formale Prozeduren in Anspruch nehmen kann. So haben auch heutzutage noch zahlreiche Dukuhbewohner aufgrund ihrer mangelnden Lese- und Schreibfähigkeit Probleme im Umgang mit dem Sparbuch (*buku tabungan*), das im Fall von Krediten der KUD oder der Volksbank unerläßlich ist. Außerdem stellen Volksbank und KUD in der öffentlichen Wahrnehmung in erster Linie Regierungsinstitutionen dar, denen man ohnehin eher mißtrauisch begegnet.

Die Kredittransaktionen im RT vollziehen sich indes in einem weitgehend traditionellen sozio-kulturellen Umfeld, so daß hier nach wie vor eine *soziale Kontrolle* vorherrscht, die viele Dukuhbewohner einer *formalen Kontrolle* (wie sie für öffentliche Institutionen typisch ist) vorziehen (vgl. Soemardjan und Breazale 1993:

133). Andererseits stellt die Inanspruchnahme eines RT-Kredits aus emotionaler Sicht eine weitaus vorteilhaftere Situation dar, als dies bei Kredittransaktionen zwischen Privathaushalten der Fall sein dürfte. Selbstverständlich gibt es Ausnahmesituationen, in denen ein RT zusätzliche Finanzmittel mobilisieren muß, um den Instruktionen übergeordneter Instanzen nachzukommen.

Ein typisches Merkmal der *Orde-Baru*-Ära ist die allgegenwärtige Präsenz von Stein- und Betonmonumenten (*tugu*), die man - zumindest in Java - an nahezu allen Ortseingängen vorfindet. Die künstlerisch eher wenig ansprechenden Säulen fungieren primär als Träger von regionalen Modernisierungsslogans, die je nach Regierungsbezirk verschieden sind. Die politische Bedeutung dieser Monumente wurde bereits von Benedict O. Anderson (Anderson 1973) ausführlich analysiert, so daß wir auf die Frage ihres Sinngehalts an dieser Stelle nicht näher einzugehen brauchen. Dichte und Größe dieser *tugu* symbolisieren nicht nur den ökonomischen Wohlstand einer Mikroregion, sondern signalisieren in offizieller Sicht vor allem Zustimmung der hiesigen Bevölkerung mit den staatlichen Entwicklungszielen. Die moderne Monumentalkultur ist darum vor allem vor öffentlichen Gebäuden und den Privatgrundstücken (*pekarangan*) von Beamten, Lehrern und anderen Statuspersonen anzutreffen. Auch in den ländlichen Siedlungen gibt es Miniaturausführungen solcher *tugu* vor den Wohnhäusern der bessergestellten Landbewohner.

Eine der äußeren Besonderheiten, die sich dem Besucher Karangduwets schon nach kurzer Zeit aufdrängen ist, daß man an *allen* Grundstückszugängen der Hauptwege des RT 2 und 3 ein ca. 1,50 m hohes *tugu* an beiden Seiten des Eingangs zum Wohnhaus sehen kann. Im Unterschied zu anderen Dörfern haben selbst arme Behausungen ein *tugu*. Diese Konzentration von Monumenten ist keineswegs zufällig, wenn man bedenkt, daß diese Wegabschnitte zugleich die zentralen Zufahrtsstraßen zur lokalen Wohlfahrtsstation (*posyandu*) bilden. Die Mitte der achtziger Jahre von Rotari International errichtete Station war eine der ersten und ist bis heute eine der wenigen ihrer Art in Gunung Kidul. Sowohl ihr ausgewiesener Modellcharakter für die Region als auch die internationale Ausrichtung ihres Sponsors haben dazu geführt, daß in den letzten Jahren mit steter Regelmäßigkeit ausländische Delegationen aus verschiedenen asiatischen Ländern (u.a. Burma, Thailand, Bangladesh, Japan) in Karangduwet zu Gast waren. Diese Informationsreisen werden stets von führenden Beamten des Kecamatan, Kabupaten und (gelegentlich) der Provinz begleitet. Im Jahr 1993 hat deshalb der Lurah die Ketua RT der beiden Nachbarschaftseinheiten angewiesen, aus repräsentativen Gründen vor allen am Zufahrtsweg zur Wohlfahrtsstation befindlichen Wohnhäusern die Errichtung eines *tugu* zu veranlassen.[4] An diesem Beispiel wird bereits deutlich, daß sich die Funktion eines Nachbarschaftsvorstands nicht in der Erfüllung von Anordnungen der Dorf- und Kreisverwaltung erschöpft, sondern daß vielmehr auch die Herstellung von Konsens innerhalb der Nachbarschaft zu den grundlegenden Aufgaben eines Ketua RT gehört. Sorgfältiges Taktieren und das Vermeiden von direkten Befehlen sind daher die wichtigsten Strategien, die ein Ketua RT beherrschen muß.

Der Schlüssel zum Verständnis der kommunalen Machtausübung offenbarte sich bei einem *kerja-bakti*-Einsatz im März 1997, als die Bewohner des RT 2 anläßlich des bevorstehenden Lebaran-Festes mit der Ausbesserung der RT-eigenen Wegabschnitte beschäftigt waren. Bei dieser Gelegenheit beklagte sich der RT-Vorsteher darüber, daß heutzutage für sämtliche Routinearbeiten allein die RT zuständig seien, während sich die Regionalverwaltung auf das Erteilen von Anweisungen an die Nachbarschaftseinheiten beschränkt, ohne selbst aktiv mitzuwirken. Auf meine Nachfrage, *wer* denn den konkreten Einsatz angeordnet habe, reagierte der Ketua RT ausweichend:

> „So ist das hier, wir haben Anweisungen von oben und müssen das machen. Aber wir machen das immer schon von selbst [bevor eine Anweisung vorliegt], weil wir wissen, daß wir sonst dazu aufgefordert werden. Wir machen das aus unserem Bewußtsein" (*kesadaran sendiri*).

Die nach außen Freiwilligkeit indizierende Floskel des „eigenen Bewußtseins" scheint hier eine Form der Pflichterfüllung zu umschreiben, die den direkten Befehl dadurch zu vermeiden sucht, indem sie ihm zuvorkommt. Ganz in diesem Sinne äußerte sich der selbe Informant in einem Interview über seine Strategie, die Leute zum *kerja bakti* zu motivieren:

> „Ich befehle niemandem, ich verweise nur auf die kaputte Straße oder die anstehende Arbeit und warte ab, bis sich die Leute zum *kerja bakti* entschließen. Sicher ist das „gezwungen" (*terpaksa*), aber die Leute halten das für "Eigenverantwortung" (*kesadaran sendiri*). Außerdem muß jedes RT-Mitglied Schäden an den Wegen usw. melden. Wird der Schaden in der RT-Versammlung angesprochen, dann geht es nur noch um den Zeitpunkt des Einsatzes. Man braucht da nichts zu befehlen".

Die innerkommunale *Euphemisierung der Macht* besteht hier offensichtlich darin, den Befehl nicht direkt zu artikulieren, um den kollektiven Arbeitseinsatz den traditionellen Sozialnormen gemäß als Akt der Spontaneität erscheinen zu lassen. Im

---

[4] Ganz im Sinne des Kalküls wurde der Lurah 1994 im Rahmen des nationalen Wettbewerbs zur Dorfmodernisierung (*lomba desa*) von Präsident Suharto für seine Leistungen auf dem Gebiet der Dorfentwicklung ausgezeichnet. Die durchaus realistische öffentliche Meinung führte die Ehrung denn auch weniger auf konkrete Erfolgsergebnisse, als auf die vielen *tugu* zurück.

allgemeinen ist die Atmosphäre bei den RT-Treffen und kollektiven Arbeitseinsätzen recht informell. Dies mag damit zusammenhängen, daß die RT primär als ausführendes Organ von Routineangelegenheiten auf der Basis der *gotong-royong*-Prämisse dienen, d.h. in einem normativen Rahmen agieren, der die Gleichheit aller Nachbarschaftsmitglieder herausstellt. So wird die Kommunikation der Teilnehmer untereinander in einfachem *ngoko* oder höchstenfalls im semi-hierarchischen *ngoko madya*, niemals aber im hierarchischen *krama madya* geführt. Ein strukturelles Korrelat dieser Equalizerfunktion ist darin zu sehen, daß die RT-internen Kredite allen Nachbarschaftsmitgliedern gleichermaßen zustehen. Es gibt m. W. keinen Fall, in dem einem RT-Bewohner ein solcher Kredit verweigert worden wäre. Insofern ähneln die Nachbarschaftskreise traditionellen ländlichen korporierten Gruppen (vgl. Jay 1969: 418).

Das signifikanteste Kernelement der RT-Organisation ist in ihrer Geschlechtsstruktur zu sehen. So sind die zyklischen Treffen und *kerja-bakti*-Einsätze auf RT-Ebene in erster Linie Männerangelegenheiten. Bei den Fällen, in denen Frauen an den Treffen teilnehmen, handelt es sich entweder um Witwen oder um Frauen, die ihre emigrierten Ehemänner vertreten. Letzteres kommt nur dann vor, wenn es keinen Sohn gibt, der seinen Vater vertreten könnte. Alle anderen Frauen halten sich von den RT-Treffen fern. Auch nehmen Frauen - zumindest in Karangduwet - unter keinen Umständen an *kerja-bakti*-Einsätzen auf RT-Ebene teil und besitzen auch keine Funktionen im RT.

Dies bedeutet selbstverständlich nicht, daß Frauen nicht am öffentlichen Leben in Karangduwet partizipieren. Sie besitzen vielmehr eigene, mit dem RT korrespondierende Spargemeinschaften (*arisan*), die aber der PKK-Organisation unterstellt sind. Diese *arisan*-Zirkel sind deshalb im Unterschied zu ihrem männlichen Pendant wesentlich stärker in die Durchführung von Modernisierungsprogrammen eingebunden. Es gehört m. E. zu den signifikantesten Besonderheiten des kontemporären Karangduwet, daß ein Großteil der staatlichen Kredite, Subventionen und Fördergelder von Frauen organisiert und verwaltet werden. Die Machtposition der exponierten PKK-Kader (*penggerak*), die den Zugang zu diversen staatlichen Krediten regeln, ist nach meinen Beobachtungen sehr hoch einzuschätzen. Demgemäß sind auch die Beziehungen dieser Kader zu den anderen Frauen wesentlich hierarchischer als die Beziehungen zwischen den männlichen Funktionsträgern und den Männern des Dorfes (vgl. Kap. 6.3.). Ursachen und Konsequenzen dieses Phänomens stehen im Mittelpunkt der anschließenden Analyse.

8.2. Die PKK-Bewegung und die sich wandelnde Rolle der Frauen

8.2.1. Hintergrund: Ursprung und Ziele der PKK-Bewegung

Die PKK-Bewegung hat ihren Ursprung in den frühen siebziger Jahren, als die Provinzverwaltung von Mitteljava zum ersten Mal ein regionales Programm der informellen Dorfmodernisierung (*modernisasi desa*) formulierte. Das Konzept der Dorfmodernisierung unterschied sich von den bisherigen Modellen vor allem durch die zentrale Bedeutung der außerschulischen Weiterbildung, der eine zentrale Rolle im Entwicklungsprozeß beigemessen wurde. Dieser Programmansatz wurde vom Innenministerium 1979 im Rahmen des dritten Fünfjahresplanes (*Replita III*) unter der Bezeichnung *Pendidikan Kesejahteraan Keluarga* auf nationaler Ebene implementiert. Im Mittelpunkt der Programmatik stand die Stärkung der Rolle der Frauen im ländlichen Entwicklungsprozeß. Um das Image der PKK als einer von außen implementierten Institution zu vermeiden, wurden Begriffe wie *Programm* bewußt vermieden. Statt dessen wurde die PKK als *Bewegung* apostrophiert, deren offizielles Ziel darin bestand

> „to set in notion a process of self-development through participation in PKK activities, thereby enabling women to improve and expand their personal skills, without having to rely on continuous inputs or supervision by teachers or anyone outside the village (Soemardjan und Breazale 1993: 49).

In Übereinstimmung mit ihrer geschlechtsspezifischen Ausrichtung sollten sämtliche Funktionen von Frauen wahrgenommen werden. Seit 1984 ist deshalb die Gattin des führenden Beamten auf allen Ebenen der Provinz (Provinzgouverneur, Regierungspräsident, Landrat, Bürgermeister) ex officio zugleich auch die PKK-Vorsitzende im Zuständigkeitsbereich ihres Mannes (ebd: 50). Zwar ist die PKK-Organisation von der Zivilverwaltung unabhängig, sie weist aber dennoch eine eng an die administrative Hierarchie gebundene Führungsstruktur auf. Die Annahme des Staates folgt hierbei der Logik, daß die *Statusautorität* der Kader automatisch zu einer hohen Partizipation der Landbewohner an den PKK-Aktivitäten führt:

> „The formal authority of the mover′s husband exerts a certain amount of influence on the rank and file. Since it would be contrary to local custom for anyone in a given communitiy to offend a person with whom this authority is associated, a certain discipline is automatically exerted on both active and prospective PKK members, making membership almost obligatory" (ebd: 59).

Die grundlegenden Ziele der PKK-Bewegung sind in der sogenannten PKK-Ideologie zusammengefaßt, die den offiziellen Handlungsrahmen für alle PKK-

Aktivitäten darstellt. Ihr Inhalt besteht aus zehn Grundzielen, an denen sich jede PKK-Gruppe zu orientieren hat: Bekenntnis zur Staatsphilosophie Panacasila, Gegenseitige Hilfestellung (*gotong-royong*), Informationsaustausch über hygienische Nahrungszubereitung und richtige Ernährung, Betonung von angemessener Kleidung und Durchführung von Nähkursen, Maßnahmen zur Verbesserung der Haushaltshygiene, Erlernen von neuen, kommerziell nutzbaren Fähigkeiten, Förderung der Familiengesundheit, Bildung von kooperativen Gruppen mit dem Ziel der Kapitalbildung, Reinhaltung der Wohnhäuser und der dörflichen Umwelt sowie aktive Teilnahme an der Familienplanung.

Zur Realisierung dieser Ziele steht jeder PKK-Gruppe ein Fördergeld von 500.000 Rp. im Jahr zur Verfügung. Neben diesen grundlegenden nationalen Zielen der PKK-Bewegung gibt es zusätzlich in regelmäßigen Abständen Instruktionen des Regierungsbezirks (*Kabupaten*), in welchen die Ziele konkretisiert und auf die regionalen Verhältnisse abgestimmt werden. Die Frage, was nun die zentralen Aktivitäten der PKK-Bewegung in Karangduwet sind und inwiefern diese tatsächlich als Faktor der Modernisierung in Erscheinung tritt oder vielmehr lediglich traditionelle Statuspositionen verfestigt und sich damit eher als Kraft der Beharrung erweist, ist in den folgenden Abschnitten zu klären.

8.2.2. Die PKK-Bewegung: Organisationsaufbau und strukturelle Probleme

Die staatliche Familienplanung (*keluarga berencana*) und sämtliche mit der Institution des kommunalen Wohlfahrtszentrums (*posyandu*) zusammenhängenden Aktivitäten werden in Karangduwet von den PKK-Kadern geleitet, so daß diese Innovationen, die ursprünglich als distinkte Programmansätze im Dukuh eingeführt wurden, in organisatorischer Sicht heutzutage kaum noch voneinander zu unterscheiden sind. Unterweisende Familienplanung findet in Karangduwet nicht mehr statt. Zwar gibt es im Dukuh immer noch eine sogenannte Familienplanungsstelle (*Pos KB*) im Haus eines Kaders, wo die Dorfbewohner kostenlos Kondome beziehen können. Allerdings geschieht die Empfängnisverhütung in Selbstverantwortung der Einzelfamilien. Das Staatsziel der unabhängigen Familienplanung (*KB Mandiri*) kann damit für Karangduwet als abgeschlossen gelten (vgl. Seomardjan und Breazale 1993: 69).

Im Bereich der Familienwohlfahrt hat sich deshalb die Kernaktivität von der Schwangerschaftsverhütung zur medizinischen Grundbetreuung von Müttern mit Kleinkindern (*Anak Balita*) verschoben. Zentraler Ort dieser Treffen ist die Posyandustation, in der alle Kinder unter fünf Jahren ein mal im Monat von den Kadern gewogen und vermessen werden. Immunisierungen (Tetanus, Pocken, Hepatitis

und Diphterie) werden ebenfalls in regelmäßigen Abständen sowohl in der Posyandustation als auch im lokalen Gesundheitszentrum (*Puskesmas*) in der Kreisstadt
Karangmojo vorgenommen.[5] Die PKK-Organisation verläuft gewissermaßen parallel zur administrativen Hierarchie. So gibt es auf der Ebene des Kelurahan und
des Dusun jeweils eine Vorsitzende, Stellvertreterin, Sekretärin und Kassenwärte-
rin sowie eine Vorsteherin mit Stellvertreterin für jede der PKK-Gruppen auf RT-
Ebene. Demnach gibt es für das Dusun Karangduwet insgesamt 12 PKK-Posten,
die aber aufgrund von Doppel- und Mehrfachfunktionen nur von acht Frauen ein-
genommen werden.

Drei dieser Frauen besitzen außerdem Funktionen auf der PKK-Ebene des Kelurahan, während vier davon zugleich auch das Führungsteam der Poyandustation
bilden. Ich habe für jeweils eine formale Position auf der Kelurahan-, Dusun- und
Nachbarschaftsebene in absteigender Reihenfolge 3,2 und 1 Positionspunkte vergeben. Für die Position des Posyandu-Kaders gab es zusätzlich 2 Punkte.

Kader	Positions-punkte	Gatten in Dorf-Position	Lehrerin / Beamtin	Migrations-erfahrung	Steinhaus	agrar. un-abhängig
A	8	+	+	-	+	+
B	8	+	+	-	+	+
C	8	-	-	-	+	-
D	6	+	+	-	+	+
E	4	-	+	+	+	+
F	3	+	+	-	-	+
G	1	+	+	-	+	+
H	1	+	-	-	+	+

Tabelle 8.1. Soziale Merkmale der PKK-Kader in Karangduwet

Tabelle 8.1. gibt Auskunft über Positionen und einige sozio-ökonomische Merkmalsausprägungen der Kader. Ihr Durchschnittsalter lag bei 44,8 Jahren (SD = 3,1).

---

[5] *Puskesmas* bezeichnet das „Gesundheitszentrum", das sich zumeist im Hauptort des Kelurahan
oder Kecamatan befindet und von einem ausgebildeten Arzt (sowie mehreren Krankenschwe-
stern und Arzthelfern) geführt wird, die auch kleine ambulante Eingriffe vornehmen. In regelmäßigen Abständen wird die Arbeit der *Puskesmas* durch mobile Ärzteteams unterstützt, die an
festen Tagen Reihenuntersuchungen vornehmen. Das *Posyandu* ist indessen eine dem *Puskesmas* untergeordnete Institution, in der lediglich Routineaktivitäten (z.B. Wiegen) und Informati-
onstreffen durchgeführt werden, die kein Fachpersonal im engeren Sinne erfordern. Typisch ist
die Verwendung von nicht-professionellen Dorfkadern, die eine kostengünstige Primärversor-
gung sicherstellen sollen.

Wie unschwer erkennbar, können die PKK-Kader Karangduwets als klassische Repräsentanten der dörflichen Elite gelten. Ein signifikanter Unterschied zum Rest der Dukuhbewohner besteht aber vor allem darin, daß die Kader im Unterschied zu vielen anderen Frauen im Dukuh keinerlei Migrationserfahrung aufweisen. Dieses Ergebnis steht zugegebenermaßen in einem gewissen Widerspruch zu einigen Modernisierungstheorien, die einen engen Zusammenhang zwischen individuellem Kosmopolitismus und moderner Meinungsführerschaft unterstellen (z.B. Rogers und Svenning 1967: Kap. 8 und 10).

Offensichtlich aus dem Rahmen fällt Kader Nr. C, die obwohl weder Gattin eines einflußreichen Dorfbewohners, noch selbst überdurchschnittlich qualifiziert und trotz des Pächterstatus ihres Haushalts zu den drei wichtigsten Führungskadern gehört. (Es sei hier bereits vorweggenommen, daß sie diese Position im wesentlichen einer strategischen Allianz mit den beiden anderen Führungskadern A und B verdankt). Bereits während der ersten Monate meines Feldaufenthalts verdichtete sich mein Eindruck, daß die PKK-Bewegung in Karangduwet ein eher negatives Image zu haben schien. Dies zeigte sich nicht nur daran, daß die Kader auf Fragen im Zusammenhang mit der PKK ausweichend reagierten und teils recht widersprüchliche Angaben machten, sondern vor allem daran, daß sie bereits bei der Zensuserhebung ihre Eigenschaft als PKK-Kader zu verschleiern suchten. In den zyklischen Treffen der PKK Dusun und der Gruppen in den RT 3 und 4 war eine signifikante Überalterung der Teilnehmer auszumachen. So waren ausschließlich ältere, indessen kaum aber jüngere Frauen zu sehen. Soemardjan und Breazale kommen in ihrer Entwicklungsstudie in vier indonesischen Dörfern zu einer insgesamt positiven Bewertung solcher Treffen:

> „The meetings of these village women are primarily social gatherings at which important topics are discussed, for the purpose of improving the welfare of the family and promoting the development of the village. The discussions at a typical meeting might include personal skills (such as cooking and sewing), shared family problems (such as nutrition and treatments for children´s illness) or village-wide concerns....." (1993: 49).

Von solchen Diskussionen war indes in Karangduwet nichts zu vernehmen. Statt dessen erschöpften sich die Aktivitäten in der Abwicklung von Kleinkrediten und der Durchführung von *arisan*-Zirkeln. In diesem Sparsystem zahlt jeder Teilnehmer 1000 Rp. pro Treffen in die Gemeinschaftskasse ein. Bei jedem Treffen erhalten zwei durch Los ermittelte Teilnehmer jeweils die Hälfte der im Spartopf befindlichen Summe ausbezahlt. Danach setzen die „Gewinner" solange aus, bis jeder Teilnehmer ein mal von der Gemeinschaftskasse profitiert hat. Jeweils 1000 Rp. des Gewinns gehen in die Kreditkasse (*tabungan*), in die ebenfalls jeder Teilnehmer 500 Rp. pro Treffen einzahlt. Aus dieser Kasse kann jedes Mitglied maximal

20.000 Rp. leihen, die in 10 Raten mit insgesamt 5% Zins zurückzuzahlen sind. Die Kreditkasse wird ein mal im Jahr vor dem Lebaran-Fest geöffnet und der Betrag unter den Teilnehmern paritätisch aufgeteilt. Weiterreichende Aktivitäten fanden im Normalfall nicht statt. So wurden auf meine Frage, was denn der primäre Nutzen der PKK-Treffen sei, fast ausschließlich *soziale Qualitäten* wie Harmonie der Frauen (*kerukunan Ibu-Ibu*) oder Geselligkeit (*kesenangan bergaul*) und kurzfristige materielle Vorteile wie Kreditzugang (*dapat pinjaman*) und Kapitalbildung (*menghimpun dana*) genannt. Die eigentlichen Ziele der Bewegung, wie sie im obigem Zitat angedeutet werden, wurden nur von zwei Frauen angegeben, die aber beide zu den Kadern gehörten (z.B. Lernen, den Haushalt besser zu organisieren).

Kehren wir zu unserer obigen Feststellung zurück, nach der in den PKK-meetings hauptsächlich ältere Frauen anzutreffen sind. Aus informellen Interviews mit den Kadern war zu entnehmen, daß vor allem die jüngeren Frauen aus armen Haushalten kaum an den PKK-Aktivitäten teilnehmen. Die Hauptbegründung der Kader, daß diese Frauen aufgrund von fehlender Innovations- und Lernbereitschaft nur schwer zu erreichen seien schien indes wenig einleuchtend, da sich in dieser Gruppe ein nicht unerheblicher Teil von Frauen mit Mittel- und Oberschulabschluß sowie ein hoher Prozentsatz von Ex-Migranten befand. Die Gruppe der Verweigerer setzte sich zu einem großen Anteil aus Frauen zusammen, die multidimensionales Einkommen durch Gelegenheitsarbeit, Kleinhandel und agrarische Lohnarbeit bezogen. Es war deshalb naheliegend, die Gründe ihrer Abstinenz zunächst weniger im Einstellungsbereich, als vielmehr im Muster ihres Zeitverbrauchs zu suchen, der ihnen aufgrund der ökonomischen Situation ihrer Haushalte nicht erlaubt, an den PKK-Veranstaltungen teilzunehmen. Auch wenn diese Situation für einige Akteure zutraf, so stellte sich im Verlauf des Feldaufenthalts aber mehr und mehr heraus, daß in Wirklichkeit ganz andere Gründe für die aktuelle Krise der PKK verantwortlich waren.

Durch meinen dukuh-internen Umzug von RT 4 in RT 1, mit dem ich zugleich auch das Wohnhaus eines Kaders verlassen hatte, hatte sich der Rapport mit den Dukuhbewohnern spürbar verbessert, so daß es in einer mehrmonatigen informellen Gesprächsserie mit 17 Schlüsselinformantinnen gelungen ist die wahren Gründe ihres Fernbleibens herauszufinden (zum Problem des Rapports vgl. Kap. 1.6.). Tabelle 8.2. faßt ihre wichtigsten Begründungen sinngemäß zusammen. So nennen die meisten Interviewpartner Gründe, die entweder mit der Organisationsform selbst oder mit persönlichen Defiziten der Führungskader zusammenhängen. Persönliche Gründe wie das bereits erwähnte Zeitproblem oder fehlendes Geld, um regelmäßig in die Sparvereinigungen einzuzahlen scheinen indes eher sekundär. M. E. kommen hier aber auch strukturelle Probleme zum Vorschein. Zum einen besitzen die Kader (mit Ausnahme von Nähen) selbst keine überdurchschnittlichen handwerklichen Fähigkeiten, die sie den Frauen beibringen könnten.[6] Andererseits gibt es eine Reihe von jüngeren Frauen, die in der Emigration als Näherin in Textilfabriken oder als Küchenangestellte in städtischen Hotels gearbeitet haben. Dieser Personenkreis dürfte wenig Interesse daran haben, sich von den Kadern über das Nähen oder das notorische Thema Haushaltshygiene unterweisen zu lassen. Hier liegt m. E. eine der signifikantesten Schwächen der Entwicklungskonzeption der *people's programs*, die fast ausschließlich auf die Wirkungsmechanismen traditioneller Statusdifferentiale (formale Bildung, berufliches Prestige der Kader) setzen, während das Potential von spezifischen Subgruppen wie z.B. Ex-Migranten von vornherein nicht in Betracht gezogen wird.

Vor dem Hintergrund dieser Diskrepanz zwischen formalem Status und Erfahrungskompetenz sind die teils süffisanten Bemerkungen zu verstehen, die einige Frauen hinter vorgehaltener Hand über die Kader machen. So z.B. die Meinungen, die Kader wollten „wie die Reichen in Jakarta leben, aber sind noch nie aus dem Dorf hinaus gekommen" oder sie würden sich für „modern halten, aber im Grunde altmodisch (*kolot*) sein". Die möglicherweise den Kadern bewußte Gefahr, daß manche Frauen in den für die PKK relevanten Bereichen ein detaillierteres Wissen als sie selbst haben könnten, mag ein Erklärungsgrund dafür sein, daß die Kader in der Vergangenheit des öfteren versucht haben, einzelne aus der Emigration zurückgekehrte Frauen durch negative Äußerungen (Gossip) zu isolieren und von den PKK-Treffen fernzuhalten.

Rogers und Svenning kommen in ihrer Untersuchung in vier kolumbianischen Dörfern zu der nicht uninteressanten Schlußfolgerung, daß Führungspersonen eine stärkere Konformität mit den sozio-kommunalen Normen besitzen als durchschnittliche Landbewohner. D.h. daß z.B. Klienten in den traditionellen Dörfern ein höheres Maß an Kosmopolitismus aufweisen als Führungspersonen, während in den modernen Dörfern wiederum die Führungspersonen stärker kosmopolitisch orientiert sind als ihre Klientel (1967: 229). Mit kosmopolitisch ist in ihrer Studie die Frequenz der Reisen in urbane Zentren angesprochen. Diese Maßzahl hat m. E. aber nur Gültigkeit in Dörfern, in denen keine nennenswerte Emigration vorkommt. In Karangduwet ist die Situation indes genau umgekehrt: Da hier die *cosmopolitness* durch die individuelle Emigrationserfahrung konstituiert wird, welche die PKK-Kader nicht besitzen, weisen trotz des modernen Charakters Karangduwets die meisten Frauen einen höheren Grad an Kosmopolitismus als die Führungspersonen auf. Diese Situation gilt wohlgemerkt nur für die Frauen. Bei den

---

[6] Selbst wenn einige minderbemittelte Frauen den Umgang mit der Nähmaschine lernen sollten (was für eine optimale kommerzielle Nutzung wie z.B. das Herstellen von Schuluniformen unerläßlich ist), ist in diesen Familien von vornherein kein Kapital zum Erwerb einer Nähmaschine vorhanden.

Männern sind diese Unterschiede weitaus weniger signifikant. Diese Unterschiede kommen allerdings nicht von ungefähr. Da Frauen bis in die achtziger Jahre hinein zumeist nur aufgrund von Heirat emigrierten und dann im Residenzort ihres Mannes verblieben, gibt es in der Generation der PKK-Kader nur wenige Frauen, die ihr Dukuh bereits einmal allein als Arbeitsemigranten verlassen hatten. Inzwischen haben sich die Verhältnisse aber grundlegend gewandelt. Da heutzutage auch unverheiratete Frauen emigrieren und sich das Heiratsalter signifikant verzögert hat, gibt es eine wachsende Anzahl von weiblichen *return migrants*, die erst nach ihrer Heirat ins Dukuh zurückkehren und dementsprechend stärker kosmopolitisch geprägt sind (vgl. Kap. 4). Insgesamt ist festzustellen, daß die meisten Frauen den leitenden Kadern zwar äußere, formale Achtung erweisen (z.B. im Sprachlevel), in Wahrheit aber keinen wahrhaftigen Respekt diesen gegenüber empfinden.

Begründungen für Nicht-Teilnahme	*Anzahl*
Aktivitäten haben keinen Nutzen, es gibt nur Wiederholungen	10
Kader betreiben Selbstbereicherung	9
Organisationsstruktur ist unklar	9
Es gibt zuviel Tratsch über die Nachbarn	8
Man bekommt keine Kredite, Kader bevorzugen Günstlinge	7
Die Kader sind arrogant	6
Ich habe keine Zeit zur Teilnahme	5
Die Kader haben keine Ahnung von unseren Problemen	3
Ich bin als Fremder unwillkommen	3
Kein Geld, um regelmäßig in die Kassen einzuzahlen	3
Verlegenheit wegen Armut, viele Kinder usw.	3

Tabelle 8.2. Gründe der Abstinenz bei PKK-Aktivitäten

Ihr Rang ist primär eine formale Position in einer im weitesten Sinne bürokratischen Hierarchie. Er ist somit vom situationsabhängigen Rang außergewöhnlicher Personen, wie z.B. den traditionellen Heilern (*dukun*), deren Rangordnung relativ und durch die jeweilige soziale Interaktion definiert wird zu unterscheiden (vgl. Rienks und Iskandar 1988: 64ff, Jay 1969: 239).[7] Bezüglich der Frage, warum die

---

[7] Die traditionelle javanische Statusverortung kennt drei Stufen der menschlichen Fähigkeiten. Der Begriff des *wong biasa* umschreibt dabei den „gewöhnlichen Menschen", dessen Wissen und Fähigkeiten keine überdurchschnittlichen Qualitäten aufweisen. Auf der nächsten Ebene steht der *wong pinter*, der „wissende Mensch", der im Normalfall mehr Wissen als andere Personen besitzt und dieses Wissen durchaus in seinem eigenen Interesse zu benutzen weiß. (Er zeichnete sich in der Vergangenheit vor allem durch die Lese- und Schreibfähigkeit aus). Wahren Respekt genießt indessen nur der *wong bisa*, der „befähigte Mensch", der seine außerge-

Statusunterschiede unter den PKK-Kadern weitaus stärker ausgeprägt ist als unter den männlichen Führungspersönlichkeiten läßt sich nur spekulieren. Ich habe bereits darauf hingewiesen, daß die einflußreichsten Kader (mit Ausnahme von C) durch ihre über die Oberschulbildung hinaus weisenden Abschlüsse eine exponierte Stellung im Dukuh einnehmen und bis heute die erste und einzige Clique von Frauen bilden, die öffentliche Funktionen im Dukuh wahrnehmen. Es ist nicht unwahrscheinlich, daß die betreffenden Akteure aufgrund dieses Sonderstatus glauben, ein überdurchschnittliches Maß an formalem Respekt beanspruchen zu können.

Es ist an dieser Stelle wichtig, die Kritikpunkte der Selbstbereicherung, unklaren Organisationsstruktur und des ungleichen Kreditzugangs näher zu beleuchten. Adressat dieser Beschuldigungen sind nämlich nicht pauschal alle Kader, sondern in erster Linie die Führungskader A, B, C und D, die auch das Posyandu leiten. Daß es im Bereich des PKK-und Posyandu-Managements in der Tat einen Mangel an Transparenz gibt, läßt sich schon daraus ablesen, daß die Dukuhbewohner weder wußten, daß die PKK staatliche Subventionen (500.000 Rp./Jahr) erhält, noch daß die Posyandustation jährlich mit 100.000 Rp. vom Gesundheitszentrum (*Puskesmas*) und mit 50.000 Rp. von der örtlichen Volksbank in Karangmojo unterstützt wird. Ein Teil der Frauen war ebenso nicht darüber informiert, das die PKK eigenes Geschirr besitzt, daß im Fall von Festlichkeiten gratis geliehen werden kann.

Daß auch die untergeordneten Kader G und H, die lediglich die *arisan*-Zirkel in ihren Nachbarschaftskreisen RT 1 und RT 2 leiten von finanziellen Zuzahlungen für die PKK und die Posyandustation nichts wußten, ist ein Indiz dafür, daß in dieser Frage auch im internen Kaderkreis keine Transparenz gegeben war. Im Zentrum der obigen Kritik, die Kader würden Selbstbereicherung betreiben, steht vor allem die PKK Dusun und das Posyandu-Management, die von den selben Personen angeführt werden. Ich präsentiere hier vier ausgewählte Fallbeispiele, die für die lokale Situation keineswegs außergewöhnlich sein dürften:

Fallbeispiel 1: Die Gäste aus Myanmar und die dörfliche Solidarität

Im März 1996 kam eine Delegation von burmesischen Ärzten und Beamten nach Karanduwet, um die Posyandustation zu besichtigen. Nach Angaben von Puskesmas erhielten zwei führende Kader 300.000 Rp. vom Gesundheitszentrum, um damit die Kosten für die Bewirtung der Gäste zu bestreiten. Eine der untergeordneten Kader wurde sodann von diesen beauftragt, die nötigen Nahrungsmittel einzukaufen. Allerdings hatte sie dafür

---

wöhnlichen Fähigkeiten in den Dienst der Gemeinschaft stellt und der tatsächlich Veränderungen herbeizuführen imstande ist (Rienks und Iskandar 1988: 80ff). Der Status der Kader entspricht in dieser Terminologie am ehesten dem *wong pinter*, wobei sich die Grenzen zwischen *wong pinter* und *wong biasa* durch die modernen Faktoren der Schulbildung (Abnahme des Analphabetentums) und der Migration (erweiterter Erfahrungshorizont der Klientel) zunehmend auflösen dürften.

nur 150000 Rp. zur Verfügung (da man angeblich nicht mehr bekommen hätte). In der darauffolgenden Sitzung der PKK-Dusun wurde von den beiden Führungskadern verbreitet, daß man von Puskesmas nur 100000 Rp. bekommen habe, man aber mindestens 200.000 Rp. zur Bewirtung der Gäste benötigt. Am nächsten Tag gingen die Führungskader dann mit dieser Begründung von Haus zu Haus, um von jedem Haushalt 2000 Rp. Solidarbeitrag (*sumbangan*) einzusammeln. Einige jüngere Frauen sowie auch einzelne Männer äußerten sich beim Feldforscher sehr deutlich über dieses Vorgehen nachdem sie über eine im Dukuh lebende Frau, die im Puskesmas arbeitet, über die realen Verhältnisse aufgeklärt wurden.

Fallbeispiel 2: Kekse statt Eier

Ebenfalls vom Puskesmas erhalten die Kader 100.000 Rp. / Jahr, um die Eiweißversorgung der Kleinkinder unter fünf Jahren (*anak balita*) zu unterstützen. In den Berichten an Puskesmas, die mir ein dort arbeitender Freund zur Verfügung stellte, wurde stets die Abgabe von konservierten Eiern (*telur asin*) an die Kinder vermerkt (Kaufpreis 200 Rp. / Stück). Nach Auskunft der Mütter werden in den Sitzungen im Posyandu aber zumeist lediglich Kekse (Kaufpreis 50 Rp.) an die Kinder abgegeben (was ich aus eigener Anschauung in den von mir besuchten Sitzungen bestätigen kann). Den Mitarbeitern von Puskesmas war diese Praxis durchaus bekannt, sie wurde dennoch seit Jahren geduldet. Erst im Mai 1997 stellte Puskesmas die Buchführung unter die eigene Kontrolle.

Fallbeispiel 3: Die Kader und die Finanzierung des Waschraums der Posyandustation

Nach Auskunft von „Rotari International" in Yogyakarta war beim Bau der Posyandustation in den achtziger Jahren ursprünglich auch die Errichtung eines Brunnens plus Waschraum mit Toilette vorgesehen. Doch wurde dieser Teil des Projekts damals nicht realisiert, da Rotari Australia, das die Finanzierung des Posyandu übernahm, die Gelder kurzfristig für dringlichere Vorhaben in anderen Ländern umleitete. Zum Zeitpunkt des Feldaufenthalts gab es deshalb in der Posyandustation weder Toiletten noch eine Waschgelegenheit, weswegen die Klienten und Kader die sanitären Anlagen der Nachbarschaft benutzten. Dieses Problem war seit längerem Gespräch der LKMD und anderer Versammlungen. Im Mai 1996 haben deshalb die Kader A und B ein Schreiben mit der Bitte um Wiederaufnahme dieses Projekts bei Rotari in Yogyakarta eingereicht. Indessen war aber der Lurah für das selbe Projekt bei der regionalen Abteilung des Ministeriums für öffentliche Arbeiten (*Departemen Pekerjaan Umum = DPU*) in Wonosari vorstellig geworden. Am 8. Juni 1996 erschien nun eine Delegation von Rotari in der Posyandustation, um über die Finanzierung des Projekts zu diskutieren. An diesem Treffen nahmen neben den Kadern B und C, dem Weilervorsteher und dem Imam auch führende Vertreter von Puskesmas teil. Zu diesem Zeitpunkt hatte das *DPU* bereits mit den Bauarbeiten begonnen; die Außenwände von Waschraum und Toiletten waren bereits fertiggestellt. Der Lurah selbst war bei diesem Treffen nicht anwesend. Auf die Frage der leicht perplexen Rotari-Mitglieder, wer denn nun für die bereits in Angriff genommenen Arbeiten aufkomme antwortete Kader B, daß dies bereits von Puskesmas finanziert werde (was die Puskesmas-Vertreter natürlich zurückwiesen). Es war damit offensichtlich geworden, daß B als führender Kader (wie offensichtlich auch der Weilervorsteher und der Imam) nicht über die Aktivitäten des Lurah informiert war. (Eigenartig war hierbei, daß Kader C wußte, daß es sich um ein Projekt des

DPU handelt. Offensichtlich hatte sie dieses Wissen nicht an A und die anderen Anwesenden weitergegeben. (Auf mögliche Erklärungen, warum sie sich in der Versammlung nicht zu Wort meldete, kommen wir weiter unten noch zurück). Am Ende der Sitzung wurde festgelegt, daß das Posyandu von Rotari 500.000 Rp. für Ausbesserungsarbeiten am Dach und den Anschluß an das öffentliche Stromnetz erhalten solle. Die Übergabe solle am 18. Juni in einem Hotel in Yogyakarta anläßlich einer Jahresfeier von Rotari stattfinden, zu der die beiden Kader und der leitende Arzt des Puskesmas offiziell eingeladen wurden. Einige Tage danach wurde eine im Puskesmas arbeitende Krankenschwester vom leitenden Arzt beauftragt, mit den beiden Kadern darüber zu sprechen, ob das Dusun Karangduwet vielleicht nicht besser durch zwei Männer vertreten werden sollte, was die beiden Kader zurückwiesen. Danach erklärte der Arzt, daß er am besagten Tag bereits zu einem Kongreß nach Yogyakarta müsse und deshalb nicht an der Feier bei Rotari teilnehmen könne und bat deshalb den Lurah, ihn zu vertreten. Der Lurah lehnte aber ebenfalls aus angeblichen Termingründen ab.

Fallbeispiel 4: Die Hintertür: Das Problem der Kreditvergaben

Wie im Fall der PKK-Gruppen gibt es auch im Posyadu eine Kreditkasse (*tabungan*). Offiziell ist diese Kasse, deren Grundstock ebenso von Puskesmas finanziert wurde, für die Gruppe der Mütter mit Kleinkindern (*anbak balita*) bestimmt, die sich ein mal im Monat im Posyandu treffen, um ihre Kinder wiegen und messen zu lassen. Zahlreiche Frauen mit Kleinkindern haben berichtet, daß man ihnen einen Kredit aus der Posyandu-Kasse verweigert hat. Vielmehr würden hauptsächlich die Kader selbst die Kasse als private Kreditinstitution benutzen. So würden die Kader nach Ende der Treffen stets länger im Posyandu bleiben, um ihre Transaktionen vorzunehmen. Vier Frauen (alle Bewohner des RT 2) vertrauten mir an, daß man in der Vergangenheit aber trotzdem hin und wieder an die Kredite gekommen wäre. Und zwar müsse man nur der PKK-Vorsteherin des RT 2 (Nr. E), die zugleich Posyandu-Kader ist Bescheid geben. Diese würde dann unter dem Vorwand, das Geld für sich selbst zu benötigen von Nr. A, die die Kasse verwaltet den Kredit erhalten und ihn nachher an die RT-Bewohner weitergeben. Insgesamt genoß Nr. E nach meinen Beobachtungen bei den meisten Bewohnern Karangduwets einen guten und ehrlichen Ruf. Es sei aber darauf hingewiesen, daß sich hinter dieser „Komplizenschaft" keineswegs nur altruistische Ziele verbergen dürften. Wohlgemerkt gilt diese Geheimpolitik nur für die Frauen des eigenen RT, so daß die Vermutung nicht von der Hand zu weisen ist, daß damit auch ein modernes Patron-Klient-Verhältnis in der Nachbarschaft geschaffen oder aufrecht erhalten werden sollte.

Es ist nicht weiter überraschend, daß die Führungskader A,B und C ein eher schlechtes Image im Dukuh haben. Die häufig zu hörende Ansicht, die Kader seien arrogant (*sombong*), habgierig (*serakah*) und kleinherzig (*pelit*) unterstreichen dies um so mehr, als damit eine Abkehr von zentralen Solidarnormen unterstellt wird (vgl. Kap.7.1.). Es ist in diesem Zusammenhang darauf hinzuweisen, daß in der indonesischen Alltagswelt der Tatbestand der „Korruption" einen anderen Stellenwert als in unserer Kultur einnimmt. Da die Kader für ihre Funktion nicht offiziell entlohnt werden, ist es für die Dukuhbewohner selbstverständlich, daß sie einen

Teil der von ihnen kontrollierten Fonds für ihren Privathaushalt in Anspruch nehmen. Allerdings gibt es auch hier in der Vorstellungswelt der javanischen Dorfbewohner klare Grenzen, die auch ein Kader nicht überschreiten darf. So störte man sich in Fallbeispiel 1 weniger daran, daß die Kader einen Teil des vom Gesundheitszentrum zur Verfügung gestellten Geldes einbehielten, als vielmehr darüber, daß man dies in unangemessener Weise getan und die Toleranz der Dukuhbewohner mit der vermeidbaren Forderung nach Solidarzahlungen (*sumbangan*) über Gebühr strapaziert hat. D.h. die Kader hatten - wie schon so oft - ihr Eigeninteresse ohne Rücksicht auf die Interessen der Gemeinschaft verfolgt, und damit grundlegende Prinzipien des Zusammenlebens (*tepo-seliro, podo-podo*) mißachtet.

Fallbeispiel 3 ist symptomatisch dafür, daß innerhalb der Führungspersonen Karangduwets ein fataler Mangel an Kommunikation herrscht. So agierten PKK-Kader und Dorfverwaltung völlig isoliert voneinander, ohne ihre Unternehmungen abzusprechen und zu koordinieren. Es gibt keinerlei Hinweise dafür, daß die Kader die Gelder von Rotari hinterziehen wollten. Da aber der Lurah bereits vollendete Tatsachen geschaffen hatte, konnte seitens Rotari ein solcher Eindruck durchaus entstehen. Die Dukuhbewohner wurden weder von den Kadern noch vom Lurah über die Hintergründe der Baumaßnahmen informiert. Sowohl das Verhalten von Puskesmas (repräsentiert durch seinen leitenden Arzt) als auch des Lurah lassen den Rückschluß zu, daß man sich von den Posyandu-Kadern bewußt distanzieren wollte, um sein Gesicht sowohl vor der Bevölkerung als auch vor den Repräsentanten von Rotari zu wahren.

Nach Rogers und Svenning (1967) ist Modernisierung im wesentlichen ein Kommunikationsprozeß. Auf die Verhältnisse in Karangduwet übertragen heißt dies, daß der Qualität der Beziehung zwischen den Kadern und den Dukuhbewohnern eine entscheidende Rolle im Entwicklungsprozeß zukommt. In ihrer viel zitierten Studie, in der sie auch Schlußfolgerungen aus anderen Untersuchungen integrierten isolierten Rogers und Svenning (ebd: Kap. 8) vier zentrale Kriterien, die für eine funktionierende Kommunikation zwischen den *change agents* und ihren Klienten fundamental sind:

1. *Reziprozität:* Zwischen Modernisierungsagenten und Klienten muß ein gewisses Gefühl der Gegenseitigkeit vorherrschen. In Karangduwet wäre Reziprozität z.B. dann gegeben, wenn die Frauen das Gefühl hätten, daß ihnen die Kader zu günstigen Krediten verhelfen oder ihnen wichtige Informationen übermitteln, während die Dorfbewohner durch intensive Teilnahme an den PKK-Aktivitäten den Kadern ihrerseits helfen könnten, ihr Prestige vor der Regionalverwaltung aufzuwerten.

2. *Homophilie:* Dieser Begriff umschreibt den Grad der Ähnlichkeit zwischen interagierenden Personen oder Gruppen in zentralen Attributen. Dahinter steht

die Erkenntnis, daß die Kommunikation um so effektiver ist, je ähnlicher sich Sender und Empfänger in relevanten Merkmalen sind. Homophile Partner besitzen nicht nur ähnliche Probleme, sondern auch ähnliche Kommunikationsformen, ähnliche Lebensstrategien usw. Kommunikationsprobleme kommen dann auf, wenn sich Agenten und Klienten zu sehr voneinander unterscheiden (z.b. durch Statusunterschiede, Lebenserfahrungen usw.), d.h. wenn die Situation durch eine gewisse *kognitive Dissonanz* zwischen den Akteuren geprägt ist. Ganz in diesem Sinne argumentierten zwei junge Mütter, daß es sinnvoller wäre, die Leiter (*pengurus*) der Gruppe der Mütter mit Kleinkindern aus den Reihen der jungen Mütter selbst zu wählen und die Routinehandlungen (Leitung der Gesprächskreise) anstatt den Kadern den Müttern selbst zu übertragen!

3. *Empathie:* Der Grad der Empathie zwischen zwei Akteuren ist wesentlich von der Intensität ihres Kontaktes bestimmt. Die von mehreren Autoren (z.B. N. Sullivan 1983, Dove 1988, Soemardjan und Breazale 1993) gemachte Feststellung, nach der indonesische Dorfkader dazu tendieren, sich stärker mit „bürokratischen" Positionen als mit ihren kommunalen Rollen zu identifizieren, zeigt m. E. exakt dieses Empathieproblem auf. Die Kader weisen nach meinen Beobachtungen zum Teil ein eher geringes Maß an *Rollenempathie* auf, d.h. es fehlt häufig die Fähigkeit (oder treffender formuliert die Bereitschaft), sich in die Probleme der „kleinen Leute" hineinzuversetzen.

4. *Persönliche Glaubwürdigkeit und Kompetenz* schließlich stellen die vierte Prämisse effektiver Kommunikation dar.

Selbstverständlich stellen diese Aspekte keine separaten Konzeptionen, sondern interagierende Dimensionen dar, zwischen denen sehr enge wechselseitige Beeinflussungen existieren. Es ist indes unschwer zu erkennen, daß in der PKK-Organisation in Karangduwet die obigen Rahmenbedingungen kaum erfüllt sind. So scheint die Situation nicht nur durch eine äußerst ineffektive Kommunikation zwischen Kadern und Dukuhbewohnern, sondern vor allem auch durch einen fatalen Mangel an Konsens und Kontakt zwischen den *village leaders* selbst charakterisiert. Fallbeispiel 4 zeigt, daß auch die Gruppe der PKK-Kader weder in sich homogen ist, noch daß diese als uniformes Kollektiv agiert. Vielmehr scheint es auch dort interne Hackordnungen und Interessengegensätze zu geben, die einem ordnungsgemäßen Programmmanagement entgegenwirken.

Mit zunehmender Verweildauer im Dukuh kristallisierten sich auch die strukturellen Positionen der einzelnen PKK-Kader deutlicher heraus. Die formal gesehen verantwortungsvollste PKK-Position auf Ebene des Dusun ist die der *Sub-PPKLB*. Die *PPKLB* (*Pengurusan Peningkatan Kesejahteraan Keluraga Berencana*) ist die zuständige Stelle für die Durchführung von staatlichen Programmen zur Förderung des Lebensstandards ökonomisch schwacher Haushalte. Sie hat auf allen unteren administrativen Ebenen (Kacamatan, Kelurahan und Dusun) einen offiziellen Repräsentanten, der für die ordnungsgemäße Implementierung der von der *PPKLB* durchgeführten Projekte zuständig ist. Daß diese Position ausgerechnet Nr. C, d.h. einer einfachen Hausfrau ohne berufliches Prestige zufiel, ist keineswegs selbstverständlich. Es war deshalb anzunehmen, daß sich hinter dieser Positionierung möglicherweise kein zufälliges Muster verbarg.

Über C gingen die Meinungen auseinander: Ein Teil der Frauen glaubte, daß C von den anderen Kadern zur Übernahme der *PPKLB*-Funktion getrieben worden war, während andere wiederum meinten, daß sich C aus eigenen materiellen Interessen für diese Position ins Spiel gebracht habe. Einstimmig war man darin, daß C mit den reichen Kadern gemeinsame Sache mache und die Interessen der kleinen Leute wiederholt verraten habe. Davon abgesehen, daß C einem meiner Schlüsselinformanten anvertraute, daß man sie von Seiten der anderen Kader zu Unregelmäßigkeiten gezwungen hat, hatte ich den Eindruck, daß C unter starkem psychischem Druck litt. Ihre Eigenschaften als unmittelbare Nachbarin von D und B sowie als Nichte und Pächterin von A machen es m. E. durchaus wahrscheinlich, daß man C unter Ausnutzung von Abhängigkeiten bewußt als *Sub-PPKLB* positioniert hat um sich der formalen Verantwortung für die Kreditvergaben zu entziehen, ohne dabei aber auf Vorteile dieser Position gänzlich verzichten zu müssen.

Während sich A und D in der Öffentlichkeit (z.B. den PKK-Sitzungen) weitgehend zurückhielten, schien es eine klare Abgrenzung der Handlungssphären von B und C zu geben. So war B in ihrer Eigenschaft als Lehrerin für die Beziehungen zu den übergeordneten Instanzen, C indes für den Kontakt mit der Bevölkerung zuständig. Diese Arbeitsteilung war in vielen Situationen zu beobachten. Typisch ist z.B. das obige Fallbeispiel 3. Obwohl mir C tags zuvor die korrekte Auskunft gab, daß der Bau des Waschraums der Posyandustation vom *DPU* finanziert wird (sie hatte diese Information von der Kreisverwaltung erfahren), blieb sie bei der Nachfrage der Rotari-Vertreter stumm und überließ die Antwort der offensichtlich unwissenden B, die das Privileg beansprucht, bevorzugt mit den „wichtigen Menschen" (*orang penting*) zu kommunizieren. In diesem Sinne war es stets C, der die undankbare Funktion zufiel, die Frauen über anstehende *kerja-bakti*-Einsätze zu informieren. Diese Einsätze waren bei vielen Frauen wiederholt in Mißkredit geraten.

Besonders empört war man über die Politik der Kader beim Besuch der Delegation aus Myanmar (März 1996). Da bei dieser Gelegenheit neben dem Landrat (*Camat*) auch der Regierungspräsident (*Bupati*) von Gunung Kidul angemeldet war, mußten die Frauen bei der Ankunft der Gäste aktiv *kerja bakti* auf dem Grundstück der Posyandustation betreiben. In diesem Fall warf man den Kadern vor allem vor, die Arbeitskraft und Zeit der Frauen schamlos zur Mehrung ihres

eigenen Ansehens zu mißbrauchen.[8] Dies um so mehr, als die Frauen in dieser Angelegenheit vor Ankunft der Gäste bereits drei mal binnen einer Woche zum *kerja
bakti* mußten, um den Besuch vorzubereiten. Hauptadressat der Beschuldigung war
auch hier Kader C, die sämtliche Einsätze angeordnet hatte und als einziger Kader
während den ganzen *kerja-bakti*-Aktionen präsent war.[9] Dies zeigt die schwierige
strukturelle Position von C auf, die einerseits aus Rücksicht auf asymmetrische
nachbarliche und verwandtschaftliche Bindungen kaum gegen den Willen der anderen Hauptkader agieren kann, zugleich aber den übergeordneten Instanzen
(*PPKLB*) verantwortlich ist und dazu noch den steten Unmut von unten auf sich
zieht, da sie es ist, die den Frauen am häufigsten direkt gegenübertreten muß.

Daß B und A vor der besagten Sitzung mit Rotari nicht von C über den wahren
Finanzier des Projekts informiert worden waren ist ein deutliches Indiz dafür, daß
es zwischen den Kadern Interessenkonflikte gab. Kader E distanzierte sich zwar
öffentlich von A, B und D, es bleibt aber unklar inwieweit auch sie Nutznießer des
Systems war. Ihr Ansehen schien bei den meisten Dukuhbewohnern jedoch positiv
zu sein. Die Position von F war unklar, sie war aber niemals direkter Adressat der
Kritik und scheint ihre Funktion eher passiv wahrgenommen zu haben. Die RT-
Kader G und H waren am Management der oberen Kader weitgehend unbeteiligt.
So gingen auch sie direkt nach den Routinesitzungen nach Hause, ohne an den sich
anschließenden Kadertreffen teilzunehmen. Ansonsten schienen sie über die Orga-
nisationsstrukturen der PKK kaum Bescheid zu wissen.

Dies sind die wichtigsten Grundbeziehungen im PKK-Netzwerk, wie sie sich
aus zahlreichen informellen Interviews und meiner teilnehmenden Beobachtung
ergaben. Es geht hier wohlgemerkt nicht darum, C als Opfer eines hintertriebenen
Frauen-Syndikats darzustellen, sondern darum, die sozio-kulturellen Hintergründe
der Machtstrukturen aufzuzeigen. Die Kenntnis der grundlegenden Struktur dieses
Beziehungsgeflechtes ist entscheidend für die nun folgende Analyse, in der versucht werden soll, das Scheitern eines *PPKLB*-Kreditprogramms zu dokumentieren.

---

[8] Man beachte, daß diese Kritiken niemals direkt den Kadern gegenüber formuliert wurden, sondern in erster Linie Gesprächsstoff von „Dorfgossip" waren. Dem Feldforscher gegenüber wurde die Unzufriedenheit mit den Verhältnissen indessen auf recht spontane Art und Weise mitge-
teilt.

[9] Die Kader A,B und D partizipierten selbst äußerst selten aktiv an *kerja-bakti*-Einsätzen.

8.3. Das Scheitern des Takesra-Kreditprogramms

In Karangduwet gibt es im wesentlichen drei Grundtypen von *people's programs*. Bei Typ I handelt es sich um staatliche Hilfen, die von den Familien selbst beantragt werden müssen (*atas permintaan orang*). Das einzige Programm dieser Art, das zur Zeit des Feldaufenthalts in Karangduwet vorkam, war das vom „Koordinationsbüro für Familienplanung" (*PPKLB*) organisierte Programm *Supersemar*, bei dem der Staat für ein Kind die Kosten für die Berufsschule (*kejuruan negeri*) übernimmt. Bedingung ist aber, daß die Mutter seit mindestens zehn Jahren aktiv an der Familienplanung teilnimmt.

Das Problem mit diesen, individuell zu organisierenden Programmen ist, daß der Zugang zu den relevanten Informationen (Kenntnis des Programms und der zuständigen Stellen, Teilnahmebedingungen, Kontakte) im Normalfall nur einem begrenzten Personenkreis, nämlich den Beamten und einigen Angestellten offen steht. Sie kommen somit meist nur einer ohnehin privilegierten Schicht zugute, die gemeinhin mit dem Stichwort der Staatsklientel bzw. der *asset class* charakterisiert wird. Demgemäß handelte es sich auch bei den Empfängern von *Supersemar* (n = 7) mit einer Ausnahme stets um Beamte, Lehrer und Dorfkader. Es liegt auf der Hand, daß diese Art von Programmen nur in den seltensten Fällen die wirklich Bedürftigen erreichen. Typ II-Programme werden nur partiell vom Staat übernommen, während für die Teilfinanzierung ein privater Sponsor benötigt wird. In diese Kategorie gehört in Karangduwet lediglich das Programm für Waisen- und Halbwaisen (*Anak Asuh*), bei dem der Staat einen Teil der Schulkosten übernimmt, sofern eine Privatperson bereit ist, für die Bücher und Schuluniformen aufzukommen.

Im Unterschied zu Typ I und II handelt es sich bei Typ III um die eigentlichen Massenprogramme, die nicht individuell beansprucht werden können, sondern in formalen Gruppen (*secara kelompokan*) von den Dorfkadern verwaltet werden, die auch die Teilnehmerlisten zusammenstellen. In diese Kategorie fallen in der Gegenwart vornehmlich die von der *PPKLB* durchgeführten Programme, die auf der Mikroebene über die PKK-Gruppen implementiert werden.

Das zur Zeit des Feldaufenthalts aktuellste Entwicklungsprojekt dieser Art war das *Takesra*-Kreditprogramm zur Förderung des Kleingewerbes, an dem sich die strukturellen Schwächen der staatlichen Modernisierungspolitik exemplarisch studieren ließen. Im folgenden soll zunächst die Grundkonzeption des Programms erklärt werden. Danach gebe ich eine chronologische Darstellung der Ereignisse, die letztlich zum Scheitern des Programms geführt haben. Abschließend sollen einige grundsätzliche sozio-kulturelle Konstanten isoliert werden, die auch in Zukunft mit den staatlichen Modernisierungszielen kollidieren dürften.

8.3.1. Takesra: Zielsetzung und formale Prozeduren[10]

Der Name *Takesra* setzt sich aus den Anfangssilben des Begriffes *Tabungan Keluarga Sejahtera* zusammen, was man am ehesten mit „Sparbuch der modernen Familie" übersetzen könnte. Das Adjektiv *sejahtera* läßt sich im Deutschen nur schwer wiedergeben. Es umschreibt in der indonesischen Wirklichkeit einen gewissen ökonomischen Standard, der sich vor allem durch das Vorhandensein von hygienischen Behausungen auszeichnet. In diesem Sinn gelten z.b. Familien, deren Wohnhäuser noch keinen befestigten Boden haben oder die ihre Toilette nach wie vor in offenen Kanälen verrichten müssen als *pra-sejahtera*, d.h. aus hygienischer Sicht „prä-modern".

Bevorzugte Zielgruppe des *Takesra*-Kreditprogramms ist das traditionelle Kleingewerbe (*usaha kecil*) wie z.B. Besitzer von kleinen Einkaufsständen, Kleinhändlerinnen, Nudelverkäufer, Näherinnen usw. Vorbedingung für die Teilnahme ist, daß die Ehefrau des Familienvorstands seit mindestens vier Jahren erfolgreich Empfängnisverhütung betreibt (*akseptor*). Das Entwicklungsziel ist ein zweifaches: Neben der Steigerung des Einkommens und des Innovationsverhaltens der Zielgruppen durch die Bereitstellung von Kapital sollen diese zugleich mit dem Besitz eines Sparbuches vertraut gemacht werden, um damit langfristig auch die häufig noch sehr zurückhaltende Einstellung zu formalen Krediten zu verändern.

Die Kredite werden in fünf Phasen vergeben. In Phase I stehen dem Teilnehmer insgesamt 20.000 Rp. zu. Davon erhält er 90% (18000 Rp.) als Kredit bar auf die Hand und 10% (2000 Rp.) als erste Einzahlung auf sein Sparbuch, daß beim örtlichen Postamt eröffnet wird. Für die Zurückzahlung an den Staat ist für jeweils 5000 Rp. ein Zeitraum von einem Monat (0,5% Zins) vorgesehen. Nach vier Monaten tritt das Programm in die zweite Phase. Konnte der Teilnehmer die 20.000 Rp. binnen vier Monatsfristen zurückzahlen, bekommt er nun die doppelte Summe von 40.000 Rp., von welchen wiederum 90% (36000 Rp.) als Kredit ausgegeben und 10% (4000 Rp.) auf sein Sparbuch überwiesen werden. Für die Tilgung bleiben dem Teilnehmer nun maximal zehn Monate Zeit, für die wiederum 0,5% Zins pro Monat fällig werden. (Für alle folgenden Phasen gilt eine Rückzahlungsfrist von zehn Monaten). In Phase III verdoppeln sich die Summen erneut auf 80.000 Rp., in Phase IV auf 160.000 Rp. und in Phase V auf 320.000 Rp. Nach Beendigung des Programms besitzt der Teilnehmer, nachdem der Kredit zurückbezahlt ist,

---

[10] Die Ausführungen zur formalen Prozedur des *Takesra*-Programms basieren auf den Informationsblättern der Regierung und auf zwei ausführlichen Interviews mit den *PPKLB*-Funktionären im Kelurahan und Kecamatan.

immerhin 62.000 Rp. Eigenkapital auf seinem Sparbuch.[11] Aufgrund der großen Anzahl von Teilnehmern sieht die Prozedur den Zusammenschluß von jeweils 15-20 Familien zu einer Mitgliedergruppe (*kelompok anggota*) unter Führung einer Gruppenleiterin (*ketua kelompok*) vor. Die Identitätskarten (*KTP*) der Teilnehmer werden von der *Sub-PPKLB* der *PPKLB* des Kelurahan übergeben, welche dieselben an die *PPKLB* des Kecamatan weiter reicht. Diese erläßt nach Prüfung der Identitätskarten ein Empfehlungsschreiben (*surat rekomendasi*) an das zuständige Postamt der Kreisstadt, das die finanziellen Mittel für die Mitgliedsgruppen freigibt. In regelmäßigen Abständen begibt sich die Gruppenleiterin zum Postamt, um die Transaktionen für ihre Gruppenmitglieder vorzunehmen. Wer die nächste Kreditstufe in Anspruch nehmen oder eine Zurückzahlung vornehmen will, überreicht der Gruppenleiterin das Sparbuch mit Unterschrift (Vollmachtserklärung).[12]

8.3.2. Die Rekonstruktion der Ereignisse: Wie ein Programm scheiterte

Daten sprechen nicht aus sich selbst; sie können dies nur mit der Stimme ihres Herrn. Dies gilt um so mehr für qualitative Daten über sensitive Bereiche wie Korruption, persönliche Animositäten usw., bei deren Ergründung der Feldforscher auf Informationsquellen angewiesen ist, die nicht immer den Kriterien einer verbindlichen Methodik genügen (vertrauliche Gespräche, Spione, Dorftratsch usw.). Will man latente Machtstrukturen, persönliche Gegnerschaften und gesellschaftliche Konflikte analysieren, wird man um den Einsatz solcher Mittel indes kaum herumkommen.

Die Interpretation solcher Daten ist gewiß subjektiv, sie wird mehr als normalerweise üblich von der individuellen Wahrnehmung des Feldforschers, seiner persönlichen Einschätzung und vom Rapport zwischen dem Untersuchenden und den Untersuchten bestimmt. Ein völliger Verzicht auf die Interpretation derart gewonnener Daten wäre allerdings (sofern man von ihrer Richtigkeit überzeugt ist) ein schwerwiegender Fehler, da man u.U. wichtige Aspekte des Untersuchungsgegenstands verschweigen würde, die auch für das Verständnis von quantitativen Daten relevant sein können. Ich beziehe mich im folgenden nur auf die Informationen,

---

[11] Theoretisch dürfen bis zu maximal 3% Zins pro Monat eingefordert werden, wovon 2,5% in die PKK-Kasse fließen.

[12] Bei Mitgliedern, die nicht des Schreibens mächtig sind, kann die Vollmachtserklärung auch von einem anderen Familienmitglied (z.B. Kindern) ausgefüllt werden. Es ist im übrigen ein Irrtum zu glauben, daß in der heutigen Zeit jeder Kleinhändler oder anderweitig gewerblich tätige Akteur wirklich lesen und schreiben kann. So gibt es nach wie vor Frauen auf den lokalen Märkten, die den Wert der Münzen kennen, ohne die aufgeprägten Zahlen lesen zu können.

von deren Wahrheitsgehalt ich nach meiner allgemeinen Kenntnis der Situation vor Ort stets überzeugt war. Ich gebe die Ereignisse in chronologischer Reihenfolge wieder, um die Handlungssequenzen, die zum Scheitern des Programms führten, in einer möglichst kurzen, aber dichten Beschreibung zu präsentieren.

I.

Im Mai 1996 zog der Weilervorsteher (*Kepala Dusun*) von Karangduwet die Identitätskarten (*KTP*) von 27 Personen mit der Begründung ein, es gebe in naher Zukunft einen staatlichen Zuschuß für Haushalte, die noch nicht den *sejahtera*-Status erreicht haben (*Bantuan Rumah Tangga Pra-sejahtera*). Die Gelder seien primär zum Zweck der Zementierung der Fußböden bestimmt. Gemäß seiner Annahme sammelte der Weilervorsteher ausschließlich die *KTP* von Personen ein, deren Häuser noch keinen befestigten Fußboden (Erdböden, lose Steinplatten) hatten, so daß sich in seinem Sample ein überdurchschnittlich hoher Anteil von älteren, allein lebenden Witwen und Ehepaaren befand. Im Glauben, daß es sich um einen staatlichen Zuschuß, nicht aber um einen Kredit handelt, übergaben die ausgewählten Personen ihre *KTP* dem Weilervorsteher.[13] Zuvor wurde die Frau des Weilervorstehers von einer Beamtin des Landkreises auf ein geplantes Programm namens *Tabungan Keluarga Sejahtera* angesprochen, zu dessen Durchführung ihr die Funktion einer Gruppenleiterin angeboten wurde. Offenbar wollte man seitens der *PPKLB* des Kecamatan versuchen ein Gegengewicht gegen die etablierten Führungskader aufzubauen. Während die Nachbarschaftskreise RT 3 und 4 wie allgemein üblich von Kader C geleitet werden sollten, sollte die Gattin des Weilervorstehers für RT 1 und 2 zuständig sein. Offenbar waren zu diesem Zeitpunkt noch keine Details über das Programm und seine Konditionen bekannt.

Einige Wochen später nahm die Frau des Weilervorstehers an einer Informationsveranstaltung der *PPKLB* im Kelurahan teil, an dem weder die *Sub-PPKLB* noch die anderen Kader Karangduwets anwesend waren. Wie sich im Lauf der Zeit herausstellte, gab es zwischen der *PPKLB*-Leiterin des Kecamatan und Kader B seit mehreren Jahren private Aversionen, die zu einer typischen Vermeidungshaltung zwischen den beiden Frauen geführt hatten, d.h. man ging sich konsequent gegenseitig aus dem Wege und hatte die Kommunikation fast vollständig abgebrochen. Es war deshalb nicht überraschend, daß Kader B nicht an der Informationsveranstaltung teilnahm. Daß indessen auch C nicht zu der Einführung erschien kann m. E. durchaus als Akt der äußerlichen Loyalität zu B interpretiert werden. Nachdem die Gattin des Weilervorstehers nun konkrete Informationen über das Programm besaß, sprach sie mit zwei älteren Frauen ihrer Nachbarschaft über die

---

[13] Das Problem bestand darin, daß der Weilervorsteher von einer „Hilfe" (*bantuan*), nicht aber von einem Kredit (*pinjaman*) sprach.

wahren Konditionen (d.h. sie korrigierte die Fehlinformationen ihres Gatten). Die beiden Frauen zogen daraufhin ihre Teilnahme an *Takesra* zurück, da sie die Abzahlung in vier Raten für ein zu großes Risiko hielten, auf das sie sich keinesfalls einlassen wollten. Diese Reaktionen führten die Gattin des Weilervorstehers ihrerseits zu der Überlegung, daß bei einem Kreditvolumen von 540.000 Rp. (27 x 20.000) für den Fall, daß nur zehn Personen zurücktreten würden oder ihren Kredit nicht zurückzahlen könnten, die Leiterin für 340.000 Rp. haften müßte, was wiederum für sie selbst ein zu hohes Risiko darstellt. Einige Tage später setzte sie die *PPKLB* davon in Kenntnis, daß sie beabsichtigt, sich als Leiterin ihrer Kreditgruppe zurückzuziehen.

II.

Auf einer Sitzung der PKK Dusun Ende Mai 1996 erklärten die Kader B und C den versammelten Frauen,[14] daß es sich beim *Takesra* um ein außerordentlich „hartes" Programm (*program yang sangat berat*) mit sehr hohen Zinsen handelt. Die Frauen sollen es sich darum gut überlegen, ob sie wirklich an diesem Programm teilnehmen wollen! Gleichzeitig wurde eine Cousine von B - eine gewöhnliche Hausfrau und Bäuerin - als Gruppenleiterin in RT 1 und 2 eingesetzt, um die Frau des Weilervorstehers in dieser Funktion zu ersetzen.[15] (Offiziell dürfen auch Nicht-Kader eine Gruppe leiten, sofern sie selbst am Programm teilnehmen). Eine zwei Tage später durchgeführte Befragung der Kader zu den formalen Prozeduren des *Takesra* offenbarte, daß diese zu diesem Zeitpunkt keine detaillierten Kenntnisse über die Konditionen des Programms besaßen.

Einige Tage später wandte sich C an einen meiner Schlüsselinformanten, der ein hohes Ansehen als spiritueller Berater im Dorf besaß, um ihre Situation zu rechtfertigen: So soll es unter den Kadern Pläne geben, Teile der Kredite über private Kanäle an die eigene Nachbarschaft und die Teilnehmer des Bibelkreises (*babelkring*) und der islamischen Gebetsgruppe (*pengajian*) zu verleihen.[16] Im übrigen wüßten die Kader nicht, wie *Takesra* wirklich funktioniert und seien an einer ordnungsgemäßen Durchführung auch gar nicht interessiert. So hätte sie selbst ver-

---

[14] Die Frau des Weilervorstehers nahm an der Sitzung nicht teil. Sie war auch in der Vergangenheit des öfteren auf Distanz zur PKK-Dusun gegangen und allgemein selten zu PKK-Treffen erschienen.

[15] Ich selbst war bei diesem und den folgenden PKK-Treffen absichtlich nicht anwesend, um den Kommunikationsverlauf zwischen den Frauen nicht zu beeinflussen. Statt dessen habe ich zwei Frauen meiner Nachbarschaft in RT 1 beauftragt, mir vertraulich über die Sitzungen zu berichten.

[16] Beide religiösen Kontaktgruppen werden von den PKK-Kadern und ihren Ehemännern organisiert.

sucht, eine öffentliche Informationsveranstaltung zum *Takesra*-Programm durch die *PPKLB* zu initiieren. Doch wäre ihr dies von den anderen Kadern übel genommen worden, wonach sie ihren Plan zurücknahm. (Meine Nachforschungen ergaben, daß sich C in der Tat bei der *PPKLB* des Kecamatan über die Möglichkeiten einer öffentlichen Informationsveranstaltung erkundigt hatte). Dies zeigt eindeutig, daß C - obwohl sie als *Sub-PPKLB* den anderen Kadern formal übergeordnet war - faktisch keine Entscheidungsbefugnisse besaß, sondern vielmehr von den Weisungen der anderen Kader abhängig war. Die Dukuhbewohner sprachen in diesem Zusammenhang recht trefflich vom „Hausmädchen der Kader" (*pembantu kader*).

III.

Die Substitution der Ehefrau des Weilervorstands durch eine Bewohnerin des RT 1 implizierte indes Konsequenzen, die die Kader offensichtlich nicht einkalkuliert hatten. Da die Cousine von B als Bäuerin und Kleinhändlerin sich sozioökonomisch nicht wesentlich von den Frauen ihrer Nachbarschaft unterschied, d.h. den gewöhnlichen Dukuhbewohnern näher stand als die Kader, hatten die Frauen weniger psychologische Barrieren, sie auf das Programm anzusprechen. So fragten einige Frauen, warum man sie bei der Zusammenstellung der Teilnehmerlisten nicht berücksichtigt habe. Daraufhin signalisierte die Gruppenleiterin Bereitschaft, mit den Kadern über dieses Problem zu sprechen. Die von den Kadern favorisierte Lösung des Interessenkonflikts sah nun vor daß eine Person X, deren *KTP* nicht im Sample war, den Kredit auf den Namen einer anderen, vom Weilervorsteher bereits ausgewählten Person Y erhalten kann. So sollten z.B. in meiner näheren nachbarlichen Umgebung zwei Kleinhändlerinnen und eine Besitzerin einer Einkaufsstelle (*warung*) Kredite auf den Namen zweier älterer Witwen und eines älteren Paares (alle > 65) erhalten.[17] Allerdings waren die Frauen des RT 1 und 2 mit dieser Verfahrensweise keineswegs einverstanden und machten ihre Teilnahme weiterhin von der Benutzung ihrer eigenen *KTP* abhängig. Dies lehnte man seitens der Kader indes mit der Begründung ab, daß dies nachträglich nicht mehr möglich sei, da der offizielle Stichtag zum Einreichen der Identitätskarten bereits abgelaufen ist.[18] Daraufhin traten die Frauen, die sich zuvor selbst als potentielle Teilnehmer ins Spiel gebracht hatten, geschlossen von ihrem Ansinnen zurück. Einige Dukuhbewohner

---

[17] Die Berechtigung einer Person A, den Kredit auf den Namen einer Person B zu beanspruchen, ist nur dann gegeben, wenn zwischen beiden Personen eine familiäre Bindung besteht (Information der *PPKLB* Kecamatan, persönliche Kommunikation mit der Leiterin). Die Existenz eines solchen Verhältnisses ist aber von offizieller Seite nicht ohne weiteres zu überprüfen und in einer dörflichen Siedlung wie Karangduwet mit Leichtigkeit zu manipulieren!

[18] Dies war er objektiv nicht, aber offensichtlich wollten die Kader vermeiden, sich vor der *PPKLB* in Karangmojo die Blöße zu geben.

in RT 1 und 2, deren *KTP* vom Weilervorsteher eingesammelt worden war, bekamen Ende Februar 1997 ihren ersten Kredit ordnungsgemäß ausbezahlt. Allerdings hatten sie ihre Sparbücher bis dato noch nie gesehen, die sich offensichtlich weiterhin in den Händen der Kader befanden. Die meisten älteren der offiziellen Programmteilnehmer in RT 1 und 2 warteten indes zum Zeitpunkt meiner Abreise im Juni 1997 nach wie vor vergeblich auf ihre Kredite.

IV.

Sehen wir unsere Informationen im Zusammenhang, so deutet vieles darauf hin, daß man den (potentiell) informierten Programmteilnehmern den Kredit ordnungsgemäß zukommen ließ, indessen man die Identitätskarten einer Reihe von weniger informierten und/oder weniger interessierten Personen (z.B. Alte) dazu mißbrauchte, um Kapital zu organisieren, das man im Kreis der persönlichen Klientel auf Privatbasis verleihen konnte, um seine Position als *benevolent patron* im eigenen sozialen und religiösen Umfeld zu stärken.

8.3.3. Strukturelle Problematik staatlicher Entwicklungskonzeptionen

Gewiß sind die Verhältnisse in Karangduwet nicht für alle javanischen Dorfgemeinschaften repräsentativ. Hier ist zunächst darauf hinzuweisen, daß das Scheitern eines staatlichen Programms generell zweierlei Formen annehmen kann:
1. Das Programm findet nicht statt, da die Kader a) aufgrund von fehlender Information oder mangels Interesse die Gelder für ihren Zuständigkeitsbereich nicht beantragen oder b) die finanziellen Mittel bewußt anderen Zwecken zuführen wollen.
2. Es findet statt, aber nicht in Übereinstimmung mit den offiziellen Maßgaben, d.h. das Ziel einer wie auch immer gearteten Aufwertung des Lebensstandards der Adressaten wird verfehlt.

Betrachten wir die Situation in Karangduwet, so lassen sich die Ursachen des Scheiterns an drei Ebenen ausmachen: den regionalen staatlichen Instanzen, den lokalen Kadern und der Bevölkerung, d.h. den Programmadressaten selbst.

Staatliche Instanzen

Zunächst ist festzustellen, daß die Zielgruppen der Programme teils recht unklar formuliert sind. So konnte man mir seitens der *PPKLB* in Karangmojo keine eindeutigen Auskünfte darüber geben, ob *Takesra* nun ausschließlich den Repräsentanten des Kleingewerbes zusteht oder ob auch andere, z.B. bäuerliche Haushalte in den Genuß der Kredite gelangen können. Gleichsam sind auch die formalen Proze-

duren in weiten Bereichen offen: z.B. kann der monatliche Zins von 0,5% auf maximal 3% angehoben werden (wovon 2,5% für die PKK-Kasse bestimmt sein sollten) wie auch ein Teilnehmer auf den Namen eines anderen Kredit erhalten kann,
sofern zwischen beiden ein (nicht definiertes) Familienverhältnis besteht (was problemlos zu manipulieren sein dürfte). Des weiteren existieren aufgrund der komplizierten bürokratischen Strukturen keine verbindlichen Zeitvorgaben, an denen die
Programme in Kraft treten. Die Programme schaffen somit nicht selten bereits Un-
klarheiten und Unsicherheiten, bevor sie überhaupt erst implementiert werden.

Die Instanzen auf Ebene des Landkreises halten im Normalfall keine direkten
Informationsveranstaltungen für die Bevölkerung ab. Eine solche kann zwar von
den Kadern beantragt werden, dürfte aber äußerst selten vorkommen, da dies indirekt einem Eingeständnis eigener Unfähigkeit gleichkäme. So bleiben die Lokalka-
der (z.B. die *Sub-PPKLB*) meist die ausschließlichen Mediatoren zwischen den
regionalen Instanzen und der Bevölkerung. Die regionalen Ämter sind aufgrund
ihrer schwachen personellen Besetzung kaum in der Lage, die von der Mikroebene
unterbreiteten Listen der Teilnehmer zu überprüfen. Die fehlende Kontrolle seitens
der übergeordneten Instanzen erleichtert zumindest einen beabsichtigten Miß-
brauch.

Lokale Kader

Wegen der eher diffus definierten Ziele ist es zunächst nicht sicher, ob die Lokal-
kader den Inhalt der Programme wirklich kennen und die oft komplizierten Prozeduren auch verstehen, was dazu führen kann, daß falsche Informationen an die Bevölkerung weitergegeben werden. Aufgrund des Gesagten besteht die Gefahr, daß
die Kader eigene Interpretationen und eigene Verfahrensweisen zu den Programm-
men entwickeln.[19]

Dies kann sowohl bedeuten, daß Daten über die vermeintlichen Teilnehmer manipuliert werden, als auch, daß die ausgewählten Teilnehmer nicht den offiziellen
Teilnahmebedingungen genügen. So fand sich in den Teilnehmerlisten für das *Takesra* kaum ein traditionell gewerblicher Haushalt; indessen aber ein überdurchschnittlich hoher Anteil von Teilnehmern über 60 (welche die Teilnahmebedin-
gung der aktiven Empfängnisverhütung schon aus Altersgründen nicht erfüllen).
Ein Sonderfall eigenmächtigen Handelns der Kader ist dann gegeben, wenn die
aufgelisteten Teilnehmer zum Vorteil anderer, offiziell nicht teilnehmenden Personen instrumentalisiert werden, wie dies z.B. der obige Plan der strategischen Trennung zwischen offiziellem (*KTP*) und realem Kreditempfänger vorsah. Da die Kredite stets für mehrere Teilnehmer von den Gruppenleitern auf dem Postamt entge-

---

[19] Die Wahrscheinlichkeit, daß dieser Fall eintritt, ist in Karangduwet durch die mangelnde Kommunikation zwischen den Führungskadern und den übergeordneten Instanzen besonders hoch.

gengenommen werden besteht theoretisch nicht nur die Möglichkeit, daß A Kredit auf den Namen von B, C auf den Namen von D usw. erhält, sondern auch die, daß eine Person X mehrere Kredite auf die Namen von verschiedenen Personen (B, C, D, E ...) benutzt. Aus administrativer Sicht können die den Regionalämtern präsentierten Daten/Berichte (*laporan*) durchaus den offiziellen Bedingungen entsprechen. Nach meinen Beobachtungen sind die regionalen Instanzen (*PPKLB*) aber - weniger an der Wahrhaftigkeit der von der Lokalebene (*Sub-PPKLB*) eingereichten Daten, als vielmehr an einer raschen Weiterleitung der Berichte an die ihnen übergeordneten Ämter interessiert.[20] Die Zusammenstellung der Programmteilnehmer unterliegt den unterschiedlichsten Umständen, die das Programm zum Scheitern bringen können:

1. Der das Sample zusammenstellende Kader geht von falschen Bedingungen und Zielsetzungen des Programms aus (so geschehen, als der Weilervorstand von einem Zuschuß zur Befestigung der Fußböden ausging).
2. Der Kader kennt die Bedingungen, gibt aber *absichtlich* falsche Informationen weiter, um damit a) eigene Interessen oder b) Interessen Anderer zu verfolgen.

Die personelle Komposition des Samples ist in weitem Maße abhängig vom Verhältnis dessen, der es zusammenstellt mit demjenigen, den er als Teilnehmer auswählt. So können Personen schlicht aufgrund von nachhaltigen Bindungen der Nachbarschaft, Verwandtschaft, Religion, Status oder aus Dankbarkeit für frühere Dienste usw. in den Genuß staatlicher Förderungen gelangen.

Die Masse der Bevölkerung

Ob ein Programm erfolgreich durchgeführt werden kann oder nicht, hängt nicht zuletzt von der Bereitschaft zur Innovation seiner Adressaten ab. Nach meinen Beobachtungen wollen viele Landbewohner nicht riskieren, mit etwas Unbekanntem zu spekulieren, von dessen Nutzen sie sich nicht am konkreten Beispiel überzeugen konnten. Zum zweiten erschwert unter den durch Statusunterschiede gekennzeichneten kulturellen Situation die sozio-kulturelle Kluft der Leitenden zu denen, die geleitet werden eine offene Kommunikation, da a) die Masse der Bevölkerung den

---

[20] So kam es, daß der Lurah von Karangmojo im Jahr 1994 trotz der durchaus mangelhaften Programmorganisation seiner Kader zu den Empfängern eines nationalen Preises für vorbildliche Programmdurchführung gehörte, da die eingereichten Berichte stets rasch und komplett (wenn auch vermutlich nicht immer wahrheitsgemäß) an die entsprechenden Stellen weitergeleitet wurden. Diese, für das kontemporäre Java nicht untypische Situation erinnert an die indonesische Redewendung *asal Bapak sennag* („wichtig ist es, den Vorgesetzten zufrieden zu stimmen"); eine Grundregel, die darauf abzielt „to please the boss and to let him have it his way for the sake of his undisturbed pleasure" (Mulder 1989: 101).

Kadern einen zumindest formalen Respekt entgegenbringt und deshalb keine direkten Fragen an die Kader stellten kann und b) aus diversen Gründen an der Aufrechterhaltung eines harmonischen Verhältnisses mit den Kadern interessiert ist. Unter diesen Voraussetzungen ist ein „open management" kaum zu erwarten. Davon abgesehen fehlen zumeist die relevanten Informationen, um überhaupt kritische Fragen zu stellen, da die Kader ein weithin uneingeschränktes Informationsmonopol besitzen. Massenmedien sind in diesem Bereich noch keineswegs in der Lage das Programmwissen der Bevölkerung zu steigern. Wie das Beispiel der Ersetzung der Frau des Weilervorstehers als Gruppenleiterin durch eine gewöhnliche Bäuerin zeigt, scheint eine direkte Kommunikation tatsächlich nur dann möglich, wenn die Leiterin des Programms ihren Klienten insoweit ähnlich ist, daß diese ohne Scham ihre Fragen artikulieren können. Hier scheint man aber inzwischen insofern einen Lernprozeß durchgemacht zu haben, als die Gruppen im Fall von *Takesra* anders als bei früheren Programmen nicht zwingend von den Kadern, sondern auch von gewöhnlichen Teilnehmern geleitet werden können.

Die hiermit angesprochene Problematik der fehlenden Homophilie zwischen Kadern und Bevölkerung wirft die Frage nach einer personellen Erneuerung der Kadergruppe auf. Eine solche war in Karangduwet für die nähere Zukunft indes nicht in Sicht. Es war nicht zu erkennen, daß die Inhaber dieser Positionen in absehbarer Zeit auf ihre Stellung und die damit verbundenen Privilegien verzichten wollten. Des weiteren ist ein personeller Wechsel unwahrscheinlich, solange die Kader ein unklares Bild ihres Aufgabenbereichs hinterlassen. Ein weiteres Problem ist, daß die Position eines offiziellen Kaders eine rege Kommunikation mit den Repräsentanten der übergeordneten Instanzen des Landkreises und des Bezirks erfordert, was für die meisten Frauen immer noch mit Schwierigkeiten verbunden sein dürfte, so daß das Problem der Kommunikationsbarriere nur auf eine andere Ebene verlagert würde.[21]

---

[21] Dies bezieht sich nicht primär auf den „Gang zum Amt", als vielmehr auf die mit der Kaderfunktion zusammenhängende repräsentative Präsenz bei öffentlichen Anlässen. So ist auch Kader C als gewöhnliche Hausfrau in erster Linie für den Kontakt mit den Dorfbewohnern zuständig, während alle Beziehungen zu den übergeordneten Vertretern der Staatsmacht vorwiegend von B (sowie A und D) gepflegt werden.

9. Populationsbewegungen in Karangduwet: Die Tradition der Migration

9.1. Mikro- und Makroperspektiven in der Migrationsforschung

Nach gängiger Auffassung verließ der javanische Peasant sein Dukuh (traditionell als *kampung halaman*, wörtlich: „Haus und Hof" bezeichnet) nur ungern. Weite Reisen wurden tunlichst vermieden und galten darüber hinaus auch als außerordentlich gefährlich. Die traditionellen Einstellungsregeln *mangan ora mangan waton kumpul* („ob wir zu essen haben oder nicht, wir müssen zusammenbleiben") und *ada hari ada nasi* („gibts Tage gibts Reis") verwiesen den traditionellen Landbewohner auch in schwierigen Zeiten zur räumlichen Nähe mit Familie und Ahnen.

Das Image des risikoscheuen, lokal orientierten und für neue Horizonte nur wenig aufgeschlossenen javanischen Subsistenzbauern prägte bis Mitte der siebziger Jahre auch die ethnologischen Klischees des ländlichen Java (vgl. Naim 1972: 36). Ethnographen betonen immer wieder die starke emotionale Bindung des javanischen Kleinbauern an das bewirtschaftete Land:

> „people are very tightly tied to their land and have hardly any enduring interest in matters outside agriculture" (Mantra 1978: 207).

Das Beharrungsvermögen, auch unter schwierigen ökonomischen Bedingungen am Geburtsort zu verbleiben, wurde von verschiedenen Autoren auch auf die sozialen Beziehungen der Bauern und ihre redistributiven Austauschmechanismen zurückgeführt:

> „the social power which supports the relationship between patron and client in sharing poverty must be retained at all costs, otherwise the poor will have no means of maintaining subsistence. Javanese villagers view this kind of social structure, with its mutually-reciprocal sets of relationship, to be a primary advantage of living in the Dukuh" (Strout 1974: 133).

Entgegen diesen Interpretationen zeigte sich bereits bei der Durchführung des Zensus, daß die Bewohner Karangduwets seit Ende der fünfziger Jahre in großen Scharen als Arbeitsemigranten ihr Dukuh verlassen hatten. Häufige Transaktionen von Anbauflächen durch Kauf und Verkauf schienen auf eine hohe Mobilität des Produktionsfaktors Land hinzuweisen, die nur schwer mit der Orientierung des „highly tied to land" in Einklang zu bringen war. Statt dessen hörte man des öfteren die Ansicht, daß das Leben als Bauer (*tani*) außerordentlich „hart" (*berat*) sei und die Menschen in der Stadt es leichter haben. Deshalb praktiziere man in Karangduwet die Traditon (*tradisi*) der Migration, um das „Schicksal herauszufordern" (*mengadu nasib*). Es geht in diesem Kapitel vor allem darum: In Abschnitt 1 ist zunächst eine Definition von Migration zu finden, die das Mobilitätsverhalten der Dukuhbewohner adäquat beschreibt. Im Anschluß folgt eine Zusammenfassung gängiger Migrations-Theorien und eine kurze Diskussion verschiedener Studien zum Migrationsverhalten in Ländern der III. Welt schließt sich an.

In Abschnitt 2 versuche ich anhand von qualitativen Daten zur Dorfgeschichte und den Zensusdaten über emigrierte Familienmitglieder den Wandel der Migration-Patterns nachzuzeichnen und die Herausbildung der emischen Auffassung von Migration als *Tradition* lokalhistorisch zu begründen. Es liegt auf der Hand, daß aufgrund von Datenmangel in der Rekonstruktion des Migrationsverhaltens der Vergangenheit Lücken auftreten. Die Interpretation des Zusammenhangs zwischen der Migration als einer historischen Kategorie und der kontemporären Situation Karangduwets ist deshalb problematisch, da man annehmen muß, daß sich die ursprünglichen Bedingungen, welche die Migration in der Vergangenheit veranlaßt haben, grundlegend verändert haben. Der inhaltliche Schwerpunkt der Analyse liegt deshalb auf dem Migrationsverhalten der Gegenwart, da hierzu auf der Basis einer detaillierten Umfrage mit 67 Migranten die genaueren Daten vorliegen.

In Abschnitt 3 gehe ich zunächst auf die ökonomischen, aspirativen und soziopsychologischen Migrationsmotive ein, um die dominanten Push-Faktoren zu isolieren. Des weiteren folgt eine Analyse der Pull-Faktoren, in der zu klären ist, aufgrund welcher Kriterien (die sogenannten *place utilities*) Migrationszielorte gewählt werden. Als Teil dieses Abschnittes sind die Prädispositionen potentieller Migranten sowie die mit der Migration in Zusammenhang stehenden intrafamiliären und individuellen Entscheidungsprozesse zu analysieren.

In Abschnitt 4 sollen anhand der Daten zu den kognitiven Einstellungsmerkmalen der Migranten vermittels einer Faktorenanalyse verschiedene Migrantentypen extrahiert werden. Hierzu gehören auch die Bewertungen des Dorf- und Stadtlebens durch die Migranten und die Einschätzung diverser Faktoren im Erreichen von Lebenszielen.

In Abschnitt 5 schließlich behandle ich die Formen der Migranten-Dorfkontakte und analysiere die Rückwirkung der Migration auf das Dukuhleben. Hierbei ist auch die in der Literatur allgemein sehr hoch eingeschätzte Rolle der *return migrants* als Agenten ökonomischen Wandels zu hinterfragen. Als letzter Schwerpunkt dieses Abschnitts soll dabei auch auf die Konflikte und Interessengegensätze zwischen Migranten und Dorfbewohnern eingegangen werden.

9.1.1 Begriffsdefinitionen

Ein grundlegendes Problem aller Studien zum Mobilitätsverhalten in Ländern der III. Welt ist das Fehlen einer allgemein verbindlichen Definition von Migration. Es gibt keine konventionelle Übereinkunft darüber, welche Mitglieder einer Population als Migranten bzw. Nicht-Migranten einzuordnen sind. Die jeweilige Zuordnung ist vielmehr abhängig von den vorhandenen empirischen Daten. Beals z.B. (1967: 483) definiert in seiner Studie über Migration-Patterns in Ghana den Migranten als eine männliche Person zwischen 15 und 54 Jahren, deren Wohnort nicht mit ihrem Geburtsort identisch ist. Eine ähnliche Definition leitete Sahota (1968) anhand brasilianischen Materials ab, indem er zwischen „young males" (15-29) und „middle aged males" (30-59), deren Geburtsprovinz nicht mit der Provinz ihrer Residenz übereinstimmt differenzierte (ebd: 223).

Das Problem dieser Unterscheidungen ist, daß sie lediglich die relative Komposition einer Population, nicht aber die Migrationsdynamik abbilden und somit weder rezente Populationsbewegungen noch die Gruppe der *return migrants* erfassen. Shryock und Siegel gehen in ihrem klassischen Buch „The Methods and Materials of Demography" (1976) bereits differenzierter vor, indem sie formulieren:

> „A life time migrant is one whose current area of residence is different from his area of birth, regardless of intervening migrations" (ebd: 375).

Von diesen *life time migrants* zu unterscheiden sind die *return migrants*; definiert als Personen, die zu ihrem vorherigen Wohnort zurückkehren. Diese Definition ist insofern plausibel, als der vorherige Wohnort nicht zwingend mit dem Geburtsort identisch sein muß.

Eine andere Frage ist, nach welchen räumlichen Differenzierungen ein reiner Wohnortswechsel von Migration im eigentlichen Sinne zu unterscheiden ist. So wäre es m. E. nicht angemessen, einen Residenzwechsel innerhalb des Kelurahan bereits als Migration zu bezeichnen. Ich habe deshalb nur die Personen als Emigranten in die Datensätze aufgenommen, deren Ortswechsel über die Grenzen des Kelurahan Karangmojo hinaus weisen und eine Einteilung in sechs (I-VI) räumliche Migrationssphären vorgenommen:[1] Zone I ist demnach ein anderes Dukuh im Kecamatan außerhalb den Grenzen des Kelurahan, Zone II jeder Ort im Bereich des Regierungsbezirks (Kabupaten) und Zone III ein beliebiger Ort innerhalb der Provinz (Daerah Istimewa Yogyakarta). Innerhalb der auf Java befindlichen Migrationszielorte außerhalb der Sonderregion Yogyakarta wurde eine weitere Unterteilung in den Großraum Jakarta (Zone V) und alle anderen Orte auf Java (Zone IV)

---

[1] Zwei zur Zeit des Zensus im Ausland (Malaysia, Saudi-Arabien) lebende Emigranten wurden aufgrund der minimalen Fallzahl nicht zu einer eigenen Kategorie zusammengefaßt.

unterschieden. Diese Differenzierung schien mir aus zwei Gründen sinnvoll: Einmal leben über 60% der Migranten aus Karangduwet in diesem Megazentrum. Zum anderen liegt von Temple (1978) eine sehr gute Untersuchung aus dem Zentrum über in Jakarta lebende dörfliche Immigranten vor, die durch die Analyse der Mikroperspektive, d.h. die Betrachtung der „Migration to Jakarta" aus Sicht der Peripherie eine wichtige Ergänzung erhält. Zone VI und VII schließlich stellen die Migrationszielorte außerhalb Javas (Sumatra, Sulawesi usw.) dar.

Es erhebt sich indes die Frage einer klaren Definition von Migranten in Abgrenzung zu anderen Akteuren, wie z.B. Pendler, saisonale Migranten, bilokale Personen usw., die in Karangduwet gleichsam vorkommen:

1. Als *Pendler* (in der englischsprachigen Literatur als *commuters*, im Indonesischen als *penglaju* bezeichnet) möchte ich die Personen zusammenfassen, welche die Grenzen des Kelurahan täglich zur Ausübung ihres Berufes verlassen, am selben Tag nach Arbeitsschluß ins Dukuh zurückkehren und keinen Wohnsitz außerhalb Karangduwets haben.

2. Die Kategorie der *saisonalen* und *temporären Migranten* stellt ebenfalls keine Schwierigkeit dar. Es handelt sich schlicht um die Personen (n = 35), die vorwiegend in der agrarischen "off season" (Juli bis Oktober) das Dukuh für mehrere Wochen oder Monate verlassen und eine feste, aber stets zeitlich befristete Anstellung (primär Bausektor und Hotelgewerbe) innehaben und in den restlichen Monaten des Jahresverlaufs fest in Karangduwet leben.

3. Etwas schwieriger ist die Zuordnung von *bilokalen* Akteuren. Dies ist die Gruppe der Haushaltsvorstände, die in Zone IV-VI arbeiten und wohnen, deren Familien aber im Dukuh leben. So gibt es mehrere in Yogyakarta arbeitende Haushaltsvorstände, die zwar dort eine feste Unterkunft haben, sich aber regelmäßig 2-3 Tage in der Woche (Wochenende) bei ihren Familien aufhalten. Bei größeren Distanzen kehren die Familienväter ca. ein mal im Monat für etwa 1 Woche zurück. Die betreffenden Akteure nehmen während ihrer Anwesenheit an allen Alltagsroutinen der Dukuhbewohner (*kerja bakti*, Nachbarschaftshilfe usw.) teil und bewirtschaften nach wie vor Land in Karangduwet. Diese Personen stellen weder Pendler noch wirkliche Migranten dar und wurden deshalb als *Circulators* (vgl. Mantra 1978: 173) zusammengefaßt.

4. Der Term *return migrants* bezieht sich auf in Karangduwet geborene Personen, die das Dukuh als Emigranten verließen und danach wieder nach Karangduwet zurückkehrten. Um Überschneidungen mit der Gruppe der *seasonal migrants* zu vermeiden, wurde für die Zuordnung als Migrant bzw. *return migrant* ein bereits vollzogener Residenzwechsel für die Dauer von mindestens einem Jahr festgelegt. Ein weiteres Kriterium für die Zuordnung zur Gruppe der Migranten (und damit den return migrants) ist die bewußte Entscheidung des Ortswech-

sels, d.h. daß sogenannte *non-decision-makers* wie z.B. Kinder, die ihren Eltern nach Jakarta folgen, nicht berücksichtigt werden.

Gewiß sind Überschneidungen von *return-migrants* mit den Pendlern und *circulators* möglich und in der Tat recht häufig. Insbesondere für die Gruppe der *circulators* ist eine Korrelation zwischen Migrationsverhalten und Lebenszyklus nachzuweisen. Typisch für diese Akteure ist, daß sie zunächst mehrere Jahre mit ihren Familien außerhalb Karangduwets lebten. Erst mit der einsetzenden Schulpflicht des ältesten Kindes kehrten die Mütter mit ihren Kindern aufgrund der geringeren Schul- und Lebenskosten nach Karangduwet zurück, während die Väter weiterhin am Emigrationsort verblieben, aber nun regelmäßig nach Hause kehren.

9.1.2. Die Schwächen einschlägiger Migrationstheorien

Seit Ravensteins klassischer Abhandlung „The Laws of Migration" (Ravenstein 1889) sind zahlreiche Versuche der Formulierung einer Migrationstheorie unternommen worden. Eine erschöpfende Darstellung dieser Theorien ist im Rahmen dieser Untersuchung selbstverständlich nicht möglich. Es geht hier lediglich darum, die Grundzüge der einschlägigen Formulierungen kurz vorzustellen und auf ihre Erklärungsdefizite hinzuweisen.

Entscheidenden Einfluß auf die Migrationstheorien der westlichen Sozialwissenschaft hatte die von Steward (1947) begründete *Gravitationstheorie*. Die Grundidee Steward's war, daß das zusammengefaßte menschliche Verhalten den Gesetzen der Physik folge und daß das Migrationsverhalten durch das Gravitationsgesetz erklärbar sei (vgl. Temple 1978: 17). Ähnliche, mit mathematischen Berechnungsmodellen untermauerte Theorien wurden in den vierziger Jahren auch von Zipf und Lowry und Rogers (beide in Jones 1981) formuliert. Wir brauchen an dieser Stelle nicht näher auf die exakten mathematischen Formula der Gravitationstheorien einzugehen, deren Erklärungspotential mit der „Summierung der Migranten an zwei Orten" (Sunarto 1985: 25) ohnehin bereits weitgehend erschöpft ist. Die Gravitationstheorie unterliegt trotz ihrer statistischen Fundierung dem Trugschluß, das Phänomen der Migration als ein zufälliges Ereignis anzusehen, daß die gesamte Population eines Ortes gleichermaßen betrifft. So werden individuelle Entscheidungsprozesse, Alters- und Geschlechtsstrukturen sowie Differenzen in Bildung und Aspirationen systematisch übergangen.

Seit den sechziger Jahren verlagerte sich die Migrationsforschung auf die Frage der Handlungschancen und der intervenierenden Faktoren zwischen Sender- und Empfangsregionen. Einflußreich war hier Everett Lee's *push-pull-theory* (Lee 1966), nach der das Migrationsverhalten im wesentlichen von vier Faktorentypen beeinflußt ist, nämlich: 1. Faktoren am Geburts- bzw. Residenzort; 2. Faktoren am Zielort; 3. intervenierende Barrieren und 4. persönliche, d.h. individuelle Faktoren. Faktoren am Residenz- und potentiellen Zielort können sowohl positiv wie negativ geartet sein. D.h. ein positiver Faktor (+) am Ursprungsort stellt einen Push-Faktor, ein positiver Faktor am Zielort einen Pull-Faktor dar. Ein negativer Faktor (-) am Residenzort wirkt hingegen als Hemmschwelle zu emigrieren, während ein negativer Faktor am Zielort ebenfalls als Migrations-Barriere anzusehen ist. Neutrale Faktoren (0) haben indes keinen Einfluß auf das Migrationsverhalten.

Die individuelle Bewertung eines Faktors als positiv, negativ oder neutral ist laut Lee von der individuellen Persönlichkeit des potentiellen Migranten abhängig, zu deren Bestimmung Lee vor allem die Variablen der formalen Bildung und der (nicht näher definierten) individuellen Bedürfnisse anführt. Als intervenierende Faktoren wirken natürliche Barrieren, hohe Transportkosten, Immigrationsgesetze usw. Dieses theoretische Modell ist insofern sinnvoll, als individuelle Differenzen in der Wahrnehmung von Handlungschancen durchaus anerkannt werden. Es ist in seiner Allgemeinheit auch problemlos interkulturell anwendbar. Es vernachlässigt allerdings die Frage des individuellen Entscheidungsprozesses und der ihm zugrunde liegenden Entscheidungargumente.

E. Norris hat in den siebziger Jahren (Norris 1972) die Theorie der *intervenning opportunities* formuliert, nach welcher der Migrationsstrom zwischen zwei Orten von den dazwischen liegenden Handlungsmöglichkeiten beeinflußt ist, d.h. daß vor allem der Distanz zwischen Residenz- und Zielort eine konstitutive Rolle im Migrationsverhalten zukommt. Die Grundannahme des Modells ist m. E. aber keineswegs sicher. So teilen z.B. die Bewohner Karangduwets die einmütige Auffassung, daß der Großraum Jakarta die besten Handlungschancen bietet. Die Daten zu den aktuellen Migrationszielorten zeigen deutlich, daß auch geringfügige Verbesserungen des Arbeitsmarkts in nähergelegenen Orten keinen Einfluß auf das Migrationsverhalten ausüben dürften, solange Jakarta die besseren Gelegenheiten verspricht.

9.1.3. Studien zum Migrationsverhalten in Ländern der III. Welt

Die genannten Theorien wurden ausschließlich aus der Erfahrung in westlichen Gesellschaften abgeleitet. Als klassisches Erklärungsmodell für das Migrationsverhalten in Ländern der III. Welt gilt gemeinhin die sogenannte *Lewis-Fei-Ranis-Theorie* (Lewis 1954; Fei und Ranis 1964). Nach diesem Modell besteht die Ökonomie unterentwickelter Länder aus zwei Sektoren; einem traditionell-agrarischen mit geringer Produktivität und einem modern-industriellen mit hoher Produktivität. Auf eine Diskussion der von Fei und Ranis abgeleiteten Zusammenhänge zwischen dörflichen und urbanen Arbeitsmärkten kann an dieser Stelle verzichtet werden, da bereits die konzeptionelle Grundannahme angesichts empirischer Situationen in Zweifel zu ziehen ist. So dürften die häufig begrenzten Investitionen in urbanen Zentren in vielen Ländern der III. Welt kaum in der Lage sein, ein durch wachsende Populationen exponential anwachsendes Heer von ländlichen Arbeitern vollkommen zu absorbieren.

Das Fei-Ranis-Modell analysiert die ländlich-urbane Migration ausschließlich auf dem Makrolevel. Die mit der Migration zusammenhängenden Probleme auf der Mikroebene wie mangelnde Qualifikation, fehlende Kontakte usw. werden nicht als relevante Faktoren des Zugangs zu Arbeitschancen wahrgenommen. Die von Fei und Ranis angenommene Tendenz einer zunehmenden Verschiebung der *demographischen* Zentren in die industrialisierten Regionen mag zwar zutreffen; dies ändert aber nichts daran, daß sich das *ökonomische* Zentrum in Ländern der III. Welt nach wie vor im Agrarbereich konzentriert (vgl. Temple 1978: 33).

In ihrer bahnbrechenden Studie „Rationality and Migration in Ghana" analysierten Beals et al. (1967) zum ersten Mal die relevanten Parameter von interregionalen Migrationsprozessen. Ihre Analyse basiert auf der Grundannahme, daß Menschen emigrieren um ihren Lebenstandard zu verbessern. Obwohl auch hier keine Analyse des individuellen Entscheidungsprozesses vorgenommen wird, beziehen sich die Autoren auf die signifikanten Variablen, die auch auf die Entscheidungsprozesse der Mikroebene übertragbar sind. Einkommen, Umzugskosten, Kosten der Adaption an das soziale und linguistische Umfeld sowie Informationen über den Zielort werden als die relevanten Determinanten isoliert. Eine entscheidende Ursachenvariable für Migrations-Entscheidungen stellt nach Ansicht der Autoren die formale Bildung dar. Beals et al. zeigen, wie besser gebildete Dorfbewohner aufgrund unerfüllter Aspirationen auch ohne die Sicherheitsgarantie eines Jobs in die Städte emigrieren.

Ähnlich wie Beals et al. weisen Sahota (1968: 60) und Geiger (1975: 173) für Brasilien einen statistisch signifikanten Zusammenhang zwischen formaler Bildung und ländlich-urbaner Migration nach. Im Unterschied zu Beals et al. verweist Sahota auf die Problematik ländlicher Migranten, in Konkurrenzsituation mit städtischen qualifizierten Personen treten zu müssen, weshalb spezifische Qualifikationen durchaus mit dem Verbleiben am Ort korrelieren können. Als wesentliche Variable des Migrationsverhaltens isoliert Sahota die räumliche Distanz zwischen Ursprungs- und Zielort und zieht die Schlußfolgerung, daß die Transport- und indirekten Umzugskosten die wichtigste Barriere zu emigrieren darstellen. Obwohl die Frage individueller Entscheidungsprozesse auch hier vernachlässigt wird, hatten Beals und Sahota erstmals die signifikanten Fragestellungen formuliert. Vor allem bei Beals erscheint zum ersten Mal das Element der Urbanisierung, die in Form der *city lights* eine spezifische Attraktivität auf dörfliche Subpopulationen ausübt. Als letzter Ansatz sei das anhand kenyanischen Materials abgeleitete Todaro-Modell der *Expected Income Models of Rural-Urban Migration* (Todaro 1979: 217) erwähnt. Ähnlich Beals geht auch Todaro von einer Profitmaximierung im Sinne der Verbesserung der Lebensverhältnisse als primärem Migrationsmotiv aus. Das heißt, der durchschnittliche Landbewohner verläßt sein Dorf in erster Linie aufgrund einer höheren Belohnungserwartung.

9.1.4. Offene Fragen und Begründung einer Migartionsanalyse aus der Peripherie

Am Todaro-Modell ist wie auch im Fall der anderen dualistischen, d.h. primär auf ländlich-urban- bzw. traditionell-modern-Dichotomien begründeten Modelle vor allem zu kritisieren, daß sie von uniformen Handlungschancen der Emigranten ausgehen. Man unterstellt quasi einen perfekt offenen Arbeitsmarkt, zu dem jeder Akteur die selben Zugangschancen hat. Wie die indonesische Situation zeigt, ist diese Annahme aber nur im informalen Sektor, nicht aber im formalen Bereich gegeben. Des weiteren zeigt das indonesische Material, daß der Prozeß der Industrialisierung nicht nur eine Expansion des formalen, sondern gleichzeitig auch eine Expansion des informalen Sektors implizieren kann (vgl. Sunarto 1985: 31). Diese Sektor wird in den dualistischen Theorien gänzlich übergangen.

Die Todaro-These, nach welcher der dörfliche Emigrant sein Dorf aufgrund profitmaximierender Erwägungen verläßt, ist für den indonesischen Bereich nicht immer gegeben. So zeigt Temple (1978), daß die Mehrheit der Emigranten seines Samples nicht aufgrund geringer dörflicher Löhne, sondern vielmehr aus der Not des völligen Fehlens minimaler Erwerbschancen auf dem flachen Land nach Jakarta emigrierten. Prinzipiell ist festzuhalten, daß in der rezenteren Literatur zum Migrationsverhalten zwei Auffassungen des individuellen Entscheidungsprozesses vorliegen, wie sie z.B. durch Beals, Sahota und Todaro einerseits und von McGee und Temple andererseits repräsentiert werden:

> „An individual may depart for a totally unknown destination without the slightest hesitation; or he may weigh the attributes of both sending and receiving regions, deciding what to do only after careful consideration of all the information available to him. The former case might best be described by a propability function; the latter by a utility maximation process" (Temple 1978: 12).

Allerdings sind diese beiden Ansätze nicht so exklusiv, wie von ihren Repräsentanten angenommen. Beide Motive können zu verschiedenen Zeiten in der selben Lokalgemeinschaft vorherrschen: So gilt für die frühen Emigranten Karangduwets, die kaum Informationen über ihre Zielorte besaßen durchaus die *propability function*, während gegenwärtige Emigranten ihre Zielorte durch eigene Anschauungen kennen und zumeist eine sichere Arbeit versprochen haben. Dennoch können beide Parameter zeitlich parallel unter verschiedenen Individuen einer Nachbarschaft existieren. Sie müssen sich auch im Fall eines Individuums nicht gegenseitig ausschließen. So ist sich der kontemporäre Bewohner Karangduwets sehr wohl der Tatsache bewußt, daß man in Jakarta mehr Geld als in Karangduwet verdienen *kann*, er weiß aber dennoch, daß sein Entschluß zu emigrieren noch keine Garantie für einen ökonomischen Erfolg darstellen muß.

Realitätsgerechter scheint mir deshalb die von Taylor (1969: 120) vorgenommene Differenzierung zwischen *resultant migrants* und *aspirant migrants*. Die resultierende Migration stellt demnach eine Reaktion auf akute ökonomische Probleme dar. D.h. sie ist ihrem Wesen nach eine spontane Handlung der Alltagsbewältigung. Demgegenüber handelt es sich bei der *aspirative migration* um einen graduellen bzw. geplanten Entscheidungsprozeß, d.h. um eine strategische Handlung zur langfristigen Verbesserung der Lebensverhältnisse. Allerdings sind individuelle Migrationsmotive damit keineswegs erschöpft. Vielmehr scheinen nicht selten auch sozio-kulturelle Gründe entscheidungsrelevant: So begründeten die jüngeren Dukuhbewohner Karangduwets ihre Absicht emigrieren zu wollen überraschend oft damit, daß sie z.B. Erfahrungen sammeln (*cari pengalaman baru*) wollen bzw. Freiheit für sich selbst suchen (*cari kebebasan untuk diri sendiri*) und beklagten die rituellen Verpflichtungen des Dorflebens, die man in der Stadt nicht hätte, weshalb man dort „schnell reich" werde.

Die signifikanteste Schwäche all dieser Theorien ist das Ignorieren der Tatsache, daß in Mikroregionen nicht selten institutionelle Rahmenbedingungen vorherrschen, die einen starken Einfluß darauf ausüben, welches Familienmitglied emigriert, wohin Emigranten gehen und wer über die Migration entscheidet. Auch sind ländlich-urbane Handlungschancen nicht gleichmäßig unter den Bewohnern einer Mikroregion verteilt, da Familien mit bereits emigrierten Mitgliedern Netzwerke des Austauschs und des Einflusses besitzen, die ihnen strategische Vorteile über andere Familien verschaffen, die nicht auf entsprechende Kontakte zurückgreifen können. Des weiteren besteht auch in den Zielregionen ein Mechanismus der Arbeitsallokation, der mit darüber entscheidet *wem* die Handlungschancen zufallen.

Fassen wir das Gesagte zusammen, so ist die Literatur zum Migrationsverhalten bislang weitgehend von der Konzentration auf die notorischen *macro-migration-functions* (Temple 1978: 32) beherrscht, während Verhaltensformen auf der Mikroebene zumeist unberücksichtigt bleiben. Zwar liegen für das ethnographische Umfeld Indonesiens verschiedene detaillierte Arbeiten über sozio-kulturelle Migrations-Mechanismen vor; diese wurden aber primär für die Ethnien der patrilinearen

Batak und matrilinearen Minangkabau im Kontext ihrer spezifischen Klanstruktur analysiert.[2] Für Java sind mir lediglich drei ausführliche Arbeiten zum Migrationsverhalten der Landbevölkerung bekannt. Die in Westjava durchgeführte Arbeit von Hugo (1975) beschäftigt sich primär mit regionalen Migration-Patterns, kaum indes aber mit individuellen Entscheidungen und sozialen Einflußmechanismen. Detaillierter ist die von Mantra (1978) vorgelegte Dissertation über Populationsbewegungen zweier Weiler der Sonderregion Yogyakarta. Allerdings kommt in diesen Weilern eine nennenswerte Emigration über die Grenzen des Kelurahan hinaus nicht vor, so daß sich Mantra primär mit dem Problem des Verbleibens im Ort, weniger indes mit dem Phänomen der Emigration auseinandersetzen muß. Individuelle Entscheidungsprozesse und ihre Einflußfaktoren, Migranten-Dorfkontakte und die Mechanismen der Arbeitsallokation wurden für Java erstmals von Temple (1978) in seiner Studie über Arbeitsimmigranten in Jakarta systematisch analysiert. Eine Überprüfung seiner Ergebnisse aus der Perspektive eines Dukuh scheint mir außerordentlich sinnvoll, da zahlreiche Migrationsaspekte (Einstellungen der Dorfbewohner zu den Migranten und zum Stadtleben, mit der Emigration verbundene innerfamiliäre Konflikte usw.) in Temple´s Studie nicht erfaßt werden konnten.

9.2. Der Wandel der Migrationspattern von 1930 bis zur Gegenwart

Als Teil des Zensus wurden zu 390 emigrierten Familienmitgliedern Kernvariablen erhoben, die es ermöglichen sollen die Migrationsgeschichte Karangduwets in ihren Grundzügen nachzuzeichnen. Die erhobenen Rohdaten betreffen 1. das Geschlecht, 2. das primäre Migrationsmotiv, 3. den Zielort der ersten Emigration entsprechend den obigen Migrationszonen, 4. den dörflichen bzw. urbanen Charakter des Zielortes, 5. den Beruf und 6. den Grad der formalen Bildung der Emigranten.

Ich gehe im folgenden so vor, daß ich zunächst die statistische Distribution jeder dieser Variablen für das Gesamt-Sample präsentiere und mit den Ergebnissen anderer Migrationsstudien vergleiche. Im unmittelbaren Anschluß daran werden die jeweiligen Verteilungsfrequenzen mit den Abwanderungsjahren in Form von Fünf-Jahres-Intervallen in Beziehung gesetzt, um die Veränderungen in den Migration-Patterns aufzuzeigen. In einem zweiten Schritt schließlich sollen die Ergebnisse zusammengefaßt und ein Gesamt-Bild der Entwicklung der Migration-Patterns in Karangduwet abgeleitet werden.

---

[2] Als klassische ethnographische Studien gelten für die Batak die Arbeiten von Cunningham (1958) und Bruner (1961, 1972, 1973, 1974). Die Zusammenhänge zwischen Klanstruktur und Migrationsverhalten der Minangkabau erörtert Kato (1976).

9.2.1. Geschlechtsstrukturen der Emigranten und Migrationsmotive

Namhafte Autoren (Beals 1967, Sahota 1968, Connel et al. 1976) haben darauf hingewiesen, daß sich ländliche Emigranten in Ländern der III. Welt primär aus Männern zusammensetzen. Ein statistisches Übergewicht der Männer unter den Emigranten Karangduwets wurde bereits in Kap. 4.1. anhand der demographischen Struktur des Dukuh sichtbar. Insgesamt setzten sich die Emigranten im Januar 1995 aus 58,6% Männern (n = 235) und 41,4% Frauen (n = 164) zusammen.

Es erhebt sich an dieser Stelle die Frage, ob in Karangduwet seit jeher ein stabiles Abwanderungsverhältnis von Männern und Frauen vorlag, oder ob sich der relative Anteil von männlichen und weiblichen Emigranten im Laufe der Zeit verschoben hat. Betrachten wir dazu Graphik 9.1., die die Emigration von Männern und Frauen nach Zeitabschnitten abbildet. Es ist unschwer zu erkennen, daß 1. in allen Phasen ein Übergewicht der Männer gegeben ist, daß aber 2. seit etwa 1975 die Frauen signifikant zugelegt haben.

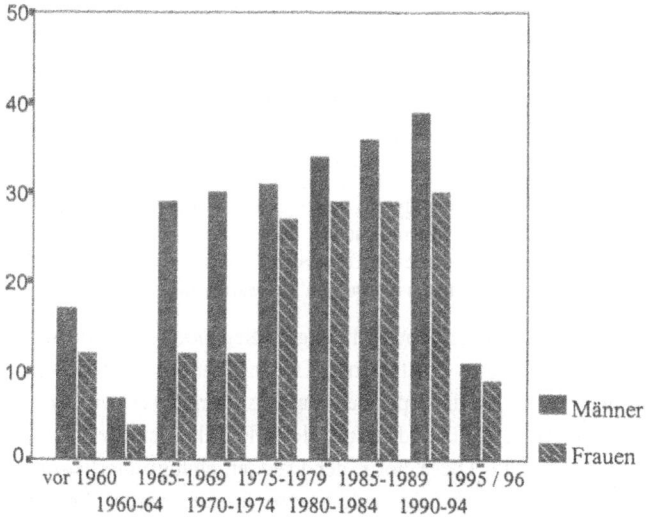

Abb. 9.1. Migranten nach Geschlecht / Abwanderungsjahr

Die stärkste Dominanz der Männer liegt von 1965 – 1974 vor. Ich nehme an, daß sich unter den vor 1965 emigrierten Personen eine größere Anzahl von Familien befindet, die aufgrund der schlechten Bedingungen im traditionellen Wirtschaftsbereich in ihren Zielorten Land erwarben, so daß viele Ehefrauen ihren Gatten nachfolgten. Der übermäßig hohe Anteil von Männern ab 1965 bestätigt die Aussagen der Dukuhbewohner, nach welchen die zweite Hungerkatastrophe (1962) einen massiven „drain-off" der jungen Männer zur Folge hatte, die nun aber verstärkt als *wage worker* in die Städte ziehen. Erst nach 1975 macht sich erneut eine Zunahme der *women's migration* bemerkbar, die aber stärker als vor 1965 ausfällt.

Die Abwanderungsraten nach Geschlecht stehen nach allgemeiner Auffassung in engem Zusammenhang mit den Migrationsmotiven. Hugo (1975: 423) hat in seiner Studie über Migrations-Patterns in Westjava zwei primäre Migrationsmotive unterschieden, indem er zwischen der *marriage migration* und anderen Motiven wie Staatsdienst, Armee, Lohnarbeit und Handel differenzierte. Diese Unterscheidung weist bereits auf den exponierten Stellenwert der Heirat im Migrationsverhalten seiner Untersuchungsregion hin. Ähnlich isolierten auch Connel et al. (1976: 49) die Heirat als den wichtigsten Faktor der ländlichen Emigration in den Ländern der III. Welt. Die neben der Arbeit von Hugo beiden bekanntesten Studien zum Migrationsverhalten der Javanen stellen die mikroperspektivistische Arbeit von Mantra (1978) über Populationsbewegungen in zwei Weilern der Sonderregion Yogyakarta und die makroperspektivische Analyse von Speare (1981) über ländlich-urbane Migrationsströme dar. Mantra scheint zu dem Schluß zu kommen, daß die Heirat als Migrationsmotiv eine wesentlich größere Rolle bei den Frauen als bei den Männern spielt. In ähnlichem Sinne äußert sich Speare in seiner Makro-Untersuchung auf der Basis der nationalen Zensusdaten aus den späten siebziger Jahren:

> „Males moved frequently for job reasons while females moved most frequently for family reasons, usually to accompany their husband. Job related reasons accounted for nearly one-half of the moves made by men and about one-quarter of the moves by women" (Speare 1981: 209).

Ich habe bei der Datenerhebung fünf grundlegende Migrationsmotive erfragt: Arbeitsemigration, Heirat, Staatsdienst, Transmigration und Studium. Das Verfahren spielte sich so ab, daß die Optionen zunächst vorgelesen wurden. Die Informanten wurden dann ersucht, für jedes emigrierte Familienmitglied das primäre Migrationsmotiv zu nennen. Diese Form der Datenerhebung unterliegt zwei prinzipiellen *validity threats*, die allerdings nicht auszuschließen waren. Zum einen können sich verschiedene Motive durchaus überschneiden. Zum anderen besteht die Möglichkeit, daß die Angehörigen die ursprünglichen Migrationsmotive ihrer Haushaltsmitglieder nicht mehr wissen bzw. verwechseln, vor allem wenn die Emigration schon lange zurückliegt und wenn mehrere Kinder emigriert sind Die statistischen Frequenzen der Optionen sind aber dennoch ausreichend signifikant, um generelle Schlußfolgerungen zu ziehen.

1. *Arbeitsemigration*: Die indonesische Formulierung „emigrieren um zu arbeiten" (*bermigrasi untuk bekerja*) ist bewußt gewählt, da sie sowohl den Kreis derer, die bereits eine Arbeit versprochen hatten als auch die Gruppe derer, die emigriert sind, um eine Arbeit zu suchen gleichermaßen umfaßt. Die Arbeitsemigration stellt in Übereinstimmung mit den Angaben von Speare mit 79,0% (n = 181) das wichtigste Motiv der emigrierten Männer dar. Bei den Frauen tritt dieses Motiv mit 40,6% (n = 65) erwartungsgemäß schwächer in Erscheinung, kommt allerdings im Vergleich mit Speare´s Ergebnissen überdurchschnittlich häufig vor.

2. *Heiratsemigration*: Im Fall der Heiratsemigration sehe ich mich mit dem Problem konfrontiert, daß m. E. nicht klar ist was die obigen Autoren damit meinen. So scheint der Begriff z.B. bei Mantra mehr oder weniger mit dem Phänomen der Patri- bzw. Matrilokalität identisch, während Speare auf den *Nachzug* der Frauen in die Arbeitsorte der Ehemänner hinzuweisen scheint. Ich habe deshalb die neutrale Formulierung „dem Ehegatten gefolgt" (*ikut swami/isteri*) gewählt, so daß das hier als Heiratsemigration definierte Motiv beide Möglichkeiten mit einschließt. Das Ergebnis für das Gesamt-Sample ist hoch signifikant: Nur 7,9% der Männer emigrierten demnach aufgrund von Heirat, während für immerhin 52,5% der Frauen die Heiratsemigration angegeben wurde.

3. *Staatsdienst*: Der Beruf des Staatsbeamten bzw. Militärdienst (*ABRI*) ist für die Emigration von 10,5% (n = 24) der Männer, aber nur 3,8% (n = 6) der Frauen entscheidungsrelevant.

4. *Transmigration*: Der Term Transmigration (*transmigrasi*) bezieht sich im indonesischen Sprachgebrauch prinzipiell auf alle Formen der inter-insularen Migration. In Abgrenzung dazu ist in dieser Studie mit Transmigration lediglich der staatlich organisierte Umzug von Familien in die Kolonisationsgebiete der Außeninseln (vorwiegend in Sumatra und Sulawesi) angesprochen. In Karangduwet hatten seit 1958 insgesamt nur sechs Personen an staatlichen Transmigrationsprogrammen teilgenommen.

5. *Studium*: Zum Studium waren zum Zeitpunkt des Zensus nur zwei Männer und drei Frauen emigriert. Diese relativ geringe Fallzahl resultiert daher, daß die Mehrheit der Studenten aus Karangduwet in Yogyakarta studiert und deshalb noch bei den Eltern im Dukuh wohnt.

Die Emigrationsgründe Staatsdienst, Transmigration und Studium sind für die Analyse des Wandels der Migrationsmotive angesichts ihrer geringen Fallzahlen irrelevant. Auch die Heiratsemigration ist unter den Männern mit n = 18 zu schwach verbreitet, um stichhaltige Aussagen zu machen. Falls nachweisbare Veränderungstendenzen der Motive vorliegen, kann es sich nur um Verschiebungen im Verhältnis von Arbeitsemigration und Heiratsemigration bei den Frauen handeln, die zusammen genommen immerhin 93,1% der Motive der *women's migration* ausmachen. Tabelle 9.1. gibt Aufschluß über den prozentualen Anteil beider Motive unter dem Gesichtspunkt des Abwanderungszeitraums. Das Ergebnis liegt auf der Hand: Während die Emigration von Frauen in absoluten Zahlen stetig zugenommen hat, hat sich das primäre Migrationsmotiv kontinuierlich zugunsten der Arbeitsemigration verschoben. Die Intervalle seit 1975 zeigen mehr als eine Verdoppelung der Zahlen emigrierter Frauen im Vergleich zu den Perioden davor (vgl. Graphik 9.1.). Von 1975 – 1985 herrscht aber (trotz abnehmender Tendenzen) nach wie vor die Heiratsemigration vor. Ich nehme an, daß der verstärkt seit den siebziger Jahren wirksame Job-Allocation-Mechanismus dazu führte, daß mehr Männer in die urbanen Zentren emigrierten, wohin ihnen ihre Frauen folgten.

Zeitintervall	Arbeitsemigration	Heiratsemigration	Gesamtzahl
Vor 1960	8,3	83,3	11
1960-64	10,0	80,0	9
1965-69	6,2	85,8	11
1970-74	10,7	83,3	12
1975-79	26,9	73,1	26
1980-84	39,3	60,7	28
1985-89	58,6	24,1	29
1990-94	65,5	27,6	29
Seit 1995	77,8	11,2	9

Tabelle 9.1. Frequenzen von Heirats- und Arbeitsemigration der Frauen

Das Intervall ab 1985 markiert einen qualitativen Sprung in der Migrationsgeschichte Karangduwets: Zum ersten Mal emigriert die Mehrzahl der Frauen nicht als Folge ehelicher Bindungen, sondern aufgrund der Suche nach Arbeit. Es scheint, daß sich das in Kap. 4.1. anhand der aktuellen demographischen Struktur abgeleitete Phänomen, nach dem eine Angleichung der Aspirationen zwischen den Geschlechtern auch bei den unverheirateten Mädchen zu einer sich direkt dem Schulabschluß anschließenden Emigrationstendenz führt, im Verlauf der achtziger Jahre herausgebildet hat.

9.2.2. Migrationszonen, ländliche und urbane Zielorte

Speare (1981) kommt in seiner Analyse der nationalen Migrations-Pattern in den siebziger Jahren des weiteren zu der Schlußfolgerung, daß

> „Existing migration data indicates that the primary movement of people has been between Java and Sumatra, but in general, the magnitude of interprovincial migration has been relatively small. Surprisingly, low levels of urban migration have taken place and therefore, the rate of urban growth has not been greatly magnified by an excessive influx of rural unemployed. The exeptions to this statement are Jakarta and Surabaya ... (ebd: 200f).

Insgesamt betrachtet war das Migrationsverhalten der Bewohner Karangduwets seit jeher von einer Dominanz der Städte geprägt. Ländliche Migrationszielorte kommen außerhalb der näheren Untersuchungsregion und der Kolonisationsgebiete in Süd-Sumatra kaum vor. So setzen sich die Zielorte im Bereich des Kecamtan zu 93,3% und im Bereich des Kabupaten zu 64,3% aus Dörfern zusammen. Auf der Ebene der Provinz (Zone III) indes wird die Szene bereits zu 90,2%; im Bereich außerhalb der Provinz (Zone IV) sogar zu 93,3% von urbanen Zielorten beherrscht. Im Bereich der inter-insularen Emigration (Zone VI) setzen sich die Wohnorte zu 52,9% aus Dörfern und 47,1% aus Städten zusammen. Ein statistisch signifikanter Zusammenhang zwischen Migrationszonen und dörflich-urbanen Strukturen kann demnach als nachgewiesen gelten (Lambda = 0,54). Seit Mitte der achtziger Jahre kommt die Emigration in ländliche Regionen nur noch sporadisch vor. Mit der jährlich zunehmenden Anzahl von Emigranten seit 1965 steigen auch die urbanen Zielorte kontinuierlich an. Dieser Anstieg reflektiert vor allem die zunehmende Rolle des Großraums Jakarta als Job-Allocation-Source der Dukuhbewohner.

9.2.3. Berufe der Emigranten

Einschlägige Makrostudien zur ländlich-urbanen Migration in Indonesien betonen stets die zentrale Rolle des informalen Sektors für dörfliche Emigranten, denen der Zugang zum formalen Sektor in weiten Bereichen verschlossen bleibt:

> „Approximately two-fifths of the male migrants and one-half of the female workers had jobs which could be considered as marginal employment, i.e., peddlers, household servants, construction workers or pedicab drivers. ... In this context, marginal employment appeared to be most common among migrants to Jakarta . Thirty percent of all male migrants to Jakarta were peddlers and 44% of the female migrants were household servants" (Speare 1981: 212).

237

Im Gegensatz dazu scheinen die Emigranten Karangduwets in ihren neuen Wohnorten außergewöhnlich erfolgreich zu sein. Aufschluß über die Verteilung ihrer beruflichen Tätigkeiten zum Zeitpunkt des Dorfzensus (Januar 1995) gibt Tabelle 9.2. Ich habe bei der Datenerhebung stets den konkreten Beruf erfragt und die diversen Tätigkeiten erst nachträglich zu den hier präsentierten Kategorien zusammengefaßt.

Beruf	Bezeichnung	Anzahl	Anteil in %
Gelegenheitsarbeiter	*Srabutan*	5	1,3
Hausmädchen	*Pembantu*	5	1,3
Kleinhändler	*Kaki Lima*	6	1,5
Bauer	*Petani*	39	9,8
Handwerker	*Tukang*	16	4,0
Fabrikarbeiter	*Buruh Pabrik*	97	24,3
Dienstleistung	*Jasa*	64	16,0
Angestellter	*Karyawan Swasta*	36	9,0
Selbständiger	*Wiraswasta*	14	3,5
Lehrer	*Guru Sekolah*	40	10,0
Beamter / Militär	*Peg. Negri / ABRI*	27	6,8
Hausfrau	*Ibu Rumah Tangga*	41	10,5
Student	*Mahasiswa*	6	1,5
		399	**100**

Tabelle 9.2. Berufe emigrierter Familienmitglieder

Die Tabelle gibt Aufschluß über drei signifikante Zusammenhänge:
1. Fassen wir die ersten drei Berufe (Gelegenheitsarbeit, Hausmädchen und Kleinhandel) als marginalen Sektor zusammen, so wären insgesamt nur 4,1% aller Emigranten diesem Bereich zuzuordnen. Überraschend ist vor allem der sehr geringe Anteil von Hausmädchen (*pembantu*) unter den Emigranten Karangduwets. Die für javanische Städte so typischen „pedicab-drivers" (*tukang becak*) kommen unter den Emigranten Karangduwets überhaupt nicht vor.
2. Die größte Konzentration weist mit insgesamt 44,8% die moderne Lohnarbeit mit fester Anstellung (Fabrik, Dienstleistungen und Angestellte) auf. Während bei den Männern mit 28,9% die Fabrikarbeit die häufigste aller Tätigkeiten darstellt, findet sich die größte Konzentration der Berufe der Frauen mit 22,9% im Dienstleistungssektor. Diese Gruppe setzt sich vor allem aus Verkäuferinnen in Supermärkten, der Arbeit in Friseursalons, Kosmetikverkäuferinnen und ähnlichem zusammen. Der Angestelltenbereich herrscht mit 14,0% unter den Männern vor und spielt bei den Frauen mit 1,8% nur eine marginale Rolle. In diese

Kategorie fallen vor allem die sehr häufig vorkommende Arbeit als Sicherheits-
bediensteter (*security*), Bankangestellter und die diversen Arbeiten in Büros. So
arbeiten immerhin 10 Emigranten aus Karangduwet bei der Zeitung „Kompas".

Die Gruppe der Selbständigen (*wiraswasta*) umfaßt zum einen kleine Famili-
enbetriebe wie Raparaturwerkstätten (*bengkel*), Besitzer kleiner Restaurants
(*rumah makan*) und Ladenbesitzer (*pemilik toko*), aber auch weniger erfolgreiche Emigranten wie Nudelverkäufer (*warung mi*) und die Inhaber von kleinen
Verkaufsständen (*warung*). Nur drei dieser Kleinunternehmer waren Frauen.

3. Anstellungen als Lehrer in Privatschulen haben 11,1% der Männer und 8,6%
   der Frauen. Im Staatsdienst (Beamte/Militär) fällt das Verhältnis mit 9,8% zu
   2,5% erwartungsgemäß zugunsten der Männer aus. Fassen wir den Bereich der
   Angestellten, den nicht-beamteten Lehrerberuf und den Staatsdienst zusammen,
   so üben immerhin 25,8% aller Emigranten die begehrten *white-collar.jobs* aus.
   Der Zugang zu diesen Berufen ist mit 35,9% bei den Männern und 12,8% bei
   den Frauen aber nach wie vor sehr stark vom Geschlecht abhängig.

Der moderne urbane Gesamt-Sektor (bestehend aus Fabrikarbeit, Dienstleistungen
und den white-collars) absorbiert immerhin zwei Drittel (66,2%) aller aus
Karangduwet emigrierten Personen. Dies ist angesichts der im Eingangszitat präsentierten Makrodaten ein ausgesprochen hoher Wert, den man nur als „Erfolgssto-
ry" bezeichnen kann; vor allem wenn man bedenkt, daß die Emigranten Karangduwets in ihren Zielorten stets mit städtischen Bewerbern in Konkurrenz treten müssen. Der außergewöhnliche ökonomische Erfolg der Dukuhbewohner in der Fremde
wird indirekt auch durch die sehr hohe Anzahl von nicht-berufstätigen Müttern und
Hausfrauen (*Ibu Rumah Tangga*) signalisiert. Immerhin 21,4% aller emigrierten
Frauen können sich ein Leben ohne eigenen produktiven Beitrag zur haushaltlichen
Subsistenz leisten.

9.2.4. Formale Bildung und Emigration

In nahezu allen Fallstudien zum Migrationsverhalten in Ländern der III. Welt (z.B.
Beals 1967, Sahota 1968) wurde der Erklärungswert der formalen Bildung sehr
hoch eingeschätzt. Nach Connel et al. (1976: 199) besteht in indischen Dörfern die
Tendenz, daß Emigranten mit geringer formaler Bildung eher kurze Distanzen vorziehen, während Akteure mit höherer Bildung direkt in die Hauptstadt emigrieren.
Für Indonesien weisen auch Sundrum (1976: 115), Speare (1981: 206) und Sunarto
(1985: 50) einen positiven Zusammenhang zwischen Emigrationsverhalten und
formaler Bildung nach. Die formale Bildung der Emigranten wurde nur nach
Schulabschlüssen, nicht nach Schuljahren ermittelt, da man annehmen muß, daß

diese nicht exakt für alle Familienmitglieder erinnert werden können. Demnach verteilt sich der Bildungsstand der Emigranten folgendermaßen: 4,5% besitzen keine abgeschlossenen Grundschulausbildung; 26,5% haben einen Grundschul-; 26,0% einen Mittelschul- und 41,9% einen Oberschulabschluß. Das recht hohe Niveau der formalen Bildung war aufgrund des hohen Bildungsbewußtseins der Dukuhbewohner zu erwarten und spiegelt m. E. in erster Linie einen *Zeitfaktor* wider, da heutzutage nahezu alle Kinder die Oberschule abschließen.

Ein Zusammenhang der Bildung mit den Zielorten im Sinne der Annahme von Connel et al. scheint auch in Karangduwet vorzuliegen: Zwar dominieren in allen Bildungsgruppen urbane Zielorte (primär Jakarta). Allerdings sind die dörflichen Orte bei den Emigranten ohne Schulbildung (44,4%) und solchen mit Grundschulabschluß (29,2%) wesentlich stärker vertreten als unter denen mit Mittelschul- (3,8%) und Oberschulabschluß (3,0%). Tendenzen in diese Richtung waren angesichts der geringen Berufsperspektiven in ländlichen Regionen bei den Oberschulabschlüssen durchaus zu erwarten. Erstaunlich ist aber, daß bereits unter den Emigranten mit Mittelschulabschluß kaum noch ländliche Zielorte vorkommen.

Es gibt keinen Zusammenhang der Bildung mit den Migrationsmotiven der Männer. Anders ist indes die Situation bei den Frauen, wo ein lineares Verhältnis zwischen Schulabschluß und den Motiven der Arbeits- und Heiratsemigration nachzuweisen ist. Der prozentuale Anteil von Arbeitsemigration zu Heiratsemigration nach Bildungsstufen beträgt für die Frauen ohne Schulabschluß 9,1 : 81,8; für die Gruppe der Frauen mit Grundschulabschluß 15,9 : 79,5; für die mit Mittelschulabschluß 42,1 : 55,3 und für die mit Oberschulabschluß 62,1 : 28,8 (Lambda = 0,42). Es kann folglich als erwiesen gelten, daß das Migrationsverhalten der Frauen mit zunehmender Bildung wesentlich stärker *aspirativ* orientiert ist. Der kontinuierliche Rückgang der Heiratsemigration unter den jungen Frauen steht demnach in direktem Zusammenhang mit den verbesserten Bildungschancen der Mädchen.

9.2.5. Zusammenfassung: Migrationsphasen und ihre Merkmale

Die skizzierten Trends lassen immerhin vier distinktive Migrationsphasen erkennen, deren Merkmale zum besseren Verständnis hier noch einmal kurz zusammengefaßt werden sollen:
1. Seit 1930 lebten ehemalige Bewohner Karangduwets in Süd-Sumatra, wo sie von der holländischen Kolonialmacht als Lehrer in den dortigen staatlichen und protestantischen Schulen eingesetzt wurden. Mit der ersten Nahrungsmittelknappheit von 1958 vergrößert sich der Kreis der Emigranten in die dortigen Kolonisationsgebiete. Unter diesen Emigranten scheint eine spezifische Form

der *household emigration* vorgeherrscht zu haben, d.h. daß die Frauen und Kinder den Haushaltsvorständen nach Sumatra nachfolgten. Die Mehrheit der frühen Emigranten aus Karangduwet scheint bereits in dieser Phase die Städte, insbesondere Jakarta, vorgezogen zu haben. Die Frequenzen nach Geschlecht und die Migrationsmotive (Heiratsmigration der Frauen) sind ein Indiz dafür, daß in dieser Phase auch bei den urbanen Zielorten die *household emigration* üblich war.

2. Als Folge der zweiten, durch eine Rattenplage verursachten Nahrungsmitelknappheit von 1963/64 und den politischen Unruhen von 1965 emigrieren in der nächsten Phase vor allem die jungen und unverheirateten Männer. Wie die Daten zu den dörflich-urbanen Zielorten ausweisen, hat sich in dieser Phase das Verhältnis noch mehr zugunsten der Städte verschoben. Dieser Trend hält bis Mitte der siebziger Jahre an; d.h. es emigrieren bis dato unverhältnismäßig viele Männer.

3. In den urbanen Migrationszielorten (insbesondere in der Hauptstadt) scheint sich im Lauf der Zeit ein dichter werdendes Netzwerk von Emigranten aus Karangduwet herauszubilden, das regelmäßigen Kontakt mit der Dukuh-Gemeinschaft unterhält. Seit Mitte der siebziger Jahre zieht dieser urbane Nukleus zunehmend auch Frauen nach sich, die aber zum überwältigenden Teil ihren Ehemännern nachfolgen (Heiratsemigration). Arbeitsemigration unverheirateter Frauen kommt in dieser Phase nach wie vor äußerst selten vor. Es kommt damit zu einer zweiten Renaissance der *household-migration*, welche die Familien nun aber fast ausschließlich in die Städte (primär Jakarta) führt.

4. Die verbesserte Situation der Schulbildung auf dem Land führt seit den achtziger Jahren dazu, daß nun verstärkt auch unverheiratete Frauen nach Jakarta emigrieren. Das Motiv der Heiratsemigration geht kontinuierlich zurück. Vielmehr emigrieren nun sowohl Männer als auch Frauen direkt nach Abschluß der Oberschule. Dörfliche Zielorte kommen nur noch sporadisch vor.

Gewiß kann dieser Abriß nur die gröbsten Tendenzen aufzeigen, wie sie sich aus dem insgesamt recht spärlichen Datenmaterial ergeben. Man muß bedenken, daß die Emigranten nicht persönlich zu ihrer retrospektiven Migrationsgeschichte befragt werden konnten und der Feldforscher auf die Informationen Anderer angewiesen war. Bei den erfragten Dateninhalten konnte es sich daher nur um die wichtigsten Kernvariablen handeln, die nur als Surrogat für die weitaus komplexeren Informationen dienen konnten, die eigentlich hätten erhoben werden müssen, um zu fundierteren Ergebnissen imndividueller Migrationsgeschichten zu kommen. Detailliertere Daten wurden aber von 67 am Lebaran-Fest heimkehrenden Emigranten erhoben, mit denen wir uns im folgenden intensiv zu beschäftigen haben.

9.3. Mikroanalyse: Migrationsmotive, Zielortwahl und Entscheidungsprozesse

Die folgenden Schlußfolgerungen basieren auf einer Umfrage mit 67 Respondenten, die zur Zeit des Lebaran-Festes (Februar 1995) ihre Eltern und Verwandten in Karangduwet besuchten. Selbstverständlich kann es sich dabei nicht in allen Punkten um ein den Kriterien der Repräsentativität genügendes Sample handeln, da nur die Heimkehrer befragt werden konnten. So ist es z.B. nicht auszuschließen, daß weniger erfolgreiche Migranten aufgrund der (zur Zeit des Lebaran ohnehin doppelt so teuren) Transportkosten nicht ihre Verwandten im Dukuh besuchen konnten und deshalb im Sample unterrepräsentiert sind.

Das Durchschnittsalter der Informanten betrug 32,8 Jahre mit einer Standardabweichung von SD = 9,8. Verteilt nach Berufsgruppen waren 12,0% im informalen, 47,4% im modernen (Fabrikarbeit, Dienstleistungen) und 40,3% im *white-collar*-Sektor beschäftigt, so daß in diesen Punkten die realen Verhältnisse relativ gut repräsentiert werden. Die Verteilung nach Schulabschlüssen spiegelt mit 9,0% Grundschulabschlüssen, 19,4% Mittelschulabschlüssen, 39,7% allgemeinen Oberschulabsolventen und 11,9% Fachoberschulabschlüssen (*kejuruan*) ebenfalls die Trends aus der Zensuserhebung wider. Unausgewogener ist indes das Verhältnis nach Geschlecht, da nur 33% der befragten Heimkehrer Frauen waren. Der Grund für die relativ geringe Anzahl von Frauen im Sample ist darin zu suchen, daß verheiratete Paare am Lebaran eher die virilokalen (Eltern des Mannes) als die uxorilokalen (Eltern der Frau) Wohnorte aufsuchen. Die Mehrheit der am Lebaran anwesenden Besucherinnen kam somit in ihrer Eigenschaft als Ehefrauen von in Karangduwet geborenen Männern ins Dukuh. Die Frauen selbst stammten aber zumeist nicht aus Karangduwet, so daß sie nicht im Sample erscheinen. Nach Residenzorten setzten sich die Informanten zu 83,6% aus im Großraum Jakarta lebenden Personen zusammen, so daß die hier präsentierte Datenauswertung nur für die Migranten in urbanen Zielorten maßgeblich ist. Da das „nach Hause fahren" (*mudik*) am Lebaran-Fest zum Ende der Fastenzeit (*Ramadan*) eine muslimische Tradition ist, setzt sich das Sample zu über 90% aus Migranten zusammen, die sich formal zum Islam bekennen.

9.3.1. Resultierende versus aspirative Migration

Insgesamt standen den Informanten 12 Items in Form des Multiple-Choice-Typs zur Option. Da stets mehrere Gründe relevant sein können, wurden für jeden Informanten die drei wichtigsten persönlichen Motivationen erfragt. Die statistisch bedeutsamsten Motive sind demnach die *schlechten Lebensverhältnisse auf dem*

Land (n = 56), das *Fehlen einer ausreichenden Lohnarbeit* (n = 44) und die *Suche nach einer Arbeit, die mit meinen Fähigkeiten und meiner Bildung übereinstimmt* (n = 32). An vierter Stelle rangiert mit einer deutlich geringeren Fallzahl von n = 12 das Motiv der Sicherstellung einer *besseren Bildung für die eigenen Kinder.* Die Items *Heiratsemigration, Landlosigkeit, Staatsdienst, Bürotätigkeit, Studium* und *einem Verwandten nachfolgen* kommen insgesamt nur 29 mal vor,[3] während die *Suche nach persönlicher Freiheit* und *Familienstreitigkeiten* insgesamt 11 mal als entscheidungsrelevant angegeben wurden .

Ich habe die 12 Items aus Gründen der Übersichtlichkeit in zwei Hauptkategorien zerlegt: Die Optionen der schlechten Lebensverhältnisse, des Fehlens einer subsistenten Lohnarbeit, Heirat, Verwandten folgen, Landlosigkeit und Familienstreitigkeiten wurden als *resultierende Migrationsmotive* klassifiziert, da es sich in diesen Fällen primär um eine Reaktion auf ökonomische und soziale Verhältnisse handelt. Bei den Items Studium, Staatsdienst, Büroarbeit, Bildungschancen für die Kinder, Suche nach einer bildungsadäquaten Arbeit und der Suche nach "Freiheit für sich selbst" können indes längerfristig angelegte Zukunftspläne oder unerfüllte Lebenswünsche unterstellt werden. Ich möchte diese Optionen deshalb als *aspirative Migrationsmotive* charakterisieren. Da sich jeder Informant für drei Optionen entscheiden mußte, konnte in jedem Fall eine Dominanz von resultierenden bzw. aspirativen Motiven ermittelt werden. Die resultierenden und aspirativen *Typen* stehen in statistisch signifikantem Zusammenhang mit den folgenden sozioökonomischen Variablen:

1. Die stärkste Korrelation besteht mit dem Jahr der Abwanderung und der resultierenden und aspirativen Migration als abhängiger Variablen (Eta = 54). Je früher der Zeitpunkt der Emigration, desto eher stellte die Migration eine Reaktion auf äußere Umstände dar (resultierend). Je später jemand emigrierte, um so wahrscheinlicher ist seine Entscheidung von unerfüllten Wünschen der Lebensplanung (aspirativ) beeinflußt.

2. Ebenfalls einen mittleren Einfluß auf die Migrationsmotive übt die Schulbildung aus (Eta = 0,42 mit dem Motiv als abhängiger Variablen). So kommen primär aspirative Gründe unter den Emigranten mit Grundschulabschluß nicht vor und stellen nur 7,7% unter den Mittelschulabschlüssen. Unter den Informanten mit allgemeinem Oberschulabschluß sind dies bereits 45% (n = 18). Die stärkste Konzentration von aspirativen Motiven gibt es mit 63,5% unter den Emigranten mit Fachoberschulabschluß (*kejuruan*).

3. Resultierende und aspirative Motive stehen außerdem mit dem gegenwärtigen

---

[3] Die geringe Nennung der Heiratsemigration dürfte an der Zusammensetzung unseres Samples liegen, in dem die Frauen stark unterrepräsentiert sind.

Beruf in Zusammenhang, d.h. Migranten mit stärkeren aspirativen Motiven besitzen auch die besseren Positionen (Lambda = 0,31).

Alle Korrelationswerte sind auf dem 5%-Level statistisch signifikant. Sie bestätigen im übrigen einige der aus den Zensusdaten abgeleiteten Tendenzen: So z.B. die zunehmende Bedeutung von über die Schulbildung vermittelten Aspirationen und die abnehmende Rolle des Geschlechts in den Migrations-Prozessen.

Ein Problem der Fragestellung nach den Motiven besteht sicherlich darin, daß wir nicht wissen, ob die geäußerten Motive in allen Fällen gleichwertig verrechnet werden können. So kann es durchaus vorkommen, daß ein Akteur einen resultierenden und zwei aspirative Gründe nennt, obwohl aber der resultierende Grund der für die Emigration ausschlaggebende war. Eine Anordnung der Optionen nach Rangfolgen, wie in anderen Teilen des Questionnaires (z.B. bei der Wahl der Zielorte) vorgesehen, wurde bei der Konzeption der Fragebogen versäumt und ließ sich leider nicht mehr richtigstellen, da die Konstruktionsmängel erst bei der Datenauswertung zum Vorschein kamen.

9.3.2. Wahl der Zielorte: Qualitative Kriterien und Migrationsverhalten

Die Dukuhbewohner treffen sehr bewußte Entscheidungen darüber, wo sie leben wollen. Wir können unterstellen, daß eine positive Emigrationsentscheidung nur dann fallen dürfte, wenn der Zielort positivere Qualitäten als der gegenwärtige Wohnort aufweist oder diese zumindest verspricht (vgl. Lee 1966: 6). Wolpert (1966: 162) prägte für die Summe dieser Qualitäten den Begriff der *place utilities*.

Die Umfrage zu den Kriterien, nach welchen die Emigranten ihre Zielorte auswählen, vollzog sich ähnlich wie bei den Migrationsmotiven vermittels von Multiple-Choice-Fragen mit drei Optionsalternativen. Die Frage lautete „Warum hast du ... als deinen gegenwärtigen Wohnort gewählt?" Die häufigsten Kriterien sind hierbei, daß es am Zielort *Chancen auf Arbeit* gibt (n = 24) und daß dort *Chancen, seinen Lebensstandard zu verbessern* vorhanden sind (n = 21). Ebenfalls relevant, aber eher als Faktor zweiter Ordnung einzustufen, sind mit einer durchschnittlichen Fallzahl von n = 13 die Umstände, daß bereits eine *Arbeit versprochen* war, daß am Zielort *viele Verwandte wohnen* und daß eine *vorübergehende Unterkunft* bereit steht. Als Faktoren dritter Ordnung können mit n = 8 die aufregende *Stadtatmosphäre* und mit n = 6 die *vielen Freizeitangebote* bezeichnet werden. Anders als bei den Migrationsmotiven bestand hier eine Rangordnung, d.h. die Alternativen waren in Form einer Präferenzhierarchie anzuordnen. Die Anzahl der Nennungen korreliert dabei offensichtlich mit der Rangfolge: Die zahlenmäßig dominierenden Optionen der „Chancen auf Arbeit" und „Verbesserung des Lebensstandards" repräsentieren auch zu über 70% den primären Entscheidungsgrund, während die Optionen „Arbeit versprochen", „Verwandte ansässig" und „temporäre Unterkunft" zu 65% den zweiten und die selteneren Optionen „Stadtleben" und „Freizeitangebot" zu insgesamt 38% den dritten Grund beherrschen. Die ebenfalls zur Auswahl stehenden Optionen „gute Verkehrsanbindung mit dem Dorf" und „es gibt keine Arbeitsmöglichkeiten an näheren Orten" wurden insgesamt nur zwei mal als jeweils dritter Entscheidungsfaktor in der Rangfolge angeführt und spielen demnach keine konstitutive Rolle in der Wahl der Zielorte.

Die von den Informanten geäußerten Präferenzen lassen keine systematischen Zusammenhänge mit ihren sozio-ökonomischen Merkmalen erkennen. Insgesamt lassen die Frequenzen zu den *place utilities* nicht nur recht deutliche, sondern in weiten Bereichen kollektiv verbreitete Entscheidungs-Strukturen sichtbar werden. Der Dukuhbewohner, der als Reaktion auf ökonomische und soziale Probleme oder zur Realisierung unerfüllter Aspirationen das Dukuh verlassen will, wählt seinen Zielort primär nach den ökonomischen Handlungschancen aus. Erst in zweiter Linie orientiert man sich an den sozialen Sicherheiten, die durch am Zielort lebende Verwandte und das Vorhandensein einer Unterkunft bereit stehen. Die Qualitäten der „city lights" (Stadtatmosphäre, Freizeit) spielen für die Emigranten Karangduwets offenbar eine untergeordnete Rolle. Die durch die Optionen der „Verkehrsanbindung" und das „Fehlen von Arbeitsmöglichkeiten an näheren Orten" repräsentierten Faktoren der räumlich-zeitlichen Distanz und der intervenierenden Gelegenheiten, die in den älteren Migrations-Theorien sehr hoch eingeschätzt wurden, scheinen für das Migrationsverhalten der Bewohner Karangduwets indes absolut irrelevant.

9.3.3. Informationsquellen, Kontaktaufnahme und Entscheidungsprozesse

Die Dukuhbewohner wissen in der Regel sehr gut über ihre potentiellen Zielorte Bescheid. Innerhalb meines Samples konnten nur 13,5% keine konkrete Informationsquelle nennen, von der sie vor ihrer Abreise Auskünfte über die Verhältnisse in ihrem Zielort erfahren hatten. In diesen Fällen war lediglich ein diffuses Minimalwissen vorhanden, z.B. daß Jakarta „eine große Stadt" sei oder es „in Sumatra fruchtbares Land gibt".

Dieses Fehlen von konkreten Informationsquellen dürfte in neuerer Zeit kaum noch vorkommen. Dem Dukuhbewohner der Gegenwart stehen indes eine Vielzahl von Informationsquellen zur Verfügung, aus denen er zum Teil sehr detailliertes Wissen über die Situation am Zielort bezieht. Als wichtigste Informationsquelle nennen die Informanten am Zielort lebende Verwandte/Bekannte (67,7%) und im

Dukuh lebende *return migrants* (42,9%). Immerhin 34,2% der Befragten gaben an, des öfteren Briefe von emigrierten Familienmitgliedern zu erhalten. Etwa jeder Dritte (35,2%) hatte vor seiner Abreise Berichte über den Zielort im Fernsehen gesehen und 17,2% hatten Informationen im Rahmen des Schulunterrichts bezogen. Immerhin 95,5% (n = 64) der interviewten Akteure besaßen bei ihrer Abreise eine Anlaufstelle in Form von am Zielort lebenden Bekannten oder Verwandten. Die Entscheidung zu emigrieren dürfte demnach im Normalfall kaum ein spontaner Akt sein, sondern vielmehr ein *Prozeß* der Informationsprüfung, Kontaktaufnahme und vorherigen Konsultation mit am Zielort lebenden Verwandten und Freunden. Der Einfluß dieses Personenkreises auf die Migrationsentscheidung muß nach meinen Beobachtungen sehr hoch eingeschätzt werden. Immerhin 38,4% der Informanten stimmten der Aussage zu, daß sie in ihrer Entscheidung von emigrierten Familienmitgliedern beeinflußt waren. Diese Beeinflussung steht in statistisch signifikantem Zusammenhang mit dem Alter (s = -0,64; statistisch signifikant mit 0,001) und herrscht demnach vor allem unter den jüngeren Emigranten vor.

Es erhebt sich darum die Frage, *wer* primär über die Migration eines Familienmitglieds entscheidet. In nur 10,4% der Fälle hatten die Eltern über die Migration ihres Kindes entschieden, in 40,3% der Fälle entschieden die Migranten selbst und in 49,3% der Fälle wurde die Entscheidung im Familienkonsens herbeigeführt. Die beiden ersten Optionen sind eher für die älteren Emigranten typisch, während die dritte Option verstärkt bei den jüngeren Informanten unter 25 vorkommt. Die Präferenz für den familiären Konsens fällt entgegen meinen Erwartungen sehr hoch aus. Es ist hier wichtig zu sehen, daß der indigene Begriff „Diskussion und Konsens" (*musyarawah dan mufakat*) im Javanischen eine spezifische Bedeutungsnuance hat. Es bedarf aufgrund der subtilen, oft in vagen Andeutungen bestehenden Kommunikationsformen einer gewissen Erfahrung des Umgangs mit den Mitgliedern der javanischen Gesellschaft, um die äußerlich stets harmonisch anmutenden Begriffsinhalte richtig einzuordnen. Diskussion und Konsens stellen in emischer Sichtweise eine spezifische Form der Konfliktlösung dar, bei der eben gerade *nicht* der Kompromiß (im Sinne eines die Interessen beider Seiten wahrenden Mittelwegs) im Vordergrund steht, sondern bei der vielmehr die Zustimmung einer Seite für die Pläne der anderen auf eine Art und Weise erreicht werden soll, die das Gesicht der unterlegenen Seite wahrt. Das Herbeiführen von *mufakat* setzt implizit die Existenz von Interessengegensätzen voraus.

Nach meinen Beobachtungen ist das Vorhandensein von Konflikten (zwischen Eltern und Kindern) deshalb eher in den Fällen zu vermuten, in welchen ein Konsens herbeigeführt werden mußte als in denen, wo der Emigrant selbst (in Übereinstimmung mit Anderen) entschieden hat. So wurde z.B. auch die Heiratsemigration von den Informanten zumeist als „eigene Entscheidung" vermerkt, da sie als selbstverständlicher Prozeß von den Eltern akzeptiert wurde und es somit keiner Konsultation zur Lösung von Interessengegensätzen bedurfte. Aufgrund des Gesagten überrascht es nicht, daß es sich bei rund 45% der Emigranten, die den Familienkonsens wählten um das jüngste Kind in der Familie handelt. Die javanischen Sozialnormen sehen vor, daß dieses Kind in der Nähe der Eltern verbleibt und später den elterlichen Haushalt übernimmt. Ein 56jähriger Mann aus meiner Nachbarschaft, dessen jüngste Tochter nach dem Lebaran-Fest ihrem älteren Bruder nach Jakarta folgte, brachte zum Ausdruck, daß das Weggehen des jüngsten (und bis dato letzten daheim verbliebenen) Kindes für die Eltern besonders schmerzhaft sei. Das heißt nicht, daß man seitens der Eltern kein Verständnis für die Migrationswünsche der Kinder hätte. Im allgemeinen bewiesen die Dukuhbewohner in dieser Frage ein sehr hohes Maß an Rollen-Empathie.

Dennoch bedeutet die Emigration des jüngsten Kindes (gerade wenn es das letzte noch bei den Eltern wohnende ist) einen wichtigen Einschnitt im Lebenszyklus der Bauern: Die Chancen auf einen landwirtschaftlichen Nachfolger sinken nach diesem Schnitt erheblich und die Hoffnung auf Fürsorge im Alter durch ein in der Nähe lebendes Kind kann keineswegs als sicher gelten. Es bedarf deshalb in diesen Fällen besonderer Bemühungen, um die Zustimmung der Eltern einzuholen.

Es scheint nach Informationen der Dukuhbewohner in früherer Zeit so gewesen zu sein, daß in den meisten Fällen nicht alle Kinder eines Haushalts emigrierten, sondern zumindest eines (im Regelfall die jüngste Tochter) im Dukuh oder einem benachbarten Weiler verblieb. Diese Tradition scheint sich seit einigen Jahren zunehmend aufzulösen, da die mit den besseren Bildungschancen der Mädchen verbundene Angleichung der Aspirationen alle Kinder eines Haushalts gleichermaßen erfaßt. Die Referenznahme zu signifikanten Anderen (emigrierte Geschwister) scheint in diesem Prozeß eine konstitutive Rolle zu spielen.

Immerhin 59,7% aller interviewten Migranten hatten vor Verlassen des Dukuh Verwandte (primär Geschwister) in den Zielorten besucht und kannten ihre Destination somit aus eigener Anschauung. Die Anzahl dieser prämigrativen Besuche korreliert sehr stark mit dem Alter der Informanten (r = -0,68; statistisch signifikant mit 0,001). Insgesamt 73,7% (n = 49) der Informanten erklärten, daß ihnen am Zielort anwesende Personen bei der Jobsuche behilflich waren. In den meisten Fällen handelte es sich dabei um Geschwister, Bekannte oder um einen Onkel. Einige Frauen gaben an, daß sie ihre Arbeit durch die Hilfe des am Zielort lebenden Ehemannes bekamen. Diese Subgruppe dürfte sich primär aus Frauen zusammensetzen, die ihren Ehemännern in die neuen Wohnorte nachgefolgt sind, nachdem diese ihnen dort eine Arbeit besorgt hatten. Es besteht aber daneben auch die theoretische Möglichkeit, daß der die Arbeit vermittelnde Bekannte und die Informantin erst in der Emigration heirateten, nachdem die Frau an den Wohnort des späteren Partners übersiedelte. Diese Feindifferenzierung geht aber aus der Datenerhebung nicht hervor. Die Jobhilfe korreliert steht erwartungsgemäß in negativer Beziehung zum Alter der Migranten (s = - 0,57; statistisch signifikant mit 0,001), d.h. sie kommt in neuerer Zeit zunehmend öfters vor. Die bisherige Diskussion hat gezeigt, daß die Emigration aus Karangduwet ein stufenweiser Prozeß ist, der über die Vermittlung von Informationen durch bereits emigrierte Dukuhbewohner, persönliche Besuche am Zielort und die Hilfestellung durch emigrierte Familienmitglieder über einen längeren Zeitraum hinweg vorbereitet zu werden scheint, bis es zur definitiven Migrationsentscheidung kommt.

Nachdem wir einigermaßen zu wissen glauben, warum Teile der Dukuhbewohner emigrieren und nach welchen Kriterien sie ihre Zielorte wählen, möchte ich an dieser Stelle kurz auf die Gründe eingehen, warum Dukuhbewohner *nicht* emigrieren. Im Verlauf des Feldaufenthalts stellte sich mehr und mehr heraus, daß vor allem die dörfliche Elite (Lehrer, PKK-Kader, RT-Vorstände usw.) und ärmere, nicht des Indonesisch mächtige Personen keine Migrationserfahrung aufwiesen. Die erste Gruppe ist vor allem in den siebziger Jahren in exponierte berufliche und kommunale Positionen gelangt und konnte ihren Einfluß im Dukuh seitdem erheblich ausbauen. Dieser Personenkreis besitzt im Regelfall mehr Land als der Durchschnitt und bezieht über formale Positionen seit jeher ein regelmäßiges außerlandwirtschaftliches Einkommen. Wesentlich bessere Positionen waren zu diesem Zeitpunkt auch in anderen Orten nicht zu erwarten, so daß das Verbleiben in Karangduwet für diese Gruppe in ökonomischer wie aspirativer Sicht durchaus positive *place utilities* aufwies.

Im Fall der nicht Indonesisch sprechenden Personen schien man sich einen Ortswechsel ins ethnisch und sprachlich fremde Sumatra oder in das multiethnische Jakarta aufgrund der Sprachschwierigkeiten nicht zuzutrauen. Unter den jüngeren Nicht-Migranten kristallisierten sich vor allem drei Faktoren heraus: Der wichtigste Grund stellte neben der Übernahme des bäuerlichen Betriebs die Fürsorge für die alten oder kranken Eltern dar. Ein weiteres Argument war, daß das Dorfleben durchaus auch positive Qualitäten habe, so sei z.B. das Leben ruhiger als in der Stadt und man könne sich auf die Nachbarn verlassen. So sei es heutzutage keineswegs mehr sicher, daß einem die Verwandten eine „gute Arbeit" vermitteln können. In den Fällen, in welchen ein Verlassen des Dukuh aufgrund von familiären Faktoren nicht realisierbar ist oder wenn die eigenen Handlungschancen in den Städten eher negativ eingeschätzt werden, müssen die individuellen Aspirationen nicht selten neu definiert und den äußeren Verhältnissen angepaßt werden. Ein Gesamtbild der Entscheidungsstrukturen vermittelt Diagramm 9.2.

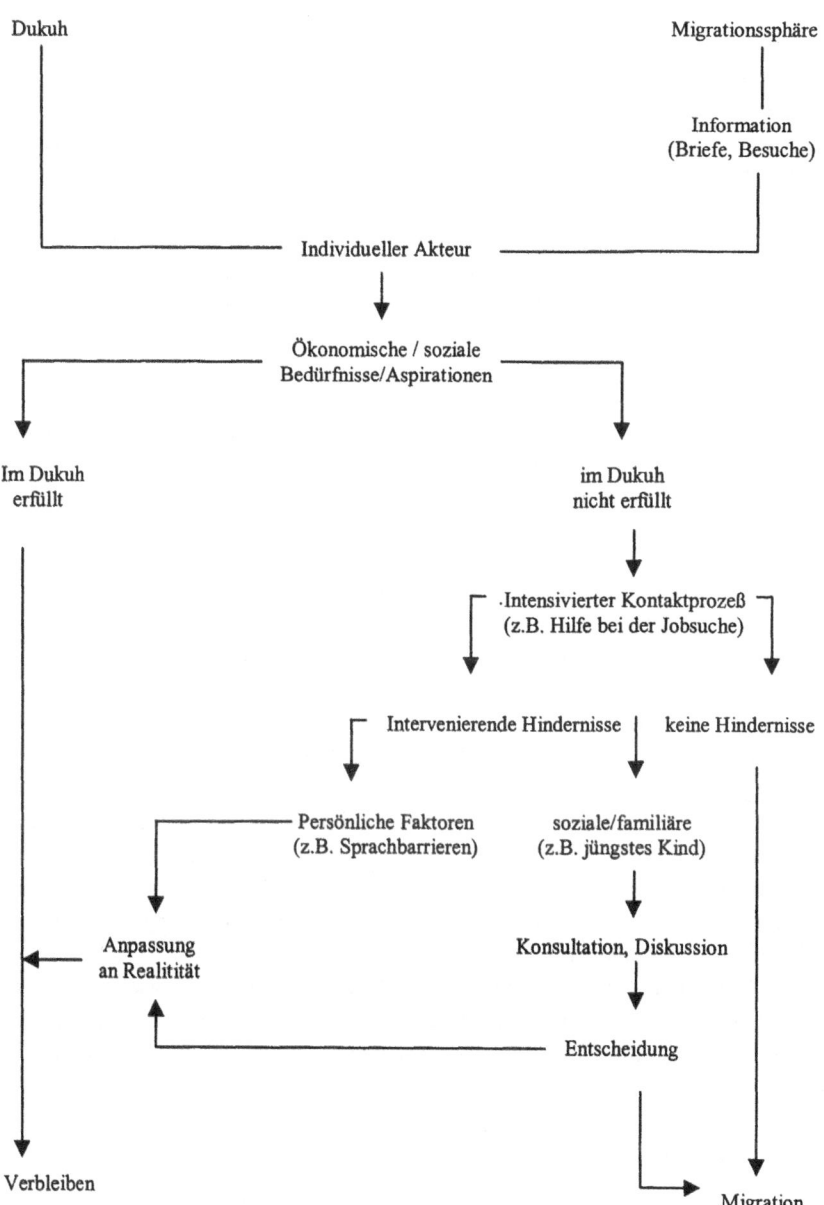

Abb. 9.2. Entscheidungsprozesse zum Migrationsverhalten

9.3.4. Abreise, Ankunft und Einschätzungen des Lebens in der Emigration [6]

Der Umzug in die urbanen Zielorte stellt für die Emigranten der Gegenwart kein größeres organisatorisches Problem dar. Linienbusse von Karangmojo nach Yogyakarta, Solo und Jakarta fahren mehrmals täglich. Daß die Emigranten bei Verlassen des Dukuh seit langem kein Neuland mehr betreten geht bereits daraus hervor, daß 25,4% unmittelbar, d.h. sofort nach ihrer Ankunft eine feste Anstellung im formalen Sektor fanden. Weitere 25,9% bekamen diese innerhalb von drei, 7,5% im Zeitraum von sechs Monaten. 16,4% gelang dieses innerhalb eines Jahres und 7,5% binnen zwei Jahren. 17,9% mußten indes länger als zwei Jahre auf ihre Chance warten. Die Zeitspanne zwischen Ankunft am Zielort und der Aufnahme der ersten Tätigkeit im offiziellen Sektor ist nicht statistisch signifikant von individuellen Unterschieden des Geschlechts, der Bildung oder resultierenden bzw. aspirativen Motiven beeinflußt. Es besteht aber eine recht starke Korrelation mit dem Alter (Eta = 0,75) und dem Jahr der Abwanderung (Eta = 0,52). D.h. je früher der Zeitpunkt, zu dem ein Akteur emigriert ist, desto schlechter stellten sich seine unmittelbaren Handlungschancen am Zielort dar.

Als Ergänzung zur obigen Fragestellung wurden die Informanten befragt, ob und von wem sie in der Anfangsphase nach Ankunft am Zielort materielle Unterstützung erhielten. Immerhin 56,7% meinten dazu, daß sie von am Zielort lebenden Familienmitgliedern und Verwandten unterstützt wurden. Nur 7,5% bekamen Unterstützung von im Dukuh lebenden Angehörigen, während 32,8% auf keinerlei materiellen Beistand zurückgreifen konnten. In Übereinstimmung mit dem Gesagten ist auch die finanzielle Unterstützung vom Alter und vom Abwanderungsjahr abhängig (Eta = 0,71 bzw. 0,65 mit der Unterstützung als dependentem Merkmal), d.h. daß die späteren Emigranten nach Ankunft im neuen Wohnort nicht nur kürzere Phasen ökonomischer Unsicherheit als die Emigranten früherer Generationen durchlebten, sondern durch den Beistand von am Zielort lebenden Familienmitgliedern auch eine bessere soziale Absicherung zur Überbrückung von Anfangsschwierigkeiten in Anspruch nehmen konnten.

Ein letzter Punkt in der Diskussion der Migrationsgeschichte unserer Informanten betrifft den Aspekt der Selbsteinschätzung der beruflichen Tätigkeit und der allgemeinen Lebensqualität (*perceived quality of life*) am Zielort. Die Indikatorfrage der Einstellung zum Beruf hieß:

> Inwieweit stimmt Deine jetzige Arbeit mit dem überein, was Du Dir vor Ankunft in Deinem jetzigen Wohnort erhofft hast?

---

[6]   Die Datenerhebung zu den Fragestellungen basierte auf dem von Temple (1978: 131ff) konstruierten Fragenkatalog.

Die Frage zur individuellen Bewertung der Lebensqualität war ähnlich formuliert:

> Wenn Du Dein jetziges Leben und das, was Du Dir vorgestellt oder ge-
> wünscht hast, als Du damals nach ... umgezogen bist miteinander vergleichst,
> wie siehst Du dann Dein jetziges Leben?

Die Unterscheidung zwischen der Erfüllung beruflicher Aspirationen und der subjektiven Lebensqualität bereitete den Informanten keinerlei Probleme. Die Skala
der Einschätzung lautete für die berufliche Tätigkeit:

> Meine berufliche Arbeit stimmt mit meinen Vorstellungen sehr überein -
> überein - nicht ganz überein, aber es ist in Ordnung - nicht überein - absolut
> nicht überein.

Im Fall der Lebensqualität gab es die Optionen:

> Mein Leben in meinem aktuellen Wohnort ist: viel besser als erwartet - besser
> als erwartet - wie erwartet - schlechter als erwartet - viel schlechter als er-
> wartet.

Insgesamt weist die Bewertung der beruflichen Tätigkeit eine stärkere Streuung als
die der Lebensqualität auf. Die entscheidende Frage ist auch hier, ob die Beurtei-
lungen dieser Aspekte gleichmäßig über das Gesamtsample variieren, d.h. primär
in der persönlichen Lebensgeschichte der Informanten begründet sind, oder ob
nicht vielmehr auch systematische Zusammenhänge mit spezifischen Merkmalsausprägungen der Migranten vorhanden sind. Ich habe zum Zweck einer empirischen Überprüfung beide Bereiche (Berufs- und Lebensqualität) als Ordinalvariablen verrechnet. Beide Bereiche scheinen demnach - wenngleich in unterschiedlichem Maße - von den selben Faktoren beeinflußt zu sein. Einen entscheidenden
Einfluß auf die subjektive Einschätzung der Berufsqualität hat wie zu erwarten der
Beruf selbst (Lambda = 0,45). Vor allem die *white collars* bewerten ihre Tätigkeiten fast ausschließlich positiv. Stärkeren Einfluß als der Beruf an sich scheint aber
auch hier das Alter auszuüben (Eta = 0,64). Die subjektive Übereinstimmung von
Aspiration und aktueller Arbeit ist wesentlich seltener bei den jüngeren als den
älteren Migranten festzustellen. So sind beispielsweise 70,5% all derer, die ihre
Arbeit als nicht mit ihren Erwartungen entsprechend betrachten jünger als 25 Jahre.

Es lassen sich keinerlei Zusammenhänge zwischen dem Alter und den aktuellen
Berufen nachweisen. Daß eine eher negative Einschätzung der eigenen beruflichen
Aktivität vor allem bei den jungen Akteuren vorkommt, dürfte wohl kaum mit
schlechteren objektiven Handlungschancen zusammenhängen. Es bleibt demnach
nur die Erklärung übrig, daß die Aspirationen und Versprechungen vor der Abreise
zu hoch angesetzt waren. Während die Migranten der ersten Generationen
Karangduwet verließen um schlicht zu überleben, scheinen heutzutage sehr konkrete Pläne bzgl. Beruf und Lebensgestaltung vorhanden zu sein, die in den urba-

nen Zielorten aber nicht immer den eigenen Wünschen gemäß realisiert werden können. Im Fall der Lebensqualität ist die Einschätzung der aktuellen Situation noch stärker vom Alter beeinflußt als im Fall der Berufsbewertung (Eta = 0,72). Daß auch das „Leben in der Emigration" von den älteren Generationen positiver bewertet wird, war durchaus anzunehmen.

Für die positive retrospektive Betrachtung des eigenen Lebenswegs dürfte nämlich nicht nur die Situation am Zielort selbst, sondern vor allem auch die Situation am Ursprungsort zum Zeitpunkt der Emigration relevant sein. Ein Akteur, der beispielsweise unter den Verhältnissen der Nahrungsmittelknappheit (sechziger Jahre) das Dukuh verließ, hätte sich damals wohl kaum ein Leben wie sein gegenwärtiges vorstellen können. Der kontemporäre Emigrant ist indes bereits in seinem dörflichen Milieu mit Elektrizität, Massenmedien und modernen Konsumgütern vertraut, so daß Ansprüche und Aspirationen a priori an anderen Standards gemessen werden als in der Vergangenheit.

9.4. Kognitive Orientierungen: Migrantentypen und ihre Einstellungen

In diesem Abschnitt geht es um die Einstellungen der Migranten zu verschiedenen Themenbereichen ihres sozialen und kulturellen Umfelds. Größere Schwierigkeiten in Form von Verständnisproblemen oder Erinnerungslücken traten bei dieser Erhebung nicht auf. Der Bereich der Einstellungen wurde in vier Themenkomplexe unterteilt: 1.Negative soziale und ökonomische Aspekte des Dorf- und Stadtlebens, 2. Einstellungen zu zentralen javanischen Werten und Normen, 3. Einstellungen zur Migration und 4. Lebensziele, Einstellungen zum Beruf und Erziehungsideale.

9.4.1. Einstellungen zu zentralen javanischen Werten und Normen

Im Gegensatz zu den Dukuhbewohnern weisen die Migranten größere Unterschiede in den Einstellungen zu den zentralen javanischen Normen der unterordnenden Höflichkeit (*andap asor*), des Respekts vor Höhergestellten (*sungkan*), der Praxis der Geduld (*sabar*) und der Annahme des Schicksals (*nrima*) auf.

Die sich unterordnende Höflichkeit und die Fähigkeit zur Geduld scheinen für jeden zweiten Migranten auch im urbanen Milieu nach wie vor unverzichtbar. Die Einstellungsregeln des formalen Respekts vor Höhergestellten und der Annahme des Schicksals scheinen das Verhalten der Akteure nicht maßgeblich zu prägen. Die Praxis aller erfragten Werte ist primär vom Alter der Informanten abhängig (alle Eta-Werte zwischen 0,54 und 0,68 mit der Einstellung als dependentem

Merkmal). Die Norm des *sungkan* korreliert schwach mit dem Beruf (Lambda = 0,24) und der Schulbildung (Gamma = 0,19), die des *andap asor* stärker mit dem Beruf (Lambda = 0,32). Die Praxis dieser Werte dürfte demnach primär vom beruflichen Milieu bestimmt sein. Die Neigung zur Annahme des Schicksals (*nrima*) ist eher bei den Frauen als den Männern festzustellen (Lambda = 0,29 mit dem Geschlecht als Ursachenmerkmal) und nimmt mit besserer Schulbildung ab (Gamma = -0,31). Andere systematische Zusammenhänge zwischen den Einstellungen zu den javanischen Normen und den sozio-ökonomischen Merkmalen ihrer Träger waren nicht nachweisbar.

9.4.2. Einstellungen zur Migration

Als Teilbereich meiner Umfrage zu den kognitiven Merkmalen konstruierte ich sechs bipolare Items, die verschiedene mit der Migration zusammenhängende Einstellungsaspekte zum Inhalt haben. Das Test-Instrument bestand aus kontradiktiven Satzpaaren, bei welchen die Informanten sich für jeweils eine Option entscheiden sollten, die eher mit ihrer persönlichen Einstellung zu den thematisierten Problembereichen übereinstimmt. Ich gehe im folgenden so vor, daß ich die Items vorstelle und kurz interpretiere, wobei sich die Auswertung direkt anschließt.

1. Ich vermisse oft meinen Geburtsort und denke an die Familie daheim.
2. Ich will trotz Trennung von meiner Familie und der fremden Umwelt an einem fernen Ort leben, wenn meine Arbeit ausreichend Lohn abwirft.

Mit diesem Item soll eine primordiale oder familistische Grundhaltung einer individualistischen, mehr an ökonomischen Zielen orientierten Einstellung gegenübergestellt werden. Insgesamt 59,7% optierten für die familistische, 40,3% hingegen für die individualistische Alternative. Eine erste Tendenz zeigt sich hier bezüglich des Geschlechts: So zogen 53,1% der Männer, aber nur 22,2% der Frauen Option 2 vor (Lambda = 0,25). Ein stärkerer Zusammenhang besteht aber mit dem Alter (Eta = 0,63).

Daß ältere Migranten eher an die Familie daheim denken als jüngere dürfte damit zusammenhängen, daß sich deren Eltern bereits häufiger im fortgeschrittenen Alter befinden und sich hier das Problem der Fürsorge und damit die Frage einer eventuellen Rückkehr ins Dukuh unmittelbarer stellt als bei den jungen Migranten. Es ist aber dennoch überraschend, daß die jungen, zumeist unverheirateten Migranten den Faktor des familiären Umfelds offensichtlich nicht sonderlich zu vermissen scheinen. Hier scheint sich in der Tat ein grundlegender Wertewandel zu vollziehen, bei welchem die Qualität familiärer Bindungen (nahe den Eltern sein) in zunehmendem Maße hinter das Ziel der Verwirklichung ökonomischer Aspirationen zurücktritt.

1. Wenn die Landwirtschaft mehr Geld einbrächte, wäre ich wahrscheinlich in Karangduwet geblieben.
2. Ich möchte auch unter besseren Bedingungen kein Bauer sein, da das Stadtleben angenehmer ist.

Dieses Item beinhaltet die Einstellung zum bäuerlichen Beruf. Option 1 repräsentiert die Abkehr von der bäuerlichen Tätigkeit aus ökonomischen Gründen während Option 2 eine prinzipielle Aversion gegen das bäuerliche Dasein impliziert, in der der Beruf als Bauer mit grundsätzlichen Vorstellungen der Lebensführung in Konflikt steht.

Immerhin 61,2% der Informanten optierten hier für Alternative 1. Allerdings ist auch diese pro-bäuerliche Einstellung unter den jüngeren Emigranten seltener vorzufinden (Eta = 0,61). Der Faktor der Schulbildung ist hier weitaus stärker wirksam als im Fall des vorangehenden Items (Lambda = 0,42). Dieses Ergebnis liefert einen Hinweis auf die Richtigkeit der These von Connel et al., nach der „the academic curriculum tought in many rural schools produces a disdain for manual work that can induce a graduate to migrate almost irrespective of employment opportunities at home" (1976: 64).

1. Nur durch Emigration (*merantau*) kann man Wissen und Erfahrungen für ein besseres Leben sammeln.
2. Wenn ich die gleiche Arbeit im Dukuh bekäme, die ich jetzt habe, würde ich zurückkehren.

Dieses Item stellt der praktisch orientierten Arbeitsemigration (Alternative 2) das Modell einer Einstellung gegenüber, in der die Migration in ihrer Funktion als ein „informal means of education" (Harahap 1987: 224) wahrgenommen wird (Alternative 1). Das Verlassen der dörflichen Siedlungsgemeinschaft dient hier neben der Befriedigung ökonomischer und aspirativer Bedürfnisse auch einem ideellen Zweck, nämlich der Akkumulation von Wissen und Erfahrungen, die ihrem Träger Chancen auf ein erfüllteres Leben eröffnen. Immerhin 52,2% der Informanten optierten hier für Alternative 1. Die individuellen Präferenzen sind auch bei diesem Item von der Schulbildung (Lambda = 0,28) und dem gegenwärtigen Beruf (Lambda = 0,21) beeinflußt.

Der Umstand, daß eine knappe Mehrheit der Migranten auch im (hypothetischen) Fall einer identischen Arbeitsmöglichkeit im Dukuh nicht zurückkehren würde offenbart, daß die Emigration neben den ökonomischen und beruflichen Handlungschancen durchaus auch Chancen der Persönlichkeitsbildung (Akkumulation von Lebenserfahrung und Wissen) impliziert, die man im Dukuh nicht in diesem Maße erwerben zu können glaubt.

1. Ich tendiere eher dazu, ein Stadtmensch zu sein.
2. Ich tendiere eher dazu, ein Dorfmensch zu sein.

Auch bei diesem Item gibt es eine starke Polarisierung, so identifizierten sich 45,3% der Informanten eher als Stadt- und 54,7% eher als Dorfmenschen. Erwartungsgemäß wird auch dieser Einstellungsbereich vom Alter (Eta = 0,68), vom Beruf (Lambda = 0,39) und - schwächer - von der formalen Bildung (Lambda = 0,24) beeinflußt. Bei Lichte besehen zeigt sich auch hier (wie gleichsam beim Alter) eine negative Beziehung: Je länger die Informanten in ihren urbanen Zielorten lebten, um so stärker tendierten sie zur Eigenidentifikation als Dorfmenschen! Für dieses Phänomen habe ich keine stichhaltige Erklärung. Es bleibt nur die theoretische Möglichkeit, daß die jüngeren Informanten die Annehmlichkeiten des Stadtlebens (Kinobesuche, Konzerte usw.) mehr ausschöpfen als die älteren und sich deshalb eher als „Stadtmenschen" fühlen, da sie sich durch ihre spezifischen Lebensstile stärker von den Dukuhbewohnern abgrenzen.

9.4.3. Einstellungen zu Lebenszielen, Beruf und Erziehungsidealen

Bei den folgenden Fragekomplexen handelt es sich um eine Modifikation eines Teilbereichs der Umfrage von Peacock zu den Wertorientierungen synkretistischer und reformistischer Muslime in Yogyakarta (Peacock 1978: Anhang A). Einzelne Optionen der Multiple-Choice-Fragen, die rein religiöse Themen zum Inhalt haben wurden aufgrund der unterschiedlichen Fragestellung nicht berücksichtigt und durch andere Alternativen ersetzt (im folgenden mit * gekennzeichnet). Item A beinhaltet die Einschätzung diverser Faktoren im Erreichen von Lebenszielen:

> Wenn du eine Arbeit suchst oder etwas Wichtiges im Leben erreichen willst, erreichst Du dieses Ziel vor allem aufgrund von
> 1. Familienbeziehungen
> 2. Persönlichen, nicht-familiären Connections*
> 3. eigener Anstrengungen und Fähigkeiten
> 4. glückliche Umstände
> 5. Ergebnis des Gebets mit dem Allmächtigen*

Von diesen fünf Items waren jeweils drei auszuwählen, die in Form einer *rank order* (machmal, oft, meistens) anzuordnen waren. Eine isolierte statistische Auswertung dieser Items würde die Analyse unverhältnismäßig in die Länge ziehen. Ich habe deshalb die Faktoren im Erreichen von Lebenszielen in die Gesamt-

255

Faktorenanalyse über die Einstellungsmerkmale am Ende dieses Kapitels mit einbezogen, weil dadurch der systematische Zusammenhang mit anderen kognitiven Ausprägungen besser verständlich wird.

Das nächste Item hat die Einstellung zum Beruf zum Inhalt und wurde in leicht veränderter Form von der Peacock-Erhebung übernommen. Die entsprechende Formulierung war:

> Was die Bedingungen an Deinem Arbeitsplatz angeht, was ist nach deiner Meinung das wichtigste?
> 1. Ein ausreichendes Einkommen
> 2. Ein sicherer Arbeitsplatz
> 3. Gute Aufstiegschancen
> 4. Freude an der Arbeit*
> 4. Ein gutes Arbeitsklima
> 5. Die Arbeit ist nützlich für die Gesellschaft
> 6. Die Arbeit entspricht Bildung und Fähigkeiten*

Bei diesem Item wurden gleichsam alle Optionen in Form einer Rangordnung quantifiziert und als separate Variablen in die Datensätze aufgenommen. Insgesamt optierten die meisten Informanten für das ausreichende Einkommen als wichtigste Bedingung, gefolgt von einer Arbeit in Übereinstimmung mit Fähigkeit und Bildung und einem sicheren Arbeitsplatz. Alle anderen Optionen fanden sich in verschiedener Häufigkeit auf den Positionen 1, 2 und 3 wieder, so daß aus Gründen der Übersicht an dieser Stelle gleichwohl auf eine separate Analyse verzichtet und auf das abschließende Ergebnis der Faktorenanalyse verwiesen werden soll.

Das dritte Item ist mit dem Item zu den Erziehungszielen aus der Dorferhebung identisch, so daß hier nur auf die wichtigsten Unterschiede zwischen Dukuhbewohnern und Migranten eingegangen zu werden braucht (vgl. Kap. 7). Vergleicht man das Gesamtergebnis mit den Präferenzen der Dukuhbewohner, so ist zunächst festzustellen, daß die Erziehung zu einer religiösen Lebensführung (*iman dan taqwa yang kuat*) im Durchschnitt niedriger in der Präferenzhierarchie angesiedelt wurde und stärker als Erziehungsziel zweiter und dritter Ordnung in Erscheinung trat. Tendenziell wichtiger für die Migranten als für die Dorfbewohner sind indes die Anpassungsfähigkeit und des Lernens „hart zu arbeiten". Es ist damit die Tendenz festzustellen, daß die Migranten höheren Wert auf pragmatisch orientierte Fähigkeiten legen, die für ein erfolgreiches Leben in den Städten unerläßlich sind, indessen die Dukuhbewohner noch wesentlich stärker an den althergebrachten Erziehungszielen festhalten.

9.4.4. Faktorenanalyse der Einstellungsmerkmale

Zwischen diesen unterschiedlichen Einstellungsaspekten existieren teils sehr komplexe, nicht direkt beobachtbare Zusammenhänge, die im Fall einer separaten Analyse auf der Grundlage der jeweiligen Korrelationswerte nur schwer nachvollziehbar geblieben wären. Die Daten zum Einstellungsbereich wurden deshalb einer Faktorenanalyse unterzogen, um die in den Datensätzen enthaltene Informationsfülle durch die Bildung von „Variablenbündeln" auf eine überschaubare Anzahl von übergeordneten Dimensionen zu reduzieren. Das Modul SPSS-Syntax extrahierte insgesamt neun Faktoren, welche die latenten Dimensionen der kognitiven Orientierung der Migranten recht anschaulich beschreiben. Die Faktorenanalyse wurde nach der Hauptkomponentenmethode mit der Varimax-Methode als Rotationsverfahren durchgeführt. Insgesamt 49% der Varianz in den Datensätzen werden durch diese neun Faktoren repräsentiert:

1. Auf dem ersten Faktor (I) laden extrem hoch die Selbsteinschätzung „Ich bin eher ein Stadtmensch", die Option „Ich bin emigriert, weil die Chancen in der Stadt mehr mit meinen Vorstellungen übereinstimmen" und die Zustimmung zu der Ansicht, daß man „nur durch Emigration Wissen und Erfahrungen für ein besseres Leben sammeln kann". Dieser Faktor repräsentiert Einstellungen, die eine ausgeprägte Außenorientierung und eine deutliche Präferenz für die Städte induzieren und der deshalb als *urbane Orientierung* zu charakterisieren wäre.

2. Faktor II beinhaltet die Option „Ich vermisse oft meinen Geburtsort und denke an die Familie daheim", die Einstellung „wenn die Landwirtschaft mehr Geld einbrächte, wäre ich wahrscheinlich in Karangduwet geblieben" und (etwas schwächer korreliert) die Praxis der Annahme des Schicksals (*nrima*). Offensichtlich besteht diese Annahme des Schicksals primär darin, das Dukuh aus ökonomischen Gründen verlassen zu müssen. Dieser Faktor bezeichnet komplementär zu Faktor I das Vorherrschen einer *lokalen Orientierung*.

3. Auf dem dritten Faktor (III) laden mittelstark die Zustimmung zu der Ansicht „Ich will trotz Trennung von meiner Familie und der fremden Umwelt an einem fernen Ort arbeiten, wenn meine Arbeit ausreichend Lohn abwirft", die Rolle der „eigenen Anstrengung" und des „Gebets" im Erreichen von Lebenszielen sowie (etwas schwächer) die Praxis der Geduld (*sabar*). Diese Merkmale zeugen von einer Grundeinstellung, die darauf abzielt, das eigene Leben trotz aller Schwierigkeiten zu meistern und den Widrigkeiten des Lebens das eigene Beharrungsvermögen entgegenzuhalten. Dieser Faktor erinnert stark an die indigene Redewendung „das Schicksal wenden" (*mengaduh nasib*) und kann demnach als *eigenverantwortliche Lebensmeisterung* beschrieben werden.

4. Der nächste Faktor (IV) beinhaltet die Einschätzung der „Familienbeziehungen" im Erreichen von Lebenszielen, die Zustimmung zu den Ansichten, daß der „Konkurrenzdruck" ein Negativ-Aspekt des Stadtlebens sei und (schwächer korreliert) die Position eines „sicheren Arbeitsplatzes". Der Wunsch, einen sicheren Arbeitsplatz zu haben erscheint hier als Konsequenz relationaler Prinzipien, so daß zwischen diesen Merkmalen ein nicht zufälliger Zusammenhang besteht, den man am ehesten als *Familienkohäsion* bezeichnen könnte.

5. Auf Faktor V laden die Präferenz für eine Arbeit mit ausreichendem Einkommen und (schwächer) das Erziehungsziel „hart arbeiten", weshalb ich diesen Faktor als *Berufsaspiration* interpretieren würde.

6. Auf Faktor VI laden vor allem das Erziehungsideal der „Anpassungsfähigkeit" und die Rolle von „persönlichen Beziehungen" im Erreichen von Lebenszielen. Faktor IV beschreibt demnach die *Fähigkeit zur Adaption* an das soziale Umfeld in den Zielorten.

7. Faktor VII umfaßt die Einstellung „Ich möchte auch unter besseren Bedingungen kein Bauer sein, da das Stadtleben angenehmer ist" Dieses kognitive Merkmal repräsentiert eine tendenziell kritische Einstellung zum Dorfleben. Ich möchte diesen Faktor darum in Anlehnung an Connel et al. (1976: 118) als *system-avoidance migration* bezeichnen.

8. Auf dem achten Faktor (VIII) lädt die Präferenz für eine „Arbeit, die nützlich für den Aufbau der Gesellschaft" ist. Dieser Faktor umschreibt m. E. eine im weitesten Sinne von erzieherischem Engagement beeinflußte *kosmopolitische Orientierung*, die sich von den anderen Orientierungen vor allem dadurch auszeichnet, daß die Grenzen individueller Bedürfnisse überschritten werden.

9. Auf dem letzten Faktor (IX) lädt recht hoch die Praxis der unterordnenden Höflichkeit (*andap asor*) und (schwach korreliert) die Präferenz für einen Beruf, der Aufstiegschancen impliziert, so daß hiermit ein spezifischer Typ des *statusorientierten Migranten* angesprochen zu werden scheint.

Während Faktor IV (Migrantennetzwerk) und Faktor VI (Fähigkeit zur Adaption) im engeren Sinne das soziale Milieu der Migranten zum Inhalt haben weisen die anderen Faktoren verschiedene individuelle Migrantentypen oder treffender formuliert: unterschiedlich konditionierte Migrations-Dispositionen aus. Die Faktoren I (urbane Orientierung) und V (Berufsaspiration) besitzen eine inhaltliche Verwandtschaft mit der eingangs operationalisierten aspirativen Migration, indessen die Faktoren III (Lebensmeisterung) und II (lokale Orientierung) durchaus Übereinstimmungen mit der (ökonomisch begründeten) resultierenden Migration erkennen lassen. Faktor VII (system-avoidance) bestätigt unsere obige Vermutung, daß es unabhängig von ökonomischen Problemen durchaus auch eine resultierende Migration im Sinne der Reaktion auf Faktoren des sozio-kulturellen Umfelds gibt.

Allerdings ist dieser Faktor schwächer als die aspirativen und ökonomischen Faktoren ausgeprägt. Die Faktoren VIII (kosmopolitische Orientierung) und IX (Statusorientierung) fügen zwei untergeordnete Dispositionen hinzu, die in gewisser Weise moralische Autorität und Führungsansprüche implizieren. Faktor IX weist zudem auf die Kontinuität des emischen Schichtungsmodells hin, das auch unter den Emigranten als distinkter Kognitionsbereich fortbesteht.

9.5. Migranten-Dorf-Kontakte und Auswirkungen der Migration im Dukuh

9.5.1. Besuchsaufenthalte: Frequenzen und Anlässe

Die Migranten besuchen im Durchschnitt ein mal im Jahr das Dukuh. Während muslimische Migranten zumeist am Lebaran-Fest zum Ende der Fastenzeit heimkehren, kommen Migranten, die sich zu den christlichen Konfessionen bekennen eher zur Weihnachtszeit oder an anderen christlichen Feiertagen nach Hause. Mehrere Informanten wiesen darauf hin, daß in früherer Zeit auch die Christen am Lebaran heimkehrten. Da diese Tradition aber heutzutage zu einem großen Rummel (*ramai-ramai*) ausgeartet ist und die Fahrpreise zudem unverhältnismäßig überteuert seien, zieht man inzwischen die ruhigeren christlichen Feiertage als Anlaß für Familienbesuche vor.

Frequenz	Jakarta	Andere Orte in Java	Andere Inseln
Monatlich	-	1	-
2 mal im Jahr	10	2	-
1 mal im Jahr	43	4	2
Alle 2 Jahre	2	-	1
3 Jahre und mehr	1	-	1

Tabelle 9.3. Frequenzen der Heimbesuche

Es liegt auf der Hand, daß die in Tabelle 9.3. zusammengefaßten Frequenzen nicht unbedingt repräsentativ sein müssen, da sie nur von den Migranten erhoben werden konnten, die am Lebaran-Fest präsent waren. Die einmalige Rückkehr im Jahr dürfte aber bei weiteren Entfernungen der Normalfall sein. Bei Teilen der Dukuhbewohner herrschte indes die Ansicht vor, daß die in Sumatra lebenden Migranten zumeist über Jahre hinweg nicht erscheinen und zum Teil noch niemals zurückgekehrt seien. Im übrigen würden sich die dort lebenden Migranten normalerweise nicht sonderlich um ihre Familien scheren (*tak mau peduli*) und fast niemals Geld überweisen. Ich kann diese Behauptungen weder bestätigen noch widerlegen. Es ist aber erkennbar, daß das Verhältnis zwischen Dukuhbewohnern und Migranten nicht immer von den Prinzipien der sozialen Harmonie geprägt zu sein scheint.

Wie dem auch sei, so gibt es neben den religiösen Anlässen durchaus auch Gründe für irreguläre Besuche im Dukuh, die abhängig von den äußeren Umständen in unterschiedlicher Frequenz auftreten. Ich habe die Informanten deshalb gefragt, einmal anzugeben, zu welchen der folgenden Anlässe sie bereits das Dukuh besuchten (vgl. Tabelle 9.4.). Hierbei fällt zunächst auf, daß die überwältigende Mehrheit der irregulären Besuche mit Ereignissen im Familienkreis zusammenhängen (Krankheit, Todesfall, Heirat). Kollektive Anlässe der gesamten Dukuh-Gemeinschaft (Selikuran-Fest, Dorfreinigung) werden indes kaum von den Migranten besucht. Dieses Ergebnis läßt ähnlich wie im Fall der Trah die Schlußfolgerung zu, daß die Migranten zwar nach wie vor ein hohes Maß an Solidaritätsbewußtsein mit ihren Angehörigen besitzen, indessen im Verhältnis zur Dukuh-Gemeinschaft als Ganzes bereits Ansätze eines Bruchs zu erkennen sind.

Gründe für Besuche	Anzahl	Anteil in %
Krankheitsfall	41	61,2
Todesfall	54	80,5
Gewöhnlicher Familienbesuch	43	64,1
Hochzeit	37	55,2
Geburtsfall	27	40,2
Pränatale Slametane	6	8,8
Postnatale Sametane	10	14,9
Postmortale Slametane	9	13,3
Slametan Selikuran	3	4,4
Dorfreinigungsfest	3	4,4
Schlichten von Familienproblemen	6	8,6
Hilfe bei der Erntearbeit	3	4,4

Tabelle 9.4. Gründe für Besuche im Dukuh

Die zweite Besonderheit ist, daß man zu den einschneidenden Lebenszyklen wie Geburt, Heirat oder Tod nach wie vor seinen verwandtschaftlichen Verpflichtungen nachkommt, während man die neo-natalen und postmortalen Slametane, die den individuellen Lebenszyklus mit dem kosmischen Zyklus harmonisieren sollen, eher selten besucht. Über dieses Ergebnis läßt sich nur spekulieren. Die theoretische Möglichkeit, daß in der Vorstellungswelt der meisten Migranten die Konzeption eines lineares Zeitmodells vorherrschen könnte, daß sich stärker am historischen

Lebenslauf (definiert durch Geburt, Heirat und Tod), indes aber weniger am pulsativen Modell der traditionellen Wirklichkeitsvorstellung und seiner rituellen Integration orientiert scheint mir recht unwahrscheinlich, da nahezu alle Migranten (die bereits eine Familie haben) angaben, die prä- und postnatalen Slametane auch in ihrem Zielort durchzuführen. Außerdem werden die postmortalen Slametane auch in den urbanen Wohnorten von den Migrantenvereinigungen abgehalten. Es scheint mir deshalb vielmehr so, daß man aus Gründen der Entfernungen und aus Zeitmangel nur an den wichtigsten Familienereignissen partizipiert. Die dritte Auffälligkeit besteht darin, daß die Rückkehr zur Hilfe bei der Erntearbeit (*panen*) nur in wenigen Ausnahmefällen vorkommt. Nach Connel et al. (1976: 129) stellt die durch den agrarischen Zyklus beeinflußte *cyclical migration* ein typisches Phänomen in indischen Dörfern dar.

Es liegen meinerseits keine Vergleichsdaten aus anderen Migrantendörfern Mitteljavas vor. Wir können aber festhalten, daß die zyklische Migration in der Landwirtschaft Karangduwets kaum eine Rolle spielt. Vielmehr beklagten sich einige Bauern darüber, daß die jungen Leute sich nicht um die Landwirtschaft scheren und sich vor der harten Feldarbeit drücken würden, weshalb es in Karangduwet in Zeiten der Arbeitsspitzen immer wieder zu Engpässen an Arbeitskräften kommt.

9.5.2. Materielle Hilfeleistungen der Migranten für die Dukuhbewohner

Die Migranten leisten in unterschiedlichem Umfang materielle Hilfen für die Bewohner Karangduwets. Wie in Kap. 5.4.3. bereits festgestellt, beziehen die Dukuhbewohner unseres Samples durchschnittlich 11,8% ihres Einkommens durch Geldüberweisungen (*kiriman*) emigrierter Familienmitglieder. 26% aller Familien speisen sogar mehr als 25% ihres Gesamteinkommens aus dieser Quelle. Neben diesen unterschiedlich regelmäßigen Überweisungen gibt es eine Reihe von sporadischen Geldzuwendungen für bestimmte Ereignisse wie z.B. Hausbau, Krankenhausaufenthalte usw. Ich habe deshalb die Migranten befragt, für welche Zwecke und mit welcher durchschnittlichen Frequenz bereits Hilfeleistungen für die Dukuhbewohner erbracht wurden.

Neben den Geldsendungen für die eigenen Angehörigen wurden auch materielle Hilfen für verschiedene konkrete Projekte im kommunalen und nachbarlichen Bereich erfragt, die im Verlauf der letzten zwei Jahre durchgeführt wurden oder sich zur Zeit des Feldaufenthalts noch im Bauprozeß befanden. Das in Tabelle 9.5. zusammengefaßte Ergebnis muß zwar nicht für alle Migranten repräsentativ sein; es lassen sich aber dennoch signifikante Tendenzen ablesen, die in ihrem Gesamtausdruck kein Zufallsergebnis sein dürften. Es ist unschwer zu erkennen, daß bei den zweckgebundenen Überweisungen die Beihilfen zur Bestreitung der Schulkosten für Geschwister und die Kinder von Angehörigen den wichtigsten Posten darstellen. Geldsendungen zu diesem Zweck machen einen beträchtlichen Anteil der regelmäßigen Transaktionen aus. Unter den unregelmäßigen Leistungen dominieren die finanzielle Unterstützung im Krankheitsfall, die Hilfe zur Ausrichtung von rituellen Anlässen und der Bereich Reparatur und Neubau der Wohnhäuser. Es sei daran erinnert, daß immerhin 19 der 27 Backsteinhäuser im Dukuh von emigrierten Familienmitgliedern mit finanziert wurden. Dies spiegelt deutlich die Präferenzen der Dukuhbewohner wider, die ihre Ersparnisse bevorzugt in ihre Häuser investieren.

Geldsendungen	*monatlich*	*alle 3 Monate*	*alle 6 Monate*	*ein mal im Jahr*	*bereits/ mehrmals*	*noch nie*
regelmäßig:	18	14	4	2	22	7
unregelmäßig für:						
Hausbau / Reparatur	-	-	-	-	41	26
Schulkosten	14	13	1	-	30	9
Landkauf / Pacht	-	-	-	-	12	55
Brunnenbau	-	-	-	-	9	58
Gerätschaften	-	-	-	-	2	65
Rinder-, Ziegenkauf	-	-	-	-	27	40
Krankenkosten	6	-	-	-	45	16
Rituelle Anlässe	-	-	-	-	46	21
Dorffriedhof	-	-	-	-	9	58
Moschee	-	4	4	-	32	27
Dorfplatz	-	-	-	-	7	60
Nachtwachenstation	-	-	-	-	4	59
Kirchenrenovation	-	-	-	-	4	63

Tabelle 9.5. Hilfeleistungen der Migranten

Insgesamt liegt der Anzahl derer, die bereits materielle Hilfen für kommunale Projekte beigetragen haben signifikant geringer als der Anteil dejenigen, die schon einmal Hilfen für Ausnahmesituationen im Familienkreis (rituelle Anlässe, Krankheit, Hausbau) erbrachten. Hier liefert uns die Tabelle durchaus interessante Hinweise. Einmal fällt auf, daß das kommunale Projekt par excellence, nämlich die Befestigung des dukuh-eigenen Dorfplatzes nur von wenigen Migranten unterstützt wurde (dazu weiter unten). Ähnlich ist die Situation im Fall der Instandsetzung des Friedhofes. Demgegenüber scheint im Fall der Finanzierung des Umbaus der Moschee eine größere Bereitschaft zur Mitwirkung vorhanden. Es wäre allerdings ein Trugschluß, dies als einen Ausdruck von Solidarität mit der Dukuh-Gemeinschaft an sich zu werten. Vielmehr erstreckt sich diese Solidarität ausschließlich auf die eigene Religionsgemeinschaft. Die religiöse Zusammensetzung unseres Samples reflektiert sich nämlich gerade darin, daß nur vier Informanten die Renovation der protestantischen Dorfkirche unterstützten.

Während für allgemeine kommunale Projekte (Dorfplatz, Friedhof) weniger praktische Solidarität festzustellen ist, scheint es indessen eine recht starke Solidarität mit den Mitgliedern der eigenen *Subgruppe* im Dukuh zu geben. Diese Schlußfolgerung erhärtet sich, wenn wir die Frequenzen derer betrachten, die bereits materielle Unterstützung für den Bau der Nachtwachenstation (*pos ronda*) erbracht haben. Dieses Projekt ist nämlich im Unterschied zu den Arbeiten am Dorfplatz (*balai dusun*) keine kommunale Angelegenheit, sondern fällt in den Zuständigkeitsbereich der RT-Nachbarschaftskreise und wurde ausschließlich aus der RT-Kasse und den Migrantenbeihilfen finanziert. Demgemäß handelt es sich bei allen 12 Informanten, die sich an der Finanzierung dieses Vorhabens beteiligten, um ehemalige Bewohner des RT 1. Dies belegt eindeutig, daß es sich dabei um individuelle Spenden, nicht aber um Gelder der Migrantenvereinigung handelt, da auch die aus anderen RT's stammenden Informanten gleichermaßen diesen Gruppierungen angehören. Die Finanzhilfen für die Nachtwachenstation wurden von den Informanten primär in ihrer Selbstwahrnehmung als RT-Leute, nicht aber in ihrer Eigenschaft als Migranten Karangduwets erbracht.

Ein weiterer Punkt, der sich ebenfalls in unserer Tabelle andeutet, ist in seinen Konsequenzen sehr hoch einzuschätzen. Die Geldsendungen an die Angehörigen im Dukuh scheinen nämlich abgesehen von der Schulbildung primär der ökonomischen Alltagsbewältigung und verschiedenen konsumptiven Zwecken zugeführt zu werden. So stellen unter den irregulären Überweisungen (sieht man einmal vom Krankheitsfall ab) die Modernisierung der Wohnhäuser und die Finanzierung ritueller Anlässe die häufigsten Begründungen dar. Die Qualität des Wohnhauses einer Familie gilt in Karangduwet nicht nur als Statussymbol, sondern vor allem unter der Mittelschicht auch als Beweis dafür, daß es die Kinder in der Emigration „zu etwas gebracht" haben.

Es gab bis zum Zeitpunkt meiner Abreise in Karangduwet keine Brunneninstallationen auf den Tegalanfeldern, wenngleich der Lurah mit der Bitte um staatliche Hilfen für ein solches Projekt bereits mehrmals beim Regierungspräsidenten vorstellig wurde.[7] Die theoretische Möglichkeit, ein solches Projekt von den emi-

---

[7] In den Fällen, in denen sich die Migranten an der Errichtung eines Brunnens (teils mit Elektropumpe) beteiligten, handelt es sich ausschließlich um Installationen zur haushaltseigenen Wasserversorgung (Trinkwasser, sanitäre Anlagen).

grierten Familienmitgliedern finanzieren zu lassen, wurde nicht ins Auge gefaßt. Dafür dürfte m. E. primär die starke Fragmentierung der Parzellen verantwortlich sein, d.h. die Installation verschiedener Brunnenanlagen an den Schnittstellen mehrerer Parzellen würde stets eine gemeinsame Nutzung mehrerer Haushalte und damit auch eine Finanzierung durch mehrere Familien implizieren. Hinzu kommt, daß ca. 50% der Tegalanfelder von Pächtern bewirtschaftet werden, so daß seitens der Landeigentümer nur ein beschränktes Interesse an der Finanzierung einer solchen Innovation vorhanden sein dürfte. Insgesamt ist festzustellen, daß das Kapital der Migranten kaum produktiven Investitionen im Dukuh zugute kommt.

So wurden von den Migranten bislang kaum Gelder für den Erwerb landwirtschaftlicher oder sonstiger Gerätschaften und Maschinen bereitgestellt. Im außeragrarischen Bereich dürfte diese Investionshemmung darin begründet sein, daß es in Karangduwet keine spezifischen Handwerkstraditionen (z.B. Ziegelbrennereien, Batikherstellung) gibt, die sich zu einer Kleinindustrie entwickeln könnten. Es besteht seitens der jüngeren Dukuhbewohner offensichtlich auch kein Interesse daran, einen Handwerksbetrieb aufzubauen und sich das erforderliche Startkapital (z.B. in Form von Krediten) über die Emigranten zu organisieren.

Im Bereich der Landwirtschaft wäre neben dem Bau von Brunneninstallationen auf den Trockenfeldern z.B. die Beschaffung eines Handtraktors sinnvoll. So gibt es im Landkreis Karangmojo insgesamt nur zwei Personen, die sich auf das Pflügen mit dem Handtraktor in Lohnarbeit spezialisiert haben. Der Input für die in Kapitel 5.3. diskutierte Alternative des Anbaus von Fruchtbäumen könnte ebenfalls durch die Migranten mit finanziert werden, um die Risiken der Bauern zu mindern. Daß derartige Investitionen nicht statt finden, liegt indes weniger an den Migranten, als an den Bewohnern Karangduwets selbst. Neben dem Vorherrschen moderner Aspirationen innerhalb der jüngeren Generation selbst scheinen von der allgemein geringen Innovationsbereitschaft der Dukuhbewohner abgesehen nicht selten auch die Eltern landwirtschaftliche Investitionen dem primären Ziel der Schulbildung unterzuordnen.

Es herrscht somit auch in Karangduwet ein spezifischer Zyklus von *Bildung zur Migration* und *Migration zur Bildung* vor, der aber im Unterschied zu den Beobachtungen von Connel et al. (1976: 210) keineswegs einen grundlegenden ökonomischen Wandel bzw. eine nachhaltige dörfliche Modernisierung impliziert, sondern in unserem Untersuchungsdorf vielmehr die Verfestigung einer *Gleichgewichtsfalle auf subsistentem Niveau* zur Folge zu haben scheint, da die urbanländlichen Kapitalströme fast ausschließlich der formalen Bildung, der Bestreitung von Alltagsausgaben und dem *sichtbaren Konsum* in Form von Behausungen und rituellen Anlässen, nicht aber produktiven Investitionen zugute kommen.

9.5.3. Konflikte zwischen Migranten und Dukuhbewohnern

Basyral Harahap stellt in seiner Untersuchung über Adat und Islam in der Mandai-
ling-Region (Sumatra) fest, daß die Beziehungen zwischen Dorfbewohnern und
Migranten nicht immer von sozialer Harmonie gekennzeichnet sein müssen:

> „Although those in the home village view the successes of those who leave
> with pride and satisfaction, it is perhaps inevitable that the great distances
> between familiy members sometimes strain migrant-home relationships. City
> dwellers comment that the home villagers are lazy and always ask für material
> help. On the other side, many people in South Tapanuli feel that migrants no
> longer care for their original villages. They sometimes complain that those
> who leave do not pay enough attention to the development needs of the home
> village" (ebd: 231).

Dieses Zitat weist bereits auf eine spezifische Ambivalenz im Verhältnis zwischen
Dorfbewohnern und Migranten hin, die durchaus auch in Karangduwet festzustellen war. Einerseits pflegt man einen gewissen Stolz ob des Erfolgs der Migranten
und des von ihnen Erreichten, andererseits unterstellt man den Betroffenen nicht
selten, sich von der harten Landarbeit davon zu stehlen und in der Stadt das
„leichte Leben" zu suchen. Letzteres war vor allem bei den älteren Bauern zu vernehmen, die selbst keine Migrationserfahrung besaßen und auch sonst einen eher
eingeschränkten Aktionsradius besaßen.

Ein verbreitetes Einstellungsmerkmal der Dukuhbewohner war, daß man in der
Stadt weniger soziale Verpflichtungen habe als auf dem Land und deshalb „schnell
reich werde". Gewiß wird die Statussteigerung in der Emigration von den Dukuhbewohnern akzeptiert, aber man muß bedenken, daß sich der soziale Aufstieg der
Migranten außerhalb der Lebenswelt der Dukuh-Gemeinschaft und ihren Regelmechanismen vollzieht. Die Migranten mehren ihren Reichtum wie Foster (1965: 306)
formuliert „by tapping sources of wealth that are recognized to exist outside the
village system", d.h. auf eine Art und Weise, die sich der Kontrolle der Dukuh-
Gemeinschaft entzieht und damit unvermeidlich zu Spekulationen Anlaß gibt. Neben diesen eher diffusen Einstellungen gibt es zwei Konfliktpunkte, die konkreter
artikuliert werden. Es wurde bereits darauf hingewiesen, daß in neuerer Zeit nicht
selten alle Kinder eines Haushalts emigrieren und sich dadurch die traditionelle
Praxis, nach der das jüngste Kind den elterlichen Haushalt übernimmt auflöst. Dieses Verhalten scheint offensichtlich nicht von allen Dukuhbewohnern gebilligt zu
werden, wie aus den Äußerungen einiger Informanten heraus zu hören war.

Diese Kritik bezieht sich primär auf die familiären Normen und stellt eine direkte Folge der Interessen-Diversifizierung zwischen den Generationen dar. Der
zweite Konfliktpunkt ist bereits in obigem Zitat angesprochen und bezieht sich auf

das Verhältnis zwischen den Migranten und der Dukuh-Gemeinschaft als Ganzes. In diesem Bereich scheint die praktische Solidarität der Migranten in der Tat geringer ausgeprägt zu sein. Hier erwiesen sich vor allem zwei bilokale Akteure, die in Jakarta arbeiten und sich regelmäßig im Dukuh aufhalten als hervorragende Schlüsselinformanten. Diese Personen überbringen im Normalfall die Geldsendungen der Migranten an ihre Familien und vermitteln zwischen den Forderungen der Dukuhbewohner und den Migranten in Jakarta.

In diesen Gesprächen kristallisierte sich immer wieder das selbe Kernproblem in den Migranten-Dorf-Beziehungen heraus. So ist es in der Vergangenheit z.B. mehrmals vorgekommen, daß für den Bau bestimmter Teilbereiche der Posyandu-Station (Waschraum, elektrischer Anschluß) seitens der Dorfkader finanzielle Hilfen erbeten wurden, obwohl die Kosten dieser Projekte schon von anderen Organisationen übernommen worden waren. Die Zurückhaltung in der Hilfsbereitschaft für kommunale Projekte hat demnach auch mit dem schlechten Image und dem keineswegs transparenten Management der Dorfkader und ihrer mangelhaften Kooperation untereinander zu tun. Die indirekte Kritik meiner Informanten, die Dorfkader würden systematisch versuchen, für die Projekte im Dukuh stets mehrere Geldgeber zu aktivieren um sich selbst zu bereichern ist m. E. absolut nachvollziehbar.

In diesem Sinn ist auch die abwartende Haltung zu interpretieren, die die Migranten im Fall der aktuellen Befestigung des Dorfplatzes einnahmen. Auch hier hatten der Weilervorstand und die PKK-Kader eine Petition an die Migranten mit der Bitte um finanzielle Unterstützung eingereicht. Ein in Jakarta arbeitender Haushaltsvorstand, der das Nachbarhaus des Lurah bewohnt, erfuhr von diesem daß der Regierungsbezirk (*kabupaten*) die Kosten zur Instandsetzung des Dorfplatzes in Form von Bereitstellung des Materials (*bantuan berupa barang*) übernommen habe. Die Bauarbeiten würden - wie im übrigen von jedermann sichtbar - von einer Firma in Wonosari ausgeführt, die ebenfalls vom Regierungsbezirk bezahlt werde (meine vorsichtige Nachfrage bei dieser Firma bestätigte die Aussagen des Lurah). Die Dukuhbewohner wußten nicht, wer die Bauarbeiter angestellt hatte.

Entscheidend ist aber, daß weder der Lurah von den Bittbriefen der Kader etwas wußte, noch daß mir die Kader klar sagen konnten, wer dieses Projekt nun wirklich finanziert. Man verwies vielmehr darauf, daß man damit „nichts zu tun habe" (*bukan urusan saya*) und ging offensichtlich davon aus, daß der Feldforscher über die an die Migranten gestellten Geldforderungen nichts wußte. Es drängt sich nicht nur der Verdacht auf, daß die Kommunikation und Kooperation zwischen den Kadern und dem Lurah (die ohnehin kein sonderliches Freundschaftsverhältnis verband) äußerst beschränkt war, vielmehr waren auch die Dukuhbewohner von beiden Seiten über diesen Vorgang völlig im Dunkeln gelassen worden. Dieses Beispiel zeigt, daß die Zurückhaltung der Migranten in der Solidarität mit dem Dukuh als kommunaler Einheit nicht unbedingt in einem Desinteresse an der Entwicklung Karangduwets begründet sein muß, sondern ihre Ursachen offensichtlich auch in der mangelnden Kommunikation unter den Verantwortlichen im Dukuh selbst, ihrer Unfähigkeit zu konstruktiver Kooperation und dem notorischen gegenseitigen Mißtrauen der Dukuhbewohner hat, d.h. daß hier durchaus auch Erfahrungswerte mitspielen, die zu einer gewissen Zurückhaltung in der Bereitstellung von Hilfeleistungen mahnen.

9.5.4. Rückwirkungen der Migration auf das Dukuh

9.5.4.1. Diffusion von Neuerungen

Die Migranten spielen eine zentrale Rolle in der Diffusion von Neuerungen. Es ist in Java üblich, bei der Heimkehr von weiten Reisen oder von Reisen in die Stadt den Familienmitgliedern ein Souvenir (*oleh-oleh*) mitzubringen. Diese Praxis ist in javanischen Dörfern mittlerweile zu einer festen Redewendung geworden. So ist es durchaus nichts Ungewöhnliches, wenn einem nach mehreren Tagen Abwesenheit vom Dukuh bei der Rückkehr die Kinder und Frauen zurufen „wo denn die Mitbringsel seien" (*dimana oleh-oleh nya?*). Dies ist im Fall von Außenstehenden nur eine unverbindliche Floskel. Selbstverständlich erwartet niemand im Ernst, der Feldforscher könne alle Dukuhbewohner mit Souvenirs beschenken. Anders ist die Situation aber im Fall von Familienmitgliedern und näher stehenden Personen der Nachbarschaft. Hier stellt das Mitbringen von Geschenken (vor allem für die Eltern) durchaus eine normative Verpflichtung dar. So bringen auch die Migranten bei ihren Heimatbesuchen stets zahlreiche Gebrauchsgegenstände ins Dukuh. Zum Beispiel kamen in einer Stichprobe in 40 Haushalten immerhin 65,6% aller Fernsehgeräte und 43% aller Radios, die sich zum Zeitpunkt meiner Erhebung im Besitz der Haushalte befanden, in Form von Souvenirs nach Karangduwet.

Gängige Theorien zum Kulturwandel (z.B. Rogers und Svenning 1967) heben stets die Rolle von Massenmedien im bäuerlichen Modernisierungsprozeß hervor, indem ihnen eine zentrale Funktion in der Ausprägung moderner Einstellungen und Wissensinhalte zugeschrieben wird. Die recht hohe Massenmedienzuwendung im Dukuh wäre ohne das Phänomen der Migration nicht denkbar. Der Zusammenhang zwischen Massenmedienzuwendung und zentralen modernen Einstellungen (Aspirationen, Leistungsmotivation usw.) wurde bereits in verschiedenen Fallstudien (z.B. Rogers und Svenning 1967, Schweizer 1989a) analysiert und braucht in unserer Untersuchung nicht ausführlich wiederholt zu werden. Ich tendiere aber im Fall Karangduwets eher dazu, die Massenmedienzuwendung als intervenierende Variable zwischen der Migration als Teil der sozialen Umwelt und den modernen Einstellungen und Aspirationen zu interpretieren. Nach meinem Eindruck ist der Einfluß von Massenmedien auf die Einstellungen der Dukuhbewohner für sich alleine genommen nicht allzu hoch einzuschätzen, da sich die Bewohner Karangduwets primär für Unterhaltungssendungen und Schauspiele über das alte Java (*kethoprak*) interessieren. Es bedarf im übrigen ohnehin der Grundvoraussetzung einer ausreichenden formalen Bildung und der Kenntnis des Indonesischen, um Informationssendungen (z.B. Nachrichten) inhaltlich folgen zu können.

Die durch die Migranten unterstützte Diffusion von Fernsehgeräten hat aber insofern zu einer gewissen Modernisierung Karangduwets geführt, als damit nicht nur die *Unterhaltung* zu einem festen Bestandteil der dörflichen Lebensroutine wurde, sondern auch insofern als das allabendliche Fernsehen den Tagesablauf der Dukuhbewohner nachhaltig verändert zu haben scheint. Nach Auskunft meiner Informanten ging man in früherer Zeit zwischen sieben und acht Uhr abends zu Bett, während heutzutage die Zeit zwischen neun und zehn Uhr üblich ist. Dies ist selbstverständlich nicht nur eine Konsequenz des Fernsehens, sondern primär eine Folge der allgemeinen Elektrifizierung (allerdings stellt das Fernsehen die nahezu ausschließliche Beschäftigung am Freizeitabend dar).

Die hohe Migrationsrate hat in Karangduwet dazu geführt, daß die große Mehrzahl der Haushalte seit längerem ein eigenes Fernsehgerät besitzt. Fernseher gibt es im Dukuh seit den frühen siebziger Jahren. Bis zur Elektrifizierung des Dukuh Mitte der achtziger wurden die wenigen TV im Weiler mit privaten Generatoren betrieben und kamen ausschließlich unter der dörflichen Elite vor. Die Dukuhbewohner kamen dabei zum Zweck des Fernsehens regelmäßig in Form lose assoziierter Gruppen in den Haushalten zusammen, die bereits Geräte besaßen. Diese Zusammenkünfte sind heutzutage beinahe verschwunden; lediglich in einem Haus in RT 1 trafen sich abends mehrere Kinder und Jugendliche, die bei ihren Großeltern wohnen (die kein eigenes Gerät haben) zum gemeinsamen Fernsehen. Im allgemeinen jedoch werden die Türen der Wohnhäuser meist um 19 Uhr verschlossen und die Dukuhbewohner ziehen sich von der Dorfgemeinschaft zurück, um ihren Fernsehabend im Kreis der Familie zu verbringen. Die Diffusion von Fernsehgeräten durch die Migranten hat dadurch, daß heutzutage die meisten Haushalte ihr eigenes Gerät besitzen durchaus zu gewissen Privatisierungstendenzen im Dukuh beigetragen.

In der Migranten-Umfrage wurden die Informanten aufgefordert, alle Gegenstände, die sie bereits ihren Familienangehörigen im Dukuh mitbrachten einmal aufzuzählen. Die genannten Mitbringsel umfaßten Gebrauchsgegenstände aller Art, d.h. TV (n = 14), Radio (n = 18), Cassetten-Tape (n = 4), Gas- und Elektrokocher (n = 14), Kleidung (n = 42), Ventilatoren (n = 10) und verschiedene Küchen- und

Haushaltsgeräte (Mixer, Bügeleisen, Geschirr usw.), die an dieser Stelle nicht tabellarisch aufgeführt zu werden brauchen. Neben diesen Gebrauchsgegenständen, die im Dukuh sehr beliebt sind, da sie die Hausarbeiten und das Alltagsleben „leichter machen" (*mengurangi beban*) kam in mehreren Fällen auch das Mitbringen von Zeitschriften vor. In diesem Bereich erfreuen sich bei den weiblichen Dukuhbewohnern vor allem die Frauenzeitschrift *Femina* und Kochbücher sowie bei den Männern Sport- und Automagazine großer Beliebtheit, die sich der durchschnittliche Landbewohner nicht leisten kann und die in den Verkaufsläden im Landkreis auch nicht vertrieben werden. Nur in zwei Fällen wurden Bücher mit praktischem Nutzen mitgebracht. Ein in Sumatra arbeitender Migrant schenkte seinem Bruder ein Handbuch zur Reparatur von Mopeds; eine junge Frau brachte ihrer Familie ein Buch über den Anbau von Gartenkräutern mit.

Es ist festzustellen, daß die von den Migranten ins Dukuh gebrachten Gegenstände primär konsumptiven und indirekt produktiven Zwecken dienen. Allerdings implizieren diese Gegenstände durchaus reale Vorteile für die Bewohner Karangduwets. So läßt sich die für die tägliche Reproduktion aufgewendete Zeit durch die Verwendung von z.B. Gas- und Elektrokochern gegenüber dem Kochen auf der offenen Feuerstelle erheblich reduzieren. Während die jüngeren Frauen den Vorteil solcher Haushaltsinnovationen vor allem darin sahen, mehr Zeit für ihre Kinder zu haben verwiesen die älteren Frauen auf die Präferenz von Elektrokochern bei den Festvorbereitungen der Slametane (*rewang*), die nun weniger Zeit als früher in Anspruch nähmen (die Geräte werden bei rituellen Anlässen stets gegenseitig ausgeliehen um mehrere Exemplare einzusetzen). Entgegen den Beobachtungen von Gillian Hart (1986: 203) und Robert Hefner (1990: 146) sind in Karangduwet im allgemeinen keine extremen Differenzen in der materiellen Ausstattung der Küchen und den Ernährungsgewohnheiten zwischen ökonomischen Klassen auszumachen. Vor allem die subsistente Mittelschicht unterscheidet sich in diesem Bereich kaum von der dörflichen Elite (von in Einzelfällen vorkommenden Luxusgütern wie z.B. Kühlschränke einmal abgesehen).

Da die Besuchsmitbringsel von den elektronischen Medien (Radio, TV usw.) abgesehen fast ausschließlich für die reproduktive Haushaltsökonomie, indes aber kaum für die direkt produktive Landwirtschaft bestimmt sind, kommen die Vorzüge dieser Neuerungen in erster Linie den Frauen entgegen. Insgesamt ist festzuhalten, daß die Emigration von Familienmitgliedern - wenn auch indirekt - einen wesentlichen Beitrag zur Haushaltsinnovation in Karangduwet leistet. Die Funktion der von den Migranten mitgebrachten Geschenke in Form von Kleidung sollte ebenfalls keineswegs unterschätzt werden. So weist z.B. Amaluddin in seiner Untersuchung über soziale Polarisierungsprozesse im Dorf Bulagede (Kabupaten Kendal) einen signifikanten Zusammenhang zwischen ökonomischer Situation, formaler Partizipation und der Variation der Bekleidung seiner Informanten nach (Amaluddin 1987: 162). Laut Amaluddin vermeiden arme Dorfbewohner den Kontakt mit regionalen Regierungsämtern auch deshalb, da sie nicht über die entsprechende Kleidung verfügen, die bei Amtsbesuchen als angemessen betrachtet werden. Solche gravierenden Unterschiede gibt es in Karangduwet indes nicht. Besucht man beispielsweise am Sonntag den Gottesdienst in der protestantischen Dorfkirche, ist mit bloßem Auge keineswegs zu erkennen welche Kirchenbesucher den materiell reichen und welche den armen Familien angehören. Insofern haben die Migranten-Geschenke durchaus einen nivellierenden Effekt im kommunalen Leben der Dukuhbewohner. Man könnte spekulieren, ob das für javanische Dorfgemeinschaften offensichtlich keineswegs selbstverständliche Fehlen einer sozialen und rituellen Marginalisierung der Armen (vgl. Jay 1969. Kap. 9, Amaluddin 1987: 119, Hefner 1990: 113ff) in Karangduwet auch mit dem relativ homogen äußeren Erscheinungsbild der Dukuhbewohner zusammenhängt.

Ein interessanter Aspekt der Emigration in Zusammenhang mit der Diffusion von Neuerungen betrifft die Auswirkungen auf die allgemeine Gesundheitssituation im Dukuh. Laut Connel et al. stehen sich in der Literatur zur Migration in Ländern der III. Welt in dieser Frage zwei kontrastive Ansichten gegenüber. Während ein Teil der Autoren zu der eher pessimistischen Schlußfolgerung gelangt „that the migrant brain drain by depriving villagers of medical care, indirectly and adversely affects rural birth rates" deuten die Ergebnisse anderer Fallstudien eher dahin, daß „where migration, through remittances and returning migrants increases income and information, this may promote more medical attention and therefore lower death rates" (1976: 141). M. E. sprechen die Indizien in Karangduwet eher für die zweite These:

1. Einmal scheint mir die Frage des „brain drain" (Emigranten sind jung) in diesem Bereich überschätzt, da der Aspekt der traditionellen Heilkunst nicht ausreichend berücksichtigt wird. So dürften ethnomedizinische Kenntnisse als Teilbereich des traditionellen Wissens eher bei den älteren Landbewohnern vorzufinden sein. In Karangduwet und der näheren Umgebung gab es zahlreiche traditionelle Heiler (im Javanischen als *dukun* bezeichnet), die von den Dukuhbewohnern unabhängig von der ökonomischen Situation und der formalen Bildung trotz des Vorhandenseins moderner medizinischer Einrichtungen (*Puskesmas, Posyandu*) nach wie vor zu Behandlungszwecken aufgesucht werden. Bei allen mir bekannten Dukun handelte es sich um ältere Personen.

2. Des weiteren dürfte die hohe Abwanderungsrate einen positiven Einfluß auf die Arzt-Patienten-Ratio ausüben, so daß z.B. bei den allmonatlichen Reihenuntersuchungen in der Gesundheitsstation mehr Zeit für die Behandlung des Einzelnen zur Verfügung steht, da die zu versorgende Population überschaubarer ist

als in Dörfern mit höheren Bevölkerungsdichten, in denen keine nennenswerte Emigration stattfindet.

3. Ein wichtiger, in bisherigen Fallstudien konsequent übergangener Aspekt scheint mir in dieser Frage auch die von den Emigranten unterstützte Modernisierung der Wohnhäuser darzustellen. So besitzen die von den emigrierten Familienmitgliedern mit finanzierten Renovationen und Neubauten in den meisten Fällen zementierte Fußböden, die sich wesentlich leichter sauber halten lassen als frei liegende Erdböden oder lose Kacheln und damit durchaus einen gesundheitsfördernden Einfluß haben können. Die positive Konsequenz eigener sanitärer Anlagen mit Brunneninstallation (deren Verbreitung ebenfalls nicht unwesentlich auf den Einfluß der Migranten zurückzuführen ist) auf den allgemeinen Gesundheitszustand der Dukuhbewohner ist m. E. sehr hoch einzuschätzen. Ähnliches gilt auch für Teile der kleineren Investitionen in Form von Migranten-Souvenirs wie z.B. Ventilatoren (Luftreinhaltung) oder auch Moskitonetzen, die ebenfalls ein beliebtes Mitbringsel darstellen.

4. Das zuverlässigste Indiz, daß die Emigration die Gesundheitssituation im Dukuh eher verbessert als verschlechtert hat, stellt aber der hohe Prozentsatz der Migranten dar, die bereits konkrete finanzielle Unterstützung im Krankheitsfall für ihre Angehörigen im Dukuh leisteten. In der Erhebung wurde nicht berücksichtigt wie oft die Migranten Standard-Arzneimittel nach Hause schicken oder bei ihren Besuchen mitbringen. Ich konnte aber beobachten, daß die sogenannten bilokalen Haushaltsvorstände recht oft von ihren Nachbarn darum gebeten wurden, bei ihrer nächsten Rückkehr aus Yogya oder Jakarta Medikamente mitzubringen. Es scheint mir deshalb nicht unwahrscheinlich, daß auch die Migranten eine zentrale Funktion in der Versorgung der Hausapotheke mit Standard-Medikamenten erfüllen.

Zwar dürfte die verbesserte medizinische Versorgung, die sich vor allem im Rückgang der Kindersterblichkeit ausdrückt, primär auf staatliche Maßnahmen (Gesundheitsstation, Routineuntersuchungen usw.) zurückzuführen sein, doch wird diese durch die Emigration zweifelsfrei positiv beeinflußt. So können massivere Eingriffe wie z.B. Operationen in diesen lokalen Zentren nicht durchgeführt werden. Hierzu ist nach wie vor ein Aufenthalt im Krankenhaus in Wonosari erforderlich, den sich viele Dukuhbewohner ohne die Beihilfe emigrierter Haushaltsmitglieder nicht leisten könnten.

9.5.4.2. Demographie und Landwirtschaft

Die signifikanteste demographische Konsequenz zeigt sich in der Zusammensetzung nach Alter und Geschlecht, die durch eine Dominanz der Männer bei den Dukuhbewohnern unter 15 und ein umgekehrtes Verhältnis bei den Altersgruppen
darüber charakterisiert ist. Diese Situation führt zu einer deutlichen Verzögerung
des Heiratsalters. Trotz der rezenten Tendenzen, nach welchen sich das Migrationsverhalten zwischen den Geschlechtern (Emigration direkt nach Abschluß der
Oberschule) in zunehmendem Maße angleicht, gibt es im Dukuh nach wie vor
mehr unverheiratete junge Frauen als Männer. Diese *delayed marriage* impliziert
(unterstützt durch neue Formen der Lebensplanung) zugleich eine Verringerung der
Geburtenrate. Insgesamt weist die Dukuh-Gemeinschaft eine starke Überalterung
auf, die dazu führt daß sich die aktive Lebensarbeitszeit oft bis ins hohe Alter erstreckt. Die hohe Emigrationsrate im Dukuh impliziert ebenfalls eine größere Variation der haushaltlichen Anpassungsformen, unter welchen die traditionelle Präferenz für die Kernfamilie nur eine von mehreren Organisationsmodellen darstellt.
Die Präferenz für die matrilokale Residenzform und die Praxis der Übernahme des
elterlichen Haushalts durch das jüngste Kind lösen sich fortschreitend auf.

Die demographische Situation hat direkte Folgen für den traditionellen Wirtschaftsbereich. Einmal führt die signifikante Überalterung der Dukuh-
Gemeinschaft im Verein mit dem häufigen Fehlen eines landwirtschaftlichen Nachfolgers zu einer Zunahme der Fremdbewirtschaftung, während gleichzeitig eine nur
schwach ausgeprägte agrarische Innovationsbereitschaft die Folge ist. Die notorische *seasonal labour shortage* verhindert das Entstehen von exklusiven Arrangements, indessen die Klasse der Landarbeiter ihre ökonomische und soziale Position
aufwerten konnte. Das Fehlen ausreichender haushaltsinterner Mitarbeiter in den
Phasen der zyklischen Arbeitsspitzen führt nicht nur dazu, daß weniger arbeitsintensive Anbaupflanzen (*palawija*) dem Reisanbau vorgezogen werden, sondern
auch zu einer sehr schwachen Intensivierung der Hausgärten.

9.5.5. Die Rolle der Ex-Migranten im Modernisierungsprozeß

Die Re-Integration ins Dukuh ist ein fließender Prozeß, der sich ohne nennenswerte
Umbrüche vollzieht. Die Ex-Migranten fügen sich im Normalfall problemlos wieder in die Dorfroutine ein. Etwa die Hälfte der Informanten gab an, irgendwann
einmal ins Dukuh zurückkehren zu wollen, wenn sie den Lebensabend erreicht haben. Im allgemeinen verwies man darauf, daß man dies tun werde, wenn die Kinder
erwachsen bzw. selbständig (*mandiri*) seien oder wenn man ausreichend Kapital
akkumuliert hat. In einem repräsentativen Sample mit 103 Personen hatten 41,7%

(n = 43) der in Karangduwet geborenen Informanten bereits als Arbeitsemigranten außerhalb Karangduwets gelebt. Die Durchschnittsdauer ihrer Abwesenheit lag bei 6,7 Jahren (SD = 6,1). Nur wenige Informanten waren für kürzere Zeiträume (1-3 Jahre) emigriert (n = 3). 20,9% (n = 9) hielten sich indes für länger als zehn Jahre in den Migrationszielorten auf. Unter den *return migrants* ist zunächst zwischen der permanenten Rückkehr und der temporären Rückkehr zu unterscheiden. Im ersten Fall dürfte die Entscheidung in Übereinstimmung mit der Lebensplanung von den Informanten selbst getroffen worden sein, während im Fall der zeitlich befristeten Rückkehr primär äußere Umstände (z.B. Fürsorge für die Eltern) verantwortlich sind. Eine nur temporäre Rückkehr kann auch den vier Studenten mit abgeschlossenem Diplom unterstellt werden. Diese Personen waren nur wenig in die dörfliche Alltags- und Arbeitsroutine integriert, vielmehr nutzte man die Zeit zur Erholung (*santai-nyantai*) und zu ausgiebigen gegenseitigen Freizeitbesuchen im Freundeskreis, weswegen man im Dukuh von der „Zeit des Müßiggangs" (*jaman dolan*) sprach. Betrachten wir die Gruppe derer, die eine bewußte langfristige Rückkehr-Entscheidung getroffen haben, so lassen sich im wesentlichen fünf Kategorien von *return migrants* ausmachen.

1. Bei Gruppe 1 (n = 5) handelt es sich um ältere Heimkehrer über 60, die zurückgekehrt sind, um ihren Lebensabend im Geburtsort verbringen. Diese Personen werden unabhängig davon, ob sie ein Ruhegeld beziehen (was nur bei ehemaligen Staatsbediensteten der Fall ist) oder nicht allgemein als Pensionäre (*Pensiunan*) bezeichnet. Die Pensionäre gehen nach ihrer Rückkehr nur zum Teil wieder direkt produktiven Tätigkeiten (vor allem in der Landwirtschaft) nach.

2. Gruppe 2 (n = 7) setzt sich aus den permanenten Ex-Migranten zusammen, deren Erwartungen sich in der Emigration nicht erfüllten. Von diesem Personenkreis wurden verschiedene Gründe angegeben, so z.B. daß man keine feste Arbeit fand oder daß man sich in der Stadt „nicht wohl fühlte" (*tidak krasan*). Zwei junge Frauen kehrten aufgrund von Problemen mit dem Ehepartner bzw. als Folge von Scheidung (*perceraian*) zurück, so daß diese Personen im weitesten Sinne als „gescheiterte Migranten" zu klassifizieren wären.

3. Eine eigenständige Gruppe von *return migrants* (n = 9) bilden die Familien, die aufgrund der geringeren Lebenskosten (oft nach der Geburt des ersten Kindes) oder zur Bestreitung der Schulgebühren auf das Land zurückkehrten. (Die Tatsache, daß in der Vergangenheit Teile der Emigranten unter anderem auch deshalb gingen, um eine bessere Schulbildung für ihre Kinder sicher zu stellen, während man heutzutage mit oder gerade wegen den Kindern zurückkehrt zeigt, daß sich die Bildungssituation auf dem Land erheblich verbessert hat).

4. Die vierte Gruppe (n = 9) sind diejenigen, die bereits von vornherein nur eine beschränkte Emigrationszeit planten, um Kapital zur Realisierung persönlicher

Aspirationen zu akkumulieren. Das heißt, es handelt sich hier um eine „zielgerichtete Emigration" (*target migration*) zur Finanzierung privater Vorhaben im Dukuh wie z.b. zum Bau eines neuen Wohnhauses oder auch zum Landerwerb. Nur zwei Personen dieser zielgerichteten Ex-Migranten können in ökonomischer Hinsicht als außergewöhnlich gelten: Eine Witwe betrieb nach ihrer Rückkehr sehr erfolgreich Großhandel auf den Märkten von Yogyakarta und Wonosari (mit einer Beschäftigten) und ein ehemals in Kalimantan aktiver Holzfäller gründete eine Sägerei für Brenn- und Bauholz (fünf Beschäftigte). Dies sind die einzigen *Unternehmer* unter den Ex-Migranten Karangduwets.

5. Die letzte Gruppe (n = 8) besteht aus denen, die als Reaktion auf außeragrarische Handlungschancen im Dukuh oder Kelurahan zurückkehren. Hier einige Beispiele: Eine junge ledige Frau gab ihren Job als Verkäuferin in einem Supermarkt in Jakarta auf, da sie eine Anstellung im neu eröffneten Restaurant der Tochter des Lurah fand. Ein ehemaliger LKW-Fahrer (ebenfalls zuvor in Jakarta) kam zurück, nachdem er die Position eines Markthelfers im benachbarten Ponjong bekam, während ein Nudelverkäufer (*penjual mi*) mit seiner Familie ins Dukuh zurückkam, nachdem er erfahren hatte, daß es in Karangduwet zur Zeit keinen Nudelverkäufer gibt. In all diesen Fällen kehrten die Informanten zurück, weil akzeptable Möglichkeiten in der Region bereit standen, so daß man diese Gruppe in Anlehnung an Connel et al. (1976) als *responsive returners* charakterisieren könnte.

Bei immerhin drei der fünf Beschäftigten des besagten Sägebetriebs handelt es sich ebenfalls um responsive Ex-Migranten, die zurückkehrten, nachdem der betreffende Holzfäller mit seinem Unternehmen entsprechende Handlungschancen geschaffen hatte. Dieses Beispiel zeigt, daß eine erfolgreiche *target migration* durchaus auch eine Form der *wage-work-return migration* nach sich ziehen kann. Allerdings stellt dieses Beispiel in Karangduwet nach wie vor einen Ausnahmefall dar.

Laut den Schlußfolgerungen von Connel et al. (1976) ist die Rolle der Ex-Migranten als Agenten der Modernisierung und des ökonomischen Wandels sehr hoch einzuschätzen (ebd. 130 ff). Ich kann mich dieser positiven Einschätzung nicht anschließen, da sowohl meine qualitativen Beobachtungen als auch die formale Datenanalyse keine derartigen Rückschlüsse zulassen.

Im Gegenteil: Wie unsere Diskussion zur PKK-Problematik gezeigt hat, können die Frauen in der Emigration erworbene Fähigkeiten nicht konstruktiv in die Frauenzirkel einbringen, da dies unweigerlich Konflikte mit den Kadern heraufbeschwören würde. Vielmehr ziehen sich die Ex-Migranten unter den Frauen aus den öffentlichen Aktivitäten zurück und machen durch demonstrative Abwesenheit auf sich aufmerksam. Im Fall der Männer ist die Situation bei oberflächlicher Betrachtung weniger auffällig, so agieren in den RT-Treffen alle Teilnehmer (zumindest nach außen) als mehr oder minder egalitäres Kollektiv, so daß auch die Ex-Migranten ihre Meinung einbringen können. Allerdings beschränken sich diese Treffen auf das Koordinieren von Routine-Angelegenheiten, so daß hier kein nennenswerter Ideenschub von den Ex-Migranten zu erwarten ist.

Es bleibt die Tatsache, daß die Ex-Migranten insgesamt ein eher geringes Maß an formaler Partizipation aufweisen. So beschränken sich ihre öffentlichen Positionen weitgehend auf mindere Funktionen innerhalb der RT. Typisch für die Situation ist, daß es sich bei keinem der in Karangduwet lebenden Mitglieder des Dorfgremiums (*LKMD*) um einen Ex-Migranten handelt. So konnten sich die Ex-Migranten auch nicht als politischer Faktor im Dukuh etablieren. Setzt man z.B. die in der Arbeitsemigration verbrachten Jahre der Informanten mit der formalen Partizipation in Beziehung, ergibt sich sogar ein (wenngleich schwacher) negativer Korrelationswert ($r = -0{,}28$; statistisch signifikant mit $0{,}04$). Auch in ökonomischer Hinsicht können die Ex-Migranten keineswegs als innovativer als die restlichen Dukuhbewohner gelten. Sieht man von den beiden Sonderfällen ab, die ihr in der Migration erworbenes Kapital in Kleinunternehmen investierten, hat die Migration für die *target migrants* im Normalfall mit der Errichtung eines neuen Wohnhauses oder dem angestrebten Landerwerb ihr Ziel erreicht.

Die Beobachtung von Connel et al., nach der „migration return by widening consumption horizons and spreading the gap between desired and realized levels of living, is strenghening desires for trying new methods" (ebd: 132) ist in Karangduwet nicht festzustellen. Eine überdurchschnittliche Experimentierfreudigkeit war nur bei zwei jungen Haushaltsvorständen zu beobachten, die nach ihrer Rückkehr aus Sumatra den probeweisen Anbau von Manggo-Bäumen statt Palawija auf einer Versuchsparzelle in Angriff nahmen. Das Problem scheint m. E. auch darin zu liegen, daß im Unterschied zur Situation in den 40 von Connel et al. untersuchten indischen Dörfern die überwältigende Mehrheit der Ex-Migranten Karangduwets in urbanen Zentren lebte, so daß kaum Impulse zu agrarischen Innovationen von außen wirksam werden konnten. Solche nachhaltigen Impulse können nur aus Modellen bestehen, die beispielhaft den Nutzen neuer Anbaumethoden sichtbar machen (vgl. Kap. 5.3.). Bezeichnenderweise haben die beiden Vorreiter auf agrarischem Gebiet mehrere Jahre auf Plantagen in Sumatra verbracht, wo spezifische nachahmenswerte Praktiken erlernt werden konnten. Modellhafte Beispiele, die für den traditionellen Wirtschaftsbereich Karangduwets nutzbar gemacht werden könnten sind in den urbanen Zielorten nicht zu finden, so daß sich das landwirtschaftliche Wissen der *return migrants* auch nicht vom Durchschnitt der restlichen Dukuhbewohner unterscheidet.

Diskussion der Ergebnisse

Die Untersuchungsregion unterscheidet sich nicht nur ökologisch, sondern auch sozio-ökonomisch in zentralen Bereichen von den Dorfgemeinschaften des javanischen Tieflands. So gab es im Karangduwet der Vergangenheit weder die Wohlfahrtsinstitution der *offenen Ernte* noch existierten ausgeprägte Patron-Klient-Verhältnisse auf der Grundlage von Produktionsbeziehungen. Trotz dieser Unterschiede bestand seit jeher ein enger politischer und kultureller Austausch der Hügelregion mit den javanischen Fürstentümern in Yogyakarta, deren Herrschaftsanspruch nicht in Frage gestellt wurde. Es gibt somit auch keine ethnische oder religiöse Identität in Abgrenzung zur Bevölkerung des javanischen Tieflands. Es handelt sich vielmehr um eine regionale Variante des allgemeinen mitteljavanischen Pattern. Insofern sind auch die zentraljavanischen Werte und Normen den Hügelbewohnern präsent und prägen ihr Verhalten.

Die vorliegende Fallstudie liefert zahlreiche Belege für die Richtigkeit der These, daß die sozialen Formen von Lokalgemeinschaften nicht in situ konstruiert werden, sondern sich vielmehr in komplexen Adaptionsprozessen mit den Institutionen der sie umgebenden Gesellschaft herausbilden. So geht die Genese Karangduwets primär auf administrative Maßnahmen der Niederländer zurück. Der geographische und soziale Raum, der die wichtigsten Austauschbeziehungen der gegenwärtigen Bewohner Karangduwets definiert, wird primär durch das Migrantennetzwerk in Jakarta und das staatlich-institutionelle Umfeld der Regional- und Lokalverwaltung konstituiert. Die sozialen Beziehungen des Binnenmilieus werden hauptsächlich von demographischen Faktoren (Alters- und Geschlechtsstrukturen), den strukturellen Differenzierungen (materielle Existenzbedingungen, formale Bildung, Berufe), den agrarischen Produktionsbeziehungen und den javanischen Werten und Normen bestimmt. Wie in den vorangegangen Kapiteln dargelegt existieren teils sehr komplexe Zusammenhänge zwischen diesen Einzelbereichen. Insgesamt ist der „outflow" von Waren aus Karangduwet eher gering einzuschätzen, da außer den agrarischen Produkten für die lokalen Märkte keinerlei Exportgüter (z.B. handwerkliche Erzeugnisse) produziert werden.

Der signifikanteste „outflow" ist vielmehr in den abwandernden Personen zu sehen, die als saisonale oder permanente Emigranten das Dukuh verlassen. Demgemäß findet auch der „inflow" von Konsumgütern und Gebrauchswaren zu einem guten Teil durch die Migranten, kaum aber durch Handelsaktivitäten seinen Weg ins Dukuh. Der „inflow" von staatlichen Krediten wird von einer mächtigen *ressource allocation sphere* kontrolliert, die ihre Autorität sowohl auf formale Positionen als auch auf die traditionelle Sozialordnung gründet. Seit den sechziger Jahren haben sich in Karangduwet grundlegende ökonomische Wandlungsprozesse vollzogen. Ich gehe im folgenden so vor, daß ich zuerst die signifikantesten Veränderungen in den oben skizzierten Binnen- und Außenbereichen zusammenfasse, bevor ich mich der Frage nach der Rolle des individuellen Akteurs in diesen Prozessen zuwende.

Die Ursprünge der Emigrationstradition lassen sich bis in die niederländische Kolonialzeit zurückverfolgen, als der Staat die systematische Umsiedlung von lokalen Lehrern in die Kolonisationsgebiete Süd-Sumatras forcierte. Erst ab Ende der fünfziger Jahre nimmt die Emigration aus Karangduwet signifikante Dimensionen an, als vor allem die jungen Männer aufgrund von ökologischen und ökonomischen Faktoren (*paceklik*) ihre Familien verlassen. Nach Sumatra etabliert sich nun zusehends der Großraum Jakarta als erste Präferenz der Dukuhbewohner. Nach einer Phase der prädominanten männlichen Arbeitsemigration setzt anfangs der siebziger Jahre eine signifikante Zunahme der Abwanderung von Frauen auf der Basis von Heirat in Form der *household emigration* ein. Infolge der verbesserten Bildungschancen und der Einführung der allgemeinen Schulpflicht werden nicht nur die ursprünglich primär resultierenden Migrationsgründe zunehmend von aspirativen Motiven abgelöst, vielmehr kommt es auch zwischen den Geschlechtern zu einer Angleichung der Aspirationen, so daß seit 1980 verstärkt auch unverheiratete Frauen abwandern.

Die Außenweltkontakte mit der Migrationssphäre implizieren, daß der einzelne Haushalt weniger auf kommunale Wohlfahrtsmechanismen angewiesen ist. Die Modernisierung Karangduwets ist insofern im wesentlichen ein informeller Prozeß als in nahezu allen Bereichen, in welchen substantielle Fortschritte in Hygiene, Gesundheit und Lebensstandard zu verzeichnen sind die Migranten eine konstitutive Rolle spielen. Es ist eine der auffälligsten Besonderheiten des gegenwärtigen Karangduwet, daß es zwischen den beiden zentralen Austauschsphären, nämlich der staatlich-institutionellen und der Migrationssphäre kaum personelle Überschneidungen gibt. Während die Ressourcen des Staates (Kredite, Modernisierungsprogramme) nur einem Teil der Bewohner Karangduwets offenstehen, besitzt der gewöhnliche Dukuhbewohner eine separate *ressource allocation* in Form des Migrantennetzwerks seiner emigrierten Familienmitglieder. Während sich das Kadersystem aufgrund seiner Statusimplikationen eher als Kraft der Beharrung denn als Kraft des Wandels erweist, verhindern die kulturelle Alltagspraxis und die sie begründenden sozialen Strukturen, daß die Entwicklungspotentiale der Ex-Migranten in die dörfliche Modernisierung mit einfließen. Die Integration von informellen, außerhalb des dörflichen Umfelds erworbenen Fähigkeiten in z.B. die PKK-Aktivitäten scheitert nicht zuletzt an den normativen Limits des Binnenmilieus, das jegliche öffentliche Artikulation von Kritik als Affront auf die Prämissen kommunaler Harmonie und das Respektprinzip stigmatisiert. Allerdings ist hier zu beachten, daß das, was nach außen wie Zustimmung oder zumindest stille Duldung der Kaderaktivität aussieht bei Lichte besehen durchaus eine indigene Form des Widerspruchs darstellen kann. Im javanischen kulturellen Kontext, der das Ausweichen bei Streitigkeiten zu einer der höchsten sozialen Normen erhoben hat, kann gerade das Nicht-Erscheinen bei vermeintlich obligatorischen Anlässen wie den PKK-Treffen als indigene Artikulation von Widerspruch interpretiert werden.

Das PKK-Beispiel hat exemplarisch aufgezeigt, daß Klassenstrukturen nicht zwingend mit einer intellektuellen Dominanz korrespondieren müssen. Prinzipiell ist festzuhalten, daß auch in Karangduwet verschiedene Klassen nicht zwingend durch Antagonismus oder Inkompatibilität von Interessen gekennzeichnet sein müssen, sondern daß der Faktor der Klasse vielmehr immer dann als legitim erachtet wird, wenn es zu realen oder scheinbaren Allianzen von Armen und Reichen kommt. Hier sind sowohl die Art des Verhältnisses als auch seine subjektive Bewertung durch die involvierten Akteure in höchstem Maße von strukturellen Positionen (Alter, Bildung, Lebensgeschichte usw.) abhängig. So gehören sowohl die jungen Ex-Migrantinnen, die ihren Protest gegen die PKK-Kader durch Abwesenheit demonstrieren als auch die älteren, mehrheitlich migrationsunerfahrenen Frauen, die regelmäßig an den Treffen teilnehmen und zum Teil auf privater Basis Kredite von den Kadern erhalten, mehrheitlich den selben sozialen Klassen an. Wie in Kap 8.3. ausgeführt kann die Initiative zu solchen Allianzen durchaus auch von den Bessergestellten ausgehen, sofern sich diese davon Vorteile versprechen.

Die traditionelle javanische Sozialordnung basierte auf einer recht stark kontrollierten Warenzirkulation. Soziale Gruppierungen und Klassen unterschieden sich vor allem durch spezifische Konsumstile. Robert Hefner (1990: 221ff) spricht in diesem Zusammenhang vom *fixed need format*, d.h. einem kulturell definierten Quantum des Bedürfnisses, das die Grenzen dessen markiert, was für Personen mit bestimmten sozialen Merkmalen angemessen ist. Es ist deshalb anzunehmen, daß auch individuelle Aspirationen in der Vergangenheit wesentlich stärker durch konventionelle soziale Rollen eingeschränkt wurden. Dies zeigt sich z.B. deutlich im Fall der Älteren unter den armen Dukuhbewohnern, die nach meinem Eindruck dazu tendierten ihre schlechte ökonomische Situation als mehr oder minder selbstverständlich gegeben hinzunehmen. Ein klassisches Beispiel für solche symbolischen Markierungen bilden die traditionellen *Joglo*-Häuser, deren Besitzer in den sechziger Jahren sich nicht nur durch eine *lavisch consumption* bei rituellen Anlässen, sondern vor allem durch den regelmäßigen Verzehr von Reis und Rindfleisch von der Masse der Dukuhbewohner absetzten. Wie Barth (1967) für Darfur und Hefner (1990) für das Hochland der Tengger gezeigt haben, können solche symbolischen Markierungen den freien Fluß von Waren wirksam verhindern. Je geschlossener ein soziales System, um so stärker dürfte die Gesellschaftsordnung die individuellen Interessen, Lebensweisen und Konsumstile der Akteure beherrschen. Solche, durch Alter, Geschlecht oder andere Merkmale definierten Aspirationen lösen sich in Zeiten formaler Massenbildung und intensiver Migranten-Dorf-Kontakte zunehmend auf. Während die frühere, in ihrem Wesen *bäuerliche Elite* vor allem als Sponsor von rituellen Festen in Erscheinung trat, fällt die kontemporäre Elite durch ihre Tendenz zur rituellen Rationalisierung auf (z.B. Nicht-Jagongan-Agreements oder Ersetzen des Slametan durch schlichtes Lesen von Koranversen). Gegenwärtige Signale der Abgrenzung bilden vielmehr moderne Konsumgüter wie Mopeds, Kleidung westlicher Provience usw.

Dies ist mehr als ein Wandel der äußeren Form, sondern ein Ausdruck dessen, daß die Position der dörflichen Elite der Gegenwart weniger an die ökonomisch-agrarische Produktion (Landbesitz), sondern vielmehr an politische Interessen und überregionale Machtstrukturen (GOLKAR, LKMD, PKK) gebunden ist. Typisch für diese Situation ist, daß die Kader die einzige mit Namen benannte Statusgruppe im Dukuh darstellen. Solche klar definierten Statusgruppen hat es in der traditionellen Bauerngesellschaft Karangduwets nicht gegeben (vgl. Kap. 6.1.), vielmehr ist ihre Genese in der relativ rezenten Interaktion mit den staatlichen Mechanismen der Orde-Baru-Ära zu suchen.

So scheint auch das früher eher seltene Auftreten von Patron-Klient-Beziehungen durch die Schaffung der modernen Staatsklientel heute öfters vorzukommen; und zwar in der Form, daß spezifische Subpopulationen aufgrund von Nachbarschaft, Verwandtschaft, Religionszugehörigkeit usw. in den Genuß von staatlichen Krediten gelangen, die auf der Basis persönlicher Bindungen zwischen Kader und Empfänger verliehen werden (vgl. Kap. 8.3.). Bemerkenswert ist hier nicht nur das relativ rezente Erscheinen von sozialen Merkmalen (Statusgruppen, Patron-Klient-Beziehungen), die gemeinhin als typisches Wesensmerkmal javanischer Dorfgemeinschaften gelten, sondern vor allem die geschlechtsspezifische Ausprägung dieses Phänomens, das eindeutig vom weiblichen Handlungsbereich dominiert wird.[1] Im Unterschied zu den Faktoren der staatlichen Macht und der

---

[1] Eine Begleiterscheinung der Transformation der dörflichen Elite und der steten Emigration ist, daß der sichtbare rituelle Konsum heute verstärkt bei der ökonomischen Mittelklasse vorkommt. So werden nicht nur dörfliche Rituale von den Emigranten finanziert, vielmehr halten auch Migranten und ihre Familien Slametane in Karangduwet ab. Ein Gutteil der in Karangduwet stattfindenden Passageriten (vor allem Hochzeiten und Beschneidungen) stellen insofern urbane Phänomene dar, als sie in erheblichem Maße durch urbanes Kapital finanziert werden. Ich glaube, daß die zentrale Ursache des Fehlens einer „rituellen Marginalisierung", wie sie in zahlreichen Publikationen porträtiert wird, in der hohen Emigrationsrate Karangduwets begründet ist.

Migration ist die Rolle der Massenmedien in den Wandlungsprozessen Karangduwets insgesamt schwächer einzuschätzen, da sie m. E. keineswegs moderne Einstellungen erzeugen, sondern lediglich durch Schulbildung und Außenkontakte
vermittelte Aspirationen unterstützen. In weiten Bereichen übernehmen Radio und
Fernsehen vielmehr kultur-konservierende Funktionen, indem sie - z.B. als Medium von *Wayang*-Aufführungen - traditionelle Normen durchaus auch verfestigen
können. Das regelmäßige Lesen von Zeitungen bildet indes eindeutig ein distinktes
Merkmal der modernen Elite und ist auch in kognitiver Sicht ausschließlich den
modernen Merkmalen zuzuordnen. Es sei angemerkt, daß die Unterscheidung zwischen „traditionell" und „modern" ohnehin nur einen Zeitfaktor umschreibt. Sie
impliziert weder eine Überlegenheit von modernen über die traditionellen Kultur-
komponenten, noch daß es sich im Fall der vermeintlich traditionellen um irratio-
nale, unreflektierte Gebräuche handelt.

Die Auswirkungen der Migration auf die Demographie und die Situation der
Landwirtschaft sind bereits ausführlich erörtert worden. Die rezente Expansion von
Sharecropping-Arrangements ist gleichermaßen das Ergebnis einer stärkeren Nachfrage nach Arbeitskräften wie die Festsetzung von allgemein verbindlichen Min-
deststandards für die Lohnarbeiter. Alle in Karangduwet vorzufindenden Produktionsbeziehungen teilen das Merkmal einer weitgehenden institutionellen Independenz. Trotz einer signifikanten Zunahme der Lohnarbeit in den letzten beiden Jahrzehnten und trotz einer partiellen Einführung der Grünen Revolution ist in
Karangduwet weder eine uniforme Kapitalisierung noch eine Entwicklung in
Richtung einer Zwei-Klassen-Gesellschaft erkennbar, wie sie in anderen Fallstudi-
en (z.B. Griffin 1974: 214, Harjono 1990: 286) berichtet wird. Sämtliche ökonomischen und technologischen Erklärungsmodelle, ganz gleich ob neoklassisch oder
marxistisch orientiert, stoßen exakt an diesem empirischen Punkt an die Grenzen
ihres Potentials, da sie übersehen, daß die durch formale Bildung und die Referenz
zu signifikanten Anderen (z. B. ältere Geschwister) stimulierten Aspirationen (z.B.
in Form von Migrationsdispositionen) nicht selten dem Wandel der Produktionsbeziehungen voraus gehen.

So stellen die gegenwärtigen agrarischen Produktionsbeziehungen weder das
Ergebnis eines Kampfes von ökonomischen Klassen um Produktionsmittel noch
das Ergebnis der Handlungen von profitmaximierenden individuellen Akteuren,
sondern vielmehr eine Reaktion auf den Exodus der jüngeren Dukuhbewohner und
den damit verbundenen Engpaß an Arbeitskräften dar. Sowohl die Festsetzung von
agrarischen Standardlöhnen als auch Sharecropping und Pacht, welche die Zugangschancen zu agrarischem Nutzland im Sinne der Landkontrolle positiv beeinflussen
zeigen rein äußerlich betrachtet die Merkmale von Wohlfahrtsinstitutionen. Doch
wie bereits in Kap. 6.2. am Beispiel des *bawon* angemerkt wurde gilt auch in die-

sem Fall, daß solche Produktions-Arrangements äußerlich durchaus wie Wohlfahrtseinrichtungen organisiert sein können ohne in irgendeiner Form das Ergebnis einer bewußt wohlfahrtsorientierten Entscheidung oder Strategie darzustellen.

Verlassen wir die Ebene des Dukuh und wenden uns der Analyseeinheit des Haushalts zu, so ist allgemein festzuhalten, daß die starken Emigrationstendenzen nicht nur dazu führen, das produktionssteigernde Maßnahmen ausbleiben, sondern auch dazu, daß Kapitalüberschüsse primär in Behausungen und in die Schulbildung der Kinder investiert werden. Ein wesentlicher Bestandteil der Geldsendungen von emigrierten Familienmitgliedern wird direkt der formalen Bildung zugeführt, so daß unter den Haushalten der mittleren bis späten Lebenszyklusphasen ein spezifischer Zyklus von *Bildung zur Migration* und *Migration zur Bildung* vorherrscht, der insbesondere unter der ökonomischen Mittelklasse festzustellen ist.

Das Beispiel des nicht seltenen Konflikts zwischen den Wünschen der Eltern und des jüngsten Kindes in der Frage der Emigration zeigt allerdings, daß die Interessen des Haushaltsvorstands nicht immer mit den Interessen des Gesamthaushalts identisch sein müssen. Hiermit ist bereits die Frage des individuellen Handlungssubjekts und seiner Interessen angesprochen. Im Gegensatz zum neoklassischen Modell des *profitmaximising peasant* sieht die Praxistheorie den individuellen Akteur als „heavily constrained by both internalized cultural parameters and external material and social limits" (Ortner 1989: 113). Diese These stimmt partiell mit meinen obigen Anmerkungen zur sozialen Konstruktion von Aspirationen überein. Sie verkennt aber, daß in den bäuerlichen Gemeinschaften der Gegenwart nicht selten mehrere Identifikationsmodelle nebeneinander existieren, die sich dem individuellen Akteur als alternative Entscheidungsmodelle anbieten. Das Problem der Migration des jüngsten Kindes stellt gewissermaßen einen Konflikt zwischen dem normativen Umfeld des Binnenmilieus (nahe den Eltern bleiben) einerseits und der Referenz zu signifikanten Anderen (z.B. in der Migration lebende Geschwister) andererseits bzw. zwischen sozialen Rollen und persönlichen Aspirationen dar.

Die Alternative zwischen dem Verbleiben am Ort und der Emigration bedeutet für die jüngeren Dukuhbewohner oft weitaus mehr, als eine Entscheidung für oder gegen den bäuerlichen Beruf. Es handelt sich vielmehr auch um eine Entscheidung des *identitiy management*, in der es vor allem darum geht „to sort out what is worth doing and what sort of person to be" (McPherson 1983: III). Der Umstand, daß eine knappe Mehrheit der jüngeren Migranten auch im (hypothetischen) Fall einer identischen Arbeitsmöglichkeit im Dukuh nicht zurückkehren würde, offenbart, daß die Emigration in der Wahrnehmung der Akteure neben den ökonomischen und beruflichen Handlungschancen durchaus auch Chancen der Persönlichkeitsbildung (Akkumulation von Lebenserfahrung und Wissen) impliziert, die man im

Dukuh nicht in diesem Maße erwerben zu können glaubt. Der von E. Bruner (1987: 144) im Batak-Hochland gemachten Beobachtung, nach der die Migranten „become enstranged from their village of origin" kann ich mich für Karangduwet allerdings dennoch nicht anschließen. Die regelmäßigen Kontakte mit der Heimatregion und mit anderen Migranten aus Karangduwet in den Zielorten scheinen einer solchen Entfremdung entgegenzuwirken, so daß es in aller Regel auch nicht zu Brüchen mit dem Ursprungsweiler kommt. So fügen sich auch junge *return migrants* problemlos wieder in die dörfliche Alltagsroutine ein.

Allerdings sind auch die dukuh-internen sozialen Rollen (wie in Kap. 7.2.2. bereits am Beispiel der Geschlechterrollen angedeutet) alles andere als statisch. Nach meinen Beobachtungen scheint hier vor allem die traditionell sehr starke Position der Eltern über ihre Kinder an Autorität eingebüßt zu haben. Dies äußert sich nicht nur in der zunehmenden Substitution des traditionellen Kniefalls (*sungkeman*) durch den Händedruck (*jabat tanggan*) am Lebaran-Fest und in der wachsenden Zurückweisung der übernatürlichen Sanktion (*walat*) im Fall von Ungehorsam gegenüber den Eltern, sondern auch in der starken Beeinflussung, welche die Emigranten auf ihre noch im Dukuh lebenden Geschwister ausüben. Es ist anzunehmen daß dieser Einfluß nicht unerheblich in der Tatsache begründet ist, daß die Emigranten in hohem Maße für die Schulkosten ihrer Geschwister (und darüber hinaus für die Lebenskosten ihrer Eltern) aufkommen. Wie Schlegel und Barry (1988) anhand eines weltweiten Samples von 186 Gesellschaften nachweisen konnten, gibt es einen statistisch signifikanten Zusammenhang zwischen dem Anteil des weiblichen Beitrags an der haushaltlichen Subsistenz und der individuellen Entscheidungsfreiheit, welche die betreffenden Kulturen den Frauen einräumen. Übertragen wir diese Überlegung auf das Verhältnis zwischen Eltern und Kindern in Karangduwet, so ist es nicht unwahrscheinlich, daß mit der zunehmenden Rolle, welche die Geldsendungen emigrierter Kinder im Haushaltseinkommen der Eltern spielen auch die strukturelle Position (und damit die Entscheidungsfreiheit) der Kinder aufgewertet wird (wie es z.B. im kollateralen Händedruck am Lebaran-Fest zum Ausdruck kommt).

Ein ähnlicher Prozeß dürfte in der rezenteren Vergangenheit Karangduwets auch im Hinblick auf das Geschlechtsverständnis wirksam gewesen sein, da anzunehmen ist, daß mit zunehmender Bedeutung der Geldwirtschaft auch die Rolle der Frauenarbeit am Haushaltseinkommen stärker ins Bewußtsein tritt. Obwohl es in der Untersuchungsregion kaum qualifizierte Stellen für Frauen gibt, macht das Einkommen der Frauen heutzutage immerhin durchschnittlich 31,7% (SD = 17,7) des Gesamteinkommens der Familien aus. Diese Situation bleibt selbstverständlich nicht ohne Auswirkungen auf die Perzeption von Geschlechterrollen, so daß auch die Akzeptanz der Arbeitsemigration von jungen Frauen (ohne erkennbarem Heiratsmotiv) wächst. Es ist anzunehmen, daß in absehbarer Zeit auch die Emigration des jüngsten Kindes als gleichermaßen selbstverständlich hingenommen wird.

Fassen wir das Gesagte zusammen, so lassen sich die Intentionen der Akteure weder auf eine neoklassische Profitmaximierung reduzieren noch werden ihre Entscheidungen ausschließlich von den abstrakten Konzeptionen des javanischen Werte- und Normensystems (etwa im Sinne einer Internalisierung) bestimmt. Vielmehr beziehen sich individuelle Akteure auch auf Referenzgruppen außerhalb ihres lokalen sozialen Systems. Neue Formen des Prestiges und neue Strukturen des Austauschs im Kontext neuer Machtbeziehungen (die sowohl staatlicher als auch privater Natur sein können) innerhalb der dörflichen Gemeinschaft und an den personellen Schnittstellen zwischen Dukuh und Außenwelt inspirieren den individuellen Akteur, sich mit bestimmten Personen zu identifizieren und sich von anderen abzugrenzen. Solche Commitments gehen tiefer als das Verhalten abstrakter Individuen. Die Interessen der Akteure werden nicht in einem anonymen Raum, sondern stets vor dem Hintergrund sozialer Identitäten und Strukturen formuliert, welche diese Interessen zugleich begründen und aufrechterhalten. Wie im Verlauf dieses Buches immer wieder erkennbar wurde, vollziehen sich die Wandlungsprozesse Karangduwets durch konkrete Handlungen von realen Akteuren, die im Rahmen von sozialen Strukturen handeln, die sie in ihrer gesellschaftlichen Alltagspraxis reproduzieren und dadurch zugleich auch verändern.

Wenden wir uns nach diesem eher akademischen Exkurs abschließend noch einmal den konkreten Zukunftsperspektiven Karangduwets zu. Gewiß stellt Karangduwet kein repräsentatives javanisches Dorf dar. Dennoch reflektieren die Probleme, mit welchen seine Bewohner konfrontiert sind, die allgemeine Situation im Regierungsbezirk Gunung Kidul. Nach meinen neuesten Informationen hat die als Folge der indonesischen Finanzkrise enorm angewachsene Erwerbslosigkeit in den Städten (vor allem in Jakarta) dazu geführt, daß mittlerweile mehrere Duzend Migranten in Form einer resultierenden *back migration* wieder nach Karangduwet zurückgekehrt sind. Die Kernfrage, ob die gegenwärtige Situation im Agrarbereich ausreicht, kommende Generationen auch dann zu ernähren, wenn sich die Handlungschancen und die soziale Situation in den Städten nachhaltig verschlechtern sollten ist momentan nur schwer zu beantworten. Wie in Kap. 5.3.4. beschrieben, wäre zwar eine zusätzliche Konversion von ca. 10 ha Tegalan zu permanenten oder saisonalen Sawahfeldern realisierbar. Allerdings ist auch hier keine unbegrenzte Produktivitätssteigerung zu erwarten. Hinzu kommt, daß keine weitere Expansion der agrarischen Nutzflächen mehr möglich ist. Sollten sich mehr Menschen von der Landwirtschaft ernähren müssen, wäre eine stärkere kommerzielle Orientierung des Agrarsektors (z.B. durch den Anbau von Gewürzen) unabdingbar. Sowohl die Tatsache, daß der Agrarsektor nicht unendlich expandieren kann als auch das häufige

Fehlen von mit der Landwirtschaft zusammenhängenden Fähigkeiten in der jüngeren Generation implizieren, daß der außer-agrarische Sektor wesentlich mehr Arbeitsmöglichkeiten zur Verfügung stellen müßte als gegenwärtig der Fall. Dies stellt eines der schwierigsten Probleme dar, mit denen die Planungsstrategen des Regierungsbezirks und der Provinz konfrontiert sind.

Es kommen nach meinem Dafürhalten eigentlich nur zwei Bereiche als potentielle zukünftige Betätigungsfelder für die Dukuhbewohner in Frage. So könnte zum einen der starke Bambusbewuchs der Region wesentlich stärker kommerziell ausgenutzt werden als dies gegenwärtig der Fall ist. So gibt es in Karangduwet bis dato keinen Export von Bambus, indessen sich nur ein Akteur auf die Herstellung von Bambuskörben und Bambuswänden spezialisiert hat. Den zweiten Bereich könnte man unter dem Stichwort „homegarden food production and processing" zusammenfassen. So könnten in erster Linie die Hausgärten (*pekarangan*) stärker kommerziell und vor allem produktiver ausgenutzt werden. Hierbei wäre wie in Kap. 5.3.2. bereits erwähnt z. B. an den Anbau von spezifischen Exportfrüchten zu denken, die auf den regionalen und überregionalen Märkten sehr hohe Preise erzielen. Gleiches gilt für den Anbau von medizinischen Kräutern und Chili (auf den sich ein Haushalt im Nachbarweiler Ngagel mit durchaus ansehnlichem Erfolg spezialisiert hatte). Es ist angesichts des Umstands, daß nahezu jeder landwirtschaftliche Haushalt in Karangduwet Sojabohnen (*kedelai*) anbaut erstaunlich, daß die kommerzielle Weiterverarbeitung zu Sojaprodukten kaum entwickelt ist.

In diesem Bereich, der m. E. das größte Entwicklungspotential besitzt, spielen die Frauen eine konstitutive Rolle. Allerdings scheint hier ein Wandel in der örtlichen PKK-Struktur unverzichtbar, sollen die Frauen stärker als bisher in die ökonomische Entwicklung mit einbezogen werden. Entscheidend ist hier in der Zukunft vor allem das Vorhandensein einer stärkeren Homophilie zwischen den Kadern und den Frauen des Dorfes. Daß es indes in Karangduwet in absehbarer Zeit zu einem personellen Wechsel in der PKK-Organisation kommt ist unwahrscheinlich, solange die Kader weiterhin ein unklares Bild ihrer Tätigkeit hinterlassen und auf die mit der Kaderposition verbundenen Privilegien nicht verzichten wollen. Da die Position des Kaders auch eine gewisse „gehobene" Selbstwahrnehmung und Identifikation mit den Trägern der staatlichen Macht impliziert, ist anzunehmen, daß sich die kommunalen Dominanzstrukturen wesentlich langsamer wandeln dürften als dies z.B. bei den Geschlechts- und Familienstrukturen der Fall ist.

Anhang A: Karten

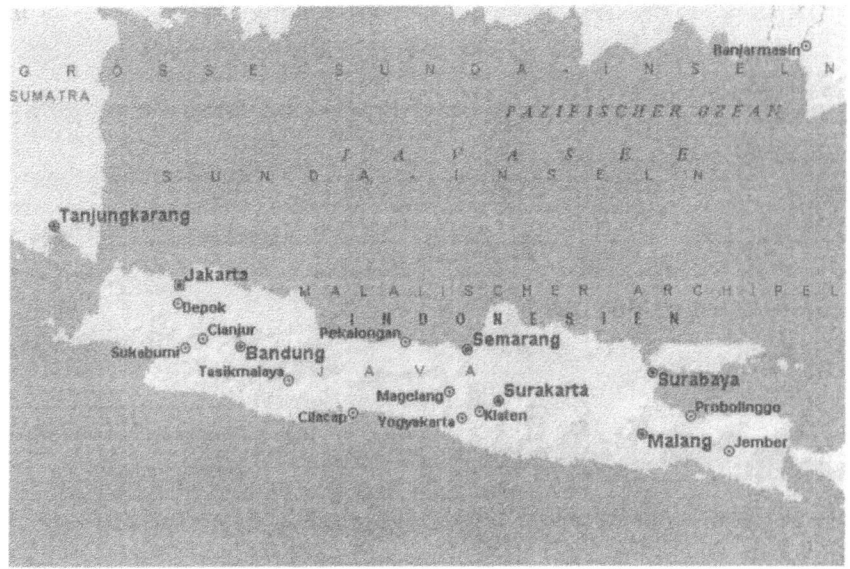

Karte A: Java (Umrißkarte)

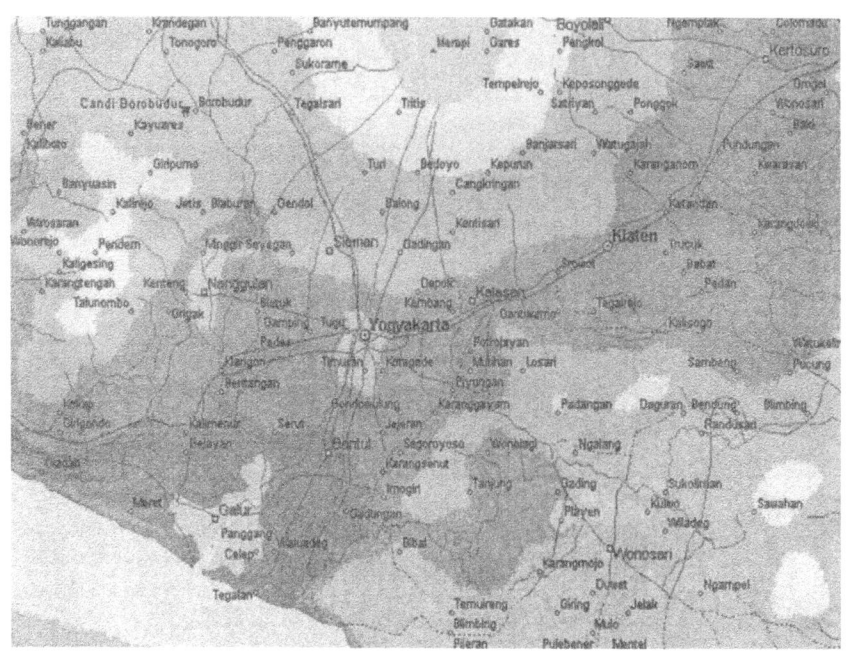

Karte B: Mitteljava und Yogyakarta

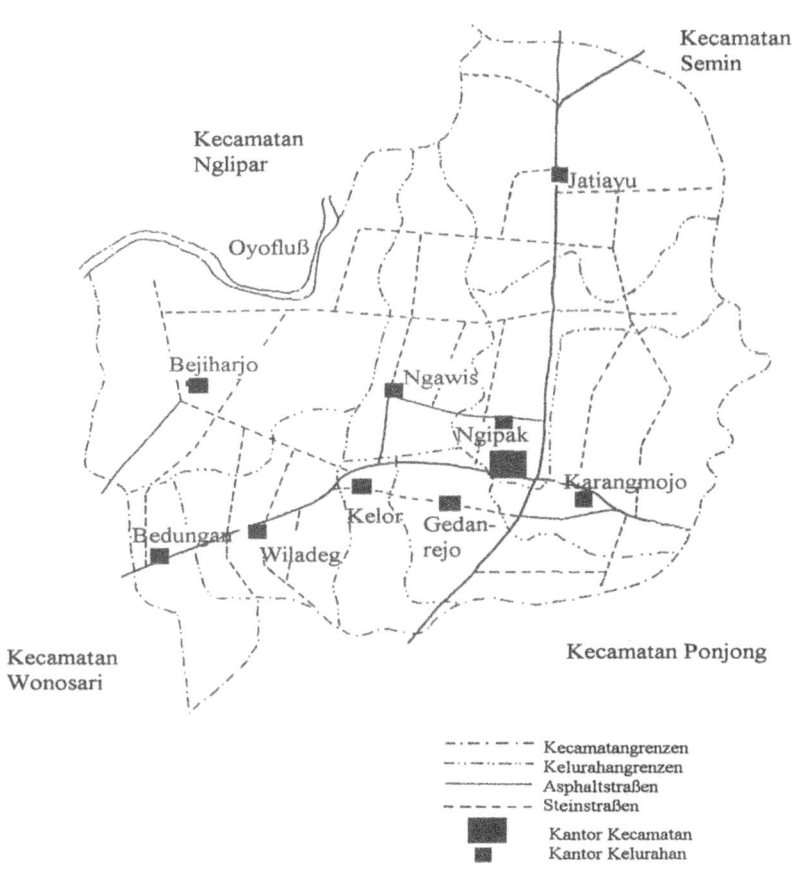

Karte C: Straßenverbindungen im Landkreis Karangmojo

Anhang B

Faktorenmatrix zu den kognitiven Merkmalen

FACTOR ANALYSIS

Analysis number 1   Listwise deletion of cases with missing values

Variable	Mean	Std Dev.	Label (Definition)
ASPBOY	8,21053	2,95483	Berufsaspiration für Jungen
ASPGIRL	5,73684	2,86438	Berufsaspiration für Mädchen
BAKTLAIN	1,31579	0,74927	Unabh. Position zu Dritten, die nicht kerja bakti
EDUC	6,47368	4,00511	Schulzeit in Jahren
BAHASA	4,23153	1,23671	Verständnisfähigkeit Bahasa Indonesia
JAGYES	1,68421	0,47757	Einstellung zu „Jagongan-Praxis"
KNOW	8,94737	4,24291	Modernes Wissen
LOCUS	4,05263	0,84811	Locus of Control
MANGAN	2,21053	0,78733	Zustimmung zu traditionellem Familismus
NYUMLAIN	1,21053	0,63000	Unabh. Position zu Dritten, die nicht sumbangan
PARTSOC	5,36842	6,40000	Formale Partizipation
PENY	0,89474	1,14962	Teilnahme an staatlichen Fortbildungskursen
RADIO	2,89474	0,80930	Radio-Zuwendung (Frequenz Radiohören)
REWLAIN	1,26316	0,65338	Unabh. Position zu Dritten, die nicht rewang
REWSAM	9,78947	5,94959	Frequenz rewang / sambatan
SOZANP	0,56316	0,56195	Erziehungsziel Anpassungsfähigkeit
SOZV	0,63158	0,89508	Erziehungsziel Hilfsbereitschaft
SUMBANG	4,47368	2,54664	Frequenz sumbangan
SUNGKEMAN	1,73684	0,45241	Praxis traditionelles sungkeman am Lebaranfest
TAAT	0,94737	1,17727	Erziehungsziel Gehorsam
TAQWA	2,47368	0,90483	Erziehungsziel einer religiösen Lebensführung
TV	3,47368	0,84119	TV-Zuwendung (Frequenz Fernsehen)
WORKBAKT	1,63158	0,89508	Bereitschaft Arbeit kerja bakti vorzuziehen
WORKREW	1,42105	0,76853	Bereitschaft Arbeit rewang vorzuziehen
WORK	0,78947	1,03166	Erziehungsziel „hart arbeiten"
WORKTIME	1,27894	0,93384	Schwierigkeit, Zeit für Arbeit und Geselligkeit
WORKTALK	2,00000	0,66667	Arbeit vor Geselligkeit
ZEITUNG	1,31579	1,45498	Zeitungszuwendung (Frequenz Zeitung lesen)

FACTOR ANALYSIS

Extraction 1 for analysis, Principal Components Analysis (PC), PC extracted 10 factors.
VARIMAX rotation 1 for extraction; 1 in analysis; 1 - Kaiser Normalization.
VARIMAX converged in 25 iterations.

	Factor 1	Factor 2	Factor 3	Factor 4	Factor 5
EDUC	**,79426**	,19210	-,04660	,10841	-,24129
JAGYES	,17208	-,26042	**,44603**	,25179	-,32628
KNOW	**,87845**	-,28191	-,00601	-,03194	,05093
LOCUS	,56002	,17284	,05738	,31732	-,28697
BAHASA	**,61231**	,21132	,03214	-,23451	,04321
MANGAN	,53726	-,07790	-,16310	,35753	-,00789
NYUMLAIN	,04747	**,64981**	,42357	-,33149	-,13218
PARTSOC	**,82637**	,26089	-,03483	-,24690	,07096
PENY	**,79514**	,17060	-,16926	-,32577	-,01411
RADIO	,44638	-,32081	**,63769**	-,09947	-,22127
REWLAIN	-,13841	**,87800**	,20538	-,03305	,17962
REWSAM	-,00372	-,71198	,35945	-,30189	,03452
SOZANP	-,10941	,24129	,11616	-,41996	,11742
SOZV	,18186	-,49970	,27795	,17551	**,41667**
SUMBANG	,01785	-,41087	-,39115	-,22808	**,41177**
SUNGKAN	-,17410	,39099	-,48739	-,55815	-,21506
TAAT	-,12064	**,63314**	,40642	,01350	-,27601
TAQWA	-,02124	,20694	-,30834	,31634	-,17113
TV	,27514	-,07852	**,57291**	,26504	-,16630
WORK	,10181	-,34689	-,26681	-,04499	,05429
WORKBAKT	-,14413	,09339	-,03273	**,60654**	,39745
WORKREW	-,10518	**,43630**	,16013	-,13022	,38815
WORKTIME	,15143	**,43281**	,29986	,11164	-,06227
ZEITUNG	**,85614**	,28384	-,06684	-,03401	,14512
WORKTALK	,21023	,33281	,23444	**,43212**	-,22192

	Factor 6	Factor 7	Factor 8	Factor 9	Factor 10
ASPBOY	-,16558	,27433	**,37054**	,17901	**,25065**
ASPGIRL	,18435	,27908	**,36884**	**,30267**	,19527
BAKTLAIN	-,03713	-,12746	,04472	,29870	**,26038**
EDUC	-,06523	-,31062	,19377	,15045	**,24324**
SUNGKEM	**,42255**	-,32767	-,01145	,21682	,19324
JAGYES	-,12516	,11082	,07276	,08270	,03823
KNOW	,09852	-,00138	-,13896	,31350	,01521
LOCUS	,39034	,37290	**,39735**	**,31943**	-,06709
MANGAN	,30528	**,44487**	,27119	-,35916	-,22789
NYUMLAIN	,17735	,18449	-,08991	,12124	,02097
RADIO	,04098	,10798	-,09907	,12192	**,21709**
PARTSOC	-,09787	,00010	,22310	,12444	,02104
PENY	-,28080	-,03879	-,06742	**,29987**	-,07418

Anhang C

Faktorenmatrix zur Einstellung der Migranten

FACTOR ANALYSIS

Analysis number 1   Listwise deletion of cases with missing values

Variable	Mean	Std Dev.	Label (Definition)
ANDAP	1,47368	0,84664	Praxis Andap Asor
ANPAS	1,26540	0,88626	Erziehungsziel Anpassungsfähigkeit
CAREER	0,43561	0,64213	Aufstiegschancen im Beruf
CITILIFE	1,45673	0,54287	Stadtleben
CONNECT	1,27401	0,92614	Persönliche Connection
MIGLIFE	1,62221	0,87757	Migration bringt Erfahrung für besseres Leben
FAMJOB	1,63784	1,13438	Denken an Familie daheim
GUNA	0,93411	1,38232	Arbeit nützlich für Gesellschaft
HUBKEL	1,64458	0,89577	Rolle Familienbeziehungen
JOBFOR	1,21458	0,83417	Auch weite Entfernung, wenn guter Job
KEMBALI	1,34737	0,84231	Bei gutem Job bereit zurückzukehren
MIGLIFE	1,62221	0,87757	Migration bringt Erfahrung für besseres Leben
MONEY	2,43411	1,38411	Priorität ausreichendes Einkommen
NRIMA	0,83682	0,55241	Praxis Nrima
NONTANI	1,73223	1,23671	Auf keinen Fall Bauer sein wollen
PERJUA	1,52303	0,34671	Eigene Anstrengungen
PERSAI	1,41053	0,62312	Konkurrenzkampf
PQOL	2,31636	1,35484	Perceived Quality of Life
PRAY	0,57844	1,18824	Rolle des Gebets
SABAR	1,44781	1,14561	Praxis der Geduld
SECURY	1,71579	0,35498	Sicherheit des Arbeitsplatzes
SOZANP	0,76886	0,36195	Erziehungsziel Anpassungsfähigkeit
SOWORK	0,23158	0,44450	Erziehungsziel hart arbeiten
SUNKAN	0,75438	0,99192	Praxis Sungkan
TAAT	0,77734	1,32627	Erziehungsziel Gehorsam
TANI	1,47368	0,50511	Wenn Landwirtschaft ausreicht, nicht emigriert
WONGDE	1,13343	0,87332	Dorfmensch
WONGKO	1,42634	0,83311	Stadtmensch

FACTOR ANALYSIS

Extraction 1 for analysis, Principal Components Analysis (PC), PC extracted 9 factors.
VARIMAX rotation 1 for extraction; 1 in analysis; 1 - Kaiser Normalization.
VARIMAX converged in 25 iterations.

	Factor 1	Factor 2	Factor 3	Factor 4	Factor 5
WONGKO	**,81245**	,19330	-,04710	,17453	-,22129
PQOL	,13458	-,27048	,44876	,13479	-,34628
NONTANI	**,77435**	-,21191	-,00431	-,23494	,05341
FAMJOB	,24321	**,76284**	,05558	,28345	-,23621
JOBFOR	,36541	,21141	**,61214**	-,25123	,04321
TANI	,23726	**,67790**	-,16220	,36653	-,01781
TAAT	,25432	,28981	,22357	-,32349	-,13812
NRIMA	,26684	**,33483**	-,26692	,07123	-,32111
MIGLIFE	**,78454**	,17070	-,16776	-,32588	-,01411
SUNKAN	,43346	-,33456	,12469	-,05441	-,27256
HUBKEL	,22841	,12301	,12538	**,41052**	,17979
PRAY	-,01442	-,23298	**,44945**	-,30189	,04562
PERSAI	,12094	,29891	,17716	**,41953**	,13341
SOWORK	,19986	-,22930	,27765	,17551	**,46567**
SABAR	,17654	,20091	**,39711**	,23718	,34756
TAQWA	-,22129	,20676	-,34321	,22631	-,17119
SECURY	,27864	-,11853	,17391	**,33504**	-,14636
CAREER	,13384	-,22682	-,27671	-,04499	,15239
KEMBALI	-,23413	,09223	-,03588	,31654	,16441
WONGDE	-,10338	-,41630	,11045	-,13761	,38891
ANDAP	,15233	,22281	,24946	,11129	-,06281
ANPAS	,32613	,27781	-,06444	-,01421	,18712
MONEY	,44023	,21887	,22356	,21322	**,44992**

	Factor 6	Factor 7	Factor 8	Factor 9
GUNA	-,15578	,26573	**,39954**	,19233
ANDAP	-,03381	-,12336	,03216	**,33178**
ANPAS	**,43251**	-,32722	-,33422	,22182
CAREER	,09253	-,11134	-,13496	**,32241**
CONNECT	**,39451**	,31292	,31051	,31371
CITYLIFE	,32528	**,47482**	,29762	-,30010
KEMBALI	-,09827	,01210	,23110	,12400
TAQWA	-,18099	-,02871	-,03712	,21007

291

Fotos

Foto oben: Frauen beim kerja bakti
Foto unten: Slametan

Foto oben: Sängerinnen beim Dorfreinigungsfest *(bersih desa)*
Foto unten: Siesta in Karangduwet

293

Foto oben: Traditionelles Wohnhaus (*kampung*)
Foto unten: Traditionelle Küche (*dapur*)

294

Foto links: Kinder
Foto rechts: Opfergabe

Literaturhinweise

AMALUDDIN, M.
1987   Kemiskinan dan Polarisasi Sosial. Studi Kasus di Desa Bulagede, Kabupaten Kendal, Jawa Tenggah. Bogor.

ANDERSON, B. O.
1972   Notes on Contemporary Indonesian Political Communication. Indonesia 16.

ANDERSON, G. A.
1978   Structure and Organization of Rural Marketing in the Cimanuk Basin. Bogor.

BARTH, F.
1967   Economic Spheres in Darfur. In: Firth, R. (ed.), Themes in Economic Anthropology: 149-174. London.

BAILEY, F.G.
1966   A Peasant View of the Bad Life. Journal of the British Association for the Advancement of Science 23: 399-409.

BEALS, R.E. et all.
1967   Rationality and Migration in Ghana. Review of Economics and Statistics, Vol. XLIX.

BECKER, H. S. and B. GEER,
1960   Participant Observation: The Analysis of Qualitative Field Data. In: Adams, R.N. and J. J. Preis (eds), Human Organization Research. Homewood.

BELSHAW, C.F.
1965   Traditional Exchange and Modern Markets. New York.

BERNARD, H. R.
1988   Research Methods in Cultural Anthropology. London.

BIERSACK, A.
1989   Local Knowledge, Local History: Geertz and Beyond. In: Hunt, L. (ed.), The New Cultural History. London.

BENNETT, J. W.
1985   The Micro-Macro Nexus: Typology, Process, and System. In: DeWalt, B. R. and P. J. Pelto (eds), Micro and Macro Levels of Analysis in Anthropology. London.

BINTARTO, R.
1988   Geografi, Ilmu dan Aplikasinya: Sebuah Informasi. Majalah Geografi Indonesia I.

BOOTH, A. and K. DANAMIK
1991   Central Java and Yogyakarta: Malthus Overcome? In: Hill, H. (ed.), Unity and Diversity. Regional Development in Indonesia since 1970. New York.

BOURDIEU, P.
1976   Entwurf einer Theorie der Praxis. Frankfurt.

BREMAN, J.
1979   The Village on Java and the Early Colonial State. Rotterdam.

BREMM, H.
1989   Nachbarshaftsbeziehungen in einem javanischen Kampung. In: Schweizer, T. (Hg.), Netzwerkanalyse. Ethnologische Perspektiven. Berlin.

BRUNER, E. M.
1987   Megaliths, Migration and the Segmented Self. In: Carle, R. (ed.), Cultures and Societies of North Sumatra: 133-149. Berlin.

BRYANT, N. A.
1973   Population Pressure and Agricultural Ressources in Central Java. Michigan.

CAREY, P. B. R.
1979   Aspects of Javanese History in the Nineteenth Century. In: Aveling, H. (ed.), The Development of Indonesian Society. Queensland.

CHRISTIANTY, L. et all.
1989   Traditional Agroforestry in West Java. In: Marten, G. G. (ed.), Traditional Agriculture in Southeast Asia. A Human Ecology Perspective. London.

COLLIER, W. L.
1978   Rural Development and the Decline in Traditional Welfare Institutions in Java Honolulu.

CONNEL, J. et all.
1976   Migration from Rural Areas. Studies on Internal Migration.Oxford.

DEWEY, A. G.
1961   Peasant Marketing in Java. Glencoe.

DOUGHTY, P. L.
1974   Huaylas, an Andian District in Search of Progress. New York.

DOVE, M. (ed.)
1988   The Real and Imagined Role of Culture in Indonesian Development. Honolulu.

ELLIS, F.
1988   Peasant Economics. Farm Households and Agrarian Development. Cambridge.

FEI, J. C. and G. RANIS
1964   Development of the Surplus Labour Economy. Homewood.

FESTINGER, L. A.
1957   A Theory of Cognitive Dissonance. Stanford.

FOSTER, G. M.
1965   Peasant Society and the Image of the Limited Good. American Anthropologist 67: 293-315.

GEERTZ, C.
1959   The Javanese Village. In: Skinner, W. G. (ed.), Local, Ethnic and National Loyalities in Village Indonesia: 52-64. Yale.

GEERTZ, C.
1963   Agricultural Involution. The Process of Ecological Change in Indonesia. Berkeley.

GEERTZ, H.
1962   The Javanese Family. New York.

GEIGER, P. P.
1978   International Migration in Latin America. In: Kosinsky, L. A. and R. M. Prothero, People on the Move. London.

GÖRLICH, J.
1989   Austauschorientierte Netzwerkanalyse als Alternative zum strukrur-funktionalistischen Deszendenzgruppen-Modell im Hochland von Papua-Neuguinea. In: Schweizer, T (Hg.), Netzwerkanalyse. Ethnologische Perspektiven. Berlin.

GRIFFIN, K.
1974   The Political Economy of Agrarian Change: An Essay on the Green Revolution. London.

GUINNESS, P.
1986   Harmony and Hierarchy in a Javanese Kampung. Singapore.

HANSEN, G. E. (ed.)
1981   Agricultural and Rural Development in Indonesia. Colorado.

HARJONO, J.
1990   Land, Labour and Livelihood in a West Java Village. Yogyakarta.

HART, G.
1985   Power, Labour and Livelihood. Processes of Change in Rural Java. Berkeley.

HASTANI, T.
1992   Mobilitas Harian Pekerja, Pendapatan dan Pembangunannya di Desa Taman Martani Kecamatan Kalasan Kabupaten Sleman (unveröffentlichte Magisterarbeit). Yogyakarta.

HEFNER, R.
1990   The Political Economy of Mountain Java. An Interpretative History. Berkeley.

HÜSKEN, F.
1981   Regional Diversity in Agrarian Development: Variation in the Pattern of Involution. Bielefeld.

HÜSKEN, F. and B. WHITE
1989   Social Differentiation, Food Production and Agrarian Control. In: Hart, G. (ed.), Agrarian Transformations: 235-165. Berkeley.

HUGO, G. J.
1986   Population Mobility in West Java. Oxford.

JAY, R.
1969   Javanese Villagers. Social Relations in Rural Modjokuto. Cambridge.

KANO, H.
1977   Land Tenure System and the Desa Community in Nineteenth Century Java. Tokyo.

KEELER, W.
1985   Villagers and the Exemplary Center on Java. Indonesia 39: 111-140.

KEYES, C. F.
1983   Peasant Tragedies in Ancient Societies – Moral and Rational Economic Approaches. Journal for Asian Studies 42.

KOENTJARANINGRAT
1961   Some Social-Anthropological Observations on Gotong Royong Practices in Two Villages of Central Java. Ithaca.

LAKSONO, P. M.
1989   Tradition in Javanese Social Structure. Kingdom and Countryside. Yogyakarta.

LEE, E.
1966   A Theory of Migration. Demography Vol. 3 (1): 47-57.

LERNER, D.
1957   The Passing of Traditional Society: Modernizing the Middle East. Glencoe.

LEWIS, O.
1963   La Vida: A Puerto Rican Family in the Culture of Poverty. New York.

LITTLE, P. D and D. W. BROKENSHA
1987   Anthropology, Development and Change in East Africa. London.

MANTRA, I. B.
1978   Population Movements in two Javanese Communities (unveröffentlichte Dissertation). Yogyakarta 1978.

MANTRA, I. B.
1985   Pengantar Studi Demografi. Yogyakarta.

McGEE, T. G.
1971   The Urbanization Process in the Third World. London.

McPHERSON, M.
1980   Want, Morality and Some Interpretive Aspects of Economic Inquiry. In: Haan, N. et all., Social Science and Moral Inquiry: 96-124. New York.

MEARS, L. A.
1980   The New Rice Economy of Indonesia. Yogyakarta.

MISCHUNG, R.
1983   Religion und Wirklichkeitsvorstellungen in einem Karen-Dorf NW-Thailands. Wiesbaden.

MULDER, N.
1988   Individual and Society in Java. A Cultural Analysis. Yogyakarta 1989.

NORRIS, R. E.
1972   Migration as Spatial Interaction. Journal of Geography. Vol. LXX, 5.

NURHADI, M.
1987   Gotong Royong dalam kaitannya dengan Dimensi Struktural Masyarakat (unveröffentlichte Magisterarbeit, Fakultät für Soziologie, UGM). Yogyakarta.

ONGKOHAM
1980   The Residency of Madiun: Peasant and Priyayi during the Nineteenth Century. Rotterdam.

ORTNER, S.
1984   Theory in Anthropology since the Sixtees. Comparative Studies in Society and History 26: 126- 166.

PALMER, A. W.
1967   Situradja: A Village in Highland Priangan. In: Koentjaraningrat (ed.), Villages in Indonesia. New York.

PEACOCK, J.
1976   Muslim Puritans. Reformist Psychology in Southeast Asian Islam. Berkeley.

PELTO, P.
1970   Anthropological Research: The Structure of Inquiry. Cambridge.

PELZER, K. J.
1945   Pioneer Settlement in the Asiatic Tropics. New York.

PENNY, D. and M. SINGARIMBUN
1973   Population and Poverty in Rural Java. Some Arithmethic from Sriharjo. Ithaca.

POLANYI, K. (ed.)
1959   Anthropology and Economic Theory. In: Fried, M. A. (ed.). Readings in Anthropology Vol. 2. New York.

RAHARDJO
1979   Gotong Royong di Desa Kadilaju dan Jambitan. Suatu Pembandingan (unveröffentlichte Forschungsarbeit UGM). Yogyakarta.

REDFIELD, R.
1956   Peasant Society and Culture. Chicago.

RIENKS, A. S. and P. ISKANDAR
1988   Shamans and Cadres in Rural Java. In: Dove, M. (ed.), the Real and Imagined in Indonesian Development. Honolulu.

RITOHARDOYO, S.
1990   Kajian Dayadukung Lingkungan Lahan Kritis di Kabupaten Wonogiri dan Gunung Kidul (unveröffentlichte Forschungsergebnisse der Fakultas Geografi, UGM). Yogyakarta.

RÖLL, W.
1976   Die agrare Grundbesitzverfassung im Raume Surakarta. Untersuchungen zur Agrar- und Sozialstruktur Zentral-Javas. Wiesbaden.

ROGERS, L. and C. SVENNING
1967   Modernization Among Peasants. The Impact of Communication. New York.

SAHOTA, G. S.
1968   An Economic Analysis of Internal Migration in Brazil. Journal of Political Economy, Vol. 76 (2): 218-245.

SAYOGYO
1980   The Basic Human Needs Approach in Development Efforts to Improve the Nutrial Status of the Poor (Perpustakaan LIPI). Jakarta.

SCHLEGEL, A. and H. BARRY III
1988   The Cultural Consequences of Female Contribution to Subsistennce. American Anthropologist 1988: 143-150.

SCHMIDT, S. und R. WITTEK
1989   Weltsystemtheorie und Netzwerkanalyse: Bestandsaufnahme und ethnologische Perspektiven. In: Schweizer, T. (Hg.), Netzwerkananlse: 185-201. Berlin.

SCHWEIZER, T.
1987   Reisanbau in einem javanischen Dorf. Köln.

SCHWEIZER, T. (Hg.)
1989   Netzwerkanalyse. Ethnologische Perspektiven. Berlin.

SCOTT, J.
1976   The Moral Economy of the Peasant. Rebellion and Subsistence in SE-Asia. Yale.

SCOTT, J.
1985   Weapons of the Weak. Everyday Forms of Peasant Resistence. Yale.

SEITZ, S.
1990   Zur Frage der Herkunft und der sozioökonomischen Auswirkungen des Naßreisanbaus in traditionellen Gesellschaften. Freiburger Geogr. Hefte. 30: 119-132.

SHRYOCK, H. S. and J. S. SIEGEL
1976   The Methods and Materials of Demography. New York.

SIAHAAN, H.
1977   Ownership and Control of Land, Adoption of Modern Agricultural Technology and Income Disparities in Rural Areas. Yoygakarta.

SJAHRIR, K.
1995   Pasar Tenaga Kerja Indonesia. Kasus Sektor Konstruksi. Jakarta.

SOEMARDJAN, S. and K. BREAZALE
1993   Cultural Change in Rural Indonesia. Impact of Village Development. Jakarta.

SOENTORO
1984   Penyerapan Tenaga Kerja Luar Sektor Pertanian di Pedesaan. In: Kasrino, F
        (ed.), Prospek Pembangunan Ekonomi Pedesaan Indonesia. Bogor.

SPEARE, A. Jr.
1981   Rural and Urban Migration: A National Overview. In: Hansen, G. E. (ed.),
        Agricultural and Rural Development in Indonesia: 202-218. Colorado.

STOLER, A.
1977   Rice Harvesting in Kali Loro: A Study of Class and Labour Relations in Rural
        Java. American Ethnologist, 4: 678-698.

SULLIVAN, E.S.
1982   Rukun Kampung and Kampung: State-Comunity Relations in Urban
        Yogyakarta (unveröffentlichtes Dissertationsskript). Yogyakarta.

SUNARTO, HS
1985   Penduduk Indonesia dalam Dinamika Migrasi. 1971-1980. Yogyakarta.

TEMPLE, G.
1978   Migration to Jakarta. Empirical Search for a Theory. Jakarta.

TODARO, M. P.
1979   Economics for a Developing World. An Introduction to the Principles,
        Problems and Policies for Development. London.

WALLERSTEIN, I.
1974   The Modern World System I. New York.

WHITE, B.
1976   Population, Involution and Employment in Rural Java. In: Development and
        Change, 7: 267-290.

WHITE, B.
1977   The Changing Structure of Agricultural and Non-Agricultural Employment
        Opportunities in Rural java. Yogyakarta.

WHITE, B. and G. Wiradi
1989   Agrarian and Nonagrarian Bases of Inequality in Nine Javanese Villages. In:
        Hart, G. (ed.), Agrarian transformations: 266-302. Berkeley.

WHITE, L. A.
1959   The Evolution of Culture. New York.

WIJOYO, I.
1994   Pendapatan Kepala Rumah Tangga Pertanian Luar Usaha Tani di Desa
        Jatiayu dan Desa Bejiharjo, Kecamatan Karangmojo Kabupaten Gunung
        Kidul (Skripsi, unveröffentlichte Magisterarbeit). Yogyakarta.

WOLF, E.
1957   Closed Corporate Peasant Communities in Mesoamerica and Central Java.
        Southwestern Journal of Anthropology 13: 1-18.

ZAREMBKA, P.
1972   Towards a Theory of Economic Development. San Francisco.

SOZIOÖKONOMISCHE PROZESSE IN ASIEN UND AFRIKA

Krüger, Fred
Urbanisierung und Verwundbarkeit in Botswana
Existenzsicherung und Anfälligkeit
städtischer Bevölkerungsgruppen in Gaborone
Band 1, 1997, 304 S., br., 27 Abb., ISBN 978-3-8255-0154-9, 59,80 DM

Das Buch widmet sich den Urbanisierungsprozessen und der Existenzsicherung städtischer Bevölkerungsgruppen in Botswana. Eingebettet in das in den Sozialwissenschaften diskutierte theoretische Konzept von Verwundbarkeit wird die risikobehaftete Lebenssituation in der Hauptstadt Gaborone und anderen Städten beleuchtet; Wohnraumversorgung, Ernährungssicherung und Gesundheitsprobleme (AIDS) stehen dabei im Mittelpunkt. Schließlich werden konkrete Empfehlungen ausgesprochen, wie Verwundbarkeit und Existenzgefährdung gemindert werden können.
Das Buch wendet sich an jene, die an neuen Konzepten zur Erklärung und Verbesserung der Lebensbedingungen in der „Dritten Welt" interessiert sind, vor allem an Geographen, Ethnologen und Soziologen mit einem Arbeitsgebiet in Entwicklungsländern.

Kreuzer, Anna
Landwirtschaft und Sozialstruktur in Rwanda
Möglichkeiten und Grenzen bäuerlichen Wissens
und Handelns als Entwicklungspotential
Band 2, 1997, br., 234 + XIV S., ISBN 978-3-8255-0098-6, 68,00 DM

Die Autorin analysiert den Wandel und wechselseitigen Einfluß von Landwirtschaft und Sozialstruktur in Rwanda, wobei sie sich auf die Grundlage historischer Untersuchungen sowie auf das während eines Feldforschungsaufenthaltes gewonne Datenmaterial stützt. Im Zentrum steht dabei die Analyse des Einflusses sozial, ökonomisch, demographisch und historisch bedingter Gegebenheiten und Zwänge auf das bäuerliche Wissen und Handeln und auf seine möglichen Entwicklungspotentiale.

Seitz, Stefan
Die Aeta am Vulkan Pinatubo
Katastrophenbewältigung in einer
marginalen Gesellschaft auf den Philippinen
Band 3, 1998, 276 S., br., 15 Abb., ISBN 978-3-8255-0220-1, 69,80 DM

Die Ayta in Zimbales waren von der Eruption des Pinatubo 1991 unmittelbar betroffen und mußten in Umsiedelungszentren und Kleinsiedelungen unter der Tieflandbevölkerung eine neue Existenz aufbauen. Das Beispiel der Aeta zeigt die Relevanz von traditionellem Wissen und Verhalten bei der Bevölkerung von Naturkatastrophen durch indigene Gruppen und macht die Erfordernisse deutlich, kulturspezifische Bedürfnisse bei der Hilfe zu berücksichtigen.

CENTAURUS VERLAG

SOZIOÖKONOMISCHE PROZESSE IN ASIEN UND AFRIKA

Drescher, Axel
Hausgärten in afrikanischen Räumen
Bewirtschaftung nachhaltiger Produktionssysteme und Strategien
der Ernährungssicherung in Zambia und Zimbabawe
Band 4, 1998, 276 + XVIII S., Abb., br., ISBN 978-3-8255-0225-6, 69,80 DM

Das Buch soll einen Beitrag zum Verständnis der Bedeutung gartenbaulicher
Aktivitäten auf Familienebene unter den besonderen klimatischen, wirtschaftlichen und sozialen Bedingungen des südlichen Afrika leisten und nicht als
Handbuch für die Bewirtschaftung von tropischen Hausgärten verstanden werden.
Ein Modell versucht die unterschiedliche Bewirtschaftung und Bedeutung der
Gärten für die Familien in den verschiedenen geographischen Räumen zu erklären. Angesichts zunehmender Verstädterung des südlichen Afrika stellt sich
besonders die Frage nach der Ernährungssicherung in den Städten. Natürlich
kommen die Menschen ursprünglich nicht in die Städte, um Gärten anzulegen
oder Landwirtschaft zu betreiben, sondern aus anderen Erwartungen heraus.
Trotzdem bleibt vielen am Ende nichts anderes übrig, als sich der urbanen
Landwirtschaft zuzuwenden. Deshalb werden wir uns in Zukunft dieser Wirtschaftsweise in besonderer Weise widmen müssen.

Schäfer, Rita
Guter Rat ist wie die Glut des Feuers
Der Wandel der Anbaukenntnisse, Wissenskommunikation und
Geschlechterverhältnisse der Shona in Zimbabwe
Band 5, 1998, 192 S., Abb., br., ISBN 978-3-8255-0237-9, 69,80 DM

Die Ernährungssicherung und Vermarktung von Anbauüberschüssen liegt in
Zimbabwe in den Händen von Frauen. Ihr agro-ökologisches Wissen ist zum
Dreh- und Angelpunkt im Ressourcemanagement geworden, seitdem die Wan-
derarbeit die traditionelle geschlechtliche Arbeitsteilung verändert hat. Die gesellschaftlichen Entwicklungen spiegeln sich im Wandel des Wissens wider,
worin die Innovationspotentiale der zimbabwischen Kleinbäuerinnen zum Ausdruck kommen.
Die Arbeit analysiert die sehr komplexen Wissenssysteme in ihrer sozio-ökonomischen Einbindung und untersucht die innergesellschaftliche Differenzierung von Kenntnissen und Kompetenzen vor dem Hintergrund des agrarpoliti-
schen Wandels. Die Möglichkeiten und Grenzen der Wissensnutzung werden
unter Berücksichtigung der Landrechtsprobleme und der Neugestaltung der
Geschlechterbeziehungen diskutiert.

CENTAURUS VERLAG

The manufacturer's authorised representative in the EU is Springer
Nature Customer Service Centre GmbH, Europaplatz 3, 69115 Heidelberg,
Germany. If you have any concerns regarding our products, please
contact ProductSafety@springernature.com

Printed and bound by CPI Group (UK) Ltd, Croydon, CR0 4YY

24/04/2026

02096346-0005